朝鮮の開化思想

朝鮮の開化思想

姜　在　彦著

岩　波　書　店

はしがき

この書の表題は、正確には『朝鮮の儒教と開化思想』とした方が適切であろう。つまり本書は朝鮮における近代的変革思想としての開化思想とその運動を主題とする研究ではあるが、ここではさらに視野を広げて朝鮮儒教思想の大きな流れのなかから、伝統儒教＝朱子学の「形而上」への偏重と教条性にたいして、一八世紀を中心とした「実事求是」による内在批判としての実学思想の形成と展開、一八七〇年代における「実学」から「開化」への思想的転換、その後における開化思想および運動そのものの形成・展開・挫折の全過程について考察したものである。

五百余年にわたる李朝の儒教は、孔・孟・程・朱の流れを道統として「一以貫之」した一元的思想体系となっているが、実学思想および開化思想は、現実の変化に適応しにくいそのような伝統儒教＝朱子学一尊主義にたいする変通思想としてある。儒教内在的な変通の論理はおおむね、「華」と「夷」を峻別する名分論的世界観の止揚を基礎として、「修己」＝道学偏重にたいする「治人」＝経世の強調、「正徳」偏重にたいする「利用」と「厚生」の強調、形而上＝「道」からの形而下＝「器」の分離によるその自立化、さらにはそれを論拠とする「西器」および「西法」の受容などである。一部には「西教」＝キリスト教をもって「東道」または「東教」に挑戦したことから、天主教事件を惹起させたりした。ともあれこのような変通の論理を武器として、朱子学一尊による一元的思想体系をきりくずし、思想と学問を、新しい歴史的変動に近づけようとしたのが実学思想であり、その継承としての開化思想である。

要するに本書のモチーフは、朝鮮における自生的近代化の不在が他律的近代化＝植民地化を必然としたとする他律性史観にたいして、思想史的側面から反証したことに尽きるといえよう。そこで重要なポイントは、多くの研究書または教科書にまで定着しているように、近代朝鮮における開化派をその思想的内実と系譜を検討することもなく、やみくもに「親日派」として烙印してきた通説にたいして、その根底からの問い直しがこの作業の端緒であり、そこから遠く開化思想の歴史的根源にさかのぼり、さらにくだってその思想の運動との結合と展開過程に及ぶというプロセスをたどっている。今にして思えば、身のほどを知らない気の遠くなるような渉猟と思索の旅ではあった。

もし歴史学をマクロ(巨視)の歴史学とミクロ(微視)の歴史学に分けうるとするならば、本書はマクロの歴史学に属するものといえよう。本来は第四章に当る「開化派の形成と開化運動」を中心として集中的な考察を試みるつもりのものが、このように巨視的なアプローチになったのにはそれなりの理由がある。

若干の大学で要請されるままに講義した経験によれば(非常勤講師として)、たとえ東洋史学を専攻した学生を対象としたばあいでも、朝鮮にかんする限り或る特定のテーマでは、全体的な文脈のなかで理解できない現実がある。なぜなら日本の全教育体系のなかで、隣国として歴史的に、また現実的に深いかかわりをもっているはずの朝鮮にかんする一般的な基礎知識さえ、系統的にあたえられる機会がなかったからである。したがって一年間または半年間、さらには集中講義で予定していたテーマの核心に至るまでには、それへの導入部分でかなりの時間と労力を費さなければならなかった苦しい経験がある。

かえりみれば朝鮮史研究を志してからこのかた、その外面の世界よりはむしろ、民族生活の深層に伏流する内面世界により深い関心を寄せてきたように思われる。これはかつての植民地期に、皇民化＝日本化の強制のなかでなお、それとは別世界をなす民族生活の内面世界をみてきた歴史的体験によるのかも知れない。本書もまた、そのような民族の内面世界にたいする関心からの産物ではあるが、しかし日本における東洋学アカデミズムのなかでは、朝鮮史学もそうであるが、とりわけ朝鮮思想史はいまだ未開拓の分野として残されていて、学界に独自の市民権をえているとはいえない。恐らく一般通念としては、朝鮮の思想とは中国思想そのものか、またはその亜流としてみるイドラ(先入主)があって、研究対象としてのメリットを認識しえなかったことによるものであろう。

しかし常識的に考えてみても、それが仏教であれ道教であれ儒教であれ、はたまたキリスト教であれ、それぞれの国の個性的な歴史的伝統と精神的風土のなかに根をおろすには、それぞれ個性的な定着と展開過程をたどり、またそれぞれ個性的な性格をもつようになるはずである。比喩的にいえば日本人と朝鮮人と中国人とは、その外面的な相似にもかかわらず、内面世界のいちじるしい相異については誰もが認めざるをえないように。だとすれば、朝鮮を独自の歴史主体として認識することの欠如が、確実に歴史眼を曇らせてしまったといわざるをえない。

本書は必ずしも比較思想史を意図したわけではないが、例えば同じ儒教文化圏にありながら、朝鮮における儒教のあり方がいかに中国や日本のそれと異なるか、政治にたいする儒教思想のかかわりがいかに深いか、またそれがいかに朝鮮人の思想的特質に深い影響をあたえたか、さらにそれがいかに、近代世界の変動にたいする朝鮮の思想的対応の特殊性を規定したか、その一端を垣間みることができるであろう。例えば、江戸期の日本政治思想史を考えるばあいでも、何が日本的かを鮮明に把握するためには、とりわけ隣国の政治思想史にたいする理解なしには不可能であろう。このような認識を妨げているものは、朝鮮をたんなる日中間の「かけ橋」として、没主体的に認識する朝鮮観に根ざしていることはいうまでもない。朝鮮思想史の開拓は、まさしくこのようなイドラの打破から出発しなければならない事情がある。本書がもし、このようなイドラを克服するためのささやかな一石となり、そのことによってこの分野の研究に新しい地平を切り拓くためのたたき台になりうるならば、著者にとって望外の幸いというほかはない。

恐らく朝鮮学研究にたずさわる者のほとんどにとって、大きな悩みは生活と専攻とが結びつかないことであろう。平たくいえば朝鮮学では飯がくえないということである。われわれの周囲からも、朝鮮史研究を志してきた日本の優秀な研究者たちが、日本史か中国史プロパーでしか就職できないという現実を見るとき、やり切れない寂寥感を禁じえない。さらに大きな難関は、日本の公的な研究機関や大学図書館に、朝鮮関係の史料や文献、とりわけ解放後の南北を含めた朝鮮本国で復刻され出版された貴重な史料や文献が、系統的に集められていないことである。例えば朝鮮(李氏)王朝の基本史料である『李朝実録』、『備辺司謄録』、『承政院日記』、『日省録』だけでも揃えたところがいくばくあるだろうか。高価にして莫大な文献や史料を、個人的な負担で収集することはすでに限界をこえており、研究範囲をよほど狭く限定しない限り、あるいは明治期以来の日本側の文献でなしうる問題に限定しない限り、研究の持続そのものさえ不可能に近い。このような厚い壁の前で、誰もが深い挫折感を味わっているはずである。なぜなら歴史家の思考は史料をはなれてはありえないし、またあってはならないからである。

本書の出版がきまったのは、一九七三年のことであろうか。もちろん我が身の浅学非才、無気力はいうまでもないことだが、とくにシリーズものの高価な基本史料や文献の多くを手許においていない私は、この大きな壁の前でしばしばたじろぎ、投げやり的な衝動にかられることが一再ではなかった。ようやくにして本書のための最小限の必要文献を手許に揃えるだけで、じつに長い歳月が費やされてしまった。にもかかわらず当然見るべくして見られなかった史料や文献がかなりあり、この出版にあたってそれが心残りである。

私事にかんすることではあるが、かえりみれば知命の峠をすでに越したこの歳になるまで、何とも情けない話ではあるが、民族運動に身を投じた十八年間の活動期をも含めて、たとえ一年たりとも安定した定収入をえて家庭を支えたためしがない。もしこれまで客観化された私のささやかな研究が、いささかでも斯界に寄与するところがあったとするならば、それはすべて妻竹中恵美子の理解と支えによるものである。われわれの旧い風習では、男(=「外」)たる者が妻(=「内」)を語るのは「本バカ」ということになっている。敢えて「本バカ」になったつもりで、いつかはこの一言を語らずには居られなかったというのが、私の心境である。

背水の陣を布いて本書の執筆にとりかかったのは、一昨年の夏休みからであった。それ以来小間切れの時間を見つけては書き貯めて、ようやく予定枚数の一部を出版社に渡したのが、昨年九月である。それから残りの部分を書きおわるまでは苦しい期間であったが、本書の編集を担当された宮本勝史氏の熱心なご鞭撻によって、辛うじてここまでたどりついたというのが実感である。また巻末の索引については、東海大学文学部講師宮嶋博史氏を煩わした。以上あげたほかにも、個人的篤志によって朝鮮関係文献を集めている青丘文庫を利用させていただいたキリスト教史家韓晳曦氏をはじめ、京都大学人文科学研究所の近代朝鮮研究班（班長飯沼二郎教授）に参加されている諸兄姉の研究熱心には、ずいぶんはげまされた。このように本書は、じつに多くの個人的な友情や善意の結実としてある。併せて謝意を表するものである。読者各位の忌憚のないご批判、ご叱正を期待してやまない。

さいごにE・ウィリアムズ『帝国主義と知識人』（田中浩訳、岩波書店）の印象的なつぎのことばをかかげて、このはしがきをしめくくることにしたい。

「しかし、よしんばそうであれ、歴史研究において究極的に重要なことは、頭脳よりも情熱である。著者の（E・ウィリアムズの—引用者）基本的目標は、著者の同胞たる西インド人たち——著者が本書で吟味している「イギリスの歴史家たちの」歴史叙述のねらいは、西インド人たちを軽視し、劣等な状態に終始閉じ込め、かれらがそうした状態にあるのはかれらの責任であるとすることにおかれていた——を、精神的に解放することにある」（序文から）。

一九七九年三月一日　三・一運動六〇周年の日に

姜　在　彦

凡　例

(1) 本書で使った年月日は、第三章までは基本的には旧暦を使い、近代以降の事項について新暦を使ったばあいは、カッコ内に旧暦を示した、また第四章からは新暦を使い、必要に応じてカッコ内に旧暦を示した。ちなみに朝鮮において、公的に新暦が使用されはじめたのは、一八九五年からである。

(2) 本書の第三章（『思想』一九七六年七月号、岩波書店）および第六章（小野川秀美・島田虔次編『辛亥革命の研究』筑摩書房）、第五章の一部（旗田巍先生古稀記念会編『朝鮮歴史論集』下、龍溪書舎）が既発表の初稿に加筆訂正を加えたほかは、すべて書き下ろしである。

(3) 巻末の人名索引には本書に登場する歴史上の人物および引用文献の作者として、朝鮮人七〇〇余名をはじめ日本人、中国人、西洋人を合せて一〇〇〇余名を総網羅した。なお朝鮮人および中国人名には日本音読みのほか、それぞれの朝鮮音および中国音読みの近似音をカタカナで示しておいた。

目　次

目次

第一章　朝鮮儒学史のなかの実学思想

第一節　朱子学の伝来と儒教立国

I　朱子学伝来以前の朝鮮儒教

一八七〇年前後に形成された朝鮮の開化派は、東アジアとりわけ朝鮮にたいする欧米列強のインパクトにたいして、自主的開国および開化をめざして登場した新しい政治勢力である。その開化思想の核は、海外留学生たちによって紹介された西洋思想によるものではなく、朝鮮の伝統儒教を踏まえながら、それを止揚することによって形成されたという特徴をもっている。近代開化思想の内在的前提としてあるのが、一八世紀を中心としてその前後ほぼ二百年間にわたって形成され展開された実学思想である。

この実学思想は一八世紀にはいって二つの有力な学派(星湖学派と北学派)を形成して、当該時代のもっとも先進的な思想潮流として、すでに活力をうしなって久しい朝鮮の儒学界に斬新な新風を吹き込んだ。しかしその実学思想も一九世紀前半期における反西学(西学は日本流にいえば洋学)運動の渦中のなかで順調な発展をなしえず、ようやくにして一八七〇年代にはいって開化派に受け継がれることとなった。

いうまでもなく実学思想は、李朝時代における伝統儒学の内在批判としてあるのであって、まず朝鮮儒学のなかで実学派が止揚しなければならなかった思想的課題はなんであったか、朝鮮儒学史のトータルな輪郭のなかでそのあらましを見ておきたいと思う。ただ日本儒学史研究では、「儒教」と「儒学」を区別する傾向があるが（例えば「儒学」はあって「儒教」はなかったという如き）、学と行との一体化をめざしていた朝鮮儒教においてはその区別は意味をなさないので、適宜使うことにした。

朝鮮に儒教が伝わったのは、高句麗、百済、新羅が鼎立していた三国時代のかなり早い時期に属する。たとえば高句麗では三七二年（小獣林王二年）に、国立の太学を設けて貴族の子弟たちに儒教教育をおこなっており[1]、太学博士李文真は六〇〇年に、高句麗初期以来の史書『留記』一〇〇巻を縮めて、『新集』五巻を編纂した。また中国の史書に記録したところによれば、高句麗では「書籍には五経、三史、三国志、晋陽秋がある」[2]となっている。ここにいう五経とは、朱子学伝来以前には朝鮮儒教の基本経典として重視されていた『易経』『書経』『詩経』『礼記』『春秋』のことであり、三史とは『史記』『漢書』『後漢書』である。これらの経書および史書がすでに流布され、漢字の使用と理解が、かなり高い水準に達していたことは、かの有名な金石文『広開土王碑』（四一四年建立、一名好太王碑）の碑文をみても分る。

百済においても三七四年（近肖古王二九年）には高興という博士が百済史『書記』を編纂しており、武寧王（在位五〇一〜二二）のときには官職として五経博士があった。中国の史書が伝えるところによれば、百済では「書籍には五経、子・史がある。また表・疏は、ともに中国の法をとりいれている」[3]となっている。

朝鮮半島の東南端に位していた新羅は、「文字がなく木を刻して信を為した。語言は百済を待って後ちに通じた」[4]ように、漢字の伝来が三国のなかではもっともおくれており、しかもそれは百済をつうじて伝わっている。しかし真興王（在位五四〇〜七五）のときになると、五四五年に国王は、居柒夫に『国史』の編纂を命じており、金石文として現存する真興王の巡狩碑(慶尚北道昌寧、京畿道北漢山、咸鏡南道黄草嶺および摩雲嶺)の碑文をみると、漢字が自由に駆使されていたことが分る。

六六〇年に百済が亡び、六六八年にはさらに高句麗が亡びて、三国を統一した新羅時代にはいると、六八二年(神文王二年)には国立の国学を建て、七八八年(元聖王四年)には読書三品科を定めて、儒教経典にかんする試験制度によって官吏を登用した(下品——曲礼、孝経、中品——曲礼、論語、孝経、上品——春秋左伝、礼記、文選、とくに五経、三史、諸子百家につうじた者は特等)。当時の儒教教育は、『孝経』と『典礼』(こまかな礼式にかんする礼記の篇名)を基本とした実践道徳と文章に重点がおかれていたようである。

また統一新羅期には、儒学者強首が外交文書作成で活躍し、薛聰は方言(漢字の音と訓による朝鮮語の表記法——吏読《リト》)で九経を教えた。仏法および儒教研究のために入唐した官費および私費留学生も多く、唐が外国人留学生のために八二一年に設けた賓貢科に合格した者は、崔致遠をはじめ五八名に及ぶ。新羅末期になるとその中央集権制が弱まるにつれて豪族たちが地方で割拠するにいたるが、その一人王建は九一八年に開城(開京)を拠点として高麗を創建し、新羅王朝は九三五年に亡ぶにいたった。

すでにのべてきたように、三国時代から儒教は国家的にも奨励されてきたが、それにもまして仏教が国家的庇護をうけて重んぜられ、思想および文化のうえでもそれが主潮となっていることはいうまでもない。イデオロギーの側面からみると、高麗時代にも仏教および儒教、それに道教が併存していた。

九四三年に太祖＝王建は世を去る前に、歴代の嗣王たる者に「訓要十ヵ条」[5]をあたえているが、その第一条ではわが国家の大業は必ず諸仏加護の力によらなければならないから、仏法を興すこと、第四条ではわが東方は旧くから唐風を慕うて、文物と礼楽においてことごとくそれを遵守してきたが、地方と人性を異にしているから必ずしもそれと同じくする必要はないこと、とりわけ契丹は「禽獣之国」だからそれにならうべきでないこと、第十条では国であれ家であれ万一にそなえて経学と史記から学び、古えに鑑みて今を戒めること、などを諭したものであった。

たしかに高麗王朝が安定期をむかえるにしたがって、「崇儒」的文治主義の傾向がしだいに強まっていった。九五八年に官吏登用のための科挙制度を定め、詩・賦・頌・策をもって試験する製述科、書・易・詩・春秋をもって試験する明経科、それに技術官のための雑科があった。第六代国王成宗(在位九八二〜九七)の治政期には、綜合大学として中央に国子監を設け、地方にも郷学があって、地方の人材を中央に吸収した。九九三年、一〇一〇年、一〇一八年とつづく契丹(遼)の侵入によって国家的教育機関が荒廃すると、前職高官であった著名な学者たちが私学を開き、それぞれ十二公徒の学閥があったが、とりわけ「海東孔子」といわれた崔冲の門下生からなる崔公徒(文憲公徒)がもっとも有力であった。

九八二年(成宗元年)に元老級の儒臣崔承老は、国王に「時務二十八条」[6]を献じているが、そのなかでかれは、高麗時代に儒仏が併存しえたそれぞれの役割をつぎのように示唆してくれている。

「釈教を行うは修身の本であり、儒教を行うは理国の源である。修身は来世のためであり、理国は今日の務めである。今日はもっとも近く、来世はもっとも遠い。近きを捨てて遠きを求めるのは、謬ちではないだろうか」。

本来儒教では修己(修身)と治人(理国)とが不可分に結びつくのであるが、というよりは治人＝経世のためにこそ修己があるのであるが、ここでは仏教は個人の「来世」のための修身の教理としてあり、儒教は「今日」のための治(理)国の教理として、現世と来世というようにそれぞれ統轄する世界を異にしている。つまり仏教は個人の精神世界を、儒教は国家の政治世界を、それぞれ矛盾なく統轄していたのである。もちろん崔承老は儒者の立場から、個人生活にかかわる仏教よりは、国家政治にかかわる儒教に力点をおいて、それを奨励することを要求したのである。

要するに高麗末期に宋学＝朱子学が伝来するまでの朝鮮儒教は、仏教さらには道教とも併存し、相互に習合し、とりわけ民風そのものにたいする儒教的教化はきわめてゆるやかであった。いうならば儒者が、学ぶは儒教、行うは仏教および道教であっても、何ら矛盾するものではなかった。崔承老はつづいていう――「華夏（中華）の制は遵わざるをえない。然し四方の俗習はおのおの土性に随うものであり、ことごとく変え尽し難きに似る。其の礼・楽・詩・書の教えと、君臣、父子の道は中華にのっとって、以て卑陋を革めるべきだが、その余の車馬および衣服の制度は、土風によって奢と倹をして中を得せしめ、必ずしも同一にすべきではない」。

要するに高麗期の儒教は、詞章を主とし、経学を従とするもので、「自科挙法施行以来、士皆尚詩賦功令之文、従事経学者鮮矣」[7]というのが、一般的傾向であったようである。したがって高麗期には儒教の根本にかんする哲学的省察、例えば内省的な心性の問題はもっぱら仏教にゆだねられていたといってよい。朝鮮の儒教が「為己之学」として心性の問題を重要課題として提起し、仏心・仏性に代る存心・養性の問題にまで深化していったのは、李朝時代の一六世紀になってからのことであろう。

Ⅱ　朱子学の伝来と李朝建国
――鄭夢周と鄭道伝を中心として――

一三九二年に李成桂は、高麗王朝さいごの恭譲王から譲位をうけて朝鮮王朝を創建し、太祖となった。高麗末期は中国大陸では元から明への交替期であり、高麗国内に扶植していた元（モンゴル）勢力の駆逐、北方からの紅巾賊および南方からの倭寇の撃退に功をたてた李成桂は、高麗末期に地方的中小地主から中央政界に登場してきた改革派官僚の推戴をうけて朝鮮王朝を創建したが、それは群雄割拠による覇者の王朝というよりは、仏教から儒教への統治理念の交替を意味した。つまりそれは、高麗王朝の崇仏策にたいする朝鮮王朝の崇儒策の勝利といえる。

「崇儒排仏」をかかげた李朝の統治理念は、一八七〇年代の開国後における思想的変動期をむかえるまでほぼ五百年間、孔・孟・程・朱の道統を「一以貫之」するという、儒教文化圏内の諸国にも類例をみない特質をもっている。高麗末期に朱子学が伝来して以来、仏教に対決するきびしい理念闘争の延長線上に、李朝の崇儒的統治理念が定着するにいたった。

朝鮮における朱子学の伝来は、高麗末期の忠烈王十六年すなわち一二九〇年に、国王に随行して元の燕京に赴いた安珦(初名は裕、号—晦軒)によるものであり、それは朱子が一二〇〇年に死してから、九〇年目のことであった。かれは晩年には常に朱子の画像を掛けて尊崇し、その号も朱子の晦庵から晦をとって晦軒とした(8)。

しかし安珦がどの程度朱子学に通じていたかを知る確証はない。本格的な朱子学者の登場は、白頤正をもって嚆矢とすべきであろう。かれは忠宣王(在位一三〇九〜一三)のとき、「時に程朱の学が始めて中国でおこなわれ、いまだ東方に及ばず。頤正は元に在って得て之れを学び、東還す(9)」と伝えている。かれにつづいて麗末における代表的な朱子学者として、禹倬、李穡、鄭夢周、吉再、権近、鄭道伝などが輩出している。

とりわけ一三六七年に李穡(号—牧隠、一三二八〜九六)が成均館の大司成となってからは、ここを拠点として朱子学は、仏教に対抗する一大思想潮流を形成した。成均館の学官として朱子の四書集註を講義した鄭夢周(号—圃隠、一三三七〜九二)は、「東方理学之祖」と称せられた。

高麗末期には民衆生活のなかに深く浸透していた仏教や道教は、種々の弊害を露出させた。とりわけ王室および権門世家の手厚い帰依をうけた仏教は、かつて義天(大覚国師)や知訥(普照国師)などのようなすぐれた学問僧を輩出させ、世界的文化財として現伝する大蔵経(一切経)の彫板事業をなしとげたそれとは異っていた。王室による大規模の造寺、造塔が国家財政を窮迫させたばかりでなく、寺院は投托を受けた土地や奴婢を集めて大地主と化し、遊民化した僧徒は増すばかりとなり、信仰的にも、社会的にも、倫理的にも堕落の極に達して、かつてのような活力はすでに失って久しかった。当然のことながら成均館を拠点とする朱子学者たちは、「斥邪」の対象として仏教に批判の矢を向けた。

日本の朱子学が入宋した禅僧たちによってすでに一二世紀前半期に伝わりながら、一六〇〇年に藤原惺窩が仏教と対決して儒者として自立するまでは、朱子学が禅学を補強するものとして、または古注（漢唐の学）と新注（程朱の学）の折衷学として存立していたのに比べて、朝鮮の朱子学はその伝来の初期から、仏教を異端として対決した。例えばすでに安珦はその「国子諸生に諭する文」[10]のなかで、「聖人之道、不過日用倫理」であるとして、親にたいする孝、君にたいする忠、斉家における礼、交友における信、修己における敬を強調しながら、「彼仏者棄親出家、蔑倫悖義、即一夷狄之類」、つまり僧尼が親を捨て、家族を捨てて離俗出家することは「蔑倫悖義」であると糾弾しているのである。まさに世俗から超脱するのでなく、そのなかで日常倫理を実践する儒者の立場からすれば、仏教は相容れない異端なのである。また儒者によって仏教が糾弾されている理由のなかの他の一つに、仏教では親疎または人獣をこえて「平等無差」であるのにたいし、儒教では仁の実践において親疎の別による倫序があり、定分があるということである。

しかし麗末における朱子学者の斥仏思想には、二つの傾向があり、それは仏法を崇信することを「先王成典」とする高麗王朝そのものにたいする姿勢のなかに反映される。

その一つの傾向はさきに安珦が指摘しているように、仏教そのものの否定ではなく、儒者の立場からその悖倫を批判するものであり、これには李穡や鄭夢周らが属する。他の一つの傾向は仏教そのものを教理の内面から根底的に批判するもので、本来李穡の門人であった鄭道伝や権近らがこれに属する。前者を消極的斥仏派とするならば、後者は積極的斥仏派といえる。

つまり鄭夢周ら消極的斥仏派は「義理」の立場から、仏教による弊害の除去によって高麗王朝の中興をはかったのにたいし、鄭道伝ら積極的斥仏派は、「天命」の立場から高麗王朝はすでに「天命」の尽きたものとして、王朝そのものの交替、易姓革命の担い手となった。鄭夢周が李成桂と対立し、ついに一三九二年に李成桂の第五子芳遠(のちの李朝第三代国王太宗)の腹心によって殺された理由はここにある。

朱子学が伝来する以前の高麗儒教は、訓詁と詞章を中心とする漢唐の学であって、哲学的次元において仏教を内面的に克服し、論破しうる力をもっていなかった。ところが宋学＝朱子学が伝来し、それが深化するなかで鄭道伝や権近によってはじめて、仏教を内面的に克服しうる段階をむかえたといいうるのである。とりわけ鄭道伝はその急先鋒であった。

鄭道伝(号―三峰、?～一三九八)は麗末において成均館の大司成となった朱子学者であるが、斥仏思想を展開した書として初期の『心問・天答』(一三七五)、さらにそれを深めた総論的な『心・気・理篇』(一三九四)および、各論的な『仏氏雑弁』(一三九八)などがある。(11) そしてそれぞれには権近が序を寄せている。

例えば『心・気・理篇』は、「心難気」、「気難心」、「理論心気」の三篇からなるが、ここにいう心とは仏教の修心、気とは道教の養気のことであり、理とはいうまでもなく儒家の性理である。要するにかれは、理が心と気を暁諭するという、仏教と道教にたいする儒教の優位性を哲学的に展開しているのである。権近はその序のなかでつぎのようにいう。(12)

「其の(鄭道伝の)言にいう。人の生は天地の理を受けて以て性となす。そして其の形を成すの所以は気である。

理と気が合して神明を能くするのが心である。儒が主とするのは理であり、而して心気を治める。其の一を本として、其の二を養う。老が主とするのは気であり、養生をもって道となす。釈の主とするのは心であり、不動をもって宗となす。おのおの其の一を守って其の二を遺す」。

しかし李成桂を推戴して、新しい国づくりに自己の儒教理念を具現しようとした鄭道伝は、何にもましてすぐれた政治家であった。理念的な面におけるかれの徹底した斥仏論は、田制改革をはじめとする改革派官僚としての世俗的(政治的)意図と不可分に結びついていた。高麗王朝の権力と癒着した大土地所有者としての権貴層のなかには寺院も含まれるのであって、それによる広大な土地と奴婢の兼併に寄生する寺院経済の拡大は、国家の財政的基盤を侵食しただけでなく、中小地主としての新進士大夫層の利害とも対立するものであった。

かれによれば(13)、上の天子・公卿・大夫は「治民而食」し、下の農・工・商賈は「勤力而食」し、その中間の士は、「入孝出悌、守先王之道、以待後之学者而食」する。だからかれらは「各有其職、以受天養」の階層である。ところがそのいずれにも属せずして無為徒食するのが姦民であるが、僧侶はこれに属する。かれはいう――

「仏氏は其の初め、食を乞うて之れを食するに過ぎなかったが、君子はなおかつ義を以て之れを責めるのに、少しも容れることがなかった。今は華堂重屋に安坐して、豊衣厚食を享けるのが、王者が奉られる如きである。広く田園と臧獲(奴婢)を置いて、文簿を高く積みあげたのが公巻(官庁の文簿)にまさり、奔走して供給するのが公務より峻である。其の道の煩悩を断ちて世間を出、清浄にして寡欲というのは、かえりみていずくに在るのか。ただ坐して衣食を費すのみ。仮りに好事に托して種々供養し、饌食して狼藉、綵帛を壊裂して幢幡を荘厳にし、けだし平民十家の産を一朝にして費す。ああ義理を廃棄してすでに人倫の蠹賊となり、而して天物を暴殄(荒しほろぼす)して、実に乃ち天地の巨蠹である」。

鄭道伝は武人出身李成桂のブレーンとして理念的かつ世俗的に仏教を批判しながら、新しい儒教立国の壮大な構図をあたためていった。つまり政教のすべての面で仏教色を一掃して、それに替る儒教理念を文物制度の隅々にまで浸透させた五百年王朝の青写真を描いてみせた。かれは『朝鮮経国典』(14)において、周礼の理念と六典制にならって、新しい制度づくりの具体案を展開している(治典、賦典、礼典、政典、憲典、工典)。また『経済文鑑』では宰相から守令にいたるまでの治政の指針を展開し、その別集は君道について、朝鮮および中国の歴代君主の職責と治績を歴史的に考証、批評した帝王学の書となっている。(15)一四六九年に完成した李朝五百年の基本法典『経国大典』は、じつに鄭道伝のこれに淵源していることはいうまでもない。

また鄭道伝と陰となり陽となって李朝建国に貢献した権近(号―陽村、一三五二〜一四〇九)は、麗末の一三九〇年七月に益州に流配されていたとき、『入学図説』を著作している。この書は周濂渓の『太極図説』にならって、朱子学でもっとも重視される『大学』と『中庸』の朱子章句説を、その他の経書を参酌しながら図説化したものである。かれはそのなかで、理と気、四端と七情、性と心、意と情を二分して、四端は理の源すなわち性の発であるから純善であり、七情は気の源すなわち心の発であるから善悪が互有するという、(16)いうならば四端＝性発、七情＝心発の説を建てている。

四端とは『孟子』公孫丑上の「惻隠之心、仁之端也、羞悪之心、義之端也、辞譲之心、礼之端也、是非之心、智之端也」に由来する仁義礼智の四つの「端」をいうのである。また七情とは『礼記』礼運篇の「何謂人情。喜、怒、哀、懼、悪、愛、欲、七者弗学而能」に由来するもので、四端七情の問題は理気の問題とともに、朝鮮性理学における重要な哲学的命題となっている。つぎにのべる一六世紀の四端・七情・理気論争は、じつに権近の四端＝性発、七情＝心発説の延長線上にあるとみてよい。

まさしく李朝建国とは、李成桂の「武」と鄭道伝ら改革派の「儒」との結合によって、天命を革め、王朝を易えることによって、高麗末期における救いようのない内憂外患を克服し、新時代を切り拓いた易姓革命であって、国家のあらゆる文物制度および民風にいたるまで、三国時代以来千余年にわたる崇仏の伝統を一掃するために努めたのである。

おのずから李朝社会では儒教至上主義が貫徹され、「士」=儒者は科挙によって「大夫」=官僚に登用され、政治および軍事においても文民優位の原則が貫かれた。科挙には文科、武科、雑科があったが、重文軽武の風潮のなかで武官(班)に比べて文官(班)が重んぜられ、雑科によって登用される技術官は、文武両班よりもさらに軽んぜられて、ほぼ中人の世襲職となっていた(四民構成は両班、中人、常民、賤民)。

李朝建国ののち一五世紀のほぼ一〇〇年間は新王朝の創業期に当り、鄭道伝、権近らの流れを汲む現実参与派の学者たちは、経学中心の修養と探究よりは、新しい国づくりのための文物制度と儒教的教化のために、いわば為己の学としてよりは治人の学をもって、能く時代的要請にこたえた。そして世宗(在位一四一九〜五〇)と成宗(在位一四七〇〜九四)の治政期には封建文化が最高潮に開花し、民衆生活のなかにも儒風が定着するにいたった。しかし守成期にはいると、現実参与派はしだいに権力と癒着して勲旧派といわれるようになり、経済的には農荘を拡大し、政治的にも頽廃が目立ってきた。創業期にみせたかれらの理想主義は影をひそめていった。

それにかわって朝鮮儒学の本流は、鄭夢周の流れを汲む李朝への協力を拒否した隠遁派(杜門洞派ともいう)に移っていった。つまり鄭夢周の門人吉再(号—冶隠、一三五三〜一四一九)は李朝出現ののちに慶尚道善山に帰郷し、成均館を中心とした官学に対抗して私学を興し、科挙を度外視した「為己之学」として朱子学を内面的に深め、その門流から一六世紀前半期における趙光祖ら士林派が形成されるにいたった。

ところが朝鮮儒学ではその正統を論ずるばあい、鄭夢周から吉再、金叔滋(号―江湖)、金宗直(号―佔畢斎)、金宏弼(号―寒暄堂)、趙光祖(号―静庵)につながる系譜をもって、朝鮮「理学之嫡派」[17]とし、鄭道伝は悪ざまにいわれるのが一般である。というのは李朝初期に李成桂の八人の王子のなかで、第五子芳遠と第八子芳碩との間に王位をめぐる争いがあった。鄭道伝は李成桂がもっとも寵愛していた芳碩を擁護したために、芳遠(のちの太宗)の腹心に撃殺された。芳碩は李成桂の庶子であったために、鄭道伝は王位継承において長幼の序、嫡庶の分を乱したとして非難されたことによる。しかしそれにもまして、つぎにあげる二つの理由が考えられる。

その一つは朝鮮儒学の思想的体質と関連するように思われる。つまり高麗王朝にたいする鄭夢周の「不事二朝」の節義が崇ばれ、鄭道伝の高麗王朝にたいする変節が非難されるのである。それは「義理」を尊崇し、「天命」を易える易姓革命に消極的あるいは否定的な朝鮮儒学の保守的体質を反映した評価といえるのである。他の一つは、のちに勲旧派に代って士林派が中央政界に進出して権力の座につき、しかも朝鮮儒学の本流を形成するにいたったのちの評価であろう。つまり鄭道伝にたいする以上のような悪評は、「治人」のための経世家としてかれが当面の時代的要請にいかに応えたか、という視点からの評価ではないといえよう。

III　性理学全盛期の朝鮮儒教
―李滉と李珥を中心として―

朱子学＝性理学といわれるばあいが多いが、もちろん朱子学が包括する内容は性理学だけではない。島田虔次氏の見解によれば、その内容は第一には「理気」説を中心とする存在論、第二には「性即理」の説を中心とする倫理学あるいは人間学、第三には「居敬・窮理」の説を中心とする方法論、第四には『四書集註』などにみるような古典注釈学、第五には具体的な政策論となっているが、[18] 朱子学が性理学（または理学）といわれている所以は、端的に陽明学の「心即理」と本質的相違をなす中心内容が、「性即理」の説であるからである。

士林派が長い雌伏期の学問的蓄積を踏まえて、三司（司憲府、司諫院、弘文館）を拠点に、言論と文章をもって中央政界に進出しはじめるのは一五世紀末期の成宗の治政期であった。おのずから士林派の中央政界への進出のまえには李朝創業期の現実参与派の系譜を引く勲旧派の壁があり、そこに対立と葛藤が生じた。つまり士林派はとりわけ一四九八年（燕山君四年）の戊午士禍では金宗直の弟子金馹孫らの一派が大打撃をうけ、一五一九年（中宗一四年）の己卯士禍でも、士林派の優秀な人材が弾圧をうけた。この己卯士禍では、のちに朝鮮儒学界を二分する双璧としての李滉（号―退渓、一五〇一～七〇）および李珥（号―栗谷、一五三六～八四）が、いずれも私淑してやまない士林派の少壮気鋭の学者であり、政治家であった趙光祖（号―静庵、一四八二～一五一九）およびその一派が除去されたのである。

趙光祖は中宗の信任をえて、国王の親試による人材登用のために賢良科を設け、士林派から多くの人材を中央政界に進出させた。また民間の日常生活のなかにある非儒教的迷信を打破し、儒風の大衆化をはかった。かれら士林派は「義」と「利」、「王」（王道）と「伯」（覇道）を峻別し、政治と教化において「利」と「伯」を排除して、「義」と「王」の至治主義を実現するために過激な改革を断行した。これが勲旧派の反撃で失敗し、趙光祖をはじめその一派は賜死または流配される結果となった。趙光祖は政治的に失敗したが、その志は多くの儒者たちによって長く慕われ、朝鮮道学の祖として高い評価をうけている。例えば李珥によれば、道学とは人倫において理を尽すこと（於人倫尽其理、則是乃道学也）であるが、つぎのようにのべている。[19]

問―我が朝（李朝）の学問は、何代に始まるのでしょうか。

曰―前朝（高麗）末から始まった。然し権近の『入学図』は齟齬に似、鄭圃隠（夢周）は理学の祖といわれるが、而し余を以て之を観れば、社稷を安んずるの臣であって儒者ではない。すなわち道学は趙静庵から始めて起る……

これら度重なる士禍によって、朝鮮の儒学界には政治から身を引いて山林(隠士)化する風潮が蔓延し、内省的な思索と後進のための講学に徹しようとする傾向が強くなった。その代表的な学者が、のちにのべる退渓李滉といえる。一六世紀におけるこのような傾向は、主として知的エネルギーが外向的な経世の面に集中した一五世紀のそれとは対照的であって、朝鮮の内省的な性理学が一六世紀にその全盛期をむかえたのは偶然ではないのである。

一六世紀には朝鮮儒学史では、空前絶後ともいえる自由な雰囲気のなかで、朱子学を哲学的に深める活潑な論争が展開されているが、その代表的な論争が李滉と奇大升(号―高峰、李滉との往復書翰には奇明彦となっているが、明彦はその字《あざな》、一五二七〜七二)とのそれであり、李珥と成渾(号―牛渓、李珥との往復書翰には成浩原となっているが、浩原はその字、一五三五〜九八)とのそれであろう。これらの論争は、李滉の四端→理発、七情→気発、つまり理気互発の説にたいする奇大升の質疑からはじまる。李滉は一五五三年に刊行した鄭之雲(号―秋巒)の『天命図説』の後叙のなかで、原文の「四端発於理、七情発於気」を「四端理之発、七情気之発」とした[20]。これにたいしてその高弟奇大升は、師の理気二元論に反対し、理気一元論の立場から、四端と七情は別のものではなく、七情のなかの純善たるものが四端ではないか、と質疑したのが、論争の発端である。

李滉はのちに『朱子語類』の「四端是理之発、七情是気之発」を発見して、これを譲ることのできない師説としながらも(朱子吾所師也、亦天下古今之所宗師也)、奇大升との論争をつうじて自説を多少修正した。つまりかれは、四端は「理発而気随之」(理が発して気が之れに随う)であって純善無悪であるが、理が発しても遂げざれば、気とあわさって不善に流れ、七情は「気発而理乗之」(気が発して理が之れに乗る)であって不善ではないが、気が発しても中《あた》らざれば、其の理を滅ぼして悪となる、という説をたてた。[21] このようにして理と気を完全に二分しないにしても、やはり基本的には四端―理発はア・プリオリに純善無悪であるが、七情―気発は「理乗之」であれば善、「滅其理」であれば悪、つまりその善悪は理とのかかわりあいによって規定されるとする主理的立場にたった。かれの主理的二元論を「理気互発」説という。

じつはさきにあげた鄭之雲（秋巒）と李滉（退渓）による『天命図説』は日本に将来され、江戸儒学の開祖藤原惺窩はその「理気互発」に注目して退渓学に傾倒するきっかけとなった書である。林羅山はこの書が一六五一年（慶安四）に京都で翻刻されたとき、跋文を寄せてつぎのように書いている。[22]

「余此の本を家蔵すること久し。一日惺斎（惺窩）に示すに、惺斎曰く、四端が理より出て七情が気より出づとする此の説是《ぜ》なり。此れを困知記（明の羅整菴著）の云ふところに比すれば、則ち此れは彼れより善しとなす」。

李滉はその学問において内省的な心の修養を重んじた学者で、天理を存し、人欲を去るための方法として、客観的な「窮理」の前提としての主観的な「居敬」を、とりわけ重視した。かれは若かりし頃、ソウル遊学中に『心経附註』（原著は宋の真徳秀、附註は明の程篁墩）を入手したが、これは朱子の四書集註およびその『近思録』とともに、生涯の伴侶となった。かれにとって心経は、「これを敬すること神明の如く、これを尊ぶこと父母の如し」であった。かれによれば「心は一身の主宰にして、敬はまた一心の主宰」である。「敬」については主一無適の説（心を専一集中すること）、整斉厳粛の説、常惺々の説（常に心を戒めさとすこと）などがあるが、それを熟考して工夫を尽せば、すなわち聖域にはいることもむずかしくない、とのべている。[23]

もちろん「敬」の強調は、李滉にはじまるものではない。すでに麗末鮮初の権近はその『入学図説』の「天人心性合一之図」のなかで、誠は「聖人性之」、敬は「君子修之」、欲は「衆人害之」と図説して、もし君子が敬をもって功を成せば「参天地、賛化育」して聖人と同じくなる、とのべている。李滉はそれを日常的な学と行とのすべてに徹底させ、さらに深化させた学者というべきであろう。かれの前後をつうじて道学者としてかれにまさる者はいない。

このように朱子を祖述し、その未解決の問題を展開するうえにおいても、朱子的立場を変えなかった李滉は、当時朝鮮にも伝わっていた陸王学にたいして、当然のことながらきびしい批判を加えた。かれはそのために『伝習録論弁』(『退渓全書』巻四十一)を著わしたが、要するにその主旨は「朱陸二氏の同じからざるは……此れ儒にして彼れ禅、此れ正にして彼れ邪、此れ公平にして彼れ私狼」と論断している。[24] 陽明学にたいする李滉のこのような見解は、朝鮮儒学界ではそのまま踏襲されて、異端＝邪学として排斥された。もちろん鄭斉斗(号—霞谷、一六四九〜一七三六)などのようなすぐれた陽明学者もいたが、その学問をつぐ者もなく、孤高のうちに生涯をおえ、その文集『霞谷集』も、李朝末朝に至るまで刊行されなかった。その他にも「家学」としてほそぼそと陽明学を研究した学者たちも、社会的には「外朱内王」を装おわねばならぬほどであった。

李珥は李滉の門人でありながら、主として成渾との論争をつうじて退渓の「理気互発」説にはげしく反対した。かれはいう——「理は形而上なる者であり、気は形而下なる者である。二者は相離るる能わず、既にして相離るる能わざれば、すなわち其の発用も一である」。[25]

かれの説は四端と七情は別のものでなく、「以四端七情、為不可分理気」といった奇大升に類似しているが、その発するのは気だけであって、理は之れに乗る(気発而理乗之)のである。李珥によれば、理は気にたいする主宰者ではあるが、「無為無形」の理は、「有為有形」の気をはなれては存在しえないとする主気的立場である。この主気的二元論を「気発理乗」説という。

要するにかれは「発する者は気で、発する所以の者は理」(発之者気也、所以発者理也)とし、「互発」を論ずるならば聖人が復起してきても斯言を易えるつもりはなく、「もし朱子が真《まこと》に、理気が互いに発用して、相対して各出するとしたならば、則ち朱子も亦た謬りである。何を以て朱子とすべきか[26]」。

かれは「気発理乗」説を発展させて、さらに「理通気局」(理は通じ、気は局限する)という新しい概念を定立させた。かれは成渾に呈した「理気詠[27]」のなかで、「水逐方円器、空随小大瓶」とうたっているが、水と空の「理」は、器と瓶の「気」の方円、大小にしたがって局限されることのたとえである。器動けば水も必ず動くのは、「気発理乗」の明証であるばかりでなく、理は「無為」で気は「有為」であることの明証であるとしている。

かれは理気説にたいする理気合一説の明の羅欽順(号—整菴、著『困知記』)、気一元論の朝鮮の徐敬徳(号—花潭、著『花潭集』)および理気互発の李滉の説を吟味して、「整菴が最高、退渓之れに次ぎ、花潭また之れに次ぐ。なかんずく整菴と花潭は自得の味が多く、退渓は依様の味が多い(一に朱子の説に従う)」と評している。ところがかれは、この「自得」と「依様」のどちらを取るのであろうか。つづいてかれはいう——「(退渓は)謹なるが故に失《あやま》り少く、(花潭は)放なるが故に失り多い。むしろ退渓の依様をなすも、必ずしも花潭の自得を効《なら》わない[28]」。

朱子学者としてのかれは、「放」による「自得」よりは、「謹」による「依様」を取るのであるが、しかしそれは、李滉のように朱子に密着した教条的なそれではなく、朱子を相対化して一定の距離をおき、朱子およびその祖述者としての退渓の説を踏まえながらも、それを乗り超えようとする独創性がある。

栗谷李珥は「聖賢之学、不過修己治人而已[29]」とのべているように、退渓李滉が「修己」を自己目的化している傾向が強いのにたいし、「修己」と「治人」＝経世との相互連関を重視し、かつそのように実践した学者であり、政治家であった。かれによれば「治人」＝経世においては、「不可変者」と「可変者」とがあって、その二者を正しく把握して運用する道術が、一国の治乱に深くかかわると見ている。

「大抵時に随って変えるべき者は法制であり、古今に亙って変えるべからざる者は王道であり、仁政であり、三綱であり、五常である。後世に道術が明らかならずして、変えるべからざる者が時に遷改するあり、変えるべき者が時に膠守するありて、此れが治まる日が常に少く、乱れる日が常に多い所以である」[30]。

李珥によれば「祖宗之法」といえども現実の変化にそわない法制は変通するのが「時宜」であって、「夫れいわゆる時宜は、時に随って変通し、法を設けて民を救うことの謂れである」[31]。かれはすぐれた学者であったばかりでなく、じつに多くの時宜策を提起した経世家であった。かれを朝鮮実学思想の先駆者の一人としてあげなければならない理由がここにある。

朝鮮儒学界は、退渓李滉と栗谷李珥を源流として、退渓の流れを汲む嶺南学派(慶尚道中心)と、栗谷の流れを汲む畿湖学派(京畿道、忠清道中心)とに分れたが、李朝後半期にいたってはこの学派が党派と結合し、政治をからめての党争のなかで、学説上の論争が政治上の党争を誘発するという思想的および政治的風土を派生させてしまった。そしてある学者の学問的評価も、党派的立場から公平を欠くばあいが多くなり、例えば李珥と成渾を文廟に従祀する問題がおこると、嶺南学派が極力これに反対した如きである。

本来李朝政治は、「士」=儒者による文民政治であっただけに、儒教と政治との結合が深く、政治のあり方が直接学風の消長に影響をあたえること大であったのである。

しかし嶺南学派と畿湖学派がほぼ朝鮮の儒学界を二分することによって、朝鮮の儒学史ではその祖としての退渓と栗谷が目立って膾炙されるに至るが、しかし高峰(奇大升)あっての退渓の大成であり、牛渓(成渾)あっての栗谷の大成であったことは、すでに見てきた通りである。なお奇大升の学問は湖南(全羅道)において淵叢を形作り、一九世紀における「衛正斥邪」思想の源流の一つとなった蘆沙奇正鎮は、そのなかから輩出した学者であり、思想家であった。

かえりみて一六世紀に士林派がいくたびかの士禍をくぐり抜けて儒学界および政界に主導的地位を占めた。そして朝鮮史および儒学史では、もっぱら勲旧派が糾弾され、士林派が美化される。少くとも思想史的にみて、果してそうだろうか。

たしかに李朝は、朱子学をその統治理念として出発した。しかし李朝の創業に参与した士大夫たちも、朱子学一尊主義ではあったが、第四代国王世宗（在位一四一九～五〇）治政期の前後にみられるように、新しい王朝の創業に必要な実用的学問により多くの関心を向けた。すなわち、訓民正音（朝鮮文字）の創制、歴史書、地理書、農書、医薬書の編纂、天文、測時、音楽から軍事学や技術学に至るまで、その学問分野は広い範囲にわたっていた。

また思想的および風俗的にも、高麗時代にすでに土着してしまった仏教的、道教的なものにたいして、李朝後期にみられるように極度に排他的ではなかった。逆にいえば一五世紀は、性理学の「不毛」の時代であったともいえる。

一六世紀以来士林派の登場によって、朱子学一尊主義による思想的および風俗的な一元化が、きわめて排他的に進められ、たとえ朱子学そのものの純化と深化があったとしても、思想的硬直性を極端化する端緒となったことは否定できない。このような精神的風土は、李滉の道学者的学風からはじまり、宋時烈に至ってさらに固まったとみてよいだろう。

Ⅳ　礼訟をめぐる論争と党争
――宋時烈と尹鑴を中心として――

李朝五百年の歴史は一六世紀末期の豊臣秀吉による壬辰（一五九二）および丁酉（一五九七）「倭乱」と、一七世紀前半期の清による丁卯（一六二七）および丙子（一六三六）「胡乱」とによって、前期と後期に分けられる。

国土の荒廃と人民殺戮の度合いからすれば「胡乱」よりは「倭乱」がひどく、近代におけるその植民地支配の苛酷さとオーバー・ラップされた形で、朝鮮人民の脳裡に深く刻みつけられている。しかし一六〇〇年の関ヶ原の戦いを境として徳川家康の天下になると、一六〇七年から室町幕府以来の「交隣」関係が回復した。

「胡乱」は破壊と殺戮はそれほどでもなかったが、「倭乱」以上の国辱として受け止められてきた。つまり丙子胡乱のとき南漢山城に難を避けた国王仁祖(在位一六二三〜四九)は清軍の包囲に屈して、三田渡で城下の盟を強いられ、明との断交、王子(昭顕世子、鳳林大君、麟平大君)の人質、清皇帝への臣礼を誓う羽目になった。当時中国大陸は明と清の交替期であり、とりわけ明は「倭乱」のとき援軍を派遣した抗日援朝の義理がある。清との間には武力的屈服によって「事大」関係が成立したが、依然として「尊明義理」が朝鮮の思想界の底流となった。

このようにして清との「事大」、日本との「交隣」が、朝鮮後期の対外関係における二つの中心軸となったが、思想史的にはこの二つの国を覇道の国として夷狄視し、明なきあと朝鮮が唯一の「小中華」=「東方礼儀之国」と自負する思想的パターンが定着するようになった。このような思想的パターンは、近代における新しい対外関係の転換において、その抑止的要因として強く作用している。のちにのべる礼訟の問題も、突きつめていけばこのような思想的背景と深くかかわっている。

さきにものべたように李朝の創業期には、地方的中小地主としての在野勢力として雌伏していた士林派は、中央政界に進出する過程で勲旧派の反撃のために、いくたびか挫折した。しかし宣祖(在位一五六七〜一六〇八)初期に士林派は、中央政界に支配的地位を獲得するにいたって、李朝創業期の現実参与派がしだいに権力と癒着して堕落していったように、士林派もそれぞれ朋党を組み、各党派に分解していった。

宣祖初年に吏曹(中央の官職として三政丞——領議政、左議政、右議政があり、その下に六曹——吏曹、戸曹、礼曹、兵曹、刑曹、工曹があった）の銓郎職（正郎および佐郎）をめぐって、東人と西人が対立した。銓郎はその地位は低いが、人材登用の起案者であり、将来は宰相に直結する重要職であったばかりでなく、銓郎職の任免は吏曹の長官である判書も干渉できず、離任者が推薦するようになっていた。したがってその職は政界における各派の主導権につながるものであった。秀吉が朝鮮を侵略した当時は東人が政権の座にあって、東人と西人との対立のなかで対日防戦策について、政界内部の意思の統一を欠いたことが、緒戦における敗北の大きな原因となった。

東人はそのご南人と北人に分れるが、これを学派からみれば退渓李滉の高弟柳成竜、金誠一ら嶺南学派の南人と、曹植の門人からなる北人との対立となっている。またそれに対抗する西人系には栗谷李珥、牛渓成渾直系の畿湖学派の人士が多くかかわっていた。この西人ものちに、李珥直系の老論と、成渾直系の少論にわかれた。これら南人、北人、老論、少論を四色党派というが、[32] 李朝後期の全政治過程では、老論と南人との対立、さらに老論と少論との対立がもっともはげしいものとなった。このようにして学派は党派と結合し、そのことによって学問そのものの自由な発展が阻害された。しかしこれらの党派関係は、一七世紀後半期に西人宋時烈と南人尹鑴との学問的対立から、党派的対立に発展するまでは、相互間の通婚や交友関係があって、排他と報復は比較的ゆるやかなものであった。李珥などはその生涯をつうじて東人と西人との和解、党派の解消のために努力したほどであった。

論者によっては、とりわけ日本の朝鮮史学者のなかにはこれらの党争史を不当に拡大して、李朝政治史そのものを党争史の如くに塗りつぶす向きがあり、甚しくは日本を含めてどの国の政治史にもみられる党派現象をもって、朝鮮特有の「民族性」の如くに論断する向きがある。例えば日本においても幕府と各藩、各藩相互間その他にも党派的対立がしばしば、政治的策謀や報復にとどまらず、武力衝突にまで発展した事例はいくらでもある。

じじつは李朝党争史においてそれが最悪の弊害を及ぼしたのは、一六五九年（孝宗一〇年）からほぼ三〇年間にわたる西人(宋時烈)と南人(尹鑴)との党争から、一七三〇年に英祖が蕩平策を実施するまでのほぼ六〇年間である。西人内部においても尹鑴に対決する宋時烈と尹宣挙(号—美村、一六一〇～六九)との対応の差によって、尹鑴との断交に踏みきれなかった尹宣挙は宋時烈との対立を生み、その子尹拯(号—明斎、一六二九～一七一四)はその師宋時烈に対抗して父を擁護し、西人派は老論(宋時烈)と少論(尹拯)に分裂した。

これは別に西人派に限ったことではなく、南人派のなかにも宋時烈にたいする対決をめぐって、それに苛酷に対決しようとする清南派(許穆など)と、それに同調しない濁南派(許積など)との相違があった。ともあれ宋時烈と尹鑴の確執があって以来、党争は父伝子承、師伝門承しながら後世に受け継がれたと見てよい(尹鑴は一六八〇年、宋時烈は一六八九年、それぞれ流配中に賜死)。

本来宋時烈(号—尤庵、一六〇七～八九)と尹鑴(号—白湖、一六一七～八〇)とは交友関係にありながら、学問上の論敵であった。宋はその師弟関係においては李珥の系譜を引きながら、李珥以上に朱子の信奉者であり、一字一句に至るまで朱子を祖述することをもって自分の学問的使命と考えていた。かれがもっとも精魂を打ち込んだ著作の一つに、『朱子言論同異考』がある。

ところが尹はその経学研究においてかなり自由な批判的立場にたち、先人たちのいかなる権威にも縛られなかった。かれは「四端七情人心道心説」(一六三八)において、李滉と李珥のそれを批判したばかりでなく、「中庸」の朱子章句を「補録」(一六四四)し、朱子の未備を補完し、完成することを後学の任務と考えた。尹は漢唐の古注や宋学の新注を儒教の原点から洗い直す姿勢をとった。

幼少のときから交友関係にあった宋時烈は、尹のそういう学問的姿勢をきびしく批判したが、朱子のみが孔孟を祖述するにあらず、とした尹の態度に我慢ならなかった。宋は尹を批判していわく——「鑴は少時から朱先生を力攻し、書を成すに至って、今は其の詬辱(恥辱)がますます甚しく、自ずから禹が洪水を抑えたことに比するに至った。此れじつに斯文の大賊である」と。[33] それ以来この「斯文乱賊」というおどし文句は、反対派の学問および思想弾圧のための武器として常用されてきたのである。

例えば少論派に属する朴世堂(号—西渓、一六二九〜一七〇三)は、その著『思弁録』において四書および『尚書』『毛詩』に独自の新注を加えたことのために、金昌翕(号—三淵)をはじめとする宋時烈の門人たちは、老論のかれを「斯文乱賊」として、国王にかれの官爵を剝奪するとともに流配させることを迫ったものである。つまり経典にかんする反程朱的考証や注釈は、いかなるばあいであれ「斯文乱賊」として糾弾される風潮が定着してしまったのである。

ところで宋と尹との論争が学問的それにとどまらず、しばしば政敵を社会的ばかりでなく物理的に抹殺する朋党争いに発展したのは、礼訟をめぐる対立であった。礼訟のはじまりは一六五九年に孝宗(在位一六五〇〜五九)がなくなり、まだ生存中であったその先王(仁祖)の継妃趙氏の服喪期間をめぐる問題からである。当時朝廷では朝鮮の『五礼儀』に依拠し、その他を参酌して朞年服(一周年の服喪)を採用することにしたが、これは宋時烈や宋俊吉の主張にしたがったものである。その論拠は、孝宗はたとえ王統を継承したとはいえ、仁祖の長子ではなく第二子だから、それにふさわしく朞年服にすべきだということであった。

これにたいして尹鑴は、孝宗はたとえ先王の長子(昭顕世子)ではなく第二子(鳳林大君)であっても、王室の宗統を継いだからには長子と同じ衰年服(二周年の服喪)にすべきであると、『儀礼』の注疏などを引証しながら論駁した。尹の主張に許穆や尹善道らも同調し、西人(畿湖学派)と南人(嶺南学派)との礼論をめぐる論争は、政権の座をめぐる党争にまで発展した。仁祖の継妃趙氏の服喪期間をめぐる論争に限ってみるならば、朞年服説が採用されるところとなって西人が勝利し、南人は中央政界から排除された。

問題は王室の国家的儀礼が政治と深く結びついていた当時、宋と尹との論争は、先王の継妃の服喪期間をめぐってのそれにとどまらず、宗統(王統)と嫡統との問題がからんでいっそう深刻化した。というのは本来王統を継ぐべき者は嫡統を継ぐ者のなかから出なければならない。だとすればたとえ仁祖の長子昭顕世子がなくなったとしても、その長孫から王統を継ぐ者が出なければならない。

まさしく問題は、孝宗(鳳林大君)の王統継承が、「宗統失序」であったことに起因する。さきにも丙子胡乱のところでふれたように、仁祖の三人の王子——昭顕世子(世子とは王統を継承する長子)、鳳林大君、麟平大君が人質として、瀋陽に幽閉された。昭顕世子は朝鮮と清との関係を円滑にするために清朝に恭順の意を示して、その嬪姜氏(右議政姜碩期女)とともに一六四四年に帰国した。しかし仁祖はこの世子とその嬪を憎しみ、世子は帰国三ヵ月目に変死したばかりでなく、姜嬪も謀略によって賜死し、済州島に流配されていたその三人の幼児たちも二人は死に、一人だけが辛くも生き残った。いうまでもなく「胡乱」以来の反清風潮を背景にした政治的迫害である。

鳳林大君が仁祖の強い意向によって王統を継ぐときも、重臣会議の大多数は「太子不在、継以太孫、此乃不易之常経」[34]として、その「宗統失序」を批判したほどである。したがって礼訟の争点は、「宗統」と「嫡統」との不一致(つまり長子、長孫が王統を継承していないこと)に起因しており、それにたいする解釈の差によるものであった。

一六五九年の礼訟があってのちも、老論、南人、少論の間には王室内部の服喪期間問題(一六七四年の第二次礼訟)、嫡庶の王統継承問題(一六八九)、王妃廃復にかんする問題(一六九四)などをもって党争がつづけられ、ほぼ三〇年間政権の交替があるたびに反対派への報復がくり返された。さきにものべたように一六世紀末期の「倭乱」、一七世紀前半期の「胡乱」による政治的および社会的混乱と、その隙に乗じた地方官吏や豪族たちの人民収奪が横行する現実をよそにして、その全エネルギーを党争と報復に費してかえりみない士大夫たちの腐敗ぶりは、それぞれの争点をめぐる論旨の是非をこえて、もっとも糾弾さるべき弊害を残した。

朝鮮では高麗末期に朱子学が伝来すると同時に、儒者たちの間には「朱子家礼」がおこなわれ、李朝にはいってそれはしだいに一般化されるに至った。「学則朱書・行則朱礼」といわれたように、朝鮮では朱子書を学ぶことと、朱子家礼を実践すること、つまり学と行の両面において、朱子的な一色化をはかってきた過程のなかで、礼の淵源や本質にかんする理論的および実証的研究への関心がたかまった。このようにして栗谷李珥の門人金長生(号―沙渓、一五四八〜一六三一)は『家礼輯覧』(一六五九)を著わすことによって、「礼学」を独自のジャンルとして発展させる端緒を切り拓いたのである。それは行としての礼から、学としての礼への発展を意味する。ところが「四端・七情・理気」をめぐる哲学上の論争が党争と結合したように、礼訟の渦中のなかで「礼学」上の論争も党争と結合して、礼論が党争のための武器として利用されるにいたったのである。

じつは宋時烈は金長生およびその子金集(号―慎独斎、一五七四〜一六五六)に師事して畿湖学派の嫡流を継ぐ大儒として重きをなしていた。孝宗が鳳林大君であったとき、宋時烈は尹鑴とともにその師傅として教育にあたったばかりでなく、孝宗および顕宗(在位一六六〇〜七四)の二代にわたって、その官職以上に国王の賓師として国王の諮問をうけた。宋時烈はこのような大きな権限を背景にしていただけに、学問上の論争がフェアでありえなかったのである。つまりそれは、反対派にたいする政治的圧力としてあらわれたのである。

宋時烈の朱子にたいする教条的姿勢は、栗谷李珥よりは退渓李滉に近く、李朝後半期の儒学界における宋時烈の影響が大きいだけに、また政界においても老論の勢力が大きいだけに、思想および学問の独創的かつ多面的発展は、ただちに政治的弾圧と結合する危険性があった。

また宋時烈が後世に深い影響をあたえた思想として、尊明排清的な「北伐論」(北の清を伐つ)がある。もちろん尊明大義を強調する思想はそれ以前にもあった。中国大陸で明と清が角逐していた時期の国王光海君(在位一六〇八～二二)は、双方の争いを観望しながら、現実主義的な外交的対応を企図したものであったが、西人派は尊明大義を振りかざして光海君およびその支持者である北人派を駆逐して仁祖をたて、その功によって政権を執った(仁祖反正)。しかしそれが名分論的な「北伐論」に発展したのは、宋時烈以来のことである。

孝宗は清にたいする雪辱のために、その生涯をつうじて北伐計画を怠らなかったが、宋時烈はその賓師として思想的および政治的にそれをバック・アップした人物である。かれは孝宗が即位した一六四九年に、国王としての心得と治世策について長文の封事を献じているが、かれは「政事を修めて、以て夷狄を攘う」ことの条目のなかで、つぎのようにのべている(35)。

「伏して願いたいことは、殿下は心を堅く定めて、この(胡)虜は君父の大讐であり、共に一天を戴くに忍ばざるを誓い、憾みを蓄え、怨みを積み、痛みを忍び、冤を含み、へりくだったことばのなかにも、いよいよ忿怒をつみかさね、金幣のなかにも、いよいよ薪胆を切にし、枢機の(秘)密を鬼神も窺えないようにし、志気の堅を賁育(孟賁と夏育、古代中国の伝説的な力士)も奪えないようにし、以て五年、七年を期し、以て十年、二十年に至るもゆるむことがあってはならない。吾が力の強弱を視、彼の勢の盛衰を観て、たとえ戈をひっさげて罪を問い、中原を清掃して、以て我が神宗皇帝(「倭乱」のとき明軍を朝鮮に派遣した)のきわまりない恩に報いることはできないにしても、なお或いは関(国境)を閉ざし、約を絶ち、名を正し、理を明らかにすれば、以て吾が義の便を守ることにはなろう。かりに成敗利鈍をあらかじめ見通せなかったとしても、然し吾れは君臣、父子の間にすでに憾みはなく、屈辱をうけて生きながらえるよりも、まさるのではなかろうか」。

宋時烈のこのような清国観はかれ自身がのべたところによるならば「孔子が『春秋』を作って、以て大一統の義を天下後世に明らかにしてから、すべての血気の類は、中国は尊ぶべく、夷狄は醜《にく》むべきを知らざる者はない」という、清国＝夷狄観に基礎をおいている。かれにおける「君臣・父子」とは、明皇帝と朝鮮国王との関係のことであり、「大一統之義」とは、「天無二日、民無二王」の春秋大義のことである。李朝後半期の儒教思想のなかで、清にたいして外交面では事大的でありながら、人倫および文化面では夷狄視する傾向は、近代にいたるまで一貫する潮流となっている。つまり明が清になってからは、中国は「礼楽淪於糞壌、人道入於禽獣」とみるのである。

宋時烈の苛酷なまでに偏狭な党派性は、かれが朱子を「言言皆是者、朱子也、事事皆当者、朱子也、朱子実為孔子後一人也」(李恒老『華西集』巻三、「仁応」第九)と語ったように、その非妥協的な思想の教条的性格と表裏一体をなすものであろう。かれは栗谷について、「今日と栗谷の時とは大いに同じくないという者は、時を識り勢を知るにくわしいというべきである。栗谷が今日に在るといえども、必ず再び事を調停するといわないだろう」[36]と語っている。果してそうだろうか。前述したように、李珥は朱子学者でありながら、けっして教条的にその学説を踏襲していない。また東人と西人との対立を憂慮し、その和解のために努力した人物である。宋時烈は賜薬をうけて死する前に、「直」の一字をもって子孫および門人への戒めとしたそうだが、「直きを以て怨みに報い、徳を以て徳に報いる」(以直報怨、以徳報徳―『論語』憲問十四)に照してみるとき、かれは「直」の人ではあっても、「徳」の人ではなかったといえそうである。

そのごにおいても畿湖学派と嶺南学派の間には「四端・七情・理気」論争および礼論をめぐっての論争が、朝鮮儒学の中心問題として依然とつづくが、それはおおむね反対派から師説を擁護するという域をこえるものではなかった。そのなかでただ畿湖学派内部からおこった「人物性異同」をめぐる論争が異色であったといいうる。

この「人物性異同」論争は、栗谷李珥の門人権尚夏(号―遂庵)の門下から端を発した。つまり「人物性同」の立場にたつ李柬(号―巍巌)と、「人物性異」の立場にたつ韓元震(号―南塘)との間に、一七〇九年から一五年にわたって、数万言にわたる論争が展開されたものである。本来この論争は忠清道から端を発したのであるが、李柬の見解に同調した学者が京畿道に多かったことから、「人物性同論」を「洛論」といい、韓元震の見解に同調した学者が忠清道に多かったことから、「人物性異論」を「湖論」という。

要するに両者間の相違は、人と物の「性」の理解にたいする主理的立場と、主気的立場の相違であって、「人物性同」論は、未発の「本然之性」に重点をおいた見方であり、「人物性異」論は、已発の「気質之性」に重点をおいた見方といえる。それを栗谷の「理通気局」の学説に即してみるならば、主理的立場は「性即理」→理通＝性通となって「人物性同」論となる。しかし主気的立場からみるならば「無為無形」の理は、「有為有形」の気の中に宿ることによってのみ存在しうるから、性は具体的には気となり、「性即気」→気局＝気分殊となって「人物性異」論となる。じつは「人物性異」の「湖論」は、「道理」から「物理」を相対化して、物にたいする「窮理」の新しい地平を切り拓く可能性をはらむものではあったが、両者間の論争は形而上的な枠をこえるものではなかった。

それはともあれ、一六世紀末期から一七世紀前半期における「倭乱」および「胡乱」につづく政治的および社会的混乱と、そのために生産力発展の芽が不当に摘みとられ、うちひしがれていた現実問題をよそに、朝鮮儒学界の主要な関心が「四端・七情・理気」および礼論に偏重していたことは、その知的エネルギーの浪費であったばかりでなく、それが党争と結合してますます政治的および社会的混乱を助長したというそしりを免れることはできない。朝鮮儒学のこのような傾向にたいする内在批判として実学思想が登場したのは、歴史の必然であり、時代の要請であり、そのような混乱のなかにあってなお、健全な知性の存在を立証したものというほかはない。

第二節　実学思想の形成と英・正時代

I　李朝後期儒教の特質とその内在批判

以上われわれは、一七世紀後半期に実学思想が登場するまでの儒学史のあらましと、党争によって思想および学問そのものがスポイルされる思想史的過程についてみてきた。

東アジアにおける儒教文化圏のなかで、朝鮮は李朝五百年の間、宋学＝朱子学だけを唯一に「正学」として固守し、その教義にかんする限り、「述べて作らず、信じて古えを好む」(述而不作、信而好古)を鉄則としてきた国といえよう。このことのなかにそれが善きにせよ悪しきにせよ、朝鮮儒教史がもついちじるしい特徴があるように思える。それを具体的にみることにしよう。

まず第一に、朝鮮の儒学は朱子学の伝来当初から、孔孟程朱の道統を「正学」(正統)として受け継ぎ、その他すべての思想的流派を「邪学」(異端)として、きびしく対決的であったということである。そのことによって宋学＝朱子学そのものの純化および深化においてみるべきものがあったとしても、思想と学問の自由がいちじるしく制約され、一元的に単純化された硬直性を免かれえなかった。

すでにのべてきたように麗末鮮初においては、鄭道伝や権近らが、老仏との対決をつうじて儒教立国の理念的基礎を構築した。一六世紀にはいって陽明学にたいする李滉のきびしい批判があり、そのような反陽明学的立場は嶺南学派であれ畿湖学派であれ、朝鮮儒学界の主潮としてそのまま踏襲された。さらに一七世紀の宋時烈にいたっては、孔孟学(洙泗学)にたいする反朱子的注釈を「斯文乱賊」として、政治的迫害を加えるまでにいたったのである。朝鮮儒学の硬直性は、とりわけこの宋時烈以来のものである。

朱子学にたいするこのような教条的傾向にたいして、実学派の李瀷(号―星湖、一六八二〜一七六四)は、「一字の疑いを致しても妄であり、考校参互しても、則ち罪である。朱子の文もなお此れの如くであるのに、いわんや古経においてをや。東人(朝鮮人)の学は魯莽(おろかでみにくい)を免れ難い[37]」と批判しているが、それより先、つとに張維(号―谿谷、一五八七〜一六三八)は、つぎのように指摘したことがある。

「中国の学術は多岐にして、正学あり、禅学あり、丹学(道教)あり、程朱を学ぶ者あり、陸氏(陸王学＝陽明学)を学ぶ者あって、門径が一つではない。而して我が国では有識無識を論ずることなく、筴を挾んで書を読む者は、皆程朱を称し、いまだ他学あるを聞かない。これは我が国の士の習いが中国よりも賢なるがためなのか。然らずといいたい。

中国には学者があるが、我が国には学者がないからである。蓋し中国の人材は志趣がすこぶる碌々とせず(人に追随しない)、時に有志の士ありて実心をもって向学するが故に、其の好むところにしたがって学ぶところも同じくない。然るに往々にしてそれぞれ実得するものがあった。

我が国では然らずである。齷齪として拘束され、おしなべて志気がない。ただ程朱の学が世に貴重なるを聞いて、口で語り形だけ之れを尊ぶのみ。いわゆる雑学(朱子学以外の諸学)がないのに、どうして正学から得るものがあろうか。たとえれば土地を開墾して種を播き、それに花咲き実がなってのち、五穀と稊稗とを分別できる。茫然たる赤土のうえに、いずれが五穀をなし、いずれが稊稗をなすというのか[38]」。

つまり「正学」(五穀)は、「雑学」(稊稗)があってこそその存在価値があるのに、他を排除して唯一に「正学」だけを尊ぶのは、その思想的風土が「茫然たる赤土」の如くであると比喩している。かれ張維は一六三六年の丙子胡乱のとき、工曹判書の地位にあって崔鳴吉らとともに、清との武力対決を避けて主和派の立場にたった。そのために後世の尊明排清的な儒者たちから非難された。しかしかれは、『書経』の「人心道心」の解釈をめぐって、程子、朱子、羅整庵(欽順)など紛々たる説があるが、その帰一するところは「精一」(「人心惟危、道心惟微、惟精惟一、允執厥中、無稽之言勿聴」の略、『書経』大禹謨)の二字にあるとして、枝葉末節による甲論乙駁を戒めた学者である。

つぎに第二の特徴は、朝鮮儒学が麗末鮮初における「実学」的側面がしだいに捨象されて、その主要な関心が「形而上」的な性理学と形式的な礼論に偏重していったことである。いうならば現実ばなれした空理空論におちいって虚学化し、そのために知的エネルギーを消耗するにいたったことである。

さきの李瀷がのべているように、「世の儒術を以て目されるのには両岐あり、書を読み道を談ずる、之れを(性)理学という。冠婚喪祭の儀を考拠する、之れを礼学という。二者はそれぞれその主とするところがあって相通じない[39]」。

実学思想を五百余巻の著作のなかで集大成した丁若鏞(号―茶山、一七六二〜一八三六)は、儒者として「堯舜周孔之門」に同帰できない五つの学問の弊害として、「性理之学」、「訓詁之学」、「文章之学」、「科挙之学」、「術数之学」をあげている。そのなかでかれは、「性理之学」は本来、「道を知り己れをわきまえる所以のものであり、以て自ずから其の践形の所以する義を勉める」ものであるはずなのに、それがどうなっているかと反問して、つぎのように指摘している。

「今の性理の学を為す者、曰く理、曰く気、曰く性、曰く情、曰く体、曰く用、曰く本然と気質、理発と気発、已発と未発、その一つだけを指したとか、二つを兼ねて指したとか、理は同じで気は異るとか、気は同じで理は異るとか、心は善で悪が無いとか、心は善で悪もあるとか、三幹五椏に千条万葉、毫と縷とに分析し、嗔と嚷とを交互にす。
冥心黙研しては気を振い頸《くびすじ》を赤らめながら、自ら以て天下の高妙を究めたと為し、而して東振西触しては尾を捉えて頭を見ず、門に一幟を立て、家に塁を築き、世が畢るまでその訟を決する能わず、世に伝えてその怨を解くこと能わず、入る者はこれを主《あるじ》となし、出る者はこれを奴となし、同じき者は之れを戴き、異なる者は之れを伐《う》ち、ひそかに自らいえらく、拠るところが極めて正しい、と。豈、うとましいことではないか」。

かれはさらにいう。

「その辺幅(外貌)を修飾し、行を制して辛苦するのは、放縦と邪淫とを楽しむより勝るといえども、腹を空かせながら心は高くし、傲然として自ら是《ぜ》とする。終に(かれらと)手を携えて、堯舜周孔の門に同帰できないのが、今の性理学である[40]」。

たしかに丁若鏞が指摘しているように、朝鮮の朱子学＝性理学は儒教哲学上の基本カテゴリー、例えば「理」と「気」、「四端」と「七情」、「理発」と「気発」、「未発」と「已発」、「道心」と「人心」、「本然之性」と「気質之性」、「体」と「用」、人と物の性の「理同気異」と「気同理異」などなど、「形而上」的側面にたいする朱子的解釈を問い直し、論争をつうじてそれを精密化する功績を積みあげてきたといえる。また礼論においても、行としての礼から学としての礼に発展させ、その歴史的、理論的本質と、日常的な践形との関連について精密な考察が加えられてきた。

にもかかわらず一国の政治と教化に「士」＝儒者が果すべき役割と責任、そのための思想と学問のあり方がどうであったか、という視点からみるとき、所詮それらは「治人」よりは「修己」偏重の空理空論にすぎなかったといえる。一七世紀以来の血で血を洗うような党争は、さらに儒者たちをして現実とかかわる「形而下」的世界からの逃避を促す原因となった。

第三の特徴はすでに指摘したことがあるように、学派と党派が癒着することによって学派間の論争が党派間の角逐となり、執権派によって他学派＝党派にたいする政治的および思想的迫害が繰り返えされたことである。

李朝五百年にわたる支配階級は、いうまでもなく心を労する者としての「士」であり、それが国王を補佐して政治を担当した。朝鮮におけるその「士」とは儒者のことであって、兵馬の権を含めた国政全般にわたって、文民優位の原則が貫かれていたことは、日本のばあいといちじるしく異るところである。

かれら「士」にとって本来儒学は「修己治人」、つまり「修己」(修身)および「治人」(政治)のための学としてあるのであって、その学はおのずから「士は進んで朝(廷)に立ち、其の道を行う」(士進則立於朝、而行其道)べきものとしてあった。丁若鏞が「士」とは「道を学ぶ人」といい、その道を行う者として「仕」と同義である（学道之人、名之曰士、士者也仕也）[41]といったそれである。しかし朝鮮の「士」＝儒者は例外的な蔭仕(祖先の余徳による仕官)もあるが、基本的には科挙をつうじてしか官職に就く道はない。

ところが科挙による無計画的な取人が、官職数に比して肥大化すればするほど、限られた官職数をめぐって党派間の死活的な権力争いははげしくなる。各党派がかかげる名分論がどうであれ、その本質は一党派による政権の独占にともなう利害関係の対立であって、さきの李瀷は頻繁な科挙試による無計画な取人の弊害(蓋選挙繁、而取人太広也)を指摘しながら、つぎのようにのべている。

「朋党は争闘から生まれ、争闘は利害から生まれる。利害切なればその党も深く、利害久しければ其の党も固い。(形)勢がそうさせたのである」[42]。

学派と党派とが癒着したけっか、思想および学問が権力争いの道具としてスポイルされることは必然であって、鄭東愈(号―玄同、一七四四～一八〇八)はつぎのように鋭く指摘した。

「古人はいった。貨財をもって子孫を殺すことなく、学術をもって天下後世を殺すことなかれ、と。此れまことに格論である……

凡そ一世の宗として仰ぐ名賢は、その心に平恕を守り、事を公正にしたけれども、其の末流に至って弊が生じて後は、詖辟（ねぢけ、かたよること）をめぐらして、まさに至らざるはない。まして其の名賢の学術を為すのに、先きに党を護るを以て道義とし、戕《しょう》伐（殺し伐つこと）をもって事業とし、是れをもって心を処し、是れをもって人を教えて、其の転輾として毒を流す弊を如何にすべきであろうか。

其の人を罪する声は必ず義理の名をかかげ、森厳な（罪）案を構成するを見る。ああ誰か義理の二字が、後世に殺人の刀斧になることを知りえただろうか。之れを思えば、心が痛むのだ」[43]。

さいごに第四の特徴は、一七世紀前半期の二回にわたる「胡乱」（一六二七、三六）ののち、清にたいする「小中華」的北伐論が、朝鮮儒学界の潮流として貫徹されたことである。つまり尊華攘夷の思想がそれである。

本来朝鮮と中国とは陸続きであり、したがって両国間の相互関係は朝鮮の自立および安全と深くかかわっていた。朝鮮は明にたいして、その建国以来「事大」（以小事大）関係を持続してきたが、それは文化的側面からみて同じ「中華」の大国と小国との関係とみてよい。というのはそれは力の論理（覇道）からする宗属関係というよりは、文化的同質観念による「礼」の関係であったからである。

朝鮮の中国にたいする「事大」関係というのは、したがって覇道的功利主義によっては理解しにくい儒教国相互間の王道的関係であって、『孟子』（梁恵王章句、下）にみえるつぎのような原理に基づくものである。

「斉の宣王問いて曰く、隣国に交わるに道有りや。孟子対《こた》えて曰く、有り。惟《ただ》仁者のみ能く大を以て小に事《つか》うるを為す。是《こ》の故に湯《とう》は葛《かつ》に事え、文王は混夷《こんい》に事えたり。惟智者のみ能く小を以て大に事うるを為す。故に大王は獯鬻《くんいく》に事え、勾践《こうせん》は呉に事えたり。大を以て小に事うる者は天を楽しむ者なり。小を以て大に事うる者は天を畏《おそ》るる者なり。天を楽しむ者は天下を保《やす》んじ、天を畏るる者は其の国を保んず」(岩波文庫版の訳による)。いうならば李朝前期の朝鮮と明との関係は、明からすれば「以大事小者、楽天者」という仁者の立場であり、朝鮮からすれば「以小事大者、畏天者」という智者の立場である。そしてこのような仁者と智者との相互関係による明の「保天下」と朝鮮の「保其国」とは、それぞれの国家的利害において一致しえたのである。

日本人学者たちがこのような朝鮮と中国との「事大」と「事小」の王道的関係を、ただちに覇道主義的発想からの宗主国と服属国との関係に短絡させ、中国にたいする朝鮮の広範囲の自主性を否定するのは、このような儒教国相互間独特の「仁」と「智」との王道思想にたいする理解の欠如によるものである、といえないだろうか。

しかし先きにのべたように、二回の「胡乱」によって朝鮮国王は清皇帝にたいして、力によって「臣礼」を誓わされた。つまり清の覇道(以力服人者覇)による朝鮮との「事大」関係は、明の王道(以徳服人者王)によるそれとは、内実を異にするものとして理解された。つまり「大中華」としての明が亡び、それにかわって清＝胡虜が登場するに及んで、天下に朝鮮は唯一の「小中華」として孤立するようになり、「華」と「夷」とのきびしい対決観念は、李朝後期における朝鮮儒学の体質と化し、清にたいする北伐論(名分としての)がさらに普遍化して、思想的には「尊華攘夷」の名分思想として凝り固まっていったのである。

このような「小中華」的北伐論の典型を、われわれはすでに宋時烈の思想のなかにみたのであるが、朱子学にたいするかれの極端に教条的姿勢も、当時の朝鮮と清との関係に照して、朱子学が強く訴える力をもっていたからであろう。というのは南宋の朱子は、周濂渓、程明道および程伊川、張横渠の北宋儒学を集大成した学者であるが、その思想の根底には、一一四一年に南下した金(清と同じ満洲族)にたいする宋王朝の屈辱的な和議に反対し、旧地恢復のための反金的攘夷思想が、太く貫かれているからである。つまり金にたいする南宋の関係は、清にたいする朝鮮の関係に酷似し、金にたいする朱子の姿勢には、清にたいする宋時烈および朝鮮朱子学者たちのそれを彷彿させるものがある。

先きにもふれたことがあるように、一六三六年の丙子胡乱のとき、人質として清に拉致された経験をもつ孝宗にたいして、宋時烈が献策した己丑封事（一六四九）および丁酉封事（一六五七）は、南宋の孝宗にたいする朱子の壬午封事（一一六二）および庚子封事（一一八〇）に相似するものであり、例えば宋時烈の己丑封事のなかの「修政事以攘夷」の項目などは、朱子の壬午封事のなかのそれと、その題名ばかりでなく、基本精神においても一致している。

このような「小中華」的北伐論が普遍化した尊華攘夷思想は、李朝後期における朝鮮儒学の対外的な排他性、対決性を規定し、さらには近代における「洋夷」および「倭夷」への柔軟にして臨機応変の対処をあやまらせる思想的体質となった。のちにみるように実学派における北学論は、このような北伐論にたいする対極としての思想であった。

実学派が新しい学風を構築するためには、朝鮮儒教がもつ以上のようなもろもろの枠組みから自らを解き放つこと、権力をめぐる党争からの思想および学問の相対的自立性を獲得することなしには不可能なことであった。われわれはつぎに、その一端をかいつまんで考えてみたいと思う。

II　新しい学風としての実学思想

われわれは先きに、朝鮮儒教のあり方にたいする儒者内部からの内在批判について垣間みてきた。まさに実学派の新しい学風は、このような内在批判を踏まえて形成された。しかし朝鮮儒教の伝統的性格に批判的立場にたつ以上に、それに代る新しい学風と思想を構築する作業はより困難がともなうことはいうまでもない。

そのためには同じ思想系譜を継ぐ学者たちによって、新しい思想の核を内包的に深化し、外延的に拡大する一定時期の積み重ねと、集団的な英知の結集が必要であろう。

一八世紀を中心とする一七世紀後半期から一九世紀前半期にわたる実学思想は、すでに虚学化して現実ばなれした朝鮮儒学の欠陥を内在的に克服し、それに代って当該時期の歴史的現実を省察し、その諸矛盾からの脱出口を切り拓くための新しい変通思想として登場したのである。当該時期の歴史的現実とは、李朝建国以来の「祖宗之法」としての制度と名分が創業期における活力をしだいに喪失して、新しい現実に副えなくなったばかりでなく、むしろその発展を阻害するしがらみになっていたということである。

もちろん実学思想は、伝統朱子学に対立した思想としてあるのでなく、むしろその「分流」または「一種の改新儒教」としてある。[44] 実学派の学者たちも、それぞれ一家言をもったすぐれた性理学者であったし、なかんずく丁若鏞は、漢儒の訓詁癖および宋儒の窮理癖の呪縛から自らを解き放つことによって、「堯舜周孔之門」に直結するために、独自の経学的世界を切り拓いた学者である。[45]

にもかかわらずかれら実学派も、少くとも一六世紀以来、朝鮮儒学界を二大学派に分けるにいたった「四七理気」(四七とは四端七情)論争にたいする見解からみる限り、退渓李滉や栗谷李珥の流派からはみでるものではなかった。さらには実学派の経世思想が、洪大容を例外として、唯物論的な「気」の哲学を共通の基礎として構築されたわけでもない。[46]

例えば実学派の有力な一流派をなす星湖学派の総帥李瀷は、その父李夏鎮が一六八〇年の反対派の報復(庚申大黜陟)によって、政権の座から放逐された南人系の学者であって、その生涯を在野生活に徹した人である。しかしかれは父李夏鎮の流配地での死(かれは流配地平安道雲山で生まれた)、仲兄であり師でもあった李潜の杖殺という党禍による怨念を超えて、退渓李滉ばかりでなく、政敵としての老論派が尊崇する栗谷李珥にも私淑した。かれは朱子学者として「李子粋語」(李子＝李滉)を著わして退渓を尊崇したばかりでなく、「四七理気」論争においても、退渓の「理気互発」説をさらに主理的に純化して、李珥の「気発理乗」説とは反対に「理発気順」一途説を主張したものであった(47)。

しかしかれが実学者たる所以は、その『藿憂録』をはじめ雑著のなかに展開されている経世思想であるが、それは李珥および柳馨遠(号―磻渓、一六二二〜七三)の系譜を発展させたものであった。かれは変法思想に言及したなかで「法久弊、弊必有革、理之常也」とのべながら、つぎのように書いている。

「国朝(李朝)以来、屈指の(時)務を識るものは、ただ李栗谷と柳磻渓の二公のみ。栗谷に在りては太半が行いうるものであったが、磻渓は究めて源本に到り、一斉を剗《せん》(けずる)して新たにし、王政の始を為した。志固より大である。然るに田の畫佃、京司の卒眷の類の如き、必らずまさに礙阻ありて行い難きものであった(48)」。

たしかに李瀷がのべているように、李珥の経世策は、当面の「時務」(国家および社会の現実問題)に応えうる実行可能なものであったが、柳馨遠のそれはその著『磻渓随録』にみられるように、封建体制の経済的土台をなす田制改革からはじまる一連の改革プランは、体制そのものの根本的変革をともなう内容となっている。磻渓は李瀷と同じく在野生活に徹した南人系の学者であるが、李珥はいうまでもなく西人＝老論派の源流として尊崇されている学者であり、政治家である。つまり李瀷の性理学は李滉のそれを発展させたものであり、その経世思想は李珥に淵源し、柳馨遠のそれを受け継ぐものである。

また南人系の学者であり、一六歳のとき星湖遺稿に接して以来、終生李瀷に私淑した星湖学派の俊才丁若鏞も、「陶山私淑録」(陶山―李滉の陶山書院)を著わして李滉を尊崇した学者である。しかし性理学者としてのかれは李珥の主気論的な「気発理乗」一途説をとって、理と気とを四端と七情に分属させる退渓説とも、「理発気順」の星湖とも別の見解をもっていた[49]。

実学派のなかには、先きにも見たように南人系の学者たちによる星湖学派とともに、老論系の学者たちによる北学派がある。当時の風潮として、党派を異にすれば通婚も師弟関係も結べなかったことから、星湖学派と北学派はそれぞれ学派を異にしながらも、経世の学にたいする共通の関心から、相互間に声気互流するものがあった。

北学派の最年長者であり、実学派随一の数学および天文学者であった洪大容(号―湛軒、一七三一～八三)は、老論派の碩学として著名な金元行(号―渼湖)に、ほぼ三〇年間も師事した。金元行は宋時烈の高弟金昌協(号―農巌)の孫で、宋時烈直系の学統を継ぐ学者であった。しかし洪大容は清朝学人鄧汶軒にあたえた書翰のなかで、つぎのように回想している。

「十数歳から古学に志があったが、誓って章句を為す迂儒とはならず、兼ねて軍国経済の業を慕った[50]」。

かれは一七六五年に叔父洪檍が燕行使書状官として北京に赴くようになったとき、その子弟軍官という名目で一行に随行した。そのとき北京の琉璃廠で交わるようになった清朝学人厳誠にたいして、かれは「東人(朝鮮人)の著書中、聖学輯要、磻渓随録を以て経世有用の学と為す[51]」として、李珥の『聖学輯要』と、柳馨遠の『磻渓随録』を、朝鮮随一の「経世有用之学」として推奨している。また星湖学派の学風に共鳴し、「故に先生(洪大容)は朴燕巌趾源、朴楚亭斉家と善くするところ、皆つとに星湖僿説を読む[52]」。

見られるようにかれ洪大容は、朴趾源や朴斉家らとともに、学派と党派を超えて、その学問の主要な関心を、李珥の『聖学輯要』、柳馨遠の『磻渓随録』、李瀷の『星湖僿説』の経世致用の学に向けていたことが分る。

しかし何よりも北学派がもっところのきわだった特徴は、『春秋』の大義による尊明排清的な北伐論に対決して、大胆に北学論を提起したことである。朴趾源(号―燕巌、一七三七～一八〇五)はつぎのように書いている。

「聖人が『春秋』を作ったのは、固より尊華攘夷することであった。しかし夷狄(清)が中国を乱したことに憤激して、尊ぶにたる中華の実まで、之れを攘えとは、いまだ聞いたことがない[53]」。

かれがここでいう「中華の実」とは、王朝が変っても変ることのない制度、学問、耕蚕、陶冶、恵工、通商である。かれは空疎な北伐論をうそぶくよりは、何よりもまずその「中華の実」から学び、清朝の堅甲利兵にまさる自強策をはかるのが先決であると主張した。

尊華攘夷的「春秋」の大義は、西人＝老論派の総帥宋時烈以来もっとも唱導されてきたことは、洪大容が清朝学人厳誠や潘庭筠らとの筆談のなかで、朝鮮儒教史を略述しながら「尤庵(宋時烈)享年最久、尊尚春秋[54]」と指摘した通りである。

いうまでもなく洪大容も朱子学者であり、それを「正学」としていたが故に、終生の友として交わるにいたった先きの厳誠とも、「鉄橋(厳誠)は始め、余が陸王および仏学を斥けるを聞いて、すこぶる悦ばざるの色があった」とのべているように、必ずしも学問上の立場は一致していなかった。しかし朝鮮の学風が、朱子学だけを唯一思想として他の流派を排斥する硬直性については批判的な立場にたった。かれは痛烈に、つぎのようにいう。

「東儒の朱子を崇奉するのは、実に中国の及ぶところではない。しかしただ崇奉することの貴きを知って、その経義に於て疑うべく、議すべきことをも風を望んで雷同し、一味を掩護し、思うことは一世の口をふさぐを以てする。是れ郷原(中国人に仰合するための偽善)の心をもって朱子を望むものである[55]」。

以上みてきたように「時務」の学、または「経世有用」の学としての実学思想は、朝鮮儒学の本流をなす嶺南学派または畿湖学派、さらにそれとからむ党派の呪縛から自らを解き放つことによって、その思想的および学問的淵源を李瀷および柳馨遠に求めているのである。李瀷をもって一六世紀の性理学と一七世紀後半期からの実学思想との架橋的役割を果した学者であるとするならば、柳馨遠は実学思想にはじめて自立した学的体系をあたえた学者であるといいうるであろう。

すでにのべたように儒学の原点を「聖賢之学、不過修己治人而已」と喝破して、「士」の学問を「修己」(修身)の学と「治人」(経世)の学との統一としてとらえていた李珥は、現実問題にたいして、自省的、主静的な「為己」偏重の道学者流とは異った姿勢をとっていた。かれは宣祖のために書いた帝王の学としての『聖学輯要』のなかで、つぎのようにのべている。「臣按ずるに、君は国に依り、国は民に依る。王者は民を以て天と為し、民は食を以て天と為す。民が天とする所を失えば、則ち国は依る所を失う。此れ不易の理である」(56)。

つまりかれによれば、治国の基本は「民以食為天」とする所を充すことであって、いみじくも「安民」と「明教」との関係を、つぎのようにのべている。「先富後教は理勢の当然であって、故に安民の後に明教を以てこれを終る」(57)。

また柳馨遠の著作として今日に伝わるのは『磻渓随録』だけであるが、そのほかにも記録のうえでは、性理学、地理、歴史、兵法、音韻学その他の著作があったことが知られている。『磻渓随録』の叙述体系は田制を基本として、教選、任官、職官、禄制、兵制の各篇、さらに続篇および補遺からなるが、それぞれには攷説があって、中国および朝鮮においての歴史的考証が加えられている(58)。

柳馨遠は田制改革を諸改革の基礎としなければならない理由として、「経界(土地の配分関係)が専ら正しければ、民には恒業の固があり、兵を捜括(徴集して編成する)するのに弊が無く、貴賤上下はおのおの其の職を得ざる無し。是れ人心を底定させ、風俗を敦厚にする所以である」(59)とのべている。いうまでもなく先きにのべた李珥の「先富後教」の観点と軌を一にする。

こんにち柳馨遠の性理学にかんする一連の著作は伝わらず、ただその書目を知るのみであるが、柳馨遠の行状を書いた呉光運はそのなかで、「然覧公理気総論・論学物理・経説等書、然後知随録之本、而天徳王道不二也[60]」と書いている。つまり柳公の性理書である『理気総論』『論学物理』『経説問答』などを読んではじめて、『磻渓随録』における経世思想の哲学的基礎がそこにあること、「天徳」としての性理学と、「王道」としての経世思想との間に論理的一貫性があることを知ったとのべている。

また同じくかれは『磻渓随録』に寄せた序のなかでも、「先生所著理気・人心道心・四端七情説」を読むに及んで、「道器之不相離」、つまり形而上の「道」(性理学)と、形而下の「器」(経世思想)とが内的な連関性によって貫かれていることを知った、とのべている[61]。けだし柳馨遠によって、伝統朱子学の形而上的偏重が克服され、実学思想の自立化のための新しい基礎が据えられたといえるのである。

われわれはすでにのべてきたなかで、実学派がもつところの新しい学風について、そのおおまかな輪郭をほぼ知りえたと思われる。それを整理すると、その一つは当時の朝鮮儒学界がそれぞれ学派と党派を分けて排他し、師説を踏襲して相拮抗していた痼疾のなかで、実学派はそのような弊風から自由たろうとしたことである。その二つはかれらの主要な学問的関心が、形而上的な性理学ではなく、科挙のための学問でもなく、形而下的な「時務」のための経世学に向けられていたことである。

要するに実学思想とは、学派と党派、「華」と「夷」とを超えたところで「実事求是」した思想であり、従来の儒学が現実問題から目をそらして内省化し、虚学化した弊風を内在的に克服した「時務策の学的体系[62]」としての変通的経世思想としてである。その「時務」とは具体的には「経世致用」であり、「利用厚生」であって、ばあいによっては「修己」相応に「治人」＝経世の側面を強調した星湖学派を経世致用学派、『書経』(大禹謨篇)にいう「正徳・利用・厚生」の三事のなかで、「正徳」相応に、というよりは「利用・厚生」を優先させて強調した北学派を利用厚生学派と呼ぶ所以である。

つまりかれらは、時務策の学的体系を構築するために、朝鮮の歴史、地理、文化諸般、さらには外国(清国および西洋)の事情および科学技術の研究から「実事求是」するという方法をとった。その意味で「実事求是」の方法によって実学派が追究した目的は、清朝考証学において「実事求是」が文献考証のための方法としてあったそれとは、性格を異にするものといわなければならない。

じじつ実学派は清朝考証学について、批判的な立場にたった。例えば一七八〇年に燕行使に随行した朴趾源は、清朝学人王民皡(号—鵠汀、一七二八～?)との筆談のなかで、かつて永楽帝のときにも(明の第三代永楽帝、在位一四〇二～二五)、天下の群書を集めて『永楽大典』などを編纂させ、学者たちが頭が白くなるまで他の事を考える暇をあたえなかったが、いまの『古今図書集成』の編纂なども、同じ意図からではないのか、つまり清王朝の漢人学者にたいする思想統制のための手段ではないのかと、指摘している[63]。

また丁若鏞は、明末清初における「朱子学的な立場を継承する経世論者[64]」としての顧炎武(号—亭林、一六一三～八二)を高く評価した学者であるが、清朝考証学については、「清儒之学、長於考拠、考拠之法、精於詁訓、而略於義理[65]」と、訓詁に偏重して義理(哲学)がおろそかにされているとして、その学風の欠陥を批判している。

もちろん学的体系としての実学思想は、一七世紀後半(一六七〇年に『磻渓随録』完成)から一九世紀前半(一八三六年に丁若鏞没)に至る過程において、その間の歴史的変動を反映して終始同質ではありえない。本来実学思想のなかには、「尚古」的なものと「変通」的なものが未分化の形で包括されながら、傾向としては後期に至るほど、とりわけ一八世紀における社会経済的な変動を反映して近代的志向性が顕著になることはいうまでもない。

III　英・正時代と実学派の形成と系譜

実学思想が血縁的および師弟的な人脈関係において、独自の学派を形成した時期は、英・正時代である。英・正時代とは一八世紀における国王英祖（在位一七二五〜七六）および正祖（在位一七七七〜一八〇〇）の治政期のことである。

実学思想はすでに近代初期において開化派によって継承され、世界資本主義体制に組み込まれた開国後の状況のなかで、世界史的発展に相応するための近代的改革思想として、新しい展開をみせた。しかし実学思想が朝鮮思想史研究のなかで大きく注目されはじめたのは、一九三四〜五年からであろう。というのは一九三五年は、丁若鏞逝去百周年にあたり、植民地支配下の皇民化政策が露骨化してきた状況のなかで、民族的文化伝統の再発見のための企画として、新朝鮮社がその文集『与猶堂全書』（与猶堂＝丁若鏞の号の一つ）を、鄭寅普、安在鴻の校閲によって刊行したばかりでなく、各言論紙誌を動員しての大々的な顕彰事業がおこなわれたからである。[66]

しかし実学思想にかんする本格的研究は、植民地末期の暗黒期に中断され、解放をまたなければならなかった。そしてその本格的研究は、一九五〇年代に切り拓かれたといってよい。[67] この一九五〇年代からは、丁若鏞から外延的にその範囲を拡大して、実学思想全般にかんする人物別および問題別の研究が続出し、さらにそれを朝鮮思想史のなかで総体的に位置づける試みがなされている。ここでその研究史を整理する余裕はないが、しかし研究が進むにつれて諸論百出し、反朱子的思想をすべて組み入れて実学思想の範囲を不当に拡大し、その思想的性格および輪郭を、かえってあいまいにする傾向がある。

われわれは先きに実学思想の性格についてみてきたが、つぎに実学思想の形成と展開過程を区分して、いちおう一六世紀後半から一七世紀前半期を実学形成の歴史的前提期とし、一七世紀後半期を学的体系としての実学の確立期、一八世紀の英・正時代を学派としての実学の展開期、一九世紀前半期を実学派の解体と開化思想の準備期として、[68] ここでは英・正時代における実学派の形成と系譜、つまり学派としての実学の展開期についてのべておきたい。

すでにのべたように星湖学派であれ北学派であれ、共通して李瀷および柳馨遠の経世思想を、虚学化した伝統儒教にたいする内在批判としての「実学」として継承しながら、二つの学派はそれをそれぞれ個性的に発展させていった。もちろん李瀷にしても柳馨遠にしても、かれらは儒者として「修己治人」の学をオーソドックスに展開したにすぎない。にもかかわらずかれらの経世思想が実学派によって注目されたのは、その変通的および変法的性格にある。もちろん李滉、宋時烈をはじめとする他の儒者たちも、上疏、劄子、封事などの形で多くの経世策を国王に提起しているが、その多くは変化する新しい現実にたいして、部分的にはともあれ、全面的には前向きの変通的な時務策とはなりえなかった。

しかし実学派は李瀷および柳馨遠の経世思想を外延的にひろげて、北学（北＝清国）および西学にまでおよび、さらには従来、中人階級の世襲的な雑学として、士大夫（読書曰士、従政為大夫——朴趾源「両班伝」）から蔑視されていた科学技術部門にまで及んだ。このような学問的視野のひろがりは、官僚志向、そのための科挙のための学問からの離脱、さらにはそれに批判的立場にたつことなしには不可能なことである。またそのような学問的視野のひろがりは、おのずから経書中心に読書し、窮理し、体認するという道学者流からも脱却して、博学主義にならざるをえなかった。実学派の百科全書的な学風は、このことに由来する。

しかしかれらの学問的視野が外延的にひろがるにつれて、それが思想的には、かれらの朱子学的立場を根底からつきくずす可能性をはらむ結果となった。例えば西学にたいするかれらの対応において、その宗教的側面と科学的側面を峻別し、「東道西器」（中国での「中体西用」、日本での「和魂洋才」の如き）的な立場を堅持した星湖学派の大宗をなす李瀷、安鼎福、慎後聃(号―河浜、一七〇二～六一)たちの「東道」に逆らって、星湖学派の少壮派の大多数が西学にたいする科学的関心から宗教的信仰へと傾斜し、ついには一八〇一年の辛酉教難(第三章参照)によって実学派そのものが存立しえないほど大打撃をうけたのは、そのためである。

しかし学問的視野のひろがりがあたえた思想的影響は、西学の宗教的側面としての天主教の信仰ばかりではない。経学にたいするかれらの姿勢においても、すでに朱子学に束縛されることなく、洙泗学(孔孟の学)の原点から出発して現実批判の論拠を構築し、さらには新しい歴史的現実に適応できなくなった制度と名分を刷新するための儒教内在的論理を追究する方向に突き進んでいったのである。いわば朱子学によって一元化された李朝朝鮮の思想状況が、英・正時代の実学派によって、多元的な思想状況への転換を準備したといってよい。このような一元的思想体系の多元化は、一九世紀前半期に迫りくる西洋の異質的な価値観に、主体的に対応するための思想的準備として、重要な意味をもつものといわなければならないであろう。

星湖学派はいうまでもなく、星湖李瀷(一六八一～一七六三)を大宗となす実学派の一流派である。党禍によって父李夏鎮の流配地で出生した李瀷は、その仲兄である李潜が杖殺されてからは京畿道広州瞻星里にこもった。そしてかつて父が一六七八年に使臣として赴燕したとき、北京から購入してきた数千巻の家蔵本をひもときながら、もっぱら研究と教学に専念し、その門下からすぐれた学者を輩出させた。

かれは柳馨遠とは同じ南人系の学者であったばかりでなく、柳の外叔であり師である李元鎮は、李瀷と本貫を同じくする驪興李氏である。当時京畿道驪州、楊平、広州など南漢江一帯には中央政界から排除された南人系の人士が多く居住していた地域であるが、柳も一六五三年に全羅道扶安郡愚磻洞に移るまでは、この南漢江地方の楊平、驪州に居住していた。

李瀷の代表作としては『星湖僿説』(それを安鼎福が縮小改編したのが『僿説類選』)があるが、それは三千五十七項目を天地門、万物門、人事門、経史門、詩文門に分類して編輯されている。その内容は経史はもちろん、天文、地理、経済、軍事、詩文から、朝鮮の歴史、地理、制度、風俗にまで及ぶ。

そこに一貫するかれの学的精神は、正祖の治世期に宰相としてその右腕となり、星湖学派の李家煥、丁若鏞らを登用して、反対派の攻撃からかれらを極力擁護した蔡済恭(号—樊巌、一七二〇〜九九)が適切にのべているように、その学問は「去文而務実」、その礼論は「棄奢而従倹」、その経済は「損上而益下」、そのいずれも「本を探って要《かなめ》をつかむ」(皆探本挈要)ものであった[69]。

とりわけかれは、北京から伝わる漢訳西洋書および儀器類をつうじて、西洋の宗教および科学にかんする深い造詣と批判眼をもつにいたった。西洋書が朝鮮に伝来しはじめるのは一七世紀初めからであるが、本格的な西学研究は、かれによって定着したといってよい。西学にたいするかれの関心の深さは天主教にかんするリッチ(Matteo Ricci, 漢名—利瑪竇)の『天主実義』(中国での刊行一五九五、以下同じ)、世界地理にかんするアレニ(Giulio Aleni, 漢名—艾儒略)の『職方外紀』(一六二三)、天文算学(プトレマイオス天文学)にかんするディアス(Emmanual Diaz, 漢名—陽瑪諾)の『天問略』に、それぞれ適切な跋文を寄せていることからも知ることができる[70]。西学にたいするかれの姿勢は、天主教にたいする儒教の優越性、科学技術における西洋の優越性、つまり「東道西器」的立場にたった。

かれはまた、江戸期の朝鮮通信使による日本報告についても、並々ならぬ関心を寄せている。その文集のなかの「日本忠義」[71]では、日本人のなかに牢固として伏在する尊皇思想に着目し、実権者としての征夷大将軍と抗礼(対等の礼)関係にある朝鮮国王は、もし王政復古して全権が天皇に帰一したとき、いかに処せんとするのか、と憂慮している。かれの洞察は、明治維新後における両国関係において、現実の問題となったのである。

『星湖僿説』にみられる百科全書的博学主義は経学中心から脱却した理性の自由の反映であって、やはり実学の先駆者の一人李晬光(号—芝峰、一五六三〜一六二八)の『芝峰類説』の系譜を引くものであり、一九世紀前半期に辛くも実学派の学風を絶やさなかった李圭景(号—五洲、一七八八〜?)の『五洲衍文長箋散稿』につながるものであろう。しかしその子孫たちが謄写して伝えたという『星湖僿説』(三十冊)も、李瀷の遺稿を総網羅したわけではない。丁若鏞は李瀷の学恩を述懐して、つぎのようにのべたことがある。「星翁(星湖)の著作は殆んど百巻に近く、自ら念うに吾が輩が能く天地の大、日月の明を識ったのは、皆此の翁の力である」[72]と。

星湖学派はその大宗としての李瀷の百科全書的な学問的領域をそれぞれ受け継いで、その一族からは李孟休(子)と九煥(孫)の地理をはじめ、秉休と森煥の経学、用休の文学、重煥の地理、家煥の西学と数学など、多様な分野にわたってすぐれた学者が輩出している。また交友および師弟関係からは安鼎福の経史、申景濬の朝鮮語学、尹東奎と鄭尚驥の地理および地図、慎後聃の数学、黄運大の天学数学などがあり、さらに一世代さがって星湖学派を継ぐ少壮派としては李蘗、権哲身、権日身、李基譲、李承薫、丁若銓、丁若鍾、丁若鏞、李学逵などがある。

先きに星湖学派の少壮派の大多数が、西学にたいする科学的関係から宗教的信仰へと傾斜したとのべたが、同じ南人系(僻派)でありながら、内部からこれら少壮派の西学への感染を告発した洪楽安が、宰相蔡済恭に送った長書のなかで「尤其聡明才智之士、十居八九」[73]と指摘しているように、西学研究がかれらのなかで流行していたのである。

実学派のなかで南人系の学者による星湖学派が、北学派と異るきわだった特徴は、『磻渓随録』(柳馨遠)→『藿憂録』(李瀷)→『経世遺表』(丁若鏞)にみられる制度的改革を主内容とする経世致用の学であろう。そしてかれらは、変通的諸改革の基礎として、例えば柳馨遠の均田法、李瀷の限田法、丁若鏞の閭田法にみられるように、田制改革をきわめて重視している。

当時朝鮮農村は田制および税制の紊乱と、貨幣経済の浸透による階級分化によって、「貧益貧、富益富」の現象が一般化しつつあった。かれらは田制改革を基礎として、国家の大本となる農業の荒廃を救済し、国家財政の充実、兵制の整備とを三位一体的に解決することをめざしていた。したがって星湖学派の学風には、農本主義的な色彩がきわめてつよい。これはかれらの居住地が、農村のこのような諸矛盾と触れあいうる生活環境に由来するものであろう。
先きにのべたように南漢江一帯は、南人系の居住者が集中していた地域であり、星湖学派もここの出身者が多い。「楊州、抱川、加平、永平は東郊(ソウルの)を為し、高陽、積城、坡州、交河は西郊を為すが、二郊はともに土地が瘠薄で民は貧しく、居るべき処が少い。士大夫の家貧しく権勢を失った者は、三南(忠清道、全羅道、慶尚道)に下りていった者は能く家勢を保ちうるが、郊に出た者は貧寒にして凋落し、一、二代を伝えた後は、多くは品官さえも傷ついて平民になってしまう[74]」。

星湖学派は二世代にわたって、その活躍は一八世紀の前半期から後半期に及ぶのにたいし、老論系の学者による北学派は、ほぼ同世代のなかでの交友および師弟関係からなり、学派の形成と活躍は一八世紀後半期に限定される。すなわちその出生からみれば、最年長者である洪大容(号―湛軒、一七三一～八三)が一七三一年、朴趾源(号―燕巌、一七三七～一八〇五)が一七三七年、李徳懋が一七四一年、柳得恭が一七四八年、朴斉家(号―楚亭、一七五〇～一八一五?)が一七五〇年生れとなっている。ソウルで居住したかれらの生活環境は都市的であった。

「北学」とは本来、『孟子』滕文公上にみえる「陳良は楚の産《うまれ》なり。周公・仲尼(孔子)の道を悦《よろこ》び、北のかた中国に学ぶ」からとった「北学於中国」に由来する。当時ソウル→義州→鴨緑江→柵門→瀋陽へと北上し、さらに瀋陽→山海関→北京に至る三〇六九里(朝鮮里十里=日本里一里)の道程は、鎖国下にあった朝鮮が清国ばかりでなく、東南アジア、ヨーロッパの諸文化に接しうる唯一のパイプであった。党勢がもっとも大きく、実質的な執権党であった老論系のかれら北学派は、いずれも人脈的なつながりを利用して燕行使に随行し、北京に往来する機会にめぐまれた。そしてかれらはその見聞と観察と交友にかんする紀行文の『燕記』(洪大容)―『熱河日記』(朴趾源)―『北学議』(朴斉家)をつうじて、北学論を展開している。もちろん北学派の学問的視野も、星湖学派に劣らず多岐にわたっているが、北学派がもっきわだった特徴は、清国をつうじて学ぼうとした主要な関心を、生産と生活における「利用・厚生」においたことである。そして国富を徒食する遊民化した両班層にたいする辛辣な諷刺と揶揄は、星湖学派よりもさらにきびしく、文学的でさえある。

じじつ星湖学派と北学派の著作からうける一般的な印象として、星湖学派のそれが儒教的重厚さが濃厚であるのにたいし、北学派のそれは文学的尖鋭さが濃厚であるといえそうである。このようなコントラストは、星湖学派と北学派のさいごをしめくくる丁若鏞と朴斉家の文体にも顕著にあらわれる。当時朴趾源、李徳懋、朴斉家の文体は、稗官小品や雑書類の影響をうけて、醇正な文体をかき乱すものとして儒者たちの反撥をうけた。本来儒者たちにとって文とは、「貫道之器」としてあるべきものである。正祖は道文一致の見地から、朴趾源らに「文体反正」を厳命したものであった。国王は一七九一年一一月に「近来俗習、皆未免捨経学、而趨雑書」[75]とのべているが、稗官小品流の文体を禁止したのは、その翌年の一〇月であった。

とりわけ朴趾源の『熱河日記』は、その文体に謹厳さを欠き、稗官奇書のたぐいだということで、もっともきびしい非難をうけ、ついには国王正祖の怒りをかったが、かれの文体観からするならばさもあろう。かれは、「為文者、惟其真而已矣」としながら、つぎのようにのべたことがある。[76]

「文は意を写すことだけで止まる。かの題に臨んで毫(筆)をとれば、たちまち古語を思い、強いて経旨をさがしもとめて、意は謹厳を仮り、字は矜荘(つつしみおごそか)を逐う。たとえれば(画)工を招いて真(肖像)を写すのに、その前で容貌を更めるが如きである」。

つまりかれの文体観は「写意」が至上であって、形式的に「古語」や「経旨」によってそれを修飾する如きよそゆきの文体に反対である。従来朝鮮の文人たちは、文は両漢、詩は盛唐にならうことを常とし、それを格調のたかい詩文としていた。北学派の自由な批判精神は、すでにこのような古い文体のなかに収めきれない内実をもっていたといえる。しかし朴趾源からはじまるこのような新しい文体も、儒者たちからの非難とそれをうけた正祖の文体反正策の壁を乗り超えることができず、一七九八年に正祖が全国に教書をおろして農書を求めたとき、朴趾源も醇正文として『課農小抄』を書き、これにこたえた。

北学派は北学による「利用・厚生」の論理を、儒教内在的には『書経』大禹謨の三事「正徳・利用・厚生」に求めている。北学派が三事のなかでとくに「利用・厚生」を強調したのは、すでに虚学化した朝鮮儒学の通弊としての「正徳」偏重への流れにたいする批判からである。だからかれらは「利用」→「厚生」→「正徳」と順序を置きかえて考えている。朴趾源はいう――「利用して然るのちに厚生すべく、厚生して然るのちに、其の徳を正すべきである。其の用を利することができなければ、能く其の生を厚くすることが鮮《すくな》い。生既にして自ら厚くしえないならば、亦どうして其の徳を正しえようか」(77)。

朴斉家もまた「夫利用厚生、一有不修、則上侵於正徳」とのべて、「管仲曰く、衣食足りて礼節を知る、と。今民生は日に苦しみ、財用は日に窮す。士大夫は袖手して、まさに之れを救おうとするのか。そもそも故常に因循し宴安して、之れを知らないのか」(78)と、利用厚生策にたいする士大夫の怠慢を糾弾している。

われわれは先きに北学派もまた、遠くは栗谷李珥や磻渓柳馨遠、近くは星湖学派の「経世有用」の学風に触発されたことをのべた。しかしかれらの学風は「北学」で象徴されるように、朝鮮を閉鎖された「小中華」としてそのなかに安住するのでなく、その視野を海外に向けていることである。そして自高自大的小中華意識に安住している士大夫たちを「蛙井蛉田」(朴趾源)と揄揶し、「因彼而悟己」(朴斉家)を強調して止まない。このように開かれた視野は、李之菡(号—土亭、一五一七〜七八)や趙憲(号—重峰、一五四四〜九二)からうけた思想的影響であろう。

かつて洪大容は、侍講院で英祖の世孫(のちの正祖)の学問を助けていたときの「桂坊日記」のなかで、重峰趙憲についての世孫の質問に答えて、つぎのようにのべたことがある。

「臣曰く、李之菡は土亭と号して、東国の異人である。乾象に明るく、重峰が嘗って之れに師事した。その先知の術は、盖しまた此れから出たものである……

臣曰く、此れらの人がこのように成就したのは、皆其の実心を以て実学したからである。苟くも実践せずして、徒ら空言に務めたならば、当時其の業を成すことも無く、後世に其の名を垂れることも無く、また学問として語られるほどもなかったであろう[79]」。

また朴斉家は『北学議』の序のなかで、朝鮮における「北学」の先駆者として、かの統一新羅期に唐に留学して帰国した崔致遠と、先きの趙憲をあげて、その「用夏変夷之苦心」に共感を表明している[80]。趙憲は李珥の門人で、秀吉の朝鮮侵略に反対してたたかい、七百名の義兵とともに殉節した義兵将である。かれは一五七四年に燕行使の質正官として北京におもむき、帰国してから『東還封事』を国王に上疏している[81]。

また李之菡についても、朴斉家が開国論的海外通商策を国王に献策したなかで、「土亭(李之菡)が嘗て異国の商船数隻と通商して、全羅道の貧を救おうとしたが、(自分の献策も)其の卓見には及ばない」と、称賛している[82]。

北学派がその思想系譜を一六世紀の李之菡や趙憲につないでいることは、以上のように文献的に考証できるところであるが、しかしかれら北学派が一言半句もふれることがなかった一八世紀前半期の柳寿垣(号—聾菴、一六九四〜一七五五）との思想的共通性に注目したい。本来少論派の家系に属していたかれは、政治的不正にたいする直言がたたって不遇な生活を強いられ、ついには老論派の謀略によって大逆の嫌疑で逮捕され、悲運の死をとげた。北学派が言及しえなかったのは、恐らくこのためであろう。

柳寿垣は星湖学派の鼻祖李瀷と同時代を生きながら、相互に交流した形跡はない。またかれは北学派とも、党派的には敵対する家系に属する。したがってかれは、実学派そのものとはつながらない思想家であり、学者であり、官僚である。にもかかわらずかれは、北学派に先行する熱烈な北学論者であった。

かれは朝鮮の特殊事情を殊更に強調して「北学」に反対する、またはそれを不可能とする論者たちに反対して、たとえば中国における「商販之道」、さらにはそれと関連した車制および船制を論じたくだりでつぎのようにいう。[83]

「或いはいう、吾が朝鮮は中国と通じてすでに久しい。果して妙制があったなら、どうして伝えて来ることがなかっただろうか。答えていう、三国（高句麗、百済、新羅）から高麗朝に至るまでは、ただ麻布を着ていた。文益漸がようやく棉種を伝来するに至ってのち、始めて凍膚の患を免かれることができた。このように切実にして伝え易い法も、なお伝えて習うことを知らなかったのに、まして車制について、誰が肯んじて伝習しようとしただろうか。

且つ三梭布について言えば、堅にして細いことは棉衣に過ぐるものであり、訪ねて其の法を問い、専ら学んで伝うべきなのに、ついに織造の妙を学ぶことはなかった。且つ磚（煉瓦）について言うならば、若干の莎草で一窯当り数千個を造ることができるのに、また学んで伝えることがなかった。すべての事が此のようであるのは、鹵《ろ》莽《もう》（軽率で注意が足らない）に非ずして何であろうか。

且つ用車について云うならば、必ず一車を以て京から郷へ、郷から京へ往来することだけをいうのではない。

中国では水陸の要衝は人と物の集中する所となって、必ず站車と站驢があり、海浜や河辺の沿岸に客商が其の船載してきた貨物を卸せば、則ち車主は受けて直ちに都会に運び、都会にはまた大商があって、客貨を収買して転輸し、灌注する。此のようにしてのち、交易の道はまさに盛んになるというべきであろう」。

みられるように、日常実用にかんする柳寿垣の「北学」の主張は、北学派の主張そのものであったといえる。ともあれ伝統的朱子学のなかで教養をうけたかれら実学者たちは、おのずから旧い思想的なしがらみを残しながらも、かれらが生き、活躍した歴史的現実を反映させ、さらにはその発展の方向を先取りして新しい思想を構築した。だとすれば学派としての実学の展開期であった英・正時代とは、どのような歴史的内実をもった時代であろうか。

近来における社会経済史分野の研究によれば、英・正時代を中心とした一七世紀末葉から一九世紀初葉にかけて、朝鮮社会は大きな変動期をむかえている。それは朝鮮の封建制度がしだいに内部から動揺し、資本主義的要素が芽生えたことである。

一六七八年に金属貨幣として常平通宝が、政府によって鋳造されはじめてから、それはしだいに全国的に流通されるにいたった。そして英祖のときの記録によれば、「故民皆以銭為貴、富家則視銭、如金珠宝貝」[84]といわれたほど、貨幣経済は深く民間のなかに浸透し、生産および流通の各分野で自然経済の解体にともなう種々の変動をもたらした[85]。

例えば農村経済においては、土地売買による地主と佃戸（小作農）の両極化および、両班地主のほかに庶民地主および経営的富農が登場した。また租税のなかで金納化の比率がしだいにたかまった。

地主と佃戸の両極化は、大多数の農民の小作農化および、一部農民の離農化を促進した。「無土不農之民」といわれた離農者の一部はソウルおよび地方都市に流入して貧民層を形成し、または鉱山労働者となり、他の一部は火田民や火賊となって流浪する現象がうまれた。

朴趾源は一七八〇年に、燕行使に随行して北京に向う途中、平安道博川郡で目撃した光景を、つぎのように書いている。[86]

「余は鴨緑江を渡る前に、博川郡で下馬し、路傍の柳樹の下で納涼した。男負女戴(男はチゲで荷を背負い、女は頭に物を戴く)して行く者が群を成しており、皆八、九歳の子どもをつれている。飢饉の年に流浪している如くであった。怪訝《けげん》に思って問うたところ、成川(平安道)に赴くという。その道具を見ると、木の瓢(ふくべ)一つ、布の袋一つ、小さい鑿《のみ》一つだけであった。鑿は掘り、袋はそれを入れ、瓢はそれをよりわけるためのものである。日に土一袋をよりわければ、労せずして食べていける。子どもはもっともよく掘り、よくよりわけ、眼が明るいから、よく得る。余は、日にいくばくの金を得るか、と問うた……一人一日に得る金はわずかだが、六、七分はくだらない。銭にかえると二、三両になる。その大半が土地を離れた農戸であるばかりでなく、四方の無頼者、職のない者がおのずから集落をなして、その数は無慮十余万になり、米穀および百物が集まって酒食や餅飴を売買し、山や谷にあまねく満ちている、と言う」。

これは農村から、平安道成川の金鉱に流れていく離農者たちとの対話である。李朝前半期には、金鉱および銀鉱は官営であって、その採掘と製錬は賦役労働に依拠していた。ところが一六世紀以来しだいに私的な採掘と製錬をおこなう者があり、一八世紀にはその既成事実を踏まえたうえで、例えば禹禎圭などはその『経済野言』のなかで、民間の富商大賈にその経営をまかせ、政府に税を納めさせる「設店収税」案を提起したりしている。つまり「富商大賈」には「無土不農之民」を雇傭して採掘と製錬をおこない、税を納めた余剰は資本主のものとなり、「無土之民」も賃金によって生活するようになれば「公私両利」だというのである。[87]　手工業においても従来の賦役労働による官庁手工業(京工匠および外工匠)が有名無実となって、官庁による「私工貸用」[88](私的手工業者を賃金によって雇傭すること)がしだいに一般化し、私的手工業者がしだいに賃金労働に転化する傾向があらわれた。

農産物の剰余部分と手工業品の商品化によってソウルおよび地方都市を中心とする商業活動は、しだいに組織的となった。ソウルにおいては国役負担の代償として政府から禁乱廛権をあたえられた官庁御用商人(六矣廛をはじめとする市廛商人)の商業独占に挑戦して、私商たちの「乱廛」(商業独占権を乱すこと)現象が普遍化し、ついに一七九一年には当時の左議政蔡済恭の提起によって、六矣廛(六注比廛ともいい、若干の変動はあるが、ほぼ絹織物の立廛、綿布廛、白絹の綿紬廛、苧布廛、紙廛、魚物廛など)以外の市廛の禁乱廛権を禁止して、私商の商業上の自由を認める「辛亥通共」が実施された。また一八世紀中葉には全国的に一〇五三個所におよぶ定期的な五日市《いち》(郷市)が開設され、海上、水上、陸上の交易路によって、行政的区劃を越えた地方的流通圏が、たとえ局部的にではあったにせよ、確実に形成されている。

もちろんこれらの社会的変動は、封建制そのものを止揚しうるほど有力なものではなかったが、その内部に資本主義的萌芽が着実に形成され、封建的身分制度による経済外的強制がしだいに弱まっていった。出身によって先天的に規定された両班と常民との経済外的身分関係は牢固として維持されていたが、その一角からは経済力による「富」と「貧」との経済的貧富関係が現われた。朴趾源の「両班伝」をはじめとする一連の作品には、経済外的身分関係が経済的貧富関係に転換するこのような時代的内実が、諧謔をまじえてリアルに描写されている。実学思想における近代的志向性は、全面的にではないにせよ局部的ながら、このような歴史的現実を反映したものにほかならない。問題はこのような資本主義的萌芽の自由な発展にたいする制約的な諸関係——政治的、経済的、身分的諸関係を規定した思想を内在的に克服して、新しい歴史的現実に対応した新しい思想を構築することが、実学派の思想的課題であったといえるのである。

とりわけ実学派の形成と活躍に重要な意味をもつのは、一七三〇年から英祖による蕩平策[89]の実施によって、党派的報復がしだいに緩和され、一時的であるにせよ学問および思想の自由を、ある程度うることができたことである。つまり一六九四年以来、南人派は完全に政権から放逐されたが(甲戌換局)、その後も老論派と少論派の間にはげしい党争がつづいた。英祖は両派間の和解を勧告して蕩平策を実施し、国王は両派間の報復をおさえながら、極力中立的な立場を固守した。また高級官僚の養成機関である最高学府――成均館にも、一七四二年に蕩平碑を建立して、館生たちに不偏不党の道を説くようにした。

英祖によってはじめた蕩平策は正祖によって継承され、宮廷中心の大文化事業がおこなわれ、実学派の一部の学者たちが抜擢されてこれに参加した。だからといって底流としての党派的対立そのものがなくなったわけではない。とくに一七七二年に英祖の世子(世子とは王子のなかの王位継承者)荘献世子(正祖の実父)が近臣たちの誣告によって、国王自らによって謀殺にいたらしめた事件があった(英祖はのちにこれを悔い、思悼世子とした)。それからというものは、世子の死を正当化する僻派(多くの老論派と一部の南人派)と、その死に同情する時派(多くの南人派と一部の老論派)との対立が生じた。

このような背景のなかで国王正祖は、その即位と同時に南人＝時派から蔡済恭、李家煥、丁若鏞らを起用して、極力老論派の専横をおさえた。しかし老論派は党勢が大きく、老論＝僻派の背後には大王大妃金氏(英祖の継妃)がひかえていて、老論派への制圧と南人＝時派の起用は大きな制約をうけざるをえなかった。実質的には蕩平策以来、李朝末期まで老論派の永久政権がつづいたといってよい。

たしかに蕩平策が定着するにつれて、従来に比べて言論が沈滞した一面もあった。しかしそれは、反対派糾弾のための不毛な言論の沈滞であって、正祖の治政期は政治的および文化的に、比較的活気をとりもどした時期である。正祖は李朝第四代世宗(在位一四一九～五〇)と並ぶ英明な君主として、その文集『弘斎全書』百巻がある。正祖の文化政策として特記すべきことは、一七七六年に宮中に奎章閣を設置して、内外文献の蒐集と購入および編纂事業を大々的におこなったことである。また各種文献の出版のために韓構字、生々字、整理字などの活字も鋳造された。李朝全期にわたる『李朝実録』と並んで、一七六〇年から編纂されはじめた『日省録』は、一九一〇年に至るまで二三〇〇余巻にのぼる貴重な近世史料となっている。

奎章閣を中心とした内外文献の蒐集と編纂と印刷のために、正祖は一七七九年に北学派に属する有能な李徳懋、朴斉家、柳得恭、徐理修らのために、検書という官職を設けてかれらを起用し、国王の側近においた。世にいう四検書である。かれらはいずれも、両班の名門出身でありながら庶孽(妾子、妾子孫)出身であった。したがって嫡庶差別のために要職から疎外されていた学者たちである。庶孽には李朝の基本法典である『経国大典』によって「庶孽禁錮法」が適用され、その仕官の道は閉ざされるか、末職に限定されていた。

奎章閣に稀有の珍籍とされている清国の『古今図書集成』一万巻および、『通志堂経解』一七七五巻が所蔵されたのは、これら四検書の清朝学人との交友と知遇に負うものであった[90]。

しかし名宰相として国王正祖を輔佐していた蔡済恭が一七九九年になくなり、また正祖も一八〇〇年に世を去った。正祖にかわって幼少の純祖(十一歳)が王位に即くと、宮中最年長者である大王大妃金氏の垂簾政治がはじまり、老論派の専横が復活して天主教弾圧に名を籍りた辛酉教獄(一八〇一)がおこった。それによって、南人＝時派に属する星湖学派は、斬刑、獄死、流刑によって学派として存立できなくなった。丁若鏞は辛酉教獄から一八一八年までの流配期(全羅道康津)と、その釈放後の短かい余生をかけて著作に専念し、ついに実学思想を集大成する大業をなしとげた。五〇〇巻にのぼるその著作[91]は、ほぼ『与猶堂全書』に収録されている。開国後の開化風潮がたかまってきた一八八三年に、王命(国王高宗)によってそれは転写され、奎章閣に所蔵されるにいたった。

北学派も一八〇一年に江原道襄陽府使を辞して蟄居していた朴趾源が、一八〇五年に世を去り、一八〇一年に第四次燕行から帰国した朴斉家は、理由不明の罪名で咸鏡道鐘城で二年七ヵ月にわたる流配生活をおくった。師朴趾源の死を聞いて悲嘆にくれたかれの消息は、その後絶えて伝わらない。

このように資本主義列強の接近を目前にした一八〇一年を峠として、学派としての実学は継承発展されることなく、個別的な学者たちの書斎のなかで、辛くも命脈をつないでいった。朝鮮儒学の「分流」としての実学派が、一九世紀前半期に思想界の「本流」に転回できなかったことは、近代朝鮮が迎えなければならなかった開国とそれにつづく開化期をおくらせ、外勢とのからみあいの中でその近代的発展をより困難にしたといえるであろう。

(1)『三国史記』高句麗本紀、小獣林王条。
(2)『周書』高(句)麗伝。
(3)『旧唐書』百済国伝。
(4)『梁書』新羅伝。
(5)『高麗史』巻二、太祖二十五年条。
(6)『高麗史』巻九三、崔承老条。
(7)張志淵『朝鮮儒教淵源』巻一。
(8)『高麗史』巻百五、安珦条。
(9)同書巻百六、白文節(頤正)条。
(10)安珦「論国子諸生文」は、阿部吉雄『日本朱子学と朝鮮』五五九頁に収録されている。
(11)鄭道伝『三峯集』巻之九、十。なお三峯・鄭道伝にかんする研究としては、もっとも先駆的ですぐれたものとしては李相佰『朝鮮文化史研究論攷』(乙酉文化社、一九四七、ソウル)があり、その他韓永愚『鄭道伝思想の研究』(ソウル大学校韓国文化研究所、一九七三)、江原謙「三峯・鄭道伝の改革思想」(朝鮮史研究会論文集第九集、一九七二)。

(12) 権近『陽村集』巻十六、心気理篇序。
(13) 前掲『三峯集』巻之九、「仏氏雑弁」の「仏氏乞食之弁」。
(14) 同書巻之七、八。
(15) 同書巻之五、六。巻之十一、十二。
(16) 権近『入学図説』の「天人心性合一之図」および「天人心性分釈之図」。
(17) 前掲『朝鮮儒教淵源』巻一。
(18) 島田虔次『朱子学と陽明学』(岩波新書)七九頁。
(19) 李珥『栗谷全書』巻三十一、語録下。
(20) 李滉『退渓全書』巻四十一、「天命図説」後叙・附図。
(21) 例えば李滉の晩年の作「進聖学十図箚、并図」(『退渓全書』巻七)のなかの「心統性情図説」によれば――「如四端之情、理発而気随之、自純善無悪。必理発未遂、而揜於気、然後流為不善。七者之情、気発而理乗之、亦無有不善。若気発不中而滅其理、則放而為悪也」(傍点―引用者)。
(22) 明徳出版社『日本の朱子学(下)』に所収。
(23) 前掲「進聖学十図箚、并図」のなかの「心学図説」。
(24) 前掲『退渓全書』巻四十一、「心経後論」。
(25) 前掲『栗谷全書』巻十、書二「答成浩原」。
(26) 右同じ。
(27) 前掲『栗谷全書』巻十、書二「理気詠呈牛渓道兄」。
(28) 同書巻十、書二「答成浩原」(前掲『朝鮮の朱子学・日本の朱子学(上)』に所収)。
(29) 同書巻十九、『聖学輯要』(一)。
(30) 同書巻五、疏箚三「万言封事」。
(31) 右同じ。
(32) 李朝党争史について古典的なものとしては李朝末期に李建昌による『党議通略』があり、これが少論的立場からの歪曲であるとして、老論的立場から反論した『東国朋党源流』(作者不明)がある。さいきんの本格的な研究としては姜周鎮『李朝党争史研究』(一九七一年、ソウル大学校出版部)。また宋時烈と尹鑴との論争、それがさらに西人内部における老論と少論との分裂過程については、幣原坦『韓国政争志』(三省堂、一九〇七)第三編「老少分争論」がくわしく考証している。
(33) 宋時烈『宋子大全』巻百三十四、「蓬山雑記」。
(34) 『仁祖実録』巻四十六、二十三年閏六月条。
(35) 前掲『宋子大全』巻五、「己丑封事」。
(36) 同書巻十四、「語録」。
(37) 李瀷『星湖僿説』経史門、「儒門禁網」。
(38) 張維『谿谷漫筆』巻之一。
(39) 前掲『星湖僿説』経史門、「儒術」。
(40) 丁若鏞『与猶堂全書』第一集十一巻、「五学論」。
(41) 同上書。
(42) 『星湖先生全集』巻之四十五、「論朋党」。
(43) 鄭東愈『昼永編』二。
(44) 朴忠錫「李朝後期における政治思想の展開——特に近世実学派の思惟方法を中心に」(『国家学会雑誌』第八十八巻—第九・十号、第十一・十二号、第八十九巻—第一・二号、有斐閣)。

本稿はその序論で書いているように「近世実学思想は、少なくともその哲学的なレヴェルにおいてみた場合、李朝正統朱子学思想の分流として位置づけられうるものであり、決して、それと対立した思想的諸特質を内包していたわけではない。こうした観点から、その史的変容に注目すると、そこには、李朝正統朱子学思想より近世実学思想へ、という視角が定立されうるのであり、その史的変容は、近世実学思想が李朝正統朱子学思想を思想内在的に克服していった過程」という視点から、近世実学派の思惟方法を中心として、その形而上的思惟の変容と、それに対応した政治思想の変容を、思想史的に考察した力作である。

千寛宇「朝鮮後期実学の概念・再論」(田中明訳『韓国史への新視点』八二頁、学生社、一九七六)では、朝鮮儒学の性理学および礼学系列の正統主流とは別に、実学を「一種の改新儒学」の系列としてとらえている。

(45) 丁若鏞にかんする従来の研究は、その主たる関心がかれの経世思想に向けられていた。しかし丁若鏞自身が、「六経四書以之修己、一表二書以之為天下国家、所以備本末也」(『与猶堂全書』第一集十六巻、自撰墓誌銘)とのべているように、「六経四書」にかんする経学思想と、「一表二書」(『経世遺表』『牧民心書』『欽々新書』)における経世思想とは、かれの学問において

「本末」関係にあるものである。

李乙浩『茶山経学思想研究』(乙酉文化社、一九六六、ソウル)は、丁若鏞の経学思想にかんする本格的な研究で、かれが程朱学の時流のなかで育ちながら、それを克服して到達した「茶山の洙泗学的修己治人の世界」を考証している。

(46)　朝鮮民主主義人民共和国では、一九六〇年に鄭鎮石、鄭聖哲、金昌元の共著による『朝鮮哲学史』上(科学院出版社、平壌)が出版された(日本語訳―弘文堂、一九六二)。本書は古代からの民族文化遺産としての哲学思想をトータルに体系づけた開拓的著作で、はじめて朝鮮思想史を唯物論と観念論との闘いの歴史として叙述している。そして儒教哲学においては理気論争について、「理」を重視する立場を客観的観念論、「気」を重視する立場を唯物論として位置づけている。したがって気一元論の立場にたつ徐敬徳(号―花潭、一四八九〜一五四六)、任聖周(号―鹿門、一七一一〜一七八八)、崔漢綺(号―恵崗、一八〇三〜七三)らは、進歩的潮流を代表する哲学者として高く評価されている。

実学思想の進歩的性格を高く評価している本書では、当然のことながら実学派がいずれも「気」の哲学者であったと一律的に評価し、その哲学思想における「気」の重視が、その社会思想的な進歩的性格を規定したかのように図式的に強調している。またその後に刊行された崔붕익『朝鮮哲学思想史研究――古代〜近世』(社会科学出版社、一九七五、平壌)も、基本的にはほぼ同じ視点から実学思想をみている。

卑見からするならば、実学派のなかでもっとも「気」を重視した学者は洪大容であって、かれは「充塞于天地者、只是気而已、而理在其中」(『湛軒書』内集巻一)とのべているように、「気」を宇宙の本源としている。かれの天文学は「気」の立場から展開されている。また一九世紀前半期の崔漢綺は、その社会思想の進歩性と気一元論的立場を統一させた学者である。

しかし一般的にいって、それぞれの学者たちの思想的評価は、経世思想の側面からなさるべきで、その進歩性は必ずしもストレートに「気」の重視とつながらない。例えば気一元論者であった徐敬徳や任聖周は、社会思想およびその実践において、むしろ現世逃避的な道学者であったはずである。

(47)　李瀷『星湖先生文集』巻之十五、「答洪亮卿(重寅)」。

「朱子曰、理先気後、若以心体言則、只有理発気順而已。在七情則外物触形之後、其理発気順、則与四端初無異機也……退渓委曲詔後之意、反増疑晦、良可歎惜」(傍点引用者)。

(48)　前掲『星湖僿説』人事門、「変法」。

(49)　前掲『与猶堂全書』第二集四巻、「中庸講義補」。

「於四端属理発、七情属気発之説、有宿疑焉……四端七情、一言以蔽之曰、気発而理乗之、不必分属於理気也」(傍点引用者)。

(50) 洪大容『湛軒書』外集巻一、杭伝尺牘、「与汶軒書」。
(51) 同上書附録、洪大応「従兄湛軒先生遺事」。
(52) 鄭寅普『薝園国学散藁』(文教社、一九五五、ソウル)三二面。
(53) 朴趾源『燕巌集』巻之十二、別集『熱河日記』――「馹汛随筆」。今村与志雄訳『熱河日記』(1)、一六九〜七〇頁(平凡社東洋文庫、一九七八)。以下「訳書」と略記。訳文は原著に依拠した。
(54) 前掲『湛軒書』外集巻二、杭伝尺牘、「乾浄衕筆談」。
(55) 同上書。
(56) 前掲『栗谷全書』巻二十五、「聖学輯要」。
(57) 右同じ。
(58) 柳馨遠については、千寛宇『韓国史への新視点』(田中明訳、学生社、一九七六)に収録されている「磻渓 柳馨遠」がくわしい。
(59) 柳馨遠『磻渓随録』巻之一、田制上。
(60) 同上書附録、呉光運「行状」。
(61) 同上書、呉光運序。
(62) 拙著『朝鮮近代史研究』二頁(日本評論社、一九七〇)。
(63) 前掲『燕巌集』巻之十四、別集『熱河日記』―「鵠汀筆談」。「訳書」(2)一九七頁。
(64) 中国文化叢書3『思想史』二三二頁(大修館書店、一九六七)。
(65) 前掲『与猶堂全書』第二集三十二巻、「梅氏書平」巻四。
(66) 雑誌『新朝鮮』一九三五年八月号は、丁茶山特輯号として、安在鴻、李建芳、白南雲、鄭寅普、白楽濬、朴鐘和らが執筆しており、このほかにも『新朝鮮』、『朝鮮日報』、『東亜日報』その他に趙憲泳、崔益翰、文一平、玄相允らが、いろいろな角度から執筆している。なお先駆的には一九三〇〜三一年に雑誌『新興』に、尹瑢均が「茶山の井田考」を発表している。これらの文献目録および内容については、洪以燮『丁若鏞の政治経済思想研究』(韓国研究叢書第三輯、一九五九、ソウル)および韓国学研究所(ソウル中央大学校内)『韓国学』第四輯にくわしい。なお、千寛宇、日本語訳の前掲書所収の「朝鮮後期実学の概念再論」参照のこと。
『与猶堂全書』校閲者の一人鄭寅普は漢文にたいする深い造詣と博識をもって実学派を中心とした多くの文集と人物について

解説し、それらを『薝園国学散藁』(文教社、一九五五、ソウル)に収録している。鄭寅普については、その序(白楽濬)につぎのように書いている。

「為堂(薝園と同じく号の一つ)をたたえて漢学者という。為堂は果して、雲養(李朝末期の金允植、文集に『雲養集』その他がある)以後、国内で学統が絶えつつあった漢学界の泰斗であったことはいうまでもない。そしてわれわれはその文を国宝という。しかし為堂が九経と十通に通達している事実だけで定論するのは誤りである。為堂は衰退していく国学を振興し、曇りかけていく国史に光をあて、人びとに真と実を知らしめて、その本然に帰らしめるために平生努力した」。

(67)　千寛宇「磻渓・柳馨遠研究」(『歴史学報』第二～三輯、一九五二～三、ソウル)がそれであり、一九五五年には実学派にかんするはじめてのトータルな研究書として、崔益翰『実学派と丁茶山』(国立出版社、平壌)が刊行されている。後者は上編「実学派の史的発展」、下編「実学の大成者丁茶山にかんする研究」からなる大著で、重点は下編に置かれている。管見するところでは、実学派にかんするトータルな研究書としては、これが最初であろう。

崔益翰は一九三八年一二月から三九年六月にかけて、『東亜日報』に「与猶堂全書を読む」を、三五回にわたって連載しており、本書はそれ以来あたためてきた研究を総括したものであろう。かれは一九五六年の朝鮮労働党八月中央委員会で、ソ連共産党第二〇回党大会後に、国際的に擡頭してきた修正主義路線に乗って、党中央に反対した反党反革命宗派分子としての崔昌益一派として規定され、その後政界からも学界からも消息が伝わらない。

(68)　実学派形成の時期区分についても、一部の研究者によって試みられている。その代表的な例をあげれば、千寛宇は前掲「磻渓・柳馨遠研究」の結論の部分において(『韓国史への新視点』所収の「朝鮮後期実学の概念」、学生社、一九七六)、一六世紀中葉から一七世紀中葉にいたる期間を新思想の「準備期」、この時期の人物としては権文海(号―草澗、一五三四～九一)、韓百謙(号―久庵、一五五〇～一六一三)、李睟光(号―芝峰、一五六三～一六二八)、金堉(号―潜谷、一五八〇～一六五八)をあげている。それにつづく一七世紀中葉から一八世紀中葉にいたる期間を「萌芽期」とし、柳馨遠を先陣として、李瀷が李睟光の西欧的文化と、柳馨遠の実事求是的学問体系を統合したとされている。この時期の人物として柳馨遠(号―磻渓、一六二二～七三)、朴世堂(号―西渓、一六二九～一七〇三)、李瀷(号―星湖、一六八一～一七六三)、安鼎福(号―順庵、一七一二～九一)、李重煥(号―清潭、一六九〇～?)、申景濬(号―旅庵、一七一二～八一)、徐命膺(号―保晩斎、?～一七八七)をあげている。さいごに一八世紀中葉から一九世紀中葉までを新思潮の百花繚乱たる「全盛期」としている。この時期の代表的人物として洪大容(号―湛軒、一七三一～八三)、朴趾源(号―燕巌、一七三八～一八〇五)、朴斉家(号―楚亭、一七五〇～一八〇五?)、成海応(号―研経斎、一七六〇～?)、丁若鏞(号―茶山、一七六二～一八三六)、金正喜(号―秋史、一七八六～一八五六)、李圭景(号—五洲、一七八八〜?)らをはじめ、錚々たる陣容は数えきれないとしている。

さらに実事求是の学を体系化する過程として、磻渓以前の準備期は、磻渓の出現によって「学としての」存在となり、それが星湖一門の集団によって「学派としての」存在として確認され、燕巌、湛軒、茶山らの出現によって、実学は「時代思潮の支配的傾向としての」存在を占めるにいたった。このようにして新思潮としての実学は「一世紀の準備と一世紀の萌芽と一世紀の全盛」を誇ったとなっている(前掲書、七四〜五頁)。

わたしはこの説から多くを学びながらも、いささか楽観的すぎるという感を拭いえない。例えば実学思想が朝鮮思想史においてもっとも注目され、その周辺に影響をあたえた時期は一八世紀前半期の李瀷の登場からはじまる「学派としての」時期であり、それも一八〇一年までに限定すべきであろう。この時期においてさえ、実学思想形成史そのものからみれば「全盛期」といえようが、朝鮮思想史全般からみればやはり「分流」の域を超えるものではなかった。つまり実学思想が朝鮮思想史上において「分流」から「本流」への転換をさまたげた抑止的思想の壁が根強く伏在しており、それが一八〇一年を峠として学派としての実学の存在を許さなかったとみるべきであろう。もし実学派が一九世紀中葉まで「全盛期」であったとするならば、列強資本主義によるインパクトへの朝鮮の対応は、異った様相を呈したであろう、というのが私の持論である。

また李佑成「実学研究序説」(歴史学会編『実学研究入門』所収、一潮閣、一九七三、ソウル)では、星湖李瀷からはじまる経世致用学派を第一期(一八世紀前半)、利用厚生学派を第二期(一八世紀後半)としながら、茶山丁若鏞は第一期と第二期とにわたって、経世致用学と利用厚生学との「一大滙合点」をなしたとし、阮堂全正喜に代表される考証学的な実事求是学派を第三期(一九世紀前半)としている。

このような区分にたいする私見としては、経世致用学派としての星湖学派は一八世紀前半から後半を包括するものであり、利用厚生学派としての北学派は一八世紀後半に限定されたものであって、それを一八世紀の前半と後半に機械的に区分したことへの疑問がある。むしろ一八世紀前半期の中葉から後半期にかけて、星湖学派と北学派を包括した学派としての実学の展開期とした方が適切であろう。なぜなら一八世紀後半期には、とりわけ朴斉家と丁若鏞との間には、それぞれが属する学派と党派をこえて思想的な相互浸透があり、例えば北学論も、北学派だけのものとはならなくなってくる。

これにたいして、金竜徳「実学派の社会経済思想」(『朝鮮後期思想史研究』所収、乙酉文化社、一九七七、ソウル)では、星湖李瀷をもって実学派を両分し、一六世紀中葉から一七世紀末葉までの実学者たちを「前期実学派」とすること、さらに星湖以後の実学派を経世致用と利用厚生の二つの流派に分けるが、それは栗谷李珥と土亭李之菡に淵源していることを主張している。

確かに実学思想形成史を不当に拡大することは、かえって問題の輪郭を曇らせる結果となる。その意味で実学思想形成史を栗谷および土亭から始まるとすることに賛成である。これは具体的に実学派の学者たちが、その著作のなかでかれらを先駆者としてその経世思想に全面的な共感を示していることからも、そうすべきだと考える。しかし実学思想の学的体系を確立した磻渓柳馨遠を、「前期実学派」のなかに一般的に包括することには抵抗を感じる。断片的な「策」としての実学から、体系的な「学」としての実学への劃期、これが実学思想形成史上の磻渓の位置であろう。

(69) 前掲『星湖先生文集』附録巻之一、蔡済恭「墓碣銘」。
(70) 同書、巻之五十五、「跋職方外紀」、「跋天主実義」、「跋天問略」。
(71) 前掲『星湖僿説』人事門、「日本忠義」。
(72) 前掲『与猶堂全書』第一集二十巻、「上仲氏(辛未冬)」。
(73) 李晩采編『闢衛編』巻二、「洪注書上蔡左相書」。
(74) 李重煥『択里志』八道総論──京畿。
(75) 『正祖実録』巻之三十三、正祖十五年十一月条。
(76) 前掲『燕巌集』巻之三、「孔雀館文稿」自序。
(77) 同書巻之十一、別集『熱河日記』──「渡江録」。「訳書」(1)三五頁。
(78) 朴斉家『北学議』自序。
(79) 前掲『湛軒書』内集巻二、「桂坊日記」。
(80) 前掲『北学議』自序。なお北学派については、拙稿「朝鮮実学における北学思想」(『近代朝鮮の変革思想』所収、日本評論社、一九七三)参照のこと。
また金竜徳の前掲書所収の「貞蕤朴斉家研究」は、朴斉家にかんするトータルな研究として好論文である。
(81) 前掲した拙稿のほか、金竜徳前掲書。
(82) 前掲『北学議』内編─「船」。
(83) 柳寿垣『迂書』(ソウル大学校古典刊行会)第一「四民総論」。なおこの影印本および前掲『実学研究入門』には、柳寿垣の生涯と思想の輪郭をはじめて明らかにした韓㳓国氏の解説があり、その商業観については、姜万吉『朝鮮後期商業資本の発達』(高麗大学校出版部、一九七三)がくわしい。
(84) 『承政院日記』英祖六年十二月二十六日条。

(85)　前掲『朝鮮後期商業資本の発達』および安秉玲『朝鮮近代経済史研究』第三章「商品貨幣経済の構造と発展」(日本評論社、一九七六)。
(86)　前掲『燕巌集』巻之十二、別集『熱河日記』―「太学留館録」。「訳書」(2)、九四頁。
(87)　一七八八年国王正祖にたいする禹禎圭の上疏『経済野言』―「銀店勿禁之議」。
「朝家只許有銀処設店、則富商大賈各出物力、募得傭人、而無土不農之民、願為店民聚居其地、掘土鋳銀、納税於地部与営邑、随其所余帰主、而無土之民、亦頼而資生、則可謂公私両利、何謂民弊乎、臣居在草野、洞知其銀之無弊、玆敢仰陳伏望、殿下特許広設銀店、俾尽生財之道、得以利用厚生焉」。

ここにいう「銀店」とは銀鉱のことであり、その労働者を「店軍」といった。このばあい「店軍」としての「無土之民」は、賃労働の萌芽的形態として理解される。
(88)　『大典通編』巻之六、工典―「外工匠」。
(89)　蕩平策とは『書経』洪範条の「無偏無党、王道蕩々、無党無偏、王道平々、無反無側、王道正直」に由来する。
(90)　北学派と清朝学人との交友については、藤塚鄰『清朝文化東伝の研究』(国書刊行会、一九七五)において詳細な考証が加えられている。
(91)　丁若鏞の著作数については、自身の「自撰墓誌銘」によれば四九九巻(経集二三二巻、文集一二六巻、雑纂一四一巻)、丁奎英編『冽水全著目録』によれば五四一巻(経集二五〇巻、文集一二六巻、雑纂一六六巻)となっている。

付記――以上の稿が完成した時点で(一九七七年八月)、朴鐘鴻博士の遺稿集『韓国思想史論攷』(瑞文堂、一九七七、ソウル)に接する機会をえた。その深い蘊蓄から多くの事を教わり、本稿の再点検に役立ったことを付記して、故人の冥福を祈るしだいである。なお、朝鮮儒教または思想通史として管見したところでは、すでに引用した『朝鮮儒教淵源』、『朝鮮哲学史』上、『朝鮮哲学思想史研究』のほかに、玄相允『朝鮮儒学史』(民衆書館、一九四九、ソウル)、崔旼洪『韓国哲学史』(星文社、一九七四、ソウル)、裵宗鎬『韓国儒教史』(延世大学校出版部、一九七四)、劉明鍾『韓国哲学史』(日新社、一九七六、ソウル)、柳承国『韓国の儒教』(教養国史叢書、一九七六、ソウル)などがある。

第二章　「実学」から「開化」への思想的系譜

第一節　実学思想の近代志向的性格

I　「華夷一也」の世界観

われわれは先きに(第一章第二節)、実学思想が一七世紀後半から一九世紀前半に至る過程において、その間の歴史的変動を反映して、終始同質ではありえないこと、そしてそれは、後期にいたるほど近代的そのものではないが、近代志向的性格が顕著であることをのべた。

つぎにわれわれは近代的性格の開化思想が、実学思想から継承した思想的核は何であったか、それについて考えてみたいと思う。もちろん細部にわたっていろいろ析出できるが、ここではその基軸になるものを考察してみたい。

李朝五百年間の対外関係は、基本的には中国(明と清)にたいする「事大」、日本(室町および江戸幕府)にたいする「交隣」を二つの柱にしていた。しかしすでにのべたように同じ事大関係にしても、明とのそれは少くとも観念的には「王道」的であったのに対し、清とのそれは「覇道」的なものとして理解されていた。したがって「小中華」としての朝鮮の儒者たちは、「中華」としての明にたいする文化的同質観念とはちがって、「胡虜」としての清にたいしては、春秋大義的攘夷観念をいだいていた。

とりわけ尤庵宋時烈以来、その系譜の老論派が党勢盛大にして、李朝末期に至るまでもっとも長期的な執権派であったことに加えて、朱子の反金的攘夷思想が朝鮮の反清的攘夷思想にオーバー・ラップされ、「春秋の大義」による尊攘思想がとくに重視され、普遍的なものとして定着していったのである。

明が亡びてのち、天下に独り「小中華」を自負して止まなかった朝鮮儒学界の思想的閉鎖性を打破するうえで、この華夷思想を切り崩すことは決定的な意味をもっていたといえる。じじつ近代朝鮮における思想史の二大潮流をなす衛正斥邪思想と開国開化思想とは、同じく儒教思想のなかにそれぞれ根源をもとめながらも、華夷思想にたいして教条的であったか、変通的であったか、にその分岐点を求めることができる。近代への思想的幕明けは、華夷思想の教条性、その普遍性を打破することから出発しなければならなかった。

本来華夷思想は、中華を中心とする四夷のヒエラルヒー的世界秩序としての世界観として、天円地方説に依拠していることはいうまでもないが、一八世紀後半期にとりわけ北学派によって、教条的な夷狄観が大きな打撃をうけたことは注目に値いする。それは主として、北学派のなかでも随一の数学および天文学者として知られた洪大容によるものであった。

一七八〇年に燕行使に随行して中国の熱河(承徳府)に赴いた朴趾源は、挙人王民皥(号―鵠汀)と筆談をかわしているが、(1)鵠汀は太学に学びながら、「白髪頭で試験に汲々するのは、士として恥ずかしい」と、会試に応じることをいさぎよしとしない人物である。

鵠汀いわく――「吾が儒者は近世にいたってすこぶる地球の説を信ずるようになった。方円動静は吾が儒の命脈であるのに、泰西人が之れを乱した。先生はどちらに従われるのか」。

余いわく――「天の創造物に方形の物はない……山河、大地、日月、星宿は皆天の創造物であり、いまだ方形の星、稜角の星を見たことがないから、地が疑いなく球であることの証しである……西人はすでに定めて地を球としたが、球の転ずることだけは言わない。是れ地の円きを能く知りつつも、円い者が必ず転ずるのを知らない。故に鄙人はこう考える。地は一転して一日を為し、月は地を一匝（めぐる）して一朔を為し、日は地を一匝して一歳を為し、歳（歳星）は地を一匝して一紀を為し、星（恒星）は地を一匝して一会を為す、と」。またいわく――「吾が東国近世の先輩に金錫文がおり、三大丸（日、月、地球）の浮空説をなした。敝友洪大容もまた、地転の説をはじめた」。

ここにいう金錫文（一六五八～一七三五）は、『易学図解』を著わしているが、それには二四枚の天体図をかかげて儒者流の「地静天動」説を否定し、「地動天静」説を主張した学者である。(2) さらに洪大容も地円説ばかりでなく、独創的に地転（自転）説をはじめたというのである。

もちろん地動説は、すでに一六世紀半ばにコペルニクスによって提唱されたが、ローマ法王庁によって異端として禁止されていた。したがって中国において、イエズス会士が地円説は別として、地転説を紹介することはほとんどなかった。ただ一八世紀半ばに、イエズス会士ミシェル・ブーア（漢名―蔣友仁、一七四四～七四、在華）が簡単に紹介したことから、すでに一七六六年に燕行使に随行した洪大容は、欽天監々正ハルレルシュタイン（漢名―劉松齢）と副監正ゴガイスル（漢名―鮑友管）と会っており、「洪大容の地転説は多分にイエズス会士より聞く可能性があり、それを聞き知った朴趾源が、特にこれを洪大容の創始として強調したように思われてならない」という説もある。(3) しかしかれらイエズス会士との洪大容の筆談記録でみる限り、地転説に論及したくだりは見当らない。(4)

それはともあれ朴趾源は、一七八三年に亡くなった洪大容のために切々たる墓誌銘を書いているが、そのなかでも天文学者としてのかれについて、つぎのように追悼している。(5)

「ああ！ 徳保(洪大容)は明敏で謙雅であり、その見識は遠大で、分析は精細であった。尤も律暦に長じており、造るところの渾儀諸器は思を湛えて慮を積み、新しい機軸を出していた。始め泰西人は地球を論じて地転を言わなかった。徳保はかつて地が転じて一日をなすことを論じた。其の説は渺微玄奥、顧みていまだ書を著わすには及ばなかったが、然しその晩年にはますます信じて疑わなかった」

たしかに洪大容には地円および地転説にかんする専著はない。しかしかれの『毉山問答』(6)には、「虚子」(虚学的な道学者)に代表される道学者流の固定観念を、「実翁」(彼号以実、将以破天下之虚)が問答式弁証法をもって逐一論破するなかで、地転説をつぎのように説明している。

「夫れ地塊は旋転して一日に一周す。地周は九万里(朝鮮の十里が四キロ)、一日は十二時(当時は十二支にしたがって一日を十二時限に分けていた)、九万里の距離を以て十二時限に走るから、其の運行の疾《はや》さは、震電よりすみやかで、炮丸より急である」。

洪大容の立論のなかでさらに注目されるのは、地円および地転説を科学的次元での知識にとどまらず、思想的次元にまで昇華させることによって、「華夷之分」および「内外之分」を徹底的に解体して、「華」と「夷」、「内」と「外」のおのおのを相対化させたことであろう。かれはいう――

「今、中国の舟車の通運は、北は鄂羅(今のロシア)、南は真臘(今のカンボジア)に及ぶ。鄂羅の天頂は、北に北極を距ること二十度をなし、真臘の天頂は、南に南極を距る六十度をなす。両頂相距ること九十度、両地相距ること二万二千五百里をなす。是れを以て、鄂羅の人は鄂羅をもって正界となし、真臘をもって横界とする。真臘の人は真臘をもって正界となし、鄂羅をもって横界とする。

且つ中国は西洋からすれば、経度の差が百八十度もある。中国の人は中国をもって正界となし、西洋をもって倒界とする。西洋の人は西洋をもって正界となし、中国をもって倒界とする。其の実は天を戴き、地を履み、界に随うことすべてこのようである。横(界)もなく、倒(界)もなく、均しく正界である」(傍点引用者)。

つまり円い地球上において、人びとはそれぞれ、己れを正界とし、他を横界または倒界というが、その実は横界もなく倒界もなく、均しく正界(無横無倒、均是正界)という世界認識のなかに、「華」と「夷」との峻別による上下、貴賤、内外のヒエラルヒー的名分秩序が成り立つ余地はない。いうまでもなく世界の中心(中華)と四方(四夷)が成り立つ科学的根拠も霧散せざるをえない。

洪大容はこのような科学的世界観から諸国および各人種間の関係にまで論及して、「均是正界」→「均是人也」→「均是君王也」→「均是邦国也」→「均是習俗也」と平準化することによって、各国および各人種相互間の貴賤や優劣をいっさい否定してしまっている。こういう発想は近代ヨーロッパにおいて、西洋世界と非西洋世界とを区別し、西洋文明を普遍的と考えたかれらが、非西洋世界の植民地化を文明化と考えた世界観よりも、さらに先進的性格をもっていたといえるであろう。

つまり「実翁」は、「虚子」が「孔子は『春秋』を作って中国を内とし、四夷を外とした。華夷の分は、其の厳なること是れの如くである」といったのにたいして、つぎのように答えている。

「天の生むところ、地の養うところの、およそ血気のある者は、均しく是れ人である。類から出て群を抜き、一地方を制治する者は、均しく是れ君王である。門を幾重にも設け、濠を深くして、封疆を謹守するものは、均しく是れ邦国である。章甫(殷代の冠)も委貌(周代の冠)も、文身(東夷の習俗としてのいれずみ)も、雕題(南蛮の習俗としてのひたいの彫り物)も、均しく是れ習俗である。

天から之れを視れば、どうして内外の分があろうか。是れをもって、おのおの其の人を親しみ、おのおの其の君を尊び、おのおの其の国を守り、おのおの其の俗に安んじる。華夷は一つである」。

「実翁」はさらにいう――「孔子は周の人である。王室が日に傾き、諸侯が衰弱し、呉と楚が夏(中華)を乱し、寇賊は止むことがなかった。『春秋』は周の書である。内外の厳もまた、当然ではないか。しかし孔子を浮海させて九夷に居らしめれば、夏を用いて夷を変え、域外に周の道を興したであろう。則ち内外の分、尊攘の義は、おのずから域外春秋にあったであろう。此れが孔子の聖人たる所以である」

ここで注目しなければならないことは、洪大容は『春秋』を、周の人である孔子が、周王朝の特殊状況のなかで書いた周の書であり、したがって周を「華」とし「内」としたのも当然ではないか、として特殊化し、その普遍性を否定してしまったことである。そのことを李朝後半期の朝鮮の思想状況に照して考えてみるならば、一七世紀前半期の二つの「胡乱」(一六二七、一六三六)以後、尊明排清を「尊攘之義」としてきた「春秋の大義」にたいする大胆な挑戦といわざるをえない。

以上みてきたように北伐論と対決する北学論は、前者の崇明にたいする後者の崇清という事大思想ではなく、より根源的な科学的世界観にその根拠を置いた自立思想であることを知ることができる。このようにして「華夷一也」の世界観は、「華」と「夷」との垂直関係を水平関係に転回させることによって、「夷」の世界にたいする思想的閉鎖性を打破し、近代における「万国公法」的国際秩序に対応するための思想的架橋を構築したものといえるであろう。

II　対清国・日本・西洋観

中国大陸で明が亡びてのちただ独り「小中華」を自負していた朝鮮の儒者たちにとって、したがって李朝政府にとって、政治的および外交的にはともあれ、少くとも文化的には清国であれ日本であれ、はたまた西洋であれ、いずれも「夷」の世界であった。

しかし「夷」=「邪」の汚染から「華」=「正」の清浄を固守するとする儒者たちの悲壮なまでの使命感は、おのずから閉鎖的にならざるをえない。しかしこのような閉ざされた思想をもってしては、世界史的同時代性の獲得を不可能にし、ひいては己れ自身の存立そのものを危うくすることは火を観るより明らかである。したがって「夷」の世界を醒めた眼で客観的に観察し、そこから取るべきものと排すべきものを峻別する開かれた思想こそが望ましい。「経世沢民」をその思想および学問の宗旨とした実学派の先覚者たる所以の一つは、「夷」=「邪」というイドラ(先入主)を打破するための醒めた眼をもっていたこと、まさにここにある。

北学派の清国紀行文——洪大容の『燕記』(一七六五)、朴斉家の『北学議』、朴趾源の『熱河日記』(一七八〇)がすでにして、「北学」のための書であることはいうまでもない。もちろん燕行使による類書はこのほかにも多いが、『熱河日記』がすぐれた紀行文学であることをも含めて、これらの書は清国から学ぶべき「利用・厚生」について、特別に注意を払っているのが特徴である。

燕行使がソウルを出発して、鴨緑江を渡河してから盛京(瀋陽)まで北上し、さらに南下して山海関から北京(燕京)に至るルートが「北学」の道であり、それは同時に、北京でのイエズス会士との接触による「西学」の道でもあった。したがって「北学」の道は、「夷」から学ぶ道そのものであったといえる。

朴趾源はその弟子朴斉家の『北学議』に寄せた序のなかで、朝鮮の士大夫たちが「今の中国の主は夷狄であるから、学ぶのが恥しい」という風潮を批判して、つぎのように書いている(7)。

「彼らは薙髪左衽しているが、然しその拠るところの地は、三代(夏、殷、周)以来の漢・唐・宋・明の中華ではないのか。此の地に生きている者こそ、三代以来の漢・唐・宋・明の子孫ではないのか。もし法が良く制が美しければ、固より夷狄の前に進みでて、之れを師とすべきであろう。まして其の規模の広大、心法の精微、制作の宏遠、文章の煥赫は、今なお三代以来の漢・唐・宋・明の固有の故常を残している。

我れを彼と較べれば、固より少しの長所もないのに、ただ一把みの結髪をもって天下に賢を自負していわく、今の中国は古えの中国ではなく、其の山川はなまぐさいと非難し、其の人民を犬羊と辱しめ、其の言語を侏離(聞きとりにくい夷狄のことば)とそしる。中国固有の良法と美制をも合せて斥けるならば、また何に倣ってこれを行うのか」。

みられるように清を胡虜視する朝鮮の儒者たちが、その支配王朝(女真族)と国土および民衆とを一体的にとらえて排他的であったのにたいし、朴趾源はそういうイドラから自由な立場で、清国を観察していることがわかる。つまりその支配王朝がどうであれ、その国土と民衆のなかに漢民族文化の継承を見ており、したがって中華的立場からしても、それを一体的にとらえて夷狄視するのは理に合わないというのである。むしろかれは夷狄であるにしても、良法と美制があればこれを師として学ばなければならないという。

こういう発想が、中華意識の強い清国において現われるのは、一九世紀前半期の清国公羊学派魏源の『海国図志』にみえる。つまりかれはその叙のなかで「為師夷長技、以制夷」とのべている。しかもそれは、阿片戦争によるヨーロッパの武力的衝撃をうけてからのちのことであった。

朴斉家はその著『北学議』を「『孟子』の陳良の語を取り、之れを『北学議』と名づけた」[8]とのべているが、この『北学議』は朴趾源の言をかりるならば、中国の「自農蚕・畜牧・城郭・宮室・舟車・以至瓦・簞・筆・尺之制」について、必ず問い、かつ必ず学んで記録したもので、「与余日録(『熱河日記』)無所齟齬、如出一手」[9]といっているように、両者は「北学」という共通の視点に立って、清国における「利用・厚生」の朝鮮への適用の是非を論じている。

しかし北学思想は、北学派だけのものではない。たしかに南人派に属する星湖学派と、老論派に属する北学派は、党派を異にしているばかりでなく学風においても差がある。にもかかわらず両者の間には、党派と学派をこえたところで相互浸透していたことについては、すでにのべたことがある。とりわけ朴斉家と丁若鏞とは個人的に交友関係があって、書籍の貸し借りや学問上の交流があった。例えば丁若鏞は一七九七年に、王命によって朴斉家、李翼晉とともに奎瀛府に入り、史書の校勘に従事した。また一八〇〇年に丁若鏞は、義州人が中国で入手した『種痘方』数葉と、朴斉家の私蔵本数葉を参照して種痘法を研究し、朴斉家はそれを永平県(京畿道)とソウル北坊で実験している。そして丁若鏞は、「北学」について朴斉家と共通の立場にたった。その意味で丁若鏞は、すでに実学派が学派として存在しえなくなった一八〇一年からの一八年間にわたる流配期およびその後の時期、つまりかれが主として著作活動をおこなった時期に、本来的には星湖学派の系譜を引きながらも、北学思想をも摂取して、実学思想を集大成したといえる。

丁若鏞はその流配期に、国政改革のトータルな構想を開示した『経世遺表』を著述している。そのなかでかれは、北学のための専門職として「利用監」の設置を提唱しながら、按ずるに「『春秋』伝正徳・利用・厚生、為王者致治之大目」と前提して、つぎのようにのべている。(10)

「臣は先朝(正祖)のとき奎瀛府で校書していたが、おろしてくれた『図書集成』(清朝の『古今図書集成』)考工典第二百四十巻は、すなわち『奇器図説』(イエズス会士テレンツ、漢名鄧玉函の著)の彙編であった。其の後また奎章閣検書官朴斉家の著わす『北学議』六巻を見たし、其の後もまた故儒臣朴趾源の著わす『熱河日記』二十巻を見た。其れに載せた中国器用の制は、その多くが人意をもって測りうるものではなかった。

昔将臣李敬懋がかつて臣にいうのには、今の兵器と火器は皆是れ新制のもので、日本の鳥銃は今は旧式となった。此れからのち南北に憂患があれば、再び鳥銃や鞭棍をもってくることはないだろう。今の急務は中原に北学することにある、と。まことに時務を識る人の言である。

臣がいいたいのは、別に一司を設けて利用監と名づけ、専ら北学をもって職と為すべきである」。

丁若鏞のこのような提起は、明らかに朴斉家がかつて、北学のための「局」の設置を提起した、それを受け継いで具体化したものと見てよいようである。朴斉家はすでに、天時と地利と人事との合理的結合による利用厚生策を唱えながら、「器用之不利」による「人可以一日、而我或至一月・二月」の「失天」、「耕種之無法」による「費多而収少」の「失地」、「商賈不通」による「游食日衆」の「失人」が、「不学中国之過也」と指摘して、つぎのようにのべたことがある。(11)

「いま急いで経綸と才技の士を選び、年に十人ずつ使行の通訳官のなかに混入させて一人をもって之れを統率させること、古来の質正官の如くにして中国に入らせる。往って其の法を学び、或いは其の器を買い、或いは其の芸を伝え、其の法を国中に頒布させるために局を設けて之れを教え、力めて之れを試みるべきである」。

さらに丁若鏞は、燕行使に随行する知友李基譲にたいしても、従来ひんぱんに燕京(北京)に往来する使臣たちが、「利用厚生之物」を伝えてないことを概嘆しながら、つぎのように勧告している。(12)

「昔(高麗末期)文益漸が棉の種を得て帰り、之れを植えた。並びに其の攪車と軖車の制を得て之れを伝えた。民間では軖を文来といって其の功を忘れない。其の偉なるかな！ ただ以て之れを勉めよ」(文来《ムルレ》は糸を紡ぐ車で、文益漸が伝来したことに由来する名称)。

朝鮮政府が開国後において、近代的機器の製造法と外国語学習のために、金允植を領選使とする三八名の留学生

(両班子弟の「学徒」二〇名、中人階級の「工匠」一八名)を天津機器廠に派遣したのは、一八八一年一一月(旧暦一〇月)のことであった。[13] 朴斉家および丁若鏞の提起は、このときに至るまでかえりみることはなかったのである。

いうまでもなく「北」→「清」→「夷」であるから、「北学」とは夷一般から学ぶことをいうのである。したがって実学派にとって、「倭夷」としての日本、「洋夷」としての西洋にたいしても、例外ではなかった。ただ従来からの国際関係における慣例的および思想的状況からして、清にたいする「北学」を優先しただけの話である。

本来室町幕府期の日本は朝鮮にとって、一四〇四年に足利義満からの国書があって以来、「朝鮮国王」と「日本国王」(足利将軍)との抗礼(対等の礼)による交隣国であった。一五九二〜八年の秀吉による「倭乱」があってのち、一時中断されていた交隣関係は一六〇〇年に関ヶ原の戦いに勝利した家康によって回復し、一六〇七年から一八一一年まで一二回の朝鮮通信使が来日した。

しかし朝鮮にとって江戸時代の交隣関係は、室町幕府とのそれとは違って「警戒しながら交わる」という消極的性格のものであった。つまり日本使節は室町期とはちがって、国都ソウルに至るまでの朝鮮の内陸旅行が許されず、東萊府使が釜山鎮の倭館において応接するのが常例となっていた。

李朝時代における朝鮮の儒者たちの日本観は、その「尚武」的侵略性に強い不信感をいだいており、それは儒教的後進性による礼儀の欠如によるものと考えていた。だから一七一九年(享保四年)に訪日した製述官申維翰なども、日本には「国に四民あり、曰く兵農工商がそれである。士はあずからない」としている。

かれはいう——「四民のほかにも、別に儒学、僧徒、医学がある。しかし国俗として、医はすなわちその功が活人にあるゆえに、医をもって上となし、僧徒がこれに次ぎ、儒は末である」と。[14] つまりかれによれば、日本でいうところの「士」とは「武士」(兵)であるとして、その武家政治の「尚武」的性格を喝破しているのである。

　しかし実学派は、朝鮮通信使に随行した製述官や書記などからの、きわめて限られた範囲内ではありながら日本からの情報に注意を払っており、日本の侵略的側面に注意しながらも、その文化について客観的に見ようとしているように思われる。

　つとに李瀷はその「日本忠義」(15)のなかで、山崎闇斎およびその学派の浅見絅斎、若林寛斎の「尊皇」思想に注目しながら、もし将来王政復興があれば「かれ皇にして我れ王、将に如何にしてこれに処せんとする」(傍点—引用者)と、明治初期における両国間の争点を、すでに予言しているのである。

　李瀷の門人安鼎福も、林羅山およびその子孫が「世執文衡、国書詞翰、皆出其手」とのべながら、とくに古学先生伊藤仁斎の『童子問』に深い関心を示している。かれは『童子問』からその詩「天空《むな》しく海濶《ひろ》し小茅堂《しょうぼうどう》、四序《しじょ》悠々《ゆうゆう》として春色《しゅんしょく》長し。笑殺《しょうさつ》す淵明《えんめい》が卓識《たくしき》無きこと、北窓何《ほくそうなん》ぞ必《かなら》ずしも羲皇《ぎこう》を慕《した》わん」(岩波文庫版、清水茂校註、一八一～二頁)を引用し、さらにその学問が孟子を推尊しながら程朱を排斥するのは不満ではあるが、その百八十余章のなかにはすこぶる格言が多いと、感嘆している。(16)程朱を徹底的に批判した伊藤仁斎にたいするかれの共感は、朝鮮の正統派朱子学者にはありえないことである。恐らくこの『童子問』は、一七一九年に訪日した朝鮮通信使の書記成汝弼が、福山藩の儒官伊藤梅宇(名は長英、仁斎の第二子)から寄贈をうけて伝えたものであろう。(17)

　丁若鏞にいたってはその「日本論」(18)のなかで、近来における日本の「文勝之効」をあげて、「日本無憂」論を主張している。かれはいう——

　「日本は今、憂うることはない。余がいわゆる古学先生伊藤氏の文および、荻先生(荻生徂徠)、太宰純(太宰春台、荻生徂徠の高弟)らの経義の論を読んでみると、皆燦然としている。文をもって是れを判断すれば、日本は今、憂うることはない。其の議論はときに迂曲があるが、其の文ははなはだすぐれている。夷狄の禦し難い所以は、文が無いからである。文が無ければ礼儀と廉恥がなく、奮発鷙悍《しかん》の心を恥とせず、長慮遠計が無く、だから其の貪《どん》婪《らん》攫《かく》取《しゅ》の欲を正すことができない」。

かれによれば、かつて倭寇が朝鮮や明の沿岸を荒らし、豊臣秀吉が朝鮮を侵略したのは、「日本之俗、喜浮屠(仏教)尚武力、唯剽掠沿海諸国、奪其宝貨粮帛、以充其目前之慾」の理由による。しかし今の日本は「文勝之効」によって、「其国必有崇礼義、而慮久遠者、故曰、日本今無憂也」と。

日本の古学派に属する伊藤仁斎、荻生徂徠、とりわけ太宰春台の『論語』註釈の奔放さには、丁若鏞はすこぶる批判的ではあったが、[19]にもかかわらずかれのこのような共感は、或いはかれ自身が漢唐の学および宋明の学を超えて「堯舜周孔之門」に直結しようとする経学研究における洙泗学的志向と、相通ずることに起因するのかも知れない。また或いは朝鮮の儒学界において欠落していたもの、芽のうちに摘みとられてしまったものが(例えば尹鑴など)、日本において開花していることに注目していたのかも知れない。

それにもまして江戸期の日本にたいする実学派の関心は、「長崎島」であった。つまり日本は対外的に鎖国策をとりながらも、「長崎島」をつうじて清国や西洋(オランダ)と海路によって通じていることである。つまり限られた情報ではあったが、「長崎島」をつうじての海外通商策にたいして、朴趾源、朴斉家、丁若鏞らは重大な関心を寄せているが、それについては後にのべたい。

当時の朝鮮では、外交的には清国との「事大」関係による燕行使の往来、日本との「交隣」関係による通信使の往来があり、経済的には清国との国境における柵門貿易(柵門は鴨緑江対岸の九連城と鳳凰城との間)、日本との釜山鎮東萊における倭館貿易(対馬人による)があった。したがって西洋諸国とは、外交的にも経済的に断絶されていた。

実学派にとって、「洋夷」としての西洋の学問および天主教(合せて「西学」)が何であったか、については、次章「朝鮮伝来の西洋書目」においてかなり詳細にのべておいた。つまり一七世紀初めから燕京(北京)に往来した使臣たちが、イエズス会士と接触し、またその著訳書および儀器類が将来されて、儒者たちの書斎にもかなり普及していた。一七八四年二月、星湖学派の李承薫が燕行使に随行して、北京で天主教の洗礼を受け、一七九一年には天主教に入信した南人派の尹持忠、権尚然が「毀祠廃祀」(祖先の神祠をこわし、祭祀を廃す)したことから典礼問題がおこるまでは、それが科学書であれ天主教書であれ、思想的および政治的迫害の対象になることはなかった。

ところが一七八八年七月に国王正祖は、西学禁止にかんする李景溟の疏請に端を発した攻西派(老論派と一部の南人派による僻派)の圧力によって、「以明正学、而熄邪説」[20]を厳命せざるをえなくなった。ここにいう「正学」とはいうまでもなく孔孟程朱の学であり、「邪説」とは、従来は老仏、陸王学であったのが、ここでは科学と宗教を一体的にとらえた西学のことである。しかしここでも「邪説」への弾圧そのものではなく、「正学」を明らかにすることによって、相対的に「邪説」の浸透を防ぎ、朱子学による思想と学問の純化を説いているのである。

しかし従来北京に往来した一部の学者たちの西学とのかかわりあいは、北京を媒介としたイエズス会士との接触および西洋書の購入による間接的なものであった。依然として朝鮮にとっての世界とは、東アジア三国そのものであったといえる。そのなかにあって一七八六年正月に、朴斉家が国王正祖にのべた所懐のなかで、西士招聘を提起したことは、劃期的なことであった。つまりかれは、北京の欽天監におけるイエズス会士の活躍に注目し、朝鮮の観象監をして西学研究と普及のための拠点たらしめるために、つぎのように提起しているのである。[21]

「臣の聞くところによれば、中国の欽天監で暦書を造る西人たちは、みな幾何学に明るく、利用厚生に精通しているという。

国家では観象監で使う費用をもってその人たちを招聘して待遇し、国中の子弟たちをしてその天文、躔次《てんじ》(星のやどり)、鐘律(度量衡)、儀器の度数、農桑、医薬、旱害、水害、乾燥、湿気の適宜、煉瓦の製造とそれによる宮室、城郭、橋梁の築法、銅鉱の採掘、卝玉《かんぎょく》(生地の玉石)の採取、ガラスの焼成法、守禦のための火礮の設置、灌漑水法、車船による伐木および石材の遠方への運搬法などを学ばせるようにすれば、数年ならずして蔚然《うつぜん》たる経世適用の人材となるであろう。

論者はいうかも知れない。漢の明帝が仏教を迎えいれて千古の累をなした。夫《そ》れヨーロッパは中国から距たること九万里、天主異教を崇奉して類を異にする。かつ海外諸蛮と通じて其の心は測り知れない、と。

臣がおもうには其の徒数十人を一軒に居らしめれば、必ず乱をなすことはできない。且つ其の人たちは皆結婚と官職を絶ち、嗜欲をしりぞけ、遠い国に赴いて布教だけを心としている。其の教というのは、天堂地獄だけを篤く信じ、仏教と差があるものではない。然し厚生の才能は仏教にないものである。其の十を取って其の一を禁ずれば、得をする計算になる。ただ適切に待遇しなければ、招いても来ないだろうことを恐れる」。

かれは国王にたいして、自ら安んじて小康をうるよりは、大事をなすために小嫌を避けてはならないこと、政治には多言よりも実行が必要であること、この所懐ではつくしえない肺腑のなかのつもる話を、一日の休暇と十名の筆写人をあたえてくれれば、すべて吐露するであろうことをのべている。しかし正祖は、当時の各派間の勢力関係において、有力な攻西的な僻派に敵対して朴斉家の献策を採用することは困難であった。

朴斉家の西士招聘策は、先きにものべたように、その二年後の「以明正学、而熄邪説」の王命があって以来、おのずから立ち消えとなった。一八八二年に、西洋諸国とは最初の朝米修好通商条約に至るまで、西士招聘による西学研究とその普及を国王に公然と提起したのは、朴斉家のそれが唯一の事例である。一八六六年に興宣大院君が摂政の地位にあったとき、朝鮮北部に接近して通商を要求するロシアへの対抗策として、天主教徒南鐘三、洪鳳周がキリスト教国である仏英との同盟と、そのための仲介を国内に潜入していた宣教師ベルヌーに依頼することを献策したところ、それが丙寅教獄という天主教への大弾圧と、丙寅洋擾というフランス艦隊の江華島侵入の発端になったものであった。

このようにして「夷」に開かれた新しい思想は、決定的には一八〇一年辛酉教獄を峠として、しだいに抹殺を余儀なくされ、「夷」=「邪」にたいする対決的思潮だけがしだいにたかまるばかりであった。一八六〇年代から七〇年代にかけて、「洋夷」と「倭夷」の挑戦にきびしく対決した鎖国攘夷は、一八〇一年以来のこのような思想の流れの延長にほかならなかった。

Ⅲ 士庶・本末観と民本主義

初期開化派の指導的メンバーの一人朴泳孝は、「燕岩集の貴族を攻撃する文章で、平等思想を身につけた」[22]と、回想したことがある。国王哲宗(在位一八五〇〜六三)の娘婿にあたる朴泳孝をはじめ、初期開化派の指導的メンバーはすべて貴族であったばかりでなく、『燕巌集』の著者朴趾源をはじめ、実学派のメンバーも名門士族であった。にもかかわらず例えば朴趾源などは、士族=両班たちを「盗耶」(『両班伝』)、「蝗虫」(『閔翁伝』)とし、丁若鏞も監司(地方長官)を「大盗也」(『監司論』)と、その寄生的性格を糾弾してやまない。

朝鮮の封建社会における身分構成は、基本的には日本と同じく、四民(士・農・工・商)から成り立っていた。その「士」とは、科挙に及第することによって仕官しうる官僚の予備軍であった。ところが文民優位が貫徹されていた李朝時代には、科挙のなかでも武科および雑科(技術および通訳)とは違って、文科(小科としての生員科および進士科、大科としての文科)に応試する資格は、全く士族に限定されていた。

四民とはいっても、士と農・工・商とは水平的な身分関係ではなく、支配と被支配の垂直的身分関係にあることはいうまでもない。われわれは一般に、李朝社会の支配階級を士大夫というが、朴趾源の見解によれば「士」と「大夫」とは一致するものではない。かれによれば「読書曰士、従政為大夫、有徳為君子」[23]、つまり書を読む者が士で、そのなかで政治に従うものは大夫、徳のある者は君子ということになる。

実学派の主張のなかには、四民皆労を実現するために、四民それぞれの職能による社会的寄与が殊のほか強調されている。そのばあい、力を労する者としての農・工・商に問題はない。ところが問題なのは、心を労する者としての士である。すでに李瀷が党争の原因についてのべたことがあるように、科挙による無計画的な取人数と、内職(中央)および外職(地方)の官窠数とのアンバランス、つまりつねに前者が後者をうわまわっていたために、多くの士が遊民化して寄生階級となり、政権をめぐる朋党争いにその知的エネルギーを浪費していたのである。

したがって柳馨遠からこのかた、実学派は士族が仕官するほかに生業を忌避することによる遊民化現象を除去するために、数多くの提言をしてきた。

例えば党争の原因を、科挙による取人数と、人材登用における官窠数とのアンバランスに求めた李瀷は、士族の遊民化と寄生化を克服する方策として、「士農合一」論を提起した。かれによれば「若使士農合一、法有導化、如魚之游水、鳥之帰林、其有才徳、抜之於阡陌之間」[24]、つまり士族も魚が水に遊び、鳥が林に帰る如くに、仕官せざるときは田園に帰って農業に従事すべきであり、才徳のある者は田園のなかから抜擢すべきであると主張した。

しかし李瀷は、「士農合一」によって士族が官職にも農業にも従事すべきであるとしながらも、士族のなかからの人材抜擢を否定するものではなかった。ところが北学派の洪大容にいたっては、四民間の身分的差を否定して、人材登用における能力本位、教育における機会均等の原則を打ちだしたのである[25]。

かれによれば「有才有学、則農賈之子、坐於廊廟、而不以為僭、無才無学、則公卿之子、帰於輿儓、而不以為恨」

(傍点引用者)、つまり農民や商人の子弟であっても、才徳と学問があれば廟堂に坐ったからといっておごるべきでなく、公卿の子弟であっても、才徳と学問がなければ輿をかついだからといって恨むべきではない、というのである。しかし身分を超えたこのような人材登用は、教育における機会均等が前提されないかぎり、空理空論になるであろう。だから洪大容は、内には王都の九部(各区)、外には各道(府県)および面(村)に至るまですべて学校を開設し、「面中子弟八歳以上、咸聚而教之」して、そのなかから優秀な人材を選抜してしだいに大学にまで至らしめ、考試を経て人材を登用すべきだ、と主張した。

ともあれ洪大容の主張は、身分を超えたすべての人間能力の無駄のない開発と適切な配置による四民皆労であって、したがって「凡人品有高下、材有長短、因其高下、而舎短而用長、則天下無全棄之才」(傍点引用者)というのである。

丁若鏞は田制改革案を軸として、四民皆労の構想をつぎのように開示している。かれの田制改革案は、柳馨遠の均田法、李瀷の限田法が、農者も不農者も得田しうるという欠陥を指摘しながら、「農者得田、不為農者、不得之」を大原則とする独創的な閭田制を提起している。(26)

閭田制によれば、土地をすべて公有とし、一つの経営単位として三〇戸をもって一閭とし、閭長の管理のもとに共同耕作をおこなう。収穫物は、収量一〇%の公税と、閭長の俸給分を控除した剰余分を、各戸の労働日数によって分配することによって、寄生階級の搾取を排除しようとするものである。

しかも経営単位としての閭は、同時に兵制の基礎単位とすることによって、閭長には哨官、里長(五閭)には把摠、坊長(五里)には千摠の武職を兼任させ、邑の県令にこれを統括させることによる兵農一致を実現しようとした。一六世紀を前後した時期に日本および清の侵略があって以来、田制改革案における兵農一致=富国強兵併進の実学派の思想は、柳馨遠に淵源する。

然らば「不為農者」である士、工、商はどのようにして食糧の分配にあずかるのか。丁若鏞によれば、手工業はその製品をもって穀物と交易し(工以其器易)、商人はその商品をもって穀物と交易するから(商以其貨易)、問題はない。では手と足を遊ばして、他人の土と力に寄生する士はどうするか(夫士也何人、士何為游手游足、呑人之土、食人之力哉)。かれらも転業せざるをえないだろう。その一つは農業に転業することである(士転而縁南畝)。そうすれば地の利も開け、風俗も厚くなり、乱民もなくなるだろう。農業に転業できない士はどうするのか。

「曰く、転じて工商を為すこともできる。朝に出て耕し、夜は帰って古人の書を読むこともできる。富民の子弟を教授して活計をたてることもできる。実理を講究して土宜を弁じ、水利を興し、機械を製造して省力し、樹芸および畜牧の法を教えて農を佐けることもできる。

若し是れをすれば、其の功がどうして扼腕力作する者と比べられようか。一日の役を十日と註記し、十日の役を百日と註記して、以て其の粮の分配をうけてもよい。どうして士には分配がないといえるだろうか」。

たしかに丁若鏞の田制改革にかんする構想によれば、士＝両班が「呑人之土、食人之力」の搾取階級として存立する社会的基盤は取り払われてしまう。しかし李瀷の「士農合一」論にしても、丁若鏞の士の転業策にしても、農を「本」とし、商を「末」とする本末思想(例えば丁若鏞はつぎのように書いている――「嗚呼、重本、教抑末技、即王政之首務」(『与猶堂全書』第一集、第九巻「農策」)が貫ぬかれていて、士の帰農または農業への知的寄与を基本としている。

いうまでもなく四民構成のなかでは、「士」と「庶」との上下関係があるばかりでなく、「庶」のなかでも、農と工・商との間には、前者を本とし、後者を末とする農本主義的な本末思想があって、職業における貴賤関係を規定していた。これを完全にくつがえしたのが朴斉家である。

朴斉家は「末利」としての商業を、「夫商処四民之一、以其一而通於三」[27]とのべて、商を士・農・工と同じレベルに位置づけたことは、近代的職業観そのものであったといえる。さらにかれは国王に献策した所懐のなかで、士族を商業に従事させることを強調している。かれはいう。(28)

「夫れ游食者は国の大蠹(こめのむし)である。游食者が日に多くなれば、士族も日に繁くなる。此れらの徒がほとんど国中に遍在していて、一介の科官がことごとく羈縻《きび》(牽制)できるものではない。必ず之れに処する所以の術があってのちに、浮言はおこらず、国も治まる。

臣は請う。凡そ水陸の交通と貿販の事は、ことごとく士族に許して入籍させ、或いは資装は之れを貸し、廛を設けて之れに居らしめ、顕著な者は抜擢して之れを勧め、日に利を追わしめれば、しだいに其の游食の勢はそがれて楽業の心が開き、而して其の豪強の権を消すことになる。此れまた(游食者を)転移させる一助である」。

要するにかれは、抑末思想に凝り固まっている士族を商業に従事させることによって、「開其楽業之心、而消其豪強之権」の人間改造を提起しているのである。士族が商業に従事することを公認したのは、一八九四〜五年の甲午改革のときであるから、この提起がいかに先駆的であるか、が分る。とりわけ朝鮮の儒者たちには、少くとも建て前としては「義」と「理」を重んじ、「功」と「利」を殊のほか忌み嫌う観念があった。かれら士族をして、「利」を追求する自立した生業に従事させることは、その寄生性を克服するばかりでなく、かれら士族たちにとって痼疾となっていた本末思想を、具体的な実生活をつうじて改造し、転換させることを意味する。

以上みてきたように、一八世紀後半期に実学派は四民皆労を実現するために、「士」の改造による「士」と「庶」との垂直関係を水平関係に転回させるための諸政策を提起しているが、すでに一八世紀前半期における柳寿垣の思想のなかに、それに先きがけた卓見をみることができる。

かれも身分と家業によって差別されない教育の均等と、そのなかからの「士」の選抜登用、さらには「士」にたいする職業的制限の撤廃によるその自由を主張しているのである。かれはいう。[29]

「或いはいう。両班の農・工・商を、国家がかつて禁制にしたことがあろうか、かれらが自ら為さないだけだ、と。

答えていう。両班が賤業(農・工・商)を為せば、国家は永く之れを錮《よさ》ぐ。此れが禁制でないというのか。今士族が果して農・工・商を為せば、則ち交遊や婚宦(婚姻および仕官)に妨碍がないとでもいうのか。人は必ず、彼れは平民におちぶれたということからはじめて、卑しんで交際を絶ち、(交際によって自分の)威厳がおちることを恐れる。其の禁錮を為すこと、此れより甚しいことがあろうか。

ああ国家は名分として両班を優待するというが、其の実は手をむすび足をしばり、之れをして公然と飢餓させるのみである。之れを愛するというが、まさに之れを病にし、之れを優待するというが、まさに之れを困らせる。此れがどうして理に順《かな》う事であり、自然の道であろうか」。

一歩進んで実学派は、ただ仕官だけのための士族の身分的閉鎖性を解体することによって、その遊民化および特権化を解消させるばかりでなく、知識階級として四民構成の一つに位置づけようとしている。つまりかれらの構想によれば、四民を職能化することによって「士」と「庶」との職能による水平的な補完関係を構築していくためには、書を読む者として士の学問のあり方を問わなければならなかった。なぜなら従来のような現実ばなれした性理学偏重の学問のあり方では、「士」と「庶」との補完関係、心を労する者としての「士」の、力を労する者としての「庶」にたいする知的寄与、つまり精神労働と肉体労働との結合はありえないからである。

本来儒教には「修己」と「治人」の両側面があることはいうまでもないが、儒者は牧者＝治者でなければならないから、むしろ「修己」は「治人」のためのものであり、したがって儒教はすぐれて政治思想でなければならない。

ところがすでにのべたことがあるように、実学派は朝鮮儒教における「治人」＝「経世」からの逃避にたいする内在批判から出発した。丁若鏞は流配地から二人の子息にあたえた訓誡のなかで、「大較著書之法、経籍為宗、其次経世澤民之学」(30)と示している。じつは丁若鏞の五百余巻にのぼる著作そのものが、このように経学研究を主とし、経世策を従とする構成となっていることはいうまでもない。ところがここにいう「経世澤民之学」とは、たんに儒教的経世にとどまるものではなく、より広汎な科学技術の学問を包括するものとして理解すべきである。

日本の儒者たちが兵学、本草学、医学その他の「実学」を兼修したのとちがって、朝鮮の儒者たちがもっとも尚ぶところは経学であって、技術的および実務的学問は「末技」として、中人階級のためのものとされていた。実学派の学者たちは、まさしく「末技」とされた学問を重視し、科挙のための学問を軽視または拒否した面々であった。だから朴趾源は、士族たちが性命の論議にふけって経済を忘れ、詞華のみを尚びながら政治に無策であることを批判しながら(士或高談性命、而遺於経済、或空尚詞華、而罔施有政)、産業の発展に寄与できる農学、工学、商学に従事すべきだとして、つぎのようにいうのである。(31)

「然るに士の学は、実は農・工・賈(商)の理を兼ねて包むものであって、而して三者の業は、必ず皆、士を待って後に成るものである。いうところの明農、通商、恵工は、之れを明かにし、之れに通じるようにし、之れにさとくする所以の者がなければならないが、それが士に非ずして誰であろうか。故に臣はひそかにおもう、後世における農・工・賈の業を失えるは、士が実学をやらなかった過ちである、と」。

朴趾源がここでいう実学とは、要するに明農、通商、恵工の理を究める学問のことであるが、これらの学問の基礎を、原理的に数学におかなければならないとした丁若鏞の主張は、「物理」を「道理」から解き放ち、「物理」そのものの自立的展開の道を切り拓くうえにおいて劃期的であった。かれはいう。(32)

「農器が便利であれば、力を用いることが少なくて穀粟が多く、織器が便利であれば、力を用いることが少なくて布帛が足り、舟車の制が便利であれば、力を用いることが少なくて遠方からの物資が滞ることなく、引重および起重の法が便利であれば、力を用いることが少なくて台樹隄防が堅固となる。此れがいうところの、百工来りて財用足るということである。然し百工の巧は、皆数理を本とする。必ず句股弦(直角三角形)および鋭角と鈍角の相入相差の本理を明らかにして後、其の法を得ることができる」(傍点引用者)。

本来儒教における「格物窮理」は、それが自立して「物理」そのものの研究に発展することができず、「天理」を体認するための内省的な方法としてあった。丁若鏞の主張の劃期的意味は、「百工之巧、皆本之於数理」にみられるように、数学を基礎とする科学技術の自立的発展の道を切り拓き、近代科学への扉を開いたことにある。

このようにして実学派は、士族が生業に従事することによる人間改造、その学問のあり方における近代科学への自立的発展のための論理的根拠を、儒教内在的に開示してくれた。このような文脈のなかで、実学派の民本主義があるのである。

もちろん儒教には「民は由《よ》らしむべし、知らしむべからず」(『論語』泰伯篇)とする民衆を愚民視する思想もあれば、「民を貴しとなし、社稷《しゃしょく》之れに次ぎ、君《きみ》を軽しとなす」(『孟子』尽心篇)とする民本的放伐思想もある。そのいずれを重視するか、またそのいずこに思想的拠点をおくかは、儒者それぞれの立場によって異るであろう。実学派の民本主義をもっとも集中的に展開したのは、丁若鏞の『原牧』[33]および『湯論』[34]においてであった。

かれは「牧(治者)とは何ぞや」(原牧)という政論のなかで、「牧は民のために有るのか、民は牧のために生まれたか」と問いかけながら、「否々、牧は民のために有るのだ」と、その人民的立場を表明している。かれによれば本来統治権力は、民衆の下からの推戴によって、上向的に里正→党正→州長→方伯→皇王がうまれた。この段階ではその権力は、民衆本位のものであった。

ところが後世に、ある権力者が「自立為皇帝」になってからは、各単位の統治者が上から下向的に任命された。「故に其の法は主を尊んで民を卑しみ、下を侵して上におもねり、あたかも民が牧のために生まれたかのようになった」と、専制権力の反人民的性格を、あますところなくあばいた。だからかれが地方守令のために書いた、経世三書としての「一表二書」(『経世遺表』『牧民心書』『欽々新書』)のなかの『牧民心書』が、どのような立場にたつ著作であるか、を知ることができるであろう。

かれはさらに『湯論』においては、「夫天子何為而有也、将天雨天子而立乎、抑涌出地為天子乎」、つまり天子という者は天から降ってきたものか、地から湧いてきた者か、と問いかけながら、「順」と「逆」の論理を展開している。かれによれば本来は、五家が隣長を、五隣が里長を、五鄙が県長を、諸県長が諸侯を、諸侯が天子をと、それぞれ下から上に推したものである。だから九侯八伯が和合できないばあい天子を改めるのは、二十五家が和合できないばあい、里長を改めるのと同じである。

ところが漢代以来、天子が諸侯を立て、諸侯が県長を立て、県長が里長を立て、里長が隣長を立てるようになってからは、上に恭順でない者を「逆」というようになった。しかしその「逆」とは何か。古えは下から上に推したから(下而上)、「順」(下而上)であったものが、今は上から下を立てるから(上而下)、「逆」(下而上)となった。つまり「順」と「逆」とは時代を超えた超歴史的なものではなく、民本主義の時代(下而上)には「順」であったそのものが、君主専制の時代(上而下)には「逆」になるという歴史的規定性を論じている。とりわけ一八〇一年の教難によって迫害をうけた丁若鍾(刑死)、若銓(流刑)、若鏞(流刑)三兄弟の一人である逆臣丁若鏞の言として、われわれの胸を打つものがある。

このようにして『原牧』における民本主義思想は、『湯論』においてはさらに前進して、君主専制の時代を民本主義の時代に転回させる過程での「逆」=反逆の正当性、いいかえるならば民衆の抵抗権および革命権を是認しかねないぎりぎりの段階にまで到達しているのである。

丁若鏞の『原牧』にみられる「民」を主とし、「牧」を従とする民本主義も、『湯論』にみられる民本主義と君主専制下における順逆の逆転の論理も、「牧為民有也」という基本発想からの帰結であることはいうまでもない。ところが「牧」と「民」との関係における丁若鏞の発想は、その経学思想と深く結び付いている。

かれは『論語』の註釈のなかで、仁の概念および徳目にかんして補説を加えてつぎのように述べている[35]。

「補説して曰く、道は由って行う所であり、仁は二人が相与《くみ》することである。親に孝をもって事《つか》えれば仁と為るが、父と子は二人である。兄に悌をもって事えれば仁と為るが、兄と弟は二人である。君に忠をもって事えれば仁と為るが、君と臣は二人である。民に慈をもって牧すれば仁と為るが、牧と民は二人である。夫婦、朋友に至るまで、凡そ二人の間に其の道を尽すのは、すべて仁であるが、然し孝弟(悌)はその根本と為る」。

かれは仁とはけっきょく、人と人との関係(仁者人人之畳文也)にかんする規範であるとして、朱子がそれを抽象的に「愛之理、心之徳」(『論語』学而篇集註)と規定したことを批判している。かれによれば人と人との関係としての父子、兄弟、君臣、牧民、夫婦、朋友間の諸徳目のなかで、牧民間の徳目は「慈」となっている(牧民慈為仁)。そしてこれら諸徳目のなかで、殊のほか孝・悌・慈の三徳目を重視する。かれは『大学』の註釈のなかで[36]、その三綱領の第一に当る「明明徳」を「明者昭顕之也、明徳也孝弟慈」としてのち、つぎのように図示している。

明明徳 ─ 孝者所以事君 / 弟者所以事長 / 慈者所以事衆 ─ 天子庶人修身為本

つまり「牧」と「民」との関係における「慈」とは、「衆に事える所以のもの」であって、その民本主義とは、かれの経学思想における「慈」を根底に置く政治思想であったといえるだろう。

本来儒教的民本主義とは、徳をもって天下を治める王道政治の民衆にたいする観点の問題であって、それはいうまでもなく上からの慈恵的なものであった。したがってその慈恵を施す主体は、あくまでも名君賢相であって、民衆にそれを要求する権利は認められていない。してみると丁若鏞の『原牧』および『湯論』にみられる民本主義は、すでに儒教的なそれを超えたところにあるといえる。一九世紀初期の朝鮮において、西欧的民主主義の伝播を待つまでもなく、儒教的名分秩序をくつがえすような近代的民権思想の原型が、儒教内在的に創出されたことは注目に値いする。

Ⅳ　国内市場の単一化と海外通商論

われわれは先きに、朝鮮思想界に登場した実学思想の歴史的背景として、一八世紀における資本主義的萌芽の形成について概観したことがある。とりわけ一八世紀後半期から一九世紀前半期にかけて、資本主義的萌芽の発展を、それを制約した諸関係および、それを規定した思想的呪縛から解き放つことは、実学派にになわされた重要な思想的課題であった。

近代以前における朝鮮の封建制は、地方割拠的なそれではなく、中央集権的官僚制によるそれであった。したがってすでに地域的に形成されていた経済圏を全国的に結合することを志向するばあい、その主たる障壁は地方的割拠主義よりも、道路の問題、運輸手段の問題、度量衡の統一の問題であったといえる。当然のことながら実学派は、これらの諸問題について重大な関心をはらった。

すでにのべたことがあるように、朴趾源は士族の学問のあり方として、「性命」とか「詞華」を専らにする虚学的傾向を批判して、明農、通商、恵工に寄与しうる実学を主張したばかりでなく、朴斉家は重本抑末の本末思想を批判して、「本」＝農と「末」＝商との水平的な相互補完関係を強調した。しかし朴斉家はそれから一歩進んで、「末」＝商業資本の主導による生産の刺戟、さらには車制および船制など運搬手段の改善による国内市場の単一化を志向した。

当時朝鮮では、儒教的な先入主として農業は「倹素」および「純朴」の美風をつちかう生業であり、商業は「奢侈」と「多詐」をかもしだして、風教を乱す末技とみられていた。すでに朴斉家に先きがけて、士族が農・工・商に従事することを主張した柳寿垣は、もし両班が工・商に従事すれば「市井之類」に転落して風俗は卑しくなり、それは子孫にまで伝わって「設使学習文字、登科入仕、牟利之習、已入膏胸、必無士大夫気味、其為世道之蠹」とする意見に反論して、つぎのようにのべたことがある。[37]

「今の両班は名分のために、工・商を習うのが恥しいというが、(両班の)鄙陋の行いは工・商より甚しいばあいが多い……工・商は固より末業であるが、もともと不正鄙陋の事ではない。自ら其の無才無徳を知れば、朝廷から禄をもらい、人から搾取すべきではない。故に其の労に服して有無通じて懋遷《ぼうせん》(交易)をたすけ、人に求めずして其の力を以て自ら食するのは、古えから今に至るまで、斯民の共に由るところである。此れがどうして賤しく、汚わしく、為すべからざることなのか。

且つ其の子孫までも濡染するというのは、説を成さない。いわゆる商工者の子孫は、別に胎内から牟利の腸をそなえて生まれてきたとでもいうのか」。

また朴斉家は、中国の商業の盛んなるをみて「専ら末利を尚ぶ」といい、中国の宮室、車馬、錦繡の盛んなるをみて「奢侈が甚しい」という意見にたいして、つぎのように反論している。[38]

「夫れ中国(明)は、固より奢を以て亡びたとしよう。吾が邦は必ず、倹を以てしても衰えるのはなぜか。其の物があっても費さないのが倹であって、己れに之れが無くて自ら絶つことをいうのではない。いま国中に珠玉を採る戸がなく、市《いち》には珊瑚の価がない。金銀をもって店に入っても、餅餌さえ買うことができない。其の俗が真に倹を好むからなのか。ただ之れを用いる所以の術を知らないからである。之れを用いる所以を知らなければ、之れを生む所以も知らない。之れを生む所以を知らなければ、則ち民は日に窮す。夫れ財は、たとえれば井戸の如きものである。汲めば満ち、廃すれば竭す。故に錦繡を着なければ女工が衰える。器がいびつなのを嫌わず、機巧を事としなければ、技芸は亡びる。農が荒廃したのは、其の法を失ったからであり、商利が薄いのは、其の業を失ったからである。

四民がともに困窮しても互いにたすけることができず、国中の宝は域中に容れられずして異国に入り、他人は日をおうて富むのに、我れは日をおうて貧しくなるのは自然の勢いである」。

北学派の「利用・厚生」とは、結局は貧困の克服にあるが、朴斉家はみられるように消費による生産の刺戟を強調し、「倹」を美徳とする儒者流の考え方を批判している。北学派の考え方によれば、貧困の原因について、生産力の低さによる絶対的貧困と、物資の地方的偏在による相対的貧困との両側面からみており、したがって地域間流通を促進するための道路および車制の改善策について、かれらは重大な関心を向けざるをえなかった。

洪大容はすでに、「もし車道を治めれば、まさに田の幾結(結は面積の単位)を失おうとも、その利はまた、優に之れを償なうに足る」とのべたことがあるが、(39)とりわけ燕行使に随行した朴趾源は、清国の車制についてくわしい観察をしており、その導入を強調してやまない。

かれによれば、(40)中国で使われている車には乗用車、荷物車、戎車、役車、水車、砲車など何千何百の車制があるが、そのなかでとくに朝鮮においては「乗車載車、尤係民生先務」、つまり乗用車、荷物車が民生に緊要であり、車制改善の要は、軌《わだち》を同じくすることだ、と見ている。「軌を同じくするとは何か。軸の距離、両輪の間隔のことである。両輪の間隔が一定してたがうことがなければ、万車は轍《わだち》を一にする。『車同軌』というのが是れである」。つまり「車同軌」によってはじめて車道はおのずから通じるとみるのである。というのは、朝鮮にも車はなくはないが、「輪未正円、轍不入軌、是猶無車也」だからである。

人びとは、朝鮮の地形は岩石が多く、険阻だから車は用いられないというが、中国では釼閣（四川に入る桟道）九折の険も、太行（山西の山脈）羊腸の危も、馭者を叱咤して車が通過している事実をあげて、「所以中国之貨財殷富、不滞一方、流行貿遷、皆用車之利也」と、物資の地方的偏在を克服することによる貧困の克服についてのべている。かれによれば朝鮮の実状はどうか。

「嶺南（慶尚道）の子どもは蝦《えび》と塩辛を知らないし、関東（江原道）の住民は樝《こぼけ》を漬けて醬を代用し、西北（平安道）の人は柿と柑をわきまえず、沿海の地では鰊鰌《どじょう》を肥しにするのに、ひとたび京（ソウル）に至れば一掬《すく》いが一文もする。なんと高価ではないか。

いま六鎮（咸鏡道の慶源、慶興、富寧、隠城、鏡城、会寧）の麻布、関西（平安道）の明紬（絹）、両南（慶尚道と全羅道）の楮紙、海西（黄海道）の綿と鉄、内浦（忠清道の西部沿岸）の魚と塩は、いずれも民生日用に欠くべからざるものである。

青山と報恩との間（忠清道）の千樹の棗《なつめ》、黄州と鳳山との間（黄海道）の千樹の梨、興陽と南海との間（全羅道と慶尚道の南部沿岸）の千樹の橘《たちばな》と柚《ゆず》、林川と韓山との間（忠清道）の千畦の苧枲《からむし》、関東（江原道）の千箱の蜂蜜は、民生日用のために互いに融通しあいたいものばかりである。

ところが此の地では安いのに彼の地では高く、名だけ聞いて見たことがないのはなぜか。もっぱら之れを努めないからである。四方数千里の国でありながら、民衆の産業がこのように貧しいのは、一言で言うなら、車が域中に通行しないからである」。

つまり生産力の低さだけが貧困の原因ではない。「此賤而彼貴、聞名而不見」という物資の地方的偏在も、貧困のもう一つの原因である。ところが朴斉家は一歩進んで、地方間流通の促進による物価の平準化の問題を提起しているのである。(41)

「我が国は東西が千里、南北が之れの三倍である。王都(ソウル)が其のまん中に位置し、四方から物貨が来集するのは、横は五百里、縦は千里にすぎない。また三面が海でかこまれ、近海地ではそれぞれ舟行をもってすれば、則ち陸地の通商者は遠くとも五、六日、近ければ二、三日ほどしかかからない。一辺から他の一辺に至るには、之れの倍となろう。

若し劉晏(唐代の政治家で財政通)が、よく走る者を配置したようにすれば、四方の物価の貴賤は、数日の内に平準化するであろう。ところが山峡の人は樝と梨を漬けて酸を取って塩豉を代用し、蝦と蛤の塩辛を異物となす。其の貧しさがこのようなのはなぜか。之れは断じて車がないからである」。

すでに朝鮮では、一七世紀から貨幣経済が浸透して、五日市《いち》によって形成された地域的流通圏があり、物価も基本的には、地域的流通圏内での供給と需要との関係で形成されていたと考えられる。これらの地域的流通圏を全国市場に結び付けていく過程では、当然のことながら度量衡の問題を提起せざるをえない。

丁若鏞は国内における度量衡が、地方によって不統一であり、例えば地方によって度は「使一寸而如二寸之長」、量は「使二升而如一升之少」、衡は「使一両之重而如二両三両」の現状を批判して、その統一策についてつぎのようにのべている。(42)

「いま度を制定して宜しく布帛尺をもって準となし、量を制定して宜しく官斗をもって準となし、衡を制定して宜しく銀秤をもって準となし、工曹をして鋳造させて一定式にし、之れを八方に頒つべきである……凡そ文書礼制に一尺と称するのはすなわち、万物が皆この一尺となり、一斗と称するのはすなわち、万物が皆この一斗となり、一両と称するのはすなわち、万物が皆この一両となるようにすべきである。

穏城(朝鮮の東北端)の人が乇羅(最南端の済州島)に物を寄せながら一斗と称したばあいは、同じく一斗と称するのに止まるようにしなければならない。こうすれば物価の貴賤は容易に明らかになり、奸偽欺詐の習は、再び流行することがないであろう」。

陸上輸送の迅速化と大量化のための車制改善の問題、それによる物価平準化の問題、度量衡の統一の問題は、いうまでもなく国内市場単一化のためのものであるが、これはすでに実学派が登場する歴史的背景のなかでのべたように、一定の歴史的現実を反映したものであって、けっして空想的なものではない。つまり一八世紀後半期に、封建的御用商人としての市廛の禁乱廛権に対抗して、商業活動の自由を要求した私商＝民間資本の成長、国内市場を単一化することによるその商圏拡大への要求を反映したものといえる。しかしそれは、かれら北学派が民間資本と利害関係によって結び付いていたというのではなく、民間資本の成長に封建的停滞を切りくずしていく活力を求めたといった方が正しい。

さいきんの社会経済史分野の研究によれば、一八世紀に資本主義的萌芽が形成されたことはほとんど定説となっており、そのなかで封建的制約を克服して資本家として登場しうる階層を、民間商業資本に求めていることを考えれば、先きにみたような北学派の洞察が歴史的発展を先取りしたことを知ることができる。つまり(43)——

「すでに言及したように、わが国封建末期に発生した流浪民の激増と、かれらの都市または鉱山などへの進出は、一方では商業資本と高利貸資本による貨幣財産の蓄積さえあれば、資本主義的諸関係が形成しうる歴史的条件が、すでに準備されていたことをみせてくれた。ここで問題になるのは、どのような階層が『はじめての資本家』になるだろうか、ということである。

わが国では農民が農業資本家になるとか、手工業者が資本家になる道はきわめて狭く、多くのばあいそれとは別の道、すなわち商人—買占業者たちが資本家になる道を知ることができた」。

実学派とりわけ北学派は、けっして国内市場単一化への志向にとどまるものではない。それを世界市場につなぐための海外通商論がある。すでにのべたことがあるように、従来朝鮮の対外貿易は、基本的には鴨緑江対岸の柵門貿易による対清貿易、釜山鎮東萊の倭館貿易による対日貿易だけであり、海路による対外貿易は、密貿易のほかは絶無に等しかった。それだけ李朝時代は、その前王朝である高麗時代に比べて、海運業が衰退しており、したがって海外事情に暗く、それが思想的閉鎖性の原因ともなった。したがって海外通商論は、たんに外国貿易によって、国内の貧困を救済するにとどまらず、閉ざされた思想を開かれた思想に転換させる思想史的意味においても重要である。じじつ朴斉家はこの両側面を重要視していたのである。ところでこの劃期的な意味をもつ海外通商論は、先きにのべたことのある西士招聘策とともに、実学派または北学派のものというより、朴斉家のユニークな主張であった。

「我が国は、国土が小さく民は貧しい。今田を耕して農作にはげみ、其の賢才を用い、通商、恵工して国中の利を尽しても、なお足らざるをうれう。必ず遠方の物に通じてはじめて、貨財が増え、百用が生まれるであろう。夫れ百車の載は一船に及ばず、陸行千里は、舟行万里の便利なのに如かない。だから通商は、必ず水路をもって貴しとすべきである。

我が国は三面海にかこまれ、西は登州および萊州(中国の山東半島)を距たること直線にして六百余里、南海地方の南は、呉の先端部、楚の後端部(いずれも中国江南地方)を相望む。

宋船が高麗に通じていたときは、明州から七日にして礼成江に停泊し、近いというべきである。然し国朝(李朝)四百年間は、異国の一船とも通じないために、小児は客を見れば羞渋(はじてぐずぐずする)して哭きだすが、これは天性ではない。ただ見ることが少いから、怪しむことが多いのである。だから我が国は恐れ易くて嫌うことが多く、風気の貿々たる(目がかすんではっきりしない)こと、才識の開けないことは、もっぱら此れによる[44]」。

朴斉家は国王に対して、直ちに清国の礼部に咨文をおくって、すでに日本、琉球、安南、西洋と交易している中国の閩中、浙江、交州、広州の各港との間に「以水路、通商賈」を要請すべきである、と主張した。

また朝鮮側からも、沿海諸島の水路にくわしい島民を水先案内として官吏を派遣し、中国の登州や萊州の船は長淵(黄海道)に停泊するようにし、金復や海蓋の物品は宣川(平安道)で交易するようにし、江蘇、浙江、泉州、漳州の貨物は恩津(忠清道)と礪山(全羅道)との間に集荷するようにすべきである。かれによればこのような相互間の通商によって、二つの側面で効果をうることができる。

その一つは両国間の有無相通じることによる経済的利益である。すなわち――

「嶺南地方の綿布、湖西地方の苧布、西北地方の絹糸と麻布は、化して綾羅(あやぎぬとうすぎぬ)と織罽(毛氈)になり、竹箭、白硾、狼尾、昆布、鰒魚は、化して金銀、犀角、兵甲、薬材の用となる」

他の一つは外国の文物に接することによる思想的閉鎖性の克服である。すなわち――

「舟楫、車輿、宮室、器什の利を学ぶことができ、天下の図書も究めることができる。そうすれば拘儒俗士たちの偏屈で固陋な考え方は、攻めるまでもなく自ずから破れるであろう[45]」。

要するにかれによれば、「我れは其の技芸を学び、其の風俗を訪ねて、国人をして其の耳目を広め、天下の大なるを知らしめて、井戸の中の蛙の恥を知れば、世道のためになることが、どうして交易の利だけだろうか」[46]。

朴斉家は海路による通商の当面策としては、広州をはじめとする中国沿岸諸港に限定し、日本、琉球、安南、西洋諸国とはそれらの諸港を媒介とする間接的通商を意図していた。かれによれば秀吉の朝鮮侵略の経験からして、日本のばあいは「倭奴黠而常欲窺覦隣国」であるからであり、安南、琉球、台湾のばあいは、「又険又遠」であるからである。したがってかれは、海外通商の順序として先ず中国の諸港と通じ、しだいにそれを諸外国に拡大する展望をもっていたのである。つまり「ただ中国船と通じて海外諸国と通じないのは、一時の権宜の策であって定論ではない。国力がやや強くなり、民業がすでに定まるに至れば、まさに次第に之れと通じるべきである」[47]。

朴斉家は鎖国下にありながら、清国やオランダと通商していた日本の「長崎島」についても、深い関心を寄せている。かれはいう[48]。

「かつて倭が中国と通じなかったときは、我れと款して燕から糸を買入れ、我が国人は仲介によって其の利をえた。倭はそれが甚だ不利なることを知り、中国と直通して後にやめた。かれらの異国との交市は、三十余国に至る。

其の人は往々にして漢語を善くし、天台山や鴈蕩山の奇を能く語り、天下珍怪の物、中国の古董や書画が長崎島に輻輳して、再び我れに請うことをしない。

癸未年(一七六三)に朝鮮通信使(趙曮を正使とする一行)が日本に入ったとき、書記がたまたま華墨を求めたところ、たちまちにして華墨一担を持ち来り、また終日行っても、道に赤い氍毹を布き、翌日もまたこのようであった。其の矜を誇ることがかくの如くである。誰一人として其の国の富強を欲せざるはないのに、富強にする所以の術を、どうして他人に譲るのか」。

海路による海外貿易の道を切り拓くうえにおいて重要なのは、船制改善の問題である。つまり遠洋航海に耐えうるような造船術の改善の問題である。かつて統一新羅時代、例えば張宝高(保皐または弓福ともいう)が清海鎮(全羅南道莞島)を拠点として、新羅、唐、日本を結ぶ東シナ海上の海運王として活躍したのをはじめ、高麗時代にはいっても、国都開京(開城)の外港となっていた礼成江および臨津江口の碧蘭渡および貞州は、対宋貿易の拠点として目覚ましい発展をとげた。記録によればこれらの開港地には、遠くアラビア商人たちも来往して交易している。高麗末期から李朝初期にかけては、倭寇対策として軍船の整備と改善が絶えずおこなわれている。

ところが李朝にはいって、とりわけ後半期に至るにしたがって鎖国政策がしだいにきびしさを増し、ついには遠洋航海が杜絶するまでに至った。内海航路のほか、遠洋航海に耐えうるような造船術は、大きく後退したのである。秀吉の朝鮮侵略当時、日本水軍に打撃をあたえて、朝鮮出兵軍にたいする海上補給を断ち切った李舜臣将軍の亀甲船も、南部朝鮮の多島海という地の利を利用した防衛的な戦船であって、玄海灘や東シナ海を越えて他国に航行できる構造にはなっていなかった。

朴斉家は清国に赴いたとき、燕京(北京)の外港に当る通州から、浙江、山東、雲南、貴州に往来する「柁檣密於竹林」の如き潞河(沽水)の河口風景を視察し、朝鮮における船制改善の要点として、船舶の停泊地に船橋を設けること、また船については「無横板、人身・器什、同在於内、載不能満、亦不能高」の構造上の欠陥を是正して、船板を横たえることによって「上楼下庫」にすることを提案している。

またかれは、朝鮮沿海の諸邑に外国の漂流船があるばあいは、巧工をして漂流人に船制およびその他の技芸を問わしめ、また漂流船に倣って造らしめ、其の術を尽してのちに、帰国させても差し支えはないだろう、とのべている。(49)

清国にたいする偏見を打破して、清国の文物と技能から学ぶことを主張したのは、丁若鏞も同じであった。かれは清国と通商している琉球と日本についてつぎのようにのべている(50)。

「近世において琉球人は（清国の）太学に居ること十年、専ら其の文物と技能を学び（李晬光の『芝峰集』による）、日本も江蘇省や浙江省に往来して、ただ百工と織巧を移すことに務めた。だから琉球と日本は海中の絶域に在りながら、其の技能は中国と比肩し、民は裕かにして兵は強く、隣国が敢えて侵擾することができない。其の已然の効がこのようである」。

つづいてかれは、孝悌は天性に根ざしていて、ア・プリオリな天性の問題は、すでに聖賢の書で明らかにされたところである。したがって後学はそれを「拡而充之、修而明之」すれば足りるのであって、外部に、或いは後世に待つ必要はない。しかし利用厚生に必要な百工技芸は、内外を問わず「後出之制」に求めなければ、蒙陋を破って利沢を興すことはできない。いうならば「道」は不変であるが、「器」は可変であるから、為政者は「器」の改善に努めるべきであると、反省を促している。

じつに朝鮮では、一八八二年に西洋世界としては最初にアメリカに開国するまでは、西洋と通商した清国の広州、日本の長崎のような、西洋への開港地はなかった。つまり朝鮮にとって世界とは、「胡」としての清国、「夷」としての日本がすべてであって、「禽獣」としての西洋はなかった。ところが一八世紀後半期に洪大容は、「中華」→「夷狄」→「禽獣」のヒエラルヒー的な世界観を切りくずして、それを水平関係に位置づけた「華夷一也」の世界観を確立した。さらにそのような世界観は思想的次元にとどまらず、朴斉家は自主的開国論＝海外通商論によって、西洋を含めたグローバルな世界のなかでの新しい国際関係に順応していくための展望を切り拓いた。

しかし一八〇一年の辛酉教獄を峠として、学派としての実学派、したがって北学派も存立しえなくなり、天主教およびそれに伴なう「洋夷」の武力介入に反撥して、いよいよ「正学」としての朱子学的価値観と、「邪学」としてのキリスト教的価値観とは、共に天を戴くことのできないものとする「衛正斥邪」思想が朝鮮思想界を圧倒して、西洋およびそれにならって維新をとげた日本のインパクトに、柔軟に対応することを困難にした。

V 「陰雨之備」としての国防思想

高麗末期に、その王朝によっては到底収拾できない内憂外患を克服して、一三九二年に李氏朝鮮が成立した。一八六〇年代から七〇年代にかけてフランス(一八六六年の丙寅洋擾)およびアメリカ(一八七一年の辛未洋擾)の武力挑戦をうけるまでのほぼ五百年間に、外国の侵略をうけたのは一五九〇年代の日本のそれと、一六二七年および三六年の清のそれだけであった。

基本的には長い間の太平がつづくなかで、すでにのべたように儒教思想がすべての制度と風教のなかに定着するにつれて、「士」による文民優位の政治が一貫しておこなわれ、重文軽武の風潮が兵学への関心をしだいに萎縮させていった。

たしかに清による「胡乱」があってのち、孝宗の在位中には(一六五〇〜五九)文臣宋時烈の輔佐と、武臣李浣の重用によって、排清的北伐論は、内部から清に通じる者を警戒しながら、ひそかに具体的な北伐策として講じられていた。しかしその後北伐論は「春秋の大義」としての名分思想として、しだいに観念化するにとどまった。

すでに藤間生大氏は、軍事問題にかんする朝鮮と日本の儒者たちの関心に大きな差があることに着目し、朝鮮の儒者たちがこの問題に関心が少なかった原因として、つぎの三つをあげている(51)。

それによれば第一の原因は、「儒者は力争を尚ばない」とする朝鮮の知識人たちの考え方である。第二の原因は、七世紀半ばに新羅が三国を統一して以来、他民族を攻撃した例がなかったことである。唯一の例外として、一四一九年の対馬攻撃(日本でいう「応永の外寇」)があるが、それは倭寇の拠点を排除するためのものであった。だから警察的な国内武力は配慮しても、外国にたいする国防のための配慮はうすかった。第三には統一新羅の成立以来、断続的ではあったが一貫して中国王朝の冊封国であったため、支配階級のなかに中国軍事力への依頼心があったことである。

この指摘は仔細に検討すれば問題はなくはないが、おおむね妥当な見解であろう。わたくしはかつて、朝鮮の李朝時代も日本の江戸時代も、それぞれ儒教を統治の理念としながら、それぞれの思想的体質の差からこの問題を考えたことがある。というのは「士」の内容と地位にかんする両国間の差から出発して、朝鮮のばあいは「孝」にウェイトをおいて崇文的であったのにたいして、日本のばあいは「忠」にウェイトをおいて尚武的であったということである(52)。

実学派はいずれも儒者でありながら、殊のほか軍事問題への関心が深い。そのような関心は、つねに一五九二〜八年の秀吉による「倭乱」、一六二七年および三六年の清による「胡乱」を想起しながら、乱世に備える「陰雨之備」として、太平に安住することに警鐘を打ち鳴らしたのである。ただしそれはあくまでも、応変の策としての防衛的性格のものであった。じじつ当時の支配階級は、対外関係において国家主権を守るためには外交と軍備とを兼ねなければならないにもかかわらず、清国との「事大」、日本との「交隣」に安住し、両国にたいする不信感も、軍事的備えをともなわない観念の世界での空廻りに終始した。

しかし実学派が軍事問題に深い関心をもったとしても、それがただちに近代志向的であったかどうか、については躊躇せざるをえない。しかし清国または日本において、個別的な兵器については別として、洋式兵法および兵器について関心をもつに至るのは、一八四〇〜二年の阿片戦争以来のことであって、その背後にある西洋の産業革命を認識するに至るまではさらに時間がかかった。したがって一八〇一年以来、すでに学派として存在しえなくなった実学派に(個別的学者は別として)それを求めるのは無理であろう。

実学派が追求した経世策は、富国強兵に尽きるのであるが、柳馨遠からこのかた、丁若鏞の閭田制で頂点をなす星湖学派にとっての制度改革案の核心は、田制改革を基本として兵制改革を同時的に解決することをめざすものであった。つまり「国防と財政の統一的解決策の兵農一致の思想こそは、そのご(栗谷李珥以来の)柳馨遠から丁若鏞にいたる田制改革案の核心」をなすものであった(53)。

しかし兵制の問題と同時に重要なのは、兵器の問題である。丁若鏞が『軍器論』(54)でのべているように、「兵者、手執器械、以禦人者也、雖有卒千万、令空手則、猶無卒也、令手執、朽鈍破觖則、猶無卒也」、つまり兵とは兵器をもって敵を防ぐものであって、赤手空拳では兵卒がないのと同じく、また兵器があってもそれが欠陥兵器であっては、兵卒がないのと同じである。

かれによれば当時朝鮮における兵器の管理状況は、つぎのように惨憺たるものであった。

「国家が貧しく且つ法度が無ければ、兵を養成できないし、兵を養成できなければ、練習をさせることができない。練習が廃れれば器械は死蔵され、器械が死蔵されれば朽鈍破觖があるのみである。

今郡県に所蔵する兵器は、弓は挙げて蠹《きくいむし》にむしばまれ、矢は挙げて羽がバラバラとなり、刃は抜いても鞘に銹ついて柄だけが抜け、銃を視ると銹のために銃孔がふさがっている。一朝有患のときには、国を挙げて赤手である。

たとえ南北に警戒すべきものがなく、国境に虞るべきものがないとしても、兵には制があるべきである。理由もなく兵を養成すべきではないが、兵を養成しなければ、兵器も無用であろう。どうして無備であってよいだろうか」。

じじつ当時の軍隊というのは、国王や大臣、地方守令の行列を荘厳にするセレモニーのための存在にすぎず、兵器の管理は杜撰をきわめ、その改良策などは思いもよらなかった。それは一八六〇年代に西洋の武力的インパクトがはじまった当時でさえ、そうであった。さらに丁若鏞は兵器の改良のために、つぎのように提起している。

「およそ民のなかに百工技芸者があれば、其の戸税と賦役を免除して邑に集めて居らしめ、村里に散在しないようにする。

月毎に其の人に糧食をあたえ、其の名を軍籍に編入し、守令は時に其の技能を考試し、その巧拙によって糧食を増減する。とりわけすぐれた者は選抜して将官とする。おのおのをして激励し勧奨すれば、一朝有患のときに器械は製作できるようになる。或いは将帥をして創意工夫によって奇器を作らせて禦敵の新式となし、百工はおのおの其の技能を奏でるようにすれば、敵を破るに何の困難があろうか。これが武備となるのであって、何と周にして密ではないか」。

とりわけ築城法にかんする丁若鏞の見解は、それが単なる理論にとどまらず、国王正祖の命によって水原城(華城)の築城に具体的に適用された。水原城は朝鮮の伝統的な築城法に加えて、はじめて洋式が導入されたばかりでなく、その築城過程においては、かれが設計考案した起重架など土木機械の導入によって、省力化に寄与した。

かれの『城説』[55]によれば、正祖は内閣(奎章閣)から『奇器図説』(イエズス会士テレンツ、漢名—鄧玉函の著)を降して、水原城の「甕城・砲楼・懸眼・漏槽之制及起重諸説」を研究させた。かれは『奇器図説』を参考にし、さかのぼって古法を研究して、甕城、砲楼、懸眼、起重架にかんするそれぞれの図説を作成して国王に進呈している。とくに「公乃作起重架図説、以進之、滑車・鼓輪、能用小力転大重、城役既畢、上曰、幸用起重架、省費四万緡矣[56]」(緡は銭一貫文)、つまり起重架の滑車および鼓輪による省力化によって、四万緡の省費をしたことについて、国王正祖は賞讃しているのである。

天文学者であり数学者であった洪大容は、すぐれた軍事学者でもあった。洪大容の疇人の学(天文算数)が、老論派に属する地理学者であり、すでに『同文算指』(クラヴィウスの原著をマテオ・リッチが訳述した数学書)にも精通していた数学者であったばかりでなく、湮滅寸前の『武芸諸譜』を復刊させた疎斉李頤命(一六五八〜一七二二)の系譜を引くものとして指摘したことがあるが、(57) 洪大容の軍事理論は、その『林下経綸』(58) のなかに要約されている。

かれはここでソウルおよび各道の行政と兵制との統一策を提起するとともに、築城の法、戎車の制、攻城法および攻防における戦闘指揮法など、すぐれた見解をのべているが、かれの軍事思想はつぎのように要約されている。

「故に壕をへだてて強を争い、死傷相半ばするのは兵法の災いである。城を攻め地を奪い、百戦百勝するのは兵法の下策である。仁義が内から成り、敵国が外から止み、戦わずして人を屈させる兵法こそ、乃ち聖人の人を生かす所以の具であり、兵法の善の善策である」。

つまりかれによれば、覇道的な「攻城略地、而百戦百勝者」は兵法の下策であって、王道的な「不戦而屈人之兵者」こそ、兵法の最上策というのである。

先きにものべたように、朝鮮の儒者たちが、一般的に軍事問題への関心がうすいなかで、防衛的な城制については比較的に深い関心が寄せられてきた問題である。従来の朝鮮の城は、用材からして石城か土城であった。ところが朴斉家は、朝鮮において是正しなければならない築城法の欠陥として、第一には「城過太広」のこと、つまり城の周囲が広すぎるために、「夫尽城中之民兵男女、不能排立其半」のこと、第二には「務外而棄内」のこと、つまり城の外側は念入りにするが、内側はおろそかにされていること、第三には「睥睨之眼」が城下に向いてないため死角ができ、「城愈高而賊愈近」のこと、また第四には「無甕城」のこと、つまり城門に甕城を設けることによって、「万一外門失守、内門自在、且可通望、四隅之賊又可禦」にすることなどを指摘しているが、第五としてかれがもっとも重視したのは、築城用材として石材のかわりに、甓(煉瓦)を使用することであった[59]。

かれによれば石と甓は、その堅固さにおいて、一石の堅固さは一甓にまさるが、「累石之堅、不及累甓」であること、労力においても石材を雕琢するのは莫大な人力を必要とするが、甓は随意に造っても規格がくるわないばかりでなく、量産ができること、また石には大小があってその規格をそろえるのに監督が困難であるが、甓は規格が同一であるために、それが容易であることなどをあげている。

しかしかれは建築用材としての甓を、城郭はもちろん、楼台、垣墻および、橋梁、墳墓、溝渠、堤堰にまで使用して「国中尽甓」にすることを提起しながら、西洋の例をあげて「闔極西造屋、以甓焼成、有千年不修改者、可謂省費之極」と、その耐久性と経済性について指摘している[60]。

さらに朴斉家の軍事思想で注目されるのは、戦力をたんに軍事施設や兵器および、軍事技術に限定することなく、「兵必寓於民生日用之内」という、国力総体のなかで把えていることである[61]。かれによれば車は兵器そのものではないが、戦時には輜重車となり、甓は兵器そのものではないが、戦時には万民の城郭となり、百工技芸および牧畜は軍事のためのものではないが、戦時には三軍の馬、攻防の器械となる。だから「楼櫓干盾、坐作撃刺者、兵之末也、天地之内、才能之士、利用之器、兵之本也」(傍点引用者)である。かれは別のところでつぎのようにいう[62]。

「朝廷が実用の政を講じ、黎庶は実用の業を守り、文苑は実用の書を撰し、卒伍は実用の技をのばし、商賈は実用の貨を通じ、工匠は実用の器を作れば、何で衛国をおもいはかり、保民を患うことがあろうか」。

すでにみてきたように、柳馨遠から丁若鏞にいたる兵制改革は、基本的には田制改革との関連において考察されており、農本主義的兵農一致の思想が貫かれていた。ここに朴斉家は、利用厚生と軍事力とを統一的に把えた産軍一致の思想、むしろ利用厚生こそが「兵之本」であって、軍事力そのものは「兵之末」であるとする新しい視野を切り拓いた。

しかもかれはここ二百年間、東は日本から西はチベット、南はジャワから北はチャハールに至るまで武力角逐はない。「不以此時、僇力而自修、他邦有警、与有憂焉[63]」と、迫りくる対外的危機に備えることを警告している。一九世紀にはいってからの事態の発展は、かれが予見した通り対外的危機がしだいに深まっていったが、それに対応した具体的な国防策は、ついに実ることはなかった。

阿片戦争の衝撃があって以来、中国や日本では西洋式兵法および兵器に注目し、その研究が積極的におしすすめられていたにもかかわらず、朝鮮では一八六六年のフランス、一八七一年のアメリカによる直接的武力侵攻をうけた時点においても、形而下的「器」の改善による対抗策はおろそかにされ、形而上的「道」による対決(用夏変夷)のみが声高に強調された。

その結果は象徴的にも一八七五年九月(旧暦八月)の雲揚号事件でみごとに表面化されている。つまり幕末に長州藩がイギリスから購入した雲揚号は、維新後明治政府に所属するようになった、わずか二四五トンの砲艦である。江華島と本土との狭い水路において、かつてフランスおよびアメリカ艦隊との戦闘経験をもつ江華島草芝鎮砲台は、この一隻の砲艦のためにひとたまりもなく破壊されたのであり、翌年二月(旧暦正月)の日本との江華島談判においては、敗者の立場から対応せざるをえなかったのである。

わずかに一八六六年の丙寅洋擾当時、北学派の系譜を引く朴珪寿の門人金允植が、「無用之丁」の調発による農業への影響を批判しながら、清国公羊学派魏源の『海国図志』籌海篇の「不務兵多、而惟求礮精」が、しばしば洋乱を経てきた要領の言であるとして「扼要険、放精礮」の対抗策を強調している。そしてそのためには『今広く良工および巧思の有る人を求めて、大礮、滑車、絞架および扛銃、撞砲、水雷車などの類を製造すべきである。按ずるに、倣って造ることを図るのも、できないわけはない」と、その見解を披瀝している。[64] この時点においてさえ、西洋事情を間接的に知る文献としては、中国人によるこの『海国図志』と、徐継畬の『瀛環志略』に限られていた。

一八八四年一二月(旧暦十月)に、開化派による「上」から近代的改革をめざした甲申政変があり、それに至るまでの開化派の活動のなかで、改革推進のための財政問題と、近代的建軍の問題が焦点となっていた。そして財政問題を担当したのは金玉均であり、建軍問題を担当したのは朴泳孝であった。日本における三百万円外債募集のための金玉均の活動は、日本外務卿井上馨の妨害のために失敗し、さらに朴泳孝によって計画されていた近代的建軍の問題も、守旧派による妨害によって失敗した。そのために甲申政変は、財政的および軍事的な準備不足による暴発におわったのである。

開化派による建軍計画はつぎの通りであった。一八八二年から金玉均らは、徐載弼ら四四名の留学生を慶応義塾および陸軍戸山学校に入学させた。一八八三年四月に、京畿道広州留守兼守禦営使になった朴泳孝は、日本留学から帰った士官学生申福模、喇叭手李殷乭をして、千余名の新式軍隊の養成に着手していた。当時朝鮮軍としては、約千名の親軍左営および右営が守旧派の手中にあり、その訓練は李鴻章配下の袁世凱に託されていた。ところが守旧派は朴泳孝を罷免に追い込むと同時に、その軍隊は親軍前営および後営に編入され、それぞれの営使としては守旧派の韓圭稷(前営使)、尹泰駿(後営使)が任命された。

甲申政変が失敗してのち、日本に亡命した朴泳孝は一八八八年二月二四日(旧暦正月一三日)に、全八条一一三項目にわたる国政改革のための建白書を国王高宗に提出しているが、[65] 第五条「五曰、治武備、保民護国」は、基本的には実学派の軍事思想を発展的に展開しているものと見ることができる。

かれは「国無武備、内不可以行政、外不可以交鄰」と、内政および外交において武備の不可欠なる所以を説き、その兵は「貴一而不貴多」、つまり軍内部の精神的一体化がなければならない。そのためには仁義をもって教育することである。つまり「欲一之、則先教之以仁義、使之知為国自戦之旨也」である。われわれは洪大容が、仁義を以て「不戦而屈人之兵者」こそ、兵法の最上策である、とのべたことをみてきた。

さらに朴泳孝は外国人教官に兵卒の教練を依存している国王を批判して、将帥としての民族幹部の養成、さらには「民視兵卒如仇讐」の人民と軍隊との敵対関係を止揚した「同心之軍民」の実現を献策するとともに、つぎのようにのべている。

「且つ賢相智将があり、同心の軍民があったとしても、もし糧食、器械、車馬がなく、道路が遠隔、険隘のために通じなければ、また出軍して敵を禦ぐことはできない。故に軍を治むる者は、先きに粮餉、器機、車馬を打算しなければならず、そして道路や橋梁を治めて其の広幅を同じくし、運搬に便ならしむることを以て、もし今日南辺に変があれば、明日は北軍をして救援せしめ、今日北辺に変があれば、明日は南軍をして救援せしめ、変を鎮め侮を禦ぐのに便ならしむべきである」

要するに朴泳孝は、武備策を糧食、器械、車馬、道路、橋梁などの総体的な施策のなかで位置づけており、これはいうまでもなく朴斉家の「兵必寓於民生日用之内」という軍事思想の延長とみてよいであろう。

第二節　「実事求是」と開化派

――実学派と開化派との関連――

Ⅰ　思想的閉塞期の実学思想

われわれはいままで、実学思想における近代志向的性格について垣間見てきた。もちろんそれを総網羅的にここでのべることは、本稿の主題からしても困難であるが、しかし欠かせない重要な問題として、実学派の形成および展開期、さらにその後における農村経済の変動を反映させた土地改革思想および農学思想があるが、それは他の研究にゆずることにしたい(66)。

つぎにわれわれは、一八八四年一二月(旧暦十月)の甲申政変に至るまで、その対内的および対外的諸活動をつうじて朝鮮の近代的変革をめざした開化派およびその思想が、すでにのべた実学派およびその思想を、どのような人脈をつうじて継承したのか、について考えてみたい。

というのは従来、日本における朝鮮近代史研究は、日本軍国主義による侵略の歴史として把握されてきたのが、進歩的な史学者たちの一般的な傾向であった。そしてかれらは、金玉均ら初期開化派と日本および日本人(井上馨、後藤象次郎、福沢諭吉ら)との関係を一面的にとらえて、開化派を没主体的な「親日派」と規定することによって、守旧派＝「親清派」に反対する事大的な派閥にすり替えてしまった。当然のことながら、甲申政変を「守旧」と「開化」との対立による内在的な変革過程での政変として把えることができず、日本と清国との勢力争いのなかの親日派と親清派との対立という、「朝鮮不在」の理解をしてきた。[67] これはあたかも、明治維新に至るまでの幕府と討幕派との対立を、親仏派と親英派との対立にすり替える如きものである。しかし日本の史学界において、朝鮮思想史の研究が欠落していた状況のなかでは、無理もないことであろう。

ここでは問題の輪郭を拡散させないために、実学思想一般と開化思想一般との関連をみるよりは、実学派と開化派との内的関連について考えてみたい。というのは実学思想は実学派だけのものではなく、また開化思想も開化派だけのものではなく、それぞれの思想的影響は、それぞれの時代においてより広汎である。ここではあくまでも、開国前後における対外的危機の深化のなかで、近代的変革をになった思想的および政治的結社としての開化派との関連に限定してみることにしたい。

しかし実学派といっても、それには星湖学派と北学派の二つの流派があり、本来星湖学派の丁若鏞においては、北学派とりわけ朴斉家との交流をつうじて北学思想に深く共鳴し、二つの流派の思想がかれにおいて結合するに至った。実学思想における近代志向的性格は、すでにのべたところで明らかなように、北学思想のなかにより顕著にあらわれている。しかも実学派が学派として存立しえなくなった一八〇一年以降、南人派に属する星湖学派は、老論派に属する北学派に比べて、政治的にも社会的にもよりシビアな迫害にさらされつづけたために、星湖学派が開化派と人脈的に直結することはより困難であった。すなわち一八〇一年から老論派の長期執権があり、辛酉教獄において星湖学派は直接的な打撃対象になったばかりでなく、それにつづく西学弾圧のなかでもその子孫の多くが迫害されつづけた。しかし北学派は思想的な制約は受けたが、西学弾圧の対象にはなっていない。

したがって例えば近代朝鮮における開化思想一般への丁若鏞の思想的影響は意外に広汎であったにしても、[68] 開化派と人脈的に直結することは、北学派に比べてより困難であった。開化派が直接的には、北学派と人脈的および思想的につながらざるをえなかった所以である。星湖学派の思想はむしろ間接的に、北学派の系譜を引く人脈をつうじて、開化派に浸透したと見るべきであろう。

一八〇一年から開化派が形成される一八七〇年前後に至るまでの七〇年間に、実学派と人脈的に直結する学者としては、朴斉家の門人である金正喜(号―秋史または阮堂、一七八六〜一八五六)、朴斉家の同僚である李徳懋の孫李圭景(号―五洲、一七八八〜?)、朴趾源の孫朴珪寿(号―瓛斎、一八〇九〜七六)などをあげることができる。

なかんずく初期開化派の中心人物は朴珪寿の門下から輩出しており、金正喜の門下からは姜瑋(号―秋琴または古懽堂、一八二〇〜八四)がこれに合流している。しかし李圭景と開化派との人脈的つながりを確認することはできない。

ところがこの一九世紀における七〇年間の思想的閉塞の時代に、ひときわ聳立する思想家に崔漢綺(号―恵崗、一八〇三〜七七)がいる。「気」の哲学者であったかれは、例えば「中国を学ぶ者は西法を学ぶことを願わず、西法を学ぶ者は中国を学ぶことを願わないのは、是れすべて偏滞であって周通のない学問である。学問に従うのに、初めから一党に偏すれば、勢いのおもむくところ、必ず彼も一党に偏し、どうして争鬨がないといえようか。……空虚と誠実は証験にしたがって取捨し、中国と西法は気化をつうじて折衷すれば、宇内の学徒が同じ門生を為し、万事の裁御に一統があるようになる。其の中にたとえ微末緒余の言論の差異があろうとも、ついには気化をもって較験すれば、おのずから質(根本)に就くことになる」と、「気化」による東西の折衷とその一統を唱えた(69)。

またかれは、西学＝天主教弾圧がきびしい時代的環境にあって、つぎのようにのべている(70)。

「是れ西教が天下に蔓延することをもって、すべからく憂うべきではなく、実用の取用が尽せないことを憂うべきである。実用の取用が尽せないことは、なお憂うるに足らない。人材の収用が尽せないことこそ、誠に憂うべきである。

苟しくも人材の収用が其の方法を尽しうるならば、我が邦の所有をもって、西洋から藉《か》りるところはない。実芸の取用がとことん切実であれば、西洋から習うところを、すべて我が用にすればよい。たとえ或いは及ばざる端があったにしても、主客の勢が其の闕を償うであろうから、進退操縦はただ我れに在る」。

しかしかれは、実学派とも開化派とも人脈的なかかわりはなく、孤高の書斎人としてその生涯を終始したし、その思想は「書斎の思想」でおわったといわざるをえない。したがってここでは論外にしたい。

このように実学派が学派として存立しえなくなってから、ほぼ七〇年間の空白を超えて、開化派と連結する架橋的役割を果した人脈からみて、実学派と開化派との関連を図式化すれば、ほぼつぎのようになるであろう(71)。

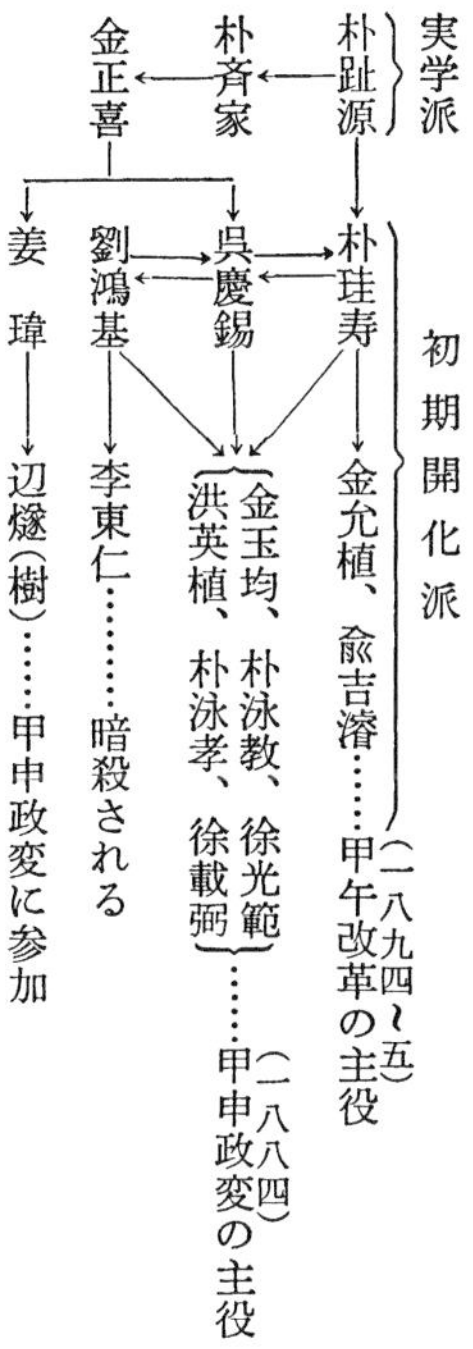

いうまでもなくこの図式は、人脈的に直結する実学派と開化派との関連だけを示したものであって、それが実学派のすべてでもなければ、開化派のすべてでもない。しかしこの図式からだけでも注目されるのは、実学派に比べて、初期開化派の多様な階層構成である。つまり初期開化派においては政権の中枢に進出しうる名門の両班出身のほかに、訳官呉慶錫、辺燧、または漢医劉鴻基などの中人出身、李東仁のような僧侶出身があり、いずれも開化派形成の先駆的役割を果したことである。姜瑋はかつて士林派趙光祖の執権下において、賢良科によって登用されたその一二代祖

姜煕臣が己卯士禍（一三頁参照のこと）によって失脚して以来、文科から武科に応試してきた家柄に生まれながら、武科に応試することはしなかった。成均館大司成にのぼった金正喜が、一八四〇年から九年間、済州島に流配されていたとき、かれはそこに赴いて三年間師事し、さらに四八年に放免された金正喜が、再び一八五一〜五二年に咸鏡道北青に流配されると、かれもまた師にしたがってそこで教えを受けた(72)。

一般的にいわれているように、たしかに経学および金石文、書画に卓越していた金正喜の考証学的学風のなかに、実学派にみられたような時務策への鋭い関心を求めることは困難である。むしろその経学および金石学への造詣は、一八〇九年に燕京に赴く生父金魯敬に随行して、学縁を結ぶに至った清国学壇の老儒翁方綱（号—覃渓、一七三三〜一八一八）の金石学、阮元（号—芸台、一七六四〜一八四九）の経学に影響されたところが大きい(73)。

金正喜のこのような清国学壇との学縁は、北学派の系譜を引くその思想的内発性によるものであることはいうまでもない。すなわち——

「では先生（金正喜）は純然と、覃阮二儒（覃渓翁方綱と芸台阮元）の学統を継承しているかというと、そうでもない。上述したように磻渓柳馨遠と星湖李瀷以来、程朱学のほかに新しくおこった実事求是の学風が、英祖および正祖代に至っては一般学界を風靡するようになり、とくに正祖の崇文の治は、その元年に奎章閣を設けて李徳懋、柳得恭、朴斉家らを起用した。かれらはいずれも実学派の俊髦であって、早くから清代文物について深い理解をもっていた。そして朴斉家のような人は『北学議』を主張するに至ったが、かれらこそ阮堂先生の二十歳までの師友であった。このように見てくると、阮堂の学問がその由来するところを知ることができよう。朝鮮の樸学を楚亭（朴斉家）から継承した先生は、一歩進んで当時最高潮に達していた清代の（考証学を？）（原稿未詳）翁阮によって、より深く知ることができた(74)」。

じじつ金正喜の翁阮二儒との学縁は、すでにして『四庫全書』の総纂官紀昀(号―石雲、一七二四〜一八〇五)をはじめ、一七九〇年には阮元、一八〇一年には翁方綱とそれぞれ学縁を結んでいたその師朴斉家の導きによる「北学」であろうが、しかしそれは北学派のような「利用・厚生」のための「実事求是」ではなく、経学および金石学における「実事求是」であった。

かれの経学思想は、朝鮮の伝統的な朱子学一尊主義に反旗をひるがえして、「実事求是」(『漢書』河間献王伝)こそ学問の最要の道としながら、漢唐の訓詁学を「聖賢之道」の堂室に入るための門逕として重視した。しかしかれは宋学＝程朱学を無視したわけではなく、或る一派にかたよることを戒めて、つぎのようにのべている。[75]

「故に学を為す道は、漢と宋との界を分ける必要はなく、鄭(玄)・王(弼)・程(二程)・朱(熹)の長短を較べる必要もなく、朱・陸(象山)・薛(瑄)・王(陽明)の門戸を争う必要もない。ただ心を平らかにして気を静め、専ら実事求是の一語を主として、之れを行うべきである」。

学問にたいするかれの姿勢は「実事求是」を主とし、漢学と宋学、朱子学と陸王学との界を分けなかったばかりでなく、仏教にも深い関心を寄せていた。全羅道海南の大芚寺には、かつて康津に流配されていた丁若鏞から「従茶山承旨(丁若鏞謫居康津)、受儒書観詩道、而後精通教理、恢拓禅境[76]」した草衣和尚がいて、金正喜や丁学淵(茶山の子息)の詩友であった。同じ大芚寺には詩僧恵蔵和尚がいて、金正喜はその詩を清国学壇の覃渓翁方綱に紹介したところ、「覃渓以為与己志気相合、因介阮堂寄贈復初斎集十巻(覃渓文集)、伴以真影一件、以訂神交云[77]」となっている。かれら詩僧たちは金正喜を介して、国内および外国にその名声を博するようになった。

ところがかれもまた、けっして現実問題に無関心ではなかった。一八三九年の己亥教獄において、朝鮮国内に潜入していた三人のフランス人宣教師(主教アンベル、司祭シャスタン、モーバン)が処刑されたことに抗議して、四六年七月にフランス海軍提督セシールの率いる三隻の軍艦が来航したとき、済州島に流配中のかれは弟に宛てた書翰のなかで、「仏朗《フランス》悖書、只是憤痛」といいながら、「邪徒(天主教徒)之互相和応、非此悖書、以恐嚇之奸計、明若観火、尤可憤痛也」と、外圧にたいする天主教徒の内応について怒りをぶちまけている。(78)

このような対外危機のなかで、もっとも早くから清国の公羊学派および魏源の『海国図志』に注目したのが、ほかならぬ金正喜である。かれはすでに済州島流配中の一八四五年、ソウルの自宅から『海国図志』を送ってもらい(当書五十巻本が最初に刊行されたのは一八四四年)、ひどい眼疾に苦しみながらもそれを抄録したいからと、筆記帳二冊を送るように依頼している。(79) そして知友権敦仁(号―彝斎、一七八三〜一八五九)に宛てた手紙のなかで「海国図志、是必需之書、在我似若他家数宝」とのべながら、その船制をことごとく尽せないにしても、せめて帆船の一術だけでもそれにならって行うべきであるが、これに関心を向ける人が居ないことを歎いている。しかしかれは『海国図志』そのものにたいする関心にとどまらず、その背景にある公羊学派の新しい学風に目を向けて、つぎのようにのべている。(80)

「大概魏黙深(魏源、黙深はその号、一七九四〜一八五六)の学は近来の漢学のなかにおいて別に一門を開き、詁訓空言を守らずして専ら実事求是をもって主となし、その経説は恵・戴(恵棟および戴震)諸人と大いに異る。また兵を談ずるを喜ぶ。

かつて其の城守篇などの書を見たことがあるが、いまみる志(『海国図志』)のなかの籌海篇の論は、城守篇と互いに表裡をなし、我が忠武公(李舜臣将軍)の鏖倭の法が即ち其の法の如くであることを覚らなかった。その神妙さに驚くばかりである。

近来また龔《きょう》璱人(龔自珍、璱人はその号、一七九二〜一八四一)があり、その学問と造詣が魏と相ひとしく、また相近い著書などがあるが、其の書を遍読する由なきを恨む。大江(揚子江)の南北には此れの如き人が甚だ多いが、東人(朝鮮人)が皆知らないだけである」。

つまり劉逢禄(一七七六～一八二九)に学んだ魏源と龔自珍は、清朝考証学から脱出して、現実世界に目を向けた公羊学派の双璧であり、その思想はしだいに、清末における康有為(一八五八～一九二七)らの変法維新思想に発展していった。たしかに朝鮮では、北京を中心とする清国学壇の動きについては、比較的よく知られていた。また『海国図志』も徐継畬の『瀛環志略』とともに、開国前における海外知識の唯一の宝庫として珍重された。しかし金正喜は流配地にありながら、公羊学派の新しい学風が、清朝考証学の大御所である呉派(江蘇省)の恵棟(一六七九～一七五八)や、皖派(安徽省)の戴震(一七二三～七七)と大いに異っていること[81]、つまり「不守詁訓空言、専以寔事求是為主」に注目したことは、先きにみたかれの経学研究における「実事求是」とは異った志向であり、まさに実学派のそれである。ただかれの経世思想における「実事求是」の弱さは、かれが生きた時代の思想状況、またかれの政治生活における不遇による制約からであろう。かいつまんでいえば一八〇一年から六〇年間にわたる思想的閉塞期の実学思想は、経世から経学への「実事求是」の後退および、個別的学者による「書斎の思想」にとどまったというのが、その大勢であったといいうるであろう。

II 「実学」から「開化」への転回

しかしかれにもまして、「北学派と開化派を結節させた中心人物」は朴珪寿であった[82]。しかしこのような見解にたいしては、大きな疑問が提出されている。例えば藤間生大氏は実学思想と開化思想との関連を「縦の線」からよりも、「横の面」から考えるようになったとして[83]、実学思想と開化思想とのつながりよりは、どの時点で断絶したか、ということの検討を提起している。すなわち、商人層と深いつながりのある訳官呉慶錫の影響による断絶の面を重視し、

「実学と開化思想を直結させることは、開化思想の近代的性格をうすめ、民族発展の契機をかえって埋没させることになる」[84]とのべている。

開化思想の形成において、中人層の役割を重視する見解はほかにもある。例えば朝鮮民主主義人民共和国の呉吉宝氏のそれである。氏によれば開化思想は、実学思想の進歩的側面を継承しながらも、その限界を乗り超えた近代ブルジョア啓蒙思想であり、「わが国での開化思想は、一八五〇年代から中人出身インテリによって芽生えはじめた」[85]とのべている。

呉吉宝氏が開化派の形成を「一八五〇年代」とする論拠は理解に苦しむが、両氏において奇しくも共通するところは、開化思想の形成において実学派からの断絶を重視し、中人層の果した役割を主要な側面とみていることであろう。このような見解の基礎にあるものは、開化思想を、それが継承する思想的系譜からみる視点よりも、そのブルジョア的性格を商業資本と結びついた中人層の階級的利害関係の反映とみる視点であろう。

ここでは朴珪寿が北学派と開化派とを結節させた中心人物である所以を、具体的に論証することは避けるが（第四章参照）、わたくしの基本的な考え方だけをのべておきたい。ここで問題になるのは、北学派の流れを引く朴珪寿において、実学思想と開化思想との継承と断絶がどうなのか、ということであろう。

結論を先きにいえば開化思想とは、開国およびその前後の対外的危機に対応した「実事求是」の思想ということである。つまり実学派は歴史的現実にたいする「実事求是」によって、伝統的儒教においてア・プリオリに前提されたドグマから自らを解き放つという困難な思想的葛藤をつうじて、華夷、内外、本末、士庶などのヒエラルヒー的名分論を相対化して、それを垂直関係から水平関係に転回させた。そのばあい、「華夷一也」という世界観の転換は、他のすべての思考の転換に影響をあたえるほど決定的であった。例えば伝統的な華夷思想にしばられていた金玉均が、朴珪寿が地球儀を廻しながら、「今日中国はどこにあるのか。あっちに廻せば、アメリカが中国となり、こっちに廻せば朝鮮が中国となり、いずれの国も中に廻せば中国となる」という言に接して、大悟一番開化運動に投身するようになったというエピソードは、このことを象徴的に物語っている。(86)「華夷」的名分思想の克服こそ、開化思想がよってたつ思想的根底をなしている。

それは具体的には、開化派の奔走によって一八八三年一〇月三一日(旧暦一〇月一日)に創刊された『漢城旬報』が、象徴的にもその創刊号に「地球論」を掲載して、「吾願東洲諸君子、無庸互相是非、惟期実事求是」を強調しているばかりではない。(87) 一八九〇年代後半期の開化運動の中軸をなした独立協会も、その月報の創刊辞で会長安駉寿は、従来官僚は四色党派(老論、少論、南人、北人)の党論にうつつを抜かし、儒生は心性理気の論争にふけり、科挙試に応ずる者は詩・賦・表・策の技法をもっぱらにし、銓衡官は門閥の高下だけを天秤にかける。今日の国難は「実事求是」をおろそかにしたために虚文だけがはなはだしく、積弊はつのったことによるとして糾弾してやまない(「至利用厚生・富国強兵之実事求是、左而揮之、外而閣之、竟至仆跌於今日之大難蜀道」(88))。まさに「実事求是」の継承である。

しかし実学思想と開化思想との質的差異を規定した要因は何であろうか。その一つは内発的要因として、それぞれの思想が背景とした社会経済的発展、具体的には資本主義的萌芽の成長であろう。それは中人層、とりわけ商人層と深くかかわった訳官たちの思想傾向として開化思想に反映された。他の一つは外発的要因として、とりわけ一八六〇年代からはじまる西洋諸国の武力侵攻をともなった対外的危機への対応が考えられる。つまり実学派にとって「夷」とは、直接的には清国であり、西学を含めて清国から学ぶことが「北学」であった。しかし開化派にとって「夷」とは西洋そのものであり、「倭洋一体」の日本であった。しかもその西洋とは、産業革命の洗礼を経た資本主義国であり、それは具体的には、その軍事力と商品とをつうじて認識された。この二つの要因のうち、資本主義的萌芽が、その反映としての思想の質的転換をもたらすほど成長したとは思われない。したがって実学思想と開化思想との質的差異を規定した契機は、外発的要因にたいする思想的対応であった。

本来実学派の系譜を引きながらも、朴珪寿の思想は金正喜と同じく、少くともその著作からみる限り実学派より後退している。ところがかれの思想的転換は、一八六〇年代から七〇年代にかけての対外的危機に対応したその活動と切り離して考えることはできない。

一八五六年末に広東方面でのアロー号事件を口実に、一八六〇年には英仏連合軍が天津から北京に侵入し、清国皇帝(咸豊帝)は熱河に逃れた。一八六一年に朴珪寿は燕行副使として清国に赴き、英仏軍の威力をつぶさに見聞した。六六年には平安監司として大同江に侵入して焼打ちされたアメリカのシャーマン号事件の処理に当り、六九年からはソウルに赴任して日本が王政復古を告知してきた書契問題にかかわり、七二年には進賀正使として清国を訪れ、西洋のインパクトに対応した清国の洋務運動に接した。かれの思想はこのような対外活動をつうじて、傾向としては「実学」的なものからしだいに「開化」的なものに傾斜したと考えられるが、それはほぼ「一八七〇年から一八七六年の期間[89]」であろう。

もちろん開化派の形成における中人層呉慶錫(訳官)および劉鴻基(漢方医、本来は訳官の家柄)の役割を過小評価するものではない。むしろ中人層の役割は、同じく朴珪寿の門下から輩出した開化派のなかで、その影響をうけた金玉均ら開化派(急進派)の変法的開化思想と、そうでない金允植らの開化派(穏健派)の改良的開化思想との思想的分化を規定した要因として理解すべきであろう[90]。というのは中人層は、伝統社会のしがらみからの脱皮が、士族層よりも社会的、思想的に比較的自由であるからである。

朴珪寿における「実学」から「開化」への思想的転換において、外発的要因が強くはたらいたこのような経路は、一八六一年と七二年に首訳として朴珪寿の燕行に随行し、そのほかにもひんぱんに清国に往来しながら新書を求めては劉鴻基に提供した呉慶錫、一八七三〜四年に正使鄭健朝、または書状官李建昌に随行して二回にわたって燕行し、一八八〇年に金弘集に随行して訪日、一八八二年にも金玉均に随行して訪日してのち清国を旅行した姜瑋のばあいと、ほぼ類似している。また一八七六年初めの日本との江華島談判には、呉慶錫は首訳として、姜瑋は全権大臣申櫶(一名観浩)の秘書格として参加している。

李朝末期における漢詩壇において、滄江金沢栄、梅泉黄玹と並んで三雄の一人といわれた姜瑋は[91]、金正喜にその流配地の済州島および北青で師事してのち、思想的にも生活的にも放浪の旅をつづけたが、かれが国事に深い関心を持ちはじめたのは、一八六六年のフランス艦隊による丙寅洋擾からであった。つまりかれはその師金正喜の交友であった総戎使申櫶と、沿岸地方を視察してのち防衛策を協議しており、つづいて友人鄭健朝および李建昌の要請に応じて一八七三〜四年に燕行したことが、かれの思想的転換の契機になったと考えられる[92]。

要するに資本主義列強のインパクトは、儒教的観念からすれば「覇」の武力と「利」の商品によるそれである。それは対隣国関係において従来「王」と「義」を重んじて「事大」と「交隣」の礼を守ってきた価値観の転換を迫る重大な挑戦であった。開化思想は資本主義的生存競争のなかで、「覇」には「覇」を、「利」には「利」をもって対応するための富国強兵の道、そのための近代的変革をめざした思想である。開化派のこのような世界認識は、朴泳孝においてつぎのように象徴的にのべられている[93]。

「方今、宇内の万国は、なお昔の戦国の如きである。一《いっ》に兵勢をもって雄をなし、強者は其の弱者を併せ、大者は其の小者を呑み、常に武備を講じ文芸を兼修し、相競い相励み、先きを争わざるはなく、おのおの其の志を逞うして、以て天下に震威し、他の釁隙に乗って之れを奪う。故にポーランド、トルコは本来微弱の国ではなかったが、然し皆、自国の困乱によって或いは裂くるを見、或は削らるを見、再び興復するの日はない。万国公法と均勢の公義があるというが、然し国に自立自存の力がなければ、必ず削裂をまねいて国を維持するを得ず、公法と公義も、もとより恃むに足らない」。

このように一八六〇代からの資本主義列強のインパクトに触発されて、そこに現われた新しい世界および、それに対応を迫られた朝鮮の現実をみる開化派の眼は、つねに儒教的先入主から自由たろうとする「実事求是」のそれであった。

(1) 朴趾源『燕巌集』巻之十四、別集『熱河日記』―「鵠汀筆談」。「訳書」(2)一八三～四頁。
(2) 閔泳珪「金錫文の地動説」(『読書新聞』一九七三年五月二〇日号、ソウル)。
(3) 藪内清「李朝学者の地転説」(『中国の科学と日本』所収、朝日新聞社、一九七八)。
(4) 洪大容『湛軒書』外集巻七、『燕記』―「劉・鮑問答」。
(5) 同書附録、朴趾源「洪徳保墓誌銘」。「訳書」(1)三二六頁。
(6) 同書内集巻四。
(7) 前掲『燕巌集』巻之七、「北学議序」、前掲訳書(1)三三〇頁。
(8) 朴斉家『北学議』朴斉家自序。
(9) 前掲「北学議序」。
(10) 丁若鏞『経世遺表』巻二、第六冬官工曹―「利用監」。
(11) 前掲『北学議』外篇、財賦論。
(12) 丁若鏞『与猶堂全書』第一集十三巻、「送李参判基譲使燕京序」。
(13) 拙著『朝鮮近代史研究』(日本評論社、一九七〇)六六頁参照。
(14) 申維翰『海游録』(姜在彦訳、平凡社東洋文庫、一九七四)三〇〇頁。
(15) 李瀷『星湖僿説』、三、人事門―「日本忠義」。
(16) 安鼎福『順菴先生文集』巻之十三、雑著「橡軒随筆」下。

(17)『備後叢書』(備後郷土史会発行)第三巻、備陽六郡志三、六郡外志附録「分郡鞆」に、一七一九年(享保四年)に鞆の浦福禅寺で、朝鮮通信使書記成汝弼と、福山藩儒官伊藤梅宇との唱酬録が掲載されている。梅宇は伊藤仁斎の第二子で、東涯の異母弟に当る。そのなかで成汝弼は梅宇にたいして、「先公(仁斎)の性理を論じた書を、必ず家蔵していよう。伏して望むことは、平素からの尊慕の意を遂げ、且つ帰って本国学者に示して以て、貴邦儒風の盛んなるを知らしめたい。如何」。

梅宇はこれにたいして、「先人の卑名を承わる。足下はかつて貴邦に於て之れ聞く、と。推賞殊に渥し。平素言論したところを一書に集めて『童子問』と名づく。明日芳洲公(対馬藩の儒者雨森芳洲)に托して之れを致す。幸いに貴邦に伝われば、先人の志と願いは足りるであろう」。なお伊藤梅宇は朝鮮の『慵斎叢話』(成俔)、『東人詩話』(徐居正)、『懲毖録』(柳成龍)などについても質問しているが、朝鮮の詩文集がかなり日本の地方にまで知られていたことが分る。同じ年に朝鮮通信使に随行した製述官申維翰は、『海游録』でみる限りこの両者の唱酬に同席していない。

くわしくは拙稿「朝鮮通信使と鞆の浦—両国間文化交流の一齣」(映像文化協会編『江戸時代の朝鮮通信使』所収、毎日新聞社、一九七九)。

(18) 前掲『与猶堂全書』第一集十二巻、「日本論」。

(19) 今村与志雄「丁若鏞と日本の儒者」(『季刊三千里』一九七八年冬号)。

(20) 李能和『朝鮮基督教及外交史』上編五四〜五頁(一九二五年執筆、一九六八年復印)。

(21) 朴斉家の文集『貞蕤集』の「丙午正月二十日朝参時、典設署別提朴斉家所懐」(以下「丙午所懐」)には、西士招聘にかんする部分が脱落している。ここでは丙午年(一七八六)年初に、正祖の下教求言に応じた三百余名の陳言を収録したソウル大学校古典叢書『正祖丙午所懐謄録』に拠った。

(22) 李光洙「朴泳孝との対談」(雑誌『東光』一九三一年三月号)。『李光洙全集』第十七巻所収、ソウル三中堂刊。

(23) 前掲『燕巌集』巻之八、別集「放璚閣外伝」—「両班伝」。

(24) 李瀷『星湖僿説類選』巻之三下、人事篇、治道門、六蠹。

(25) 前掲『湛軒書』内集巻四、補遺「林下経綸」。

(26) 前掲『与猶堂全書』第一集詩文集、第十一巻「田論」。拙著前掲『朝鮮近代史研究』巻末史料篇所収。

(27) 前掲『北学議』内編、「市井」。

(28) 前掲「丙午所懐」。

(29) 柳寿垣『迂書』第一「四民総論」。

(30) 前掲『与猶堂全書』第一集詩文集、第十八巻「示二子家誡」。
(31) 前掲『燕巌集』巻之十六、別集「課農小抄」―「諸家総論」。
(32) 丁若鏞『経世遺表』巻二、第六冬官工曹―「利用監」。
(33) 前掲『与猶堂全書』第一集詩文集、第十巻「原牧」。前掲『朝鮮近代史研究』巻末史料篇所収。
(34) 同書第一集詩文集、第十一巻「湯論」。
(35) 前掲『与猶堂全書』第二集経集、第七巻「論語古今注」巻一。
(36) 同書第二集経集、第一巻「大学公議」巻一。
(37) 前掲『迂書』第一麗制、「奴婢」。
(38) 前掲『北学議』内編、「市井」。
(39) 同書内編、「車制」。
(40) 前掲『燕巌集』巻之十二、別集「熱河日記」―「馹汛随筆」―「車制」。
(41) 前掲『北学議』内編、「車」。
(42) 前掲『与猶堂全書』第一集詩文集、第九巻「度量衡議」。
(43) 全錫淡他『朝鮮における資本主義的関係の発生』(社会科学出版社、一九七〇、平壌)一五頁。
(44) 前掲『北学議』外編、「通江南・浙江商舶議」。
(45) 前掲「丙午所懐」。
(46)(47)(48) 前掲「通江南・浙江商舶議」。
(49) 前掲『北学議』内編、「船」。
(50) 前掲『与猶堂全書』第一巻詩文集、第十一巻「技芸論」三。
(51) 藤間生大『近代東アジア世界の形成』一七八〜八〇頁(春秋社、一九七七)。
(52) 拙著『朝鮮の攘夷と開化』四五〜九頁(平凡社選書、一九七七)。
(53) 前掲『朝鮮近代史研究』五頁。
(54) 前掲『与猶堂全書』第一集詩文集、第十一巻「軍器論」。
(55) 同書第一集詩文集、第十巻「城説」。
(56) 丁奎英『俟菴先生年譜』正祖十六年壬子条(文献編纂委員会、ソウル)。

(57) 拙著『近代朝鮮の変革思想』一三頁。
(58) 前掲『湛軒書』内集、巻四「林下経綸」。
(59) 前掲『北学議』内編、「城」。
(60) 同書内編、「甓」。
(61) 同書外項、「兵論」。
(62) 『武芸図譜通志』「兵技総叙」(李徳懋、朴斉家)。本書は朴斉家と李徳懋が正祖の命によって編纂した兵書である。
(63) 前掲「丙午所懐」。
(64) 金允植『雲養集』巻之十一、「洋擾時答某人書」。

李光麟「『海国図志』の韓国伝来とその影響」(改訂版『韓国開化史研究』所収、ソウル一潮閣、一九七四)の指摘によれば、一八六七年九月(陰暦)に漢江の露梁津北岸で国王親臨のもとに知宗正卿李景純の監督によって新造した軍艦の進水式と、『海国図志』を参考にして、訓練大将申観浩(櫶)の監督のもとに製作した水雷砲の試射をおこなった。しかし一八七一年の辛未洋擾(アメリカ艦隊の侵攻)および一八七五年九月の雲揚号事件で実戦で使われた記録はない。

この新造軍艦の進水式と水雷砲の試射については、一八八四年一二月の甲申政変にかかわって犠牲者となった朴斉炯(絅)の『近世朝鮮政鑑』(上)に、つぎのように書いている。一八六六年八月に、大同江に侵入したアメリカ船ゼネラル・シャーマン号が焼打ちされたが、平安監司朴珪寿は、これを漢江に引曳させた。

「大院君は金箕斗らをして其の制を倣い、鉄甲船を造らせた。木炭をたいてその蒸気力で機輪を動かしたが、船体が重くて大きく、蒸気力が弱くて動かなかった。毀して改造し、艦を完成したが、その費用が数十万両、武庫の銅鉄はそのために一空となった。大院君は進水に臨試し、百姓に縦観させた。艦を入水させて火を入れ、機を催促したが、船行がきわめて遅く、一時間にわずか十余歩進むだけであった。ついには多くの小舟をもって纜を繋いで之れを曳いた。観者は皆ひそかに笑って、こんな物がいずこに用いられようか、といった。大院君は甚だ興がさめたが、ついに後悔することはなく、破壊させてその銅鉄を鋳砲の材料に充てた。

また水雷砲を製作し、国王に請うて露梁(漢江沿岸)に臨幸して親閲するようにした。この日の観者はもっとも多く、小船を中流に浮べて発射すると、江水が十余丈も湧きあがり、小船は空中に飛散して落ちた。万衆は一斉に叫びながら神奇だ、といってもいい気になった。しかし嘲笑するものがいていいわく、一葉の小船は破壊できるかも知らないが、どうして巨艦を攻めて破壊できるだろうか、と。然し大院君は、すこぶる満足であった」。

水雷砲の性能はかなりのものであったようだが、軍艦の性能については「新造戦船、製度甚堅且軽」(『承政院日記』高宗四年(一八六七)九月九日条)といった評価とは、大きな差がある。

(65) 朴泳孝「国政改革にかんする建白書」(前掲『朝鮮近代史研究』巻末史料編)。

(66) 金容燮『朝鮮後期農業史研究』(ソウル一潮閣、一九七〇、七一)第一部(農村経済・社会変動)、第二部(農業変動・農学思想)。とくに第一部第一章「十八世紀農村知識人の農業観」、第二部第三章「朝鮮後期農学の発達」は、実学派のそれを知るうえで重要である。

なお日本では宮嶋博史「李朝後期農書の研究―商業的農業の発展と農奴制的小経営の解体をめぐって」(京都大学人文科学研究所『人文学報』第四十三号、一九七七)がすぐれている。

(67) 拙著『朝鮮近代史研究』第二章「開化思想・開化派・甲申政変」において、山辺健太郎氏の所説(『日本の韓国併合』太平出版社、一九六六)を中心に批判したが、それは氏に限ったことではなく、甲申政変を親清派と親日派の対立とみる見解は、あたかも「定説」かの如くに、ほとんどの日本史教科書にもそのようになっている。

(68) 金泳鎬「実学と開化思想との聯関問題」(韓国史研究会『韓国史研究』第八号、一九七二)。

(69) 崔漢綺『人政』巻十二、教人門五、「立本有偏党」。

(70) 崔漢綺『推測録』巻六、「東西取捨」。

なお崔漢綺の哲学思想については、朴鐘鴻「崔漢綺の科学的な哲学思想」(『韓国の思想的方向』所収、ソウル博英社、一九六八)および朴忠錫「李朝後期における政治思想の展開(三・完)」(『国家学会雑誌』第八十九巻第一・二号、有斐閣、一九七六)。

(71) 拙著『朝鮮近代史研究』五七頁の図式を改訂した。

(72) 『姜瑋全集』上(ソウル亜細亜文化社、一九七八)李光麟解題および同「姜瑋の人物と思想」(延世大学校東方学研究所『東方学志』第十七輯、一九七六)は、姜瑋の思想とその生涯について、はじめてその全貌を明らかにした労作である。

(73) 藤塚鄰著、藤塚明直編『清朝文化東伝の研究』(国書刊行会、一九七五)参照のこと。

(74) 文一平「阮堂先生伝」(『朝鮮史話』所収、青丘社、一九四五)。

(75) 金正喜『阮堂先生全集』巻一、「実事求是説」。

(76) 李能和『朝鮮仏教通史』五九四頁(慶熙出版社、一九六八、ソウル)。

(77) 同書六六五頁。

(78) 前掲『阮堂先生全集』巻二、「与舎季相喜」八。

(79) 同書巻二、「与舎季相書」七。
「海志好作近日消遣法、而眼花如此、不得如前日之看読、可歎、切欲抄録、空冊之大印札両巻、可以得送耶」の「海志」は、『海国図志』であろう。
(80) 同書巻三、「与権彝斎敦仁」十八。
(81) 梁啓超『清代学術概論』(小野和子訳注、平凡社東洋文庫、一九七四)七七～一一四頁参照のこと。
(82) 前掲『近代朝鮮の変革思想』七頁。
(83) 藤間生大『近代東アジア世界の形成』二六七頁(春秋社、一九七七)。
(84) 同書二七五頁。
(85) 「朝鮮におけるブルジョア革命運動」第二章第一節(『歴史科学論文集』1、朝鮮民主主義人民共和国社会科学院歴史研究所、一九七〇)。
(86) 前掲『近代朝鮮の変革思想』五二～三頁。なお当書に引用したのは申采浩「地動説の効力」からであるが、わたくしはそこで、朴珪寿の地球儀はその祖父朴趾源が北京で購入したものであろうとしているが、原田環「一八六〇年前後における朴珪寿の政治思想」(『朝鮮学報』第八十六輯、一九七八)によれば、朴珪寿は『海国図志』に依拠して地球儀を製作しているばかりでなく、平渾儀をも製作している。
(87) 『漢城旬報』創刊号、一八八三年旧暦十月一日。
(88) 『大朝鮮独立協会会報』創刊号、安駉寿「独立協会序」、一八九六年一一月三〇日。
(89) 前掲『朝鮮近代史研究』五七頁。
『開化運動と甲申政変』(ソウル三星文化文庫、一九七七)の対談のなかで、李光麟談「ところが一八七二年中国に、再び正使として往ってきたのち、思想が変りますね。そこでわたしは、韓国での開化思想の形成時期は、一八七〇年代前半期としなければならない、と思います」(一五頁)。
(90) 拙著『近代朝鮮の思想』九九頁(紀伊国屋新書、一九七一)。
(91) 文一平『湖岩全集』第二巻、一七九～一八一頁、朝鮮日報出版社、一九三九年。
(92) 姜瑋『古懽堂集』四、李重夏「本伝」。「上之丙寅(一八六六)沁都(江華府)有洋警、先生(姜瑋)杖策往視海口形便、帰為大将軍申公櫶、詳劃戦守事宜、当是時、国家昇平日久、不接外事、西舶数至、人情惶惑、先生深憂之、会鄭尚書(鄭健朝)及李学士建昌相継奉使于燕、請先生与俱、先生欣然就之」。

(93) 前掲『朝鮮近代史研究』巻末史料編所収、朴泳孝「国政改革にかんする建白書」—「一曰、宇内之形勢」。

第三章　朝鮮伝来の西洋書目

――開国前の西洋認識と関連して――

I　はじめに

一九世紀にはいってからの朝鮮における西学研究へのきびしい禁圧は、西洋事情にたいする正しい知識の貧困をもたらし、資本主義列強の開国要求に適切に対応することを困難にした。

それは同時に、明治維新後の対日外交の過程にも反映した。一八六八年(明治元)一二月、王政復古を告知してきた書契形式をめぐる延々八年間にわたる朝鮮と日本との間の争点は、外交的には日本皇帝を上位とする朝鮮国王の「臣隷化」を意図した日本側と、江戸期二六〇余年間、さらにさかのぼれば室町期以来つづいてきた両国間の抗礼(対等の礼)関係＝交隣関係の継続を主張する朝鮮側との対立であった。(1)

しかし思想的にその争点を検討してみるならば、朝鮮側には「西洋化」した日本にたいする強い不信感が伏在していた。つまり江華島事件(一八七五年九月の雲揚号事件)を挑発して開国を強要する明治維新後の日本は、かつて交隣関係にあった江戸期の日本とは異って、西洋諸国と同類であるとする「倭洋一体論」があった。(2)

一般的には開国前夜におけるきびしい鎖国状況(思想的にも政治的にも)から推して、朝鮮には開国前に西学研究がなかったかのような錯覚があり、それがまた朝鮮社会の閉鎖性、停滞性を強く印象づける原因ともなっている。

ここでは一七世紀はじめからほぼ二世紀にわたって、朝鮮に伝来した西洋書目を拾いあげて提示することによって、当時の歴史的諸条件を考慮にいれるとき、それがけっして質量ともにたちおくれていなかったことを証明するであろう。それは同時に、開国前夜の朝鮮における西洋知識の貧困、西洋認識のゆがみは、一八〇一年の辛酉教獄における天主教弾圧からはじまる一九世紀前半期の思想状況、具体的には「崇正学、闢邪学」における「邪学」概念の不当な拡大による思想弾圧と、それによる西学研究そのものの萎縮、さらにはその根絶に原因があったことの反証にもなるであろう。

ただし一七〜八世紀の朝鮮における科学的な西洋認識は、主として中国を媒介として、中国入りした西士＝イエズス会士との接触およびかれらの著訳書によるものであって、西洋そのものとストレートにつながるものではなかった。ここに朝鮮における西洋認識の限界性があるが、後述するようにこれを克服するための提起がなかったわけではない。

従来開国前において朝鮮に伝来した西洋書による西学受容について研究がなかったわけではないが、そのほとんどが天主教伝播史との関連に偏重したきらいがあり、西洋学術そのものをとりあげてそれが朝鮮の思想および学術にいかに定着し、受容されたかについての系統的な研究は皆無にひとしい。本稿がその分野の研究を切り拓いていくために一石を投じうるものとなれば幸いである。

II　最初に伝来した西洋書

一七世紀以前の朝鮮における西洋認識は、地理的には『山海経』流の奇異なものであったか、中華的世界観を反映させた世界地図『混一疆理歴代国都之図』によっていたろうし、文化的にもルネサンス後のそれを知る手だてはなかったはずである。そこで朝鮮の知識層＝儒者たちの世界観というのは、「華」と「夷」を峻別して「華」を尊しとし

「夷」を卑しとする「華夷」思想であり、それは天円地方説と不可分に結びついていた。このことはたんに、地理的認識をゆがめたばかりでなく、人倫、思想、学術など文化全般の格付けを規定したといってよい。

したがって西洋の存在を正しく知ることは、たんに地理的視野を広めたということにとどまらず、それが与えるであろう思想的衝撃は強烈なものになるであろうし、そのような新知識を思想および学術に導入し、世界観を変えていくことは、シビアな思想闘争を伴わざるをえなかった。

朝鮮において西洋諸国に強い関心をいだき、それを研究して新しい学風をうちたて、思想的次元において定着させた人びとは、そのほとんどが実学派に属する。実学派の先駆者李晬光(号は芝峰。一五六三〜一六二八)は、その著『芝峰類説』でつぎのように書いている。

「万暦癸卯の年(西紀一六〇三)、余が副提学を忝けなくしていた時、赴京(京＝燕京)回還使臣李光庭、権憘が、欧羅巴《ヨーロッパ》国輿地図一件六幅を本館(＝弘文館)に送ってきた。京師(燕京)から得たものである。其れを見ると図が甚だ精巧で西域に特に詳しく、以て中国地方に至り、我が東国(朝鮮)八道、日本六十州に及ぶ。地理の遠近大小が纖悉にして遺すところがない。

いわゆる欧羅巴国は西域に在って最も絶遠であり、中国を去ること八万里である。古くから中朝とは通じなかったが、大明に至って始めて再入貢した。地図は乃ち其の国の使臣瑪《マ》竇《マ》竇(利瑪竇の誤植、Matteo Ricci)の為すところであり、而して末端に序文を作して之れを記す。文辞が正しくてよく熟し、我が国の文と異らず、始めての信書が同文であることは、貴しとすべきである(3)」。

朝鮮に西洋書が伝来した記録として、これが最初であるが、要するに李晬光によれば、一六〇三年にすでに、マテオ・リッチの世界地図がはいってきたのである。ここにいう「欧羅巴国輿地図一件六幅」というのは、一六〇二年に李之藻によって北京で刊行された『坤輿万国全図』(六幅)のことである。[4] つまり李之藻刻本が北京で刊行されて、その翌年には朝鮮に伝わったのである。

李晬光はつづいてつぎのようにも書いている。

「按するに其の国人利瑪竇と李応誠(試)にはまた、倶に山海輿地図があり、王沂の三才図会などの書にも其の説が採用されている。

欧羅巴の地界は南は地中海に至り、北は氷海に至る。東は大乃河《ドナウ》に至り、西は大西洋に至る。地中海はすなわち是れ、天地の中である故の名であるという[5]」。

マテオ・リッチ(一五五二～一六一〇、漢名―利瑪竇)はイタリア生れの宣教師で、イエズス会のローマ学院ではグレゴリー暦の編者として著名なクラヴィウス師について天文学と数学を学んだ。かれは中国での布教のために一五八二年には澳門に至り、八三年には広東省の肇慶府にはいっている。すでに肇慶府で『万国地図』を一五八四年に作成して、すこぶる士大夫の歓迎をうけた。[6] さきの『山海輿地図』は、この肇慶版『万国地図』を改修して発展させたものであろう。[7]

かれは一六〇一年はじめに北京入りに成功して皇帝神宗の謁見が許され、北京宣武門外に会堂の建立が認められて、ここにイエズス会士による布教の基礎をつくりあげたのである。かれは明の大官徐光啓や李之藻の協力をえて、天主教書ばかりでなく多くの数学および科学書の漢訳本を刊行した。

しかし朝鮮に伝来したマテオ・リッチの著作は、この『坤輿万国全図』にとどまるものではない。李晬光によれば天主教理および西洋倫理にかんする著作も伝わっている。

「欧羅巴国はまたの名を大西国という。利瑪竇という者あり、泛海八年にして八万里の風濤を越え、東粤(広東)

に居ること十余年、その著すところの天主実義二巻がある。はじめには天主が天地を始制したことおよび主宰・安養の道を論じ、次ぎに人魂は不滅にして大いに禽獣とは異るを論じ、次ぎに輪廻・六道の謬りと天堂地獄、善悪の報を弁じ、末に人性はもと善なるとし、天主を敬奉するの意を論じた。

其の俗は君を教化皇といい、婚娶をしない故に嗣をつぐことなく、賢を択んで之れを立てる。また其の俗は友誼を重んじて私蓄を為さずとし、重友論を著す(8)」。

つまりここではマテオ・リッチの『天主実義』の内容が紹介され、また『交友論』(重友論)によって、その俗として友誼を重んじていることを論じている。この『交友論』では、「吾が友は他に非ずすなわち吾れの半《なかば》、第二の我れである。故に友を視ること己れの如し(9)」というような趣旨がのべられている。

朝鮮に伝わったのは北京刊本であろうから、『天主実義』は一六〇一年に(初版は一五九五年に貴州で)、『交友論』は一六〇三年に(初版は一五九五年に南昌で)、それぞれ北京で刊行されている(10)。

ここで確認しうることは、すでに一七世紀初期にマテオ・リッチの『坤輿万国全図』、『天主実義』、『交友論』が伝来しており、これらの書は朝鮮における西学研究の基本文献として、つねに論議の俎上にのぼっている。とりわけ『天主実義』は、そのご天主教にたいする受容と反撥のいずれの側からも論議の対象となっている。

III 相つぐ西洋書の伝来

さきにものべたように、マテオ・リッチは一五八三年に広東省の肇慶府に入り、さらに一六〇一年には北京入りに成功した。その後もイエズス会士の中国入りがつづいて、かれらは布教活動に従事するかたわら、天主教および西洋科学にかんする著訳書を出版して、士大夫たちの注目をうけ、かつ歓心をかった。マテオ・リッチにつづいて、一七世紀前半期に中国で著作活動をおこない、朝鮮にもその著作が伝わったばかりでなく、その名が知られていた主なイエズス会士の中国入りの時期はつぎの通りである。

ロンゴバルディ（龍華民）　一五九七年
パントーハ（龐迪我）　一五九九年
ウルシス（熊三抜）　一六〇六年
ディアス（陽瑪諾）　一六一〇年
アレニ（艾儒略）　一六一三年
テレンツ（鄧玉函）　一六二一年
シャール（湯若望）　一六二二年
ロー（羅雅谷）　一六二四年

一七世紀初めにマテオ・リッチの一連の著作が紹介されて以来、引きつづいて右にあげたイエズス会士による著訳書が朝鮮に将来された。

中国では明清間の王朝交替期の内乱がつづいていた一六三一年に、赴燕使鄭斗源は山東半島の登州でポルトガル人学教官ロドリゲス(Johannes Rodriguez, 漢名―陸若漢)に出会い、紅夷炮、千里鏡、日晷観、自鳴鐘、火炮、焔硝花、紫木花などの武器、儀器および珍品類のほか、つぎのような書籍を贈られて将来している。(11)

治暦縁起一冊、天問略一冊、利瑪竇天文書一冊、遠鏡説一冊、千里鏡説一冊、職方外紀一冊、西洋国風俗記一冊、西洋国貢献神威大鏡疏一冊、天文図南北極両幅、天文広教両幅、万里全図五幅、紅夷炮題本一。

のちに李瀷(号は星湖。一六八一～一七六三)は、おそらく一八世紀初め頃であろうか、鄭斗源が将来したこれらの西洋書を閲覧し、つぎのように書いている。

「壬辰(壬辰倭乱＝豊臣秀吉の朝鮮侵略)の後、陳慰使鄭斗源が赴燕して西洋人陸若漢に遇ったが、年九十七、精神秀発、飄々として神仙の中の人の如くであったという……亦大炮をもって斗源に授けて国王に啓知せしめ、又治暦縁起一巻、職方外紀一巻、西洋貢献神威大鏡疏一巻および千里鏡、自鳴鐘、鳥銃、薬筒などの物を授けた。遠鏡は百里外でも能く敵陣の細微を看望して察することができ、鳥銃は火縄を用いずに石火で自発し、その放丸は我が国のそれに比べて、二丸を放つ間に四、五丸を放つことができる。紅夷炮は弾丸の大きさが斗《ます》の如く、八十里に及ぶという。

けだし若漢は利瑪竇と同じ時期に来る者、その贈るところのものは皆なくなったわけではなく、余が見るを得たのは天問・職方数種書であり、他は残存しない[12]」。

つまり李瀷が閲覧しえた西洋書目は、鄭斗源が将来した書籍のうちの「天問・職方数種書」となっていて、かれが『天問略』および『職方外紀』を閲覧したことは確かであるが、その他「数種書」のくわしい書目を確認する方法はない。このほかに鄭斗源が将来した書目のうちの『利瑪竇天文書』はなんであろうか。これはほぼ間違いなく、リッチの『渾蓋通憲図説』であろう。

というのは一七世紀にすでに、一部の学者によってこの書が注目された確かな形跡がある。例えば金万重(号は西浦。一六三七〜九二)はつぎのように書いている。

「暦家には蓋天・渾天の両説が並行して相通じることがなかった。……明の万暦年間(一五七三〜一六一五)に西洋の地球説が出て、渾・蓋両説が始めて通じたことは、亦一つの快事である。けだし古今の天を論ずる者は、之れをたとえれば象をなでてそれぞれ一体を得たようなものであった。西洋暦法に至って始めて其の全体を得た[13]」。

またさきの李瀷も、明の万暦年間に西洋暦法がでることによって、従来儒者間に論争が並行していた蓋天説と渾天説の根底に「蓋割渾天一弧」の理を知るようになったと書いている。[14]

さきにあげた西洋書目のうち、『治暦縁起』と『遠鏡説』は、かの著名な『崇禎暦書』[15]に収録されている書籍である。『治暦縁起』はイタリア生れのロンゴバルディ(Nicolas Longobardi, 漢名—竜華民)と徐光啓による西洋暦法の沿革にかんする書であり、『遠鏡説』はドイツ生れのアダム・シャール(Adam Schall von Bell, 漢名—湯若望)による望遠鏡の製法および効用にかんする書で、一六〇三年に北京で刊行されている。

鄭斗源が将来した西洋書のうち、李瀷が閲覧した『天問略』(一六一五年北京刊)は、ポルトガル生れのディアス(Emmanuel Diaz, 漢名—陽瑪諾)の天文算学にかんする書であり、プトレマイオス天文学の概要を漢訳したものである。とりわけ『職方外紀』は、リッチの世界地図とともに、世界地理にかんする新知識を提供した重要な地理書である。本書の資料は本来、スペイン生れのパントーハ(Diego de Pantoja, 漢名は龐迪我)とイタリア生れのウルシス(Sabbathin de Ursis, 漢名—熊三抜)がリッチの世界地図について説明したものを、イタリア生れのアレニ(Giulio Aleni, 漢名—艾儒略)が増補して、一六二三年に杭州で刊行している。本書には五大洲各国の風土、民情、気候、名勝についての説明があり、書首には万国輿図、北輿地図、南輿地図を掲げている。

この『職方外紀』は、ベルギー生れのフェルビースト(Ferdinand Verbiest, 漢名—南懐仁)の『坤輿図説』(一六七四年刊)とともに、地理学上の二大名著といわれるが、『坤輿図説』は同著者による『坤輿全図』(一六七四年刊)の解説書である。『坤輿全図』はかなり朝鮮で流布していたらしく、開国直前の一八六〇年に重刻されており、日本の植民地支配期にも、現存するもの四点が確認されている。[16] また同じ著者フェルビーストによる『坤輿外紀』および『西方要紀』の伝来が、一九世紀前半期の実学者李圭景(号は五洲。一七八八〜?)によって考証されている。[17]

さきにわれわれは、鄭斗源が将来した西洋書のうち、李瀷が「天問・職方数種書」を閲覧したことをみたのであるが、かれが天文学にかんする『天問略』および世界地理にかんする『職方外紀』を重視していたことは、それぞれに跋文を寄せていることから推しはかることができる。[18] とりわけかれが「跋天問略」のなかで、「夫れ西洋は中国にいまだ相属せず、それぞれ皇王ありて、君が域内をつかさどる」と論断したくだりは注目に値いする。というのはそれぞれ「皇王」が統治する世界各国の存在を多元的に把握するこのような認識は、儒者流の中華中心的世界観を根底から否定し、新しい世界観を切り拓く端緒となるからである。このような認識はのちに、北学派洪大容(号は湛軒。一七三一〜八三)が、「中国の人は中国を以て正界とし、西洋を以て倒界とするが、西洋の人は西洋を以て正界とし、中国を以て倒界とす」[19]と、「華夷之分」、「内外之分」を否定することによって、世界観の大転換を完成するに至るのである。

つぎにのべなければならないのは、金堉(号は潜谷。一五八〇〜一六五八)の提起によって、従来の朝鮮の暦法『七政算内外篇』にかわって、一六五三年から西洋暦法＝時憲暦が実施されたことである。これは中国において、従来の大統暦法および回々暦法にかわって、一六四五年に時憲暦が頒布されてから八年後のことである。それに至るまでのいきさつはつぎの通りである。

観象監提調金堉は、一六四四年に燕京に赴くようになった。そのとき暦官二人をつれていってアダム・シャールから新暦法を学ばせようとしたが、門禁がきびしいために実現できなかった。そこで「購得其数術諸書」して帰国し、一〇年間観象監官金尚範に研究させて、ついに朝鮮でも実施するにいたったのである。

ところが五星算法が解決されないので、一六五五年に金尚範を燕京に派遣して研究させたが、かれはその地で客死した。五星算法は一七〇八年にいたってようやく使用することになった。[20]

金堉が赴燕してのち、一六四九年の赴燕使呉竣一行には日官宋仁竜が随行していって、もっぱらアダム・シャールから暦法を学ぼうとした。しかし暦書を私学することはきびしく禁じられていたので、僅かにシャールの口授をうけ、『縷子草冊』一五巻と、『星図』十丈を贈られたとなっている。[21] ところが『星図』はアダム・シャールの作であるが、金堉のときの「其数術諸書」および、呉竣のときの『縷子草冊』一五巻については、具体的にどのような内容のものか確認する方法がない。しかし推測されることは、シャールと徐光啓が中心になって編纂した『崇禎暦書』のなかに収録された文献の一部であろう。

一六四四年に明がほろびて清となった。アダム・シャール(在華、一六二二〜六六)は清朝に接近して時憲暦を天下に頒布させたばかりでなく、一六四六年には欽天監々正となり、それからほぼ二〇〇年間にわたって宣教師は欽天監の指導的地位を占め、暦法計算に従事している。

じつはかれは、李朝第十六代国王仁祖(在位一六二三〜四九)の王位を継ぐはずであった昭顕世子とも深い交渉をもった人物である。仁祖は一六三六年に第二回目の清の侵人をうけたとき(第一回目は一六二七年)、難を避けた南漢山城で清軍の包囲をうけ、ついに清皇帝に「臣礼」を誓って屈辱的に降服した。それにともなってその三子(昭顕世子、鳳林大君、麟平大君)は人質となって瀋陽に幽閉された。

昭顕世子は八年間の抑留生活のなかで恭順の意を示し、一六四四年に帰国を許された。その帰国のまえにほぼ七〇日間北京に滞在し、アダム・シャールと往来したのである。かれが帰国にさいしてアダム・シャールに送った書翰によれば、「昨日貴下より贈られたる天主像・天球儀・天文書及びその他の洋学書は全く思いもうけないことで欣快に堪えず、厚くお礼申しあげる。余は取り急ぎ二、三の書を通読したが、精神の修養、徳性の涵養に関して高遠なる教理の存するを認めた」。

書翰はまたつづいて「凡そ人の心は如何に距つと雖も、智識を愛好することによって、互に融合することを体得した。しかして余はいま洋学書類と天主像とを故国に持参したい希望を切実に有するが、余の国においては未だ天主教なるものを知る者なく、故に余の最も憂慮するのは異端邪教と目され天主の尊厳を冒すものなきやということである。これ天主像を貴下に返却して過失なからんとするゆえんである」[22]。

父君仁祖はこの昭顕世子をにくみ、王位を嗣ぐべきかれは帰国三ヵ月目に変死したばかりでなく、その妻姜嬪は賜死し、その子三人も済州島に流配された。当時国内では「尊明排清」の風潮が擡頭し、昭顕世子に代って王位に即いた孝宗(鳳林大君)の代になっては「北伐論」(清を伐つ)にまで発展した。こういう風潮のなかで清に恭順の意を示して無事帰国した昭顕世子およびその家族が迫害されたのである。

ともあれ昭顕世子は、天主像をのぞいて、天球儀、天文書その他の洋学書を持参したわけだが、その具体的な書目はわからない。しかし確かなことは、昭顕世子、金堉、呉竣をつうじて、西洋暦書の集大成としての『崇禎暦書』に収録された西洋書およびシャールの二〇数種におよぶ著訳書[23]が、かなり朝鮮に伝来したことである。なおシャールは、一六二八年に八幅からなる『乾象坤輿図』をつくっており、朝鮮にも一七〇八年に伝わっている[24]。当時の国王粛宗はこれをもって地図屏風をつくるよう命じているが、その地図屏風には崔錫鼎(議政府領議政)の跋文が掲載されている。

Ⅳ　実学派と西洋学術書

一八世紀にはいって朝鮮伝来の西洋書はますます多様となり、しだいにそれは朝鮮の思想および学術界に定着した感が深い。とりわけ李瀷において然りであり、その一族および門人によって形成される星湖学派においてその輪を拡大していった。

朝鮮の西学受容にかんする研究において、その先駆的著作といいうる『朝鮮基督教及外交史』(李能和著、一九二八年刊)は、一八世紀における思想状況をあらましつぎのようにのべている。

「朝鮮学者と支那学者は、その先天的頭脳が理学(凡そ経学を治むるを理学という。おしなべて之れをいえば則ち儒教、儒学である——原註)を以て万能となす。今一儒者ありて他の学術を批評すれば、其の判決の書は必ず儒に帰着す。けだし儒家者流では、倫理道徳は是れ孔学専有の物といい、西洋人を視ること、あたかも夷狄野蛮、無父無君者の如くにして、斥洋斥邪の一大理由をなす。然りと雖ども天下の事物は、一儒学をもって包括し能わざるものがある。而してまた、西洋にはおのずから西洋の倫理道徳があることを知らぬから、是れらの儒者は、井蛙の見を免かれず、おのずから夏虫の科に帰す。

然し儒にして不腐者もまた、或いは之れあり、李朝の粛宗(在位一六七五〜一七二〇—引用者)から正祖(在位一七七七〜一八〇〇—引用者)までの間に、李瀷、李頤命、金万重、朴趾源、洪良浩、丁若鏞などの諸学者は、西洋学術にたいする其の議論批評が、多くの俗士たちとやや同じからざるものがある。

即ち星湖(李瀷—引用者)先生の如きは西洋科学を論ずるところで多くの讃辞をなし、その結辞には『其の説きわめて是《ぜ》なり』『虚蕩に非ず』『其の言に理あり』『此れ不易の論なり』『中土人(中国人—引用者)の及ばざるところ』『聖人が再び生れてきても必ず之れに従うだろう』などの語がある。此れにおいて其の首肯欽仰の情を見ることができる」[25]。

李瀷の『星湖僿説』(天地門、万物門、人事門、経史門、詩文門からなる)の天地門だけをみても、各条において西洋の天文暦法を、東洋固有のそれと比較しながら、先きの引用文のなかにあるような評価をあたえており、それは時憲暦にいたって決定的となる。かれはつぎのようにいう。明の大統暦はじつは元代の郭守敬の授時暦であるとのべながら、「今おこなわれている時憲暦は、即ち西洋人湯若望の造るところのもの、是れにおいて暦道は極まる。日月の交蝕(日蝕および月蝕)は、未だ誤差あることなく、聖人が再び生れてきても必ず之れに従うだろう[26]」。

とりわけ李瀷は、朝鮮でさいしょに天円地方説を捨て地円説を確信し、それを唱導した学者である。このことは朝鮮天文学史上ばかりでなく、思想史上においても重要な意味をもつ。かれは地円説を主張するばあい、その説明がもっとも困難とされていた「地球上下有人之説」を、西洋人がはじめてつまびらかにしたとし、「地心論」をもってそれを説明している。つまり地球の上下に人がいるのは、上下四方がすべて内(地心)に向ってはたらく力があるからであるとした[27]。

李瀷にはじまる地円説は、洪大容にいたってさらに地転説(自転)にまで発展した[28]。このような地円説および地転説は、世界を「中華」と「四夷」に峻別する儒者流の名分思想を打破する世界観上の「コペルニクス的転回」であり、「自主的開国・開化への道を切り拓く思想的大前提」となるものである[29]。なぜなら「夷」の世界にたいして開かれた思想こそ、自主的開国・開化の道を切り拓くからである。

洪大容は朴趾源(号は燕岩。一七三七〜一八〇五)とともに、朝鮮実学派の一流派をなす北学派に属するが、その朴趾源は「西人は既に地が球をなすを定む。しかし球が転ずることだけは言わない」として、洪大容の地転説の独創性を強調したことがある[30]。しかしこれはけっして根拠のない主張ではなさそうだ。なぜなら、「一六世紀の半ばにコペルニクスの地動説が唱えられ、宣教師たちの中にはガリレオやケプラーと交渉を持ったものもあった。……しかし地動説はローマ法王庁でいろいろ問題となった時期であり、宣教師たちが地動説の紹介に積極的でなかったのは当然であるが、じっさいは地動説の価値を十分に確認していなかったし、大部分の宣教師はあまり関心を持たなかったのである[31]」。

西洋科学にたいする李瀷の受容は、天文暦法にとどまらず、泉脈、地震、潮汐および気象現象にかんする新しい学説をとりいれることによって、自然地理学説の科学的端緒を切り拓いた。かれはまた、朝鮮における水利施設の衰退をなげきながら「挈水之功、在乎水車、如竜尾之制、出自西洋、其利博大、我邦末之知也」とのべ、竜尾車による挈水の功を説いている。[32] これは明らかに、取水および蓄水の法を説いたウルシス（熊三抜）の『泰西水法』の第一巻（竜尾車者、河浜挈水之器也）のことをいっているのである。この書は一六一二年に北京で刊行され、徐光啓の『農政全書』に収録されている。

李瀷は南人派に属する学者で、老論派との党争にまきこまれて、司憲府大司憲まで歴任した父李夏鎮は平安道雲山に流配され、かれはその流配地で生まれた。またかれの仲兄であり師でもある李潜は、老論派を攻撃する上疏のために杖殺された。かれは終生すべての仕官の道を絶ち、京畿道広州郡瞻星里の草屋に埋もれて、学究と後進の養成に専念した。

のちに西学弾圧によって迫害をうけた李家煥（錦帯）、李蘗（曠菴）、李承薫（蔓川）、権哲身（鹿菴）、権日身（稷菴）、丁若鏞（茶山）、李学逵（洛下）らは、いずれも李瀷の門流からなる星湖学派に属する俊才である。

朝鮮に伝来した西洋書のなかには、数学書をはじめ、測天測地にかんするその応用書も多く見られる。まず数学書についていえば、『同文算指』『幾何原本』『数理精蘊』などがそうである。

一七二〇年に赴燕使李頤命（号は疎斎。一六五八〜一七二二）は、イエズス会士で欽天監々正ケーグレル（Ignatius Kögler, 漢名は戴進賢）と、副監正ソウレズ（Joseph Saurez, 漢名―蘇霖）の訪問をうけ、「天主之学」と「暦数之術」について問答をかわしている。李頤命がかれらにおくった書翰によれば、かれはすでに西洋人の地球図説によってその法が地円説をとっていること、また『同文算指』にもすでに目を通していたことをのべている。[33]

また『幾何原本』に精通していた学者たちもかなりいた。例えば李家煥（一七四二〜一八〇一）は、その文章が国内に冠絶していたばかりでなく、「天文幾何之学」に精通し、かれが死ねば「東国幾何種子絶矣」とまでいわれていた。[34]

丁若鏞はその仲兄丁若銓(号は研経斎)を追悼した墓誌のなかで、かれは経義をもって科挙試の生進科に及第して進士となったが、大科(文科)に応試することをせず、「かつて李蘗と交游しながら暦数の学を聞き、幾何原本を究めてその精奥を理解した」[35]と書いている。李家煥も丁若銓も、一八〇一年の辛酉教獄における西学弾圧の犠牲者となった。また同じく辛酉教獄で死刑となった李承薫(一七五六〜一八〇一)は、一七八三年の赴燕使(その書状官李東郁はかれの父)に随行して北京の天主堂で洗礼をうけ、朝鮮さいしょの受洗者となったが、かれは『天主実義』をはじめ『幾何原本』『数理精蘊』『地平表』および視遠鏡などを将来している[36]。

マテオ・リッチは北京入りしてのち、徐光啓や李之藻らの協力をえて、その師クラヴィウスの数学書を漢訳している。『同文算指』はクラヴィウスの *Epitome arithmeticae praticae* の訳であり、リッチ没後に李之藻によって北京で刊行された初等数学書である。また『幾何原本』は、同じくクラヴィウスのユークリット幾何学にかんする *Euclidis elementorum* の全一五巻のうちの六巻を訳したもので、リッチが口授したのを徐光啓が筆訳して、一六〇七年に北京で刊行されている。

さらに李承薫が将来した『数理精蘊』は、康熙帝の督励をうけて梅瑴成、明安国、何国宗らが編纂した数学、暦学、音楽の集大成『律暦淵源』の第二部で全五三巻からなり、中国の伝統数学および明末以来の西洋数学を総網羅したもので、一七二三年に刊行された。ここではじめて西洋の代数学が紹介されている。

諸文献によれば辛酉教獄のとき、すでに死亡した李蘗が「邪党中渠魁」として糾弾をうけているが、かれは星湖学派のなかで西学研究の中心をなしていた。さきにのべた李家煥は、李蘗から『天学初函』[37]のなかの数種書をあたえられて読破しているばかりでなく、李家煥の家蔵本には『職方外紀』や『西学凡』などがあった[38]。

一六二三年に刊行された『西学凡』は、アレニ(艾儒略)がヨーロッパの大学における教授課程を紹介した著書で、その科目を六科に分けて説明している。その一は文科であり、ラテン語Rethoricaの訳音を勒鐸理加、その二は理科（哲学）であり、Philosophiaの訳音を斐録所費亜、その三は医科であり、Medicinaの訳音を黙第済納、その四は法科であり、Legesの訳音を勒義斯、その五は教科（教律）であり、Canonesの訳音を加諾搦斯、その六は道科（神学）であり、Theologiaの訳音を陡録日亜と、それぞれ表記している。

さきにもふれたことのある李圭景は、西学書の研究がきびしく禁圧されていた一九世紀前半期の学者であるが、かれはその百科全書的な『五洲衍文長箋散稿』のいたるところで西学を含めた各分野にわたって、千四百余項目についての「弁証」をおこなっている。そのなかでかれは、朝鮮に接近する西洋船に通商を許すこと、西学を研究することの必要を説いている。例えばかれは天地測量を「弁証」したところで李瀷の測象論を紹介し、洪大容に『儀器図説』があることを指摘しながら、その術を尽すためには『測量法義』『句股義』『渾蓋通憲』『幾何要法』『測量全義』『天学初函』『天問略』『簡平儀度説』『幾何原本』『律暦淵源』『数理精蘊』などの諸説を研究しなければならないと強調した。(39)

これらの西洋書のなかで、『測量法義』と『句股義』はいずれもリッチの作で、前者では『幾何原本』の実用を明らかにし、後者では三角法（句股＝直角三角形）を展開している。

またアレニの『幾何要法』（一六三一年刊）は主として作図にかんする書であり、ロー（P. Jacobus Rho, 漢名―羅雅谷）と徐光啓による『測量全義』（一六三一年刊）は平面三角法および、とりわけ球面三角法を中国にさいしょに導入した書である。さらに『簡平儀説』（一六一一年刊）はウルシスの作である。

李圭景は実学派の西学研究の遺産を継承しながらも、西洋科学の源流を古代中国に求めようとする発想方法が強くはたらいている。それは中国の暦算家として、かの著名な『暦算全書』を残した梅文鼎（一六三三～一七二一）の影響であろう。というのは例えば、ウルシス（熊三抜）の「簡平儀」、リッチの「渾蓋通憲儀」を高く評価しながらも、その源流が中国にあって西伝したという梅文鼎の『暦学疑問補』の説を紹介することを忘れない。[40] さきにのべた『律暦淵源』編纂の中心人物梅瑴成は、梅文鼎の孫にあたる。

李圭景は朝鮮実学派のなかの北学派に属する李徳懋の孫で、李徳懋は正祖（在位一七七七〜一八〇〇）のとき、奎章閣の四検書の一人として抜擢され（他の三人は朴斉家、柳得恭、徐理修）、内外の文献収集と校閲および編纂に大きな功績を残している。

李圭景は自らの学風を「名物度数之学」（動植物・天文数学にかんする学問）として、儒学者流のあまりにも正統的な「性命義理之学」と区別している。かれによれば「名物度数之学」は漢代以来絶えて久しかったが、明末にいたって徐玄扈（光啓）、王葵心（徴）の流が崛起して「象数之学」を創始し、「名物度数」が煥然として世に明らかになった。朝鮮でもその深奥を究めた先学たちがなかったわけではないが、耳目が局限されたために「但領其皮殻、未会其精蘊」とのべている。[41]

つまりかれは、徐光啓、王徴らによってはじまる西学研究を漢代以来の「名物度数之学」の再興としてとらえ、自らの学風を「名物度数之学」として位置づけているのである。おそらくかれは、自らの学風をこのように位置づけてはじめて、西学禁圧のきびしい一九世紀前半期にいくらかでも西学研究の自由をかちとることができたのではなかろうか。

かれが明末における「象数之学」の創始者の一人としてあげている王徴は、じつはテレンツ（P. Joannes Terrenz, 漢名―鄧玉函）が口授した『奇器図説』を筆録してまとめた学者である。この書は物理学のなかで、とくに力学原理とその工学的応用を詳解した技術書で、一六二七年に刊行された。数多くの伝来西洋書のなかで、具体的に朝鮮において実用化されたのは、さきの時憲暦とこの『奇器図説』であろう。

かの丁若鏞(一七六二〜一八三六)は一七九二年に国王正祖に上疏して、城制の改革を提起した。そのとき正祖は『古今図書集成』に収録されている『奇器図説』をあたえて、「引重・起重之法」の研究をすすめた。丁若鏞はそれを参照して『起重架図説』を作成して国王に進呈したのである。水原城(現存)の築造工事には、これに依拠して製作した滑車および鼓輪を利用して省力化に成功し、銭四万緡(緡は銭一貫文)の利益をもたらした。[42]

丁若鏞はその自撰墓誌銘によれば、成均館(李朝儒学教育の最高学府)で李檗と交遊しながら西教を聞き、西書を見て、一七八七年から四、五年間はそれに傾倒したとのべている。[43] また一七九七年には西学に感染したことを自責して国王に上疏しているが、かれが西学に接したのは、その「天文暦象之説」「農政水利之器」「測量推験之法」に魅せられたからだとのべている。[44] しかしそれらの西洋書の具体的な書目はわからない。

丁若鏞は一八〇一年の辛酉教獄に連坐して、一八年間にわたる流配生活をおくっているが、かれは儒者として一貫した学者である。しかしかれの考え方のなかには、一般の儒者流とは異った科学的発想が、その著作のなかの随所にみられる。例えばその「技芸論」のなかではつぎのように述べている。

「天は禽獣に爪をあたえ、角をあたえ、硬蹄と利歯をあたえ、毒をあたえ、それぞれ欲するところを獲せしめ、患するところから禦《ふせ》がしめる。しかし人は裸のようなもので脆弱であり、其の生さえ救えない如くである。あに天は、なぜに賤しい禽獣に厚く、貴い人間に薄いのだろうか。

人間には知慮と巧思があり、之れをもって技芸を習い、以て自給する。しかし知慮の及ぶところには限りがあり、巧思の穿鑿するところには次第がある。故に聖人と雖も千万人の共に議するところには当る能わず、聖人と雖も一朝にしてその美を尽すことはできない。故に人が聚《あつま》るほどに其の技芸は精《くわ》しく、世が降《くだ》るほどに其の技芸

も巧みになる。これは事勢の必然である」。(45)

このさりげない叙述のなかに、われわれは斬新な発想の転換をみることができる。一般の儒者的発想からすれば、「人類」と「禽獣」を区別する基準は、道徳的な「三綱五倫」であった。天主教が「無君無父之術」として糾弾され、それが蔓延すれば禽獣の域に化すると見たのは、そのためであった。

しかし丁若鏞は正当にも、人間と禽獣を区別する基準を「技芸」においたのであり、しかもそれは、歴史の発展にともなって衆智をあつめ、それを積みあげることによって精巧になると見た。

丁若鏞のこのような発想といい、さきの李圭景の「名物度数之学」といい、そこには「性命義理」偏重によって科学的発想を麻痺させてきた伝統儒学にたいして、それを内在的に乗り越えようとする理性の目覚めと近代志向の思想的萌芽をみることができる。

朝鮮における西学とは、その学術的側面と宗教(天主教)的側面を包括する総称であるが、つぎに天主教にかんする西洋書目をみることにしたい。

V　実学派と天主教書

すでにのべたように一七世紀はじめから、西洋学術にかんする漢訳書の伝来をつうじて、それがしだいに一八世紀の初期にいたっては、とりわけ李瀷とその系譜につらなる星湖学派および、李頤命、洪大容、朴趾源につらなる北学派のなかで定着するにいたった。

とはいっても西学に関心を示した学者は、依然として少数派であり、伝統儒教の行きづまりを感じていた学者たちが、そのなかに或る新しい道を模索していたといってよい。ところが西学に深い関心を示した学者たちのなかでも、その科学的側面にたいする反応に比べて，天主教にたいする反応は複雑であり，初期においては儒教的次元からの批判派が大多数を占めていた。ところが一八世紀末期から，とりわけ星湖学派の少壮学者のなかに天主教に帰依する信教派が擡頭し，それが一八〇一年の辛酉教獄において，実学派弾圧の口実となった。

もちろん学者によっては，信教者の出現がすでに一七世紀初期にさかのぼるとして，その先駆者として許筠(号は蛟山。一五六九〜一六一八)をあげる。つまりかれが，中国から「偈十二章」を将来したことをもってそのように見る。(46) しかしかれが信教者であった形跡はない。

さきにものべたように，最初にリッチの『天主実義』や『交友論』を紹介した李晬光は，天主教にたいする批判的見解は披瀝していなかった。ところが同時代の柳夢寅(号は於于堂。一五五九〜一六二三)は『天主実義』にふれながら，その仏教批判は「語多有理」であるが，その天堂地獄説および「不事婚娶」を肯定するのは「左道惑世之罪」を免れえないとのべている。(47)

ところが西学における科学的側面と宗教的側面を区別し，前者を全面的に肯定しながら，後者にたいして批判的立場を確立したのは，李瀷であった。かれは『天主実義』への跋文のなかで，マテオ・リッチは中国入りしてのちに中国語を習って中国書を読み，その著書が数十種におよぶとのべながら，その「仰観」(天文)，「俯察」(地理)，「推算」(数学)，「授時」(暦法)の妙は「中国未始有也」とたたえている。しかしかれは，リッチが「竺乾之教」(仏教)の輪廻説を排斥しているが，天主教の天堂地獄説も，けっきょくは仏教と同じく「幻妄」たるにすぎないと指摘している。(48)

李瀷はまた，『交友論』と同じく西洋倫理を説いた『七克』をとりあげているが，「『七克』は西洋の龐迪我の著すところだが，即ち吾儒の克己の説である」(49) として，儒学における「克己之説」を補いうるものとして肯定的に評価している。『七克』は李瀷の指摘の如くパントーハ(龐迪我)の著で，一六〇四年刊となっている。

西学にたいするかれの批判的な姿勢は、シャールの『主制羣徴』の読み方にも表われる。本書はさきの『明清間耶蘇会士訳著提要』によれば、「哲理を以て天主の実有を証明した。その証拠は天象、地理、一切の自然物、動植物、霊神などから取る」となっている。

つまり『主制羣徴』は自然科学的説明から天主の実在を証明しようとした書であるが、李瀷は天主の実在云々よりは、その自然科学的説明に深い関心をしめしている。そのなかで天体運行にたいするかれの関心もさることながら、人体生理にかんする解剖学的理解は注目される。とりわけ従来東洋医学では解明されなかった脳の機能について、筋力が百体を運用するのは脳の主宰によるものであるから、「脳は一身の主を為す」ものであり、「覚は脳に在り、知は心に在る」と説明している。(50)

感覚は脳、認識は心という発想は、儒者としてのかれが伝統的思考方法から十分脱皮しえなかった一面をのぞかせているにせよ、脳の機能について一定の科学的理解に到達したことは、朝鮮でははじめてのことである。

天主教にたいする李瀷の批判的立場は、その門人慎後聃や安鼎福にいたって、さらに内在的となり、体系的となる。慎後聃(号は河浜。一七〇二〜六一)はその『西学弁』(51)のなかで、『霊言蠡勺』を批判の俎上にのせているが、それはきわめて体系的であり、集中的である。

『西学弁』はその序言のつぎに、第一篇では「亜尼瑪之体」、第二篇では「亜尼瑪之能」、第三篇では「亜尼瑪之尊与天主相似」、第四篇では「美好之情」をそれぞれ論じ、さらに『天主実義』や『職方外紀』にまで論及している。

ここにいう「亜尼瑪」とは、ラテン語の Anima の訳音で、「霊魂」の意味である。『霊言蠡勺』はイタリア生れのイエズス会士サンビアソ(Francesco Sambiaso, 漢名—畢方済)が口述したのを徐光啓が筆録し、一六二四年に上海で刊行されており、全四篇からなる天主教的な霊魂論である。

儒教と天主教は教理のうえで矛盾はないとしながら、専ら仏教に攻撃の矢をむけている『天主実義』を含めた『霊言蠡勺』にたいする批判の結論として、慎後聃はつぎのように論断している。

「彼の天堂地獄、精霊不滅の説は、明らかに是れ仏氏の説であり、かつて吾儒の書にはほとんど見たことがない。吾人はいまだ（天主教が）仏氏と異る事が何であり、吾儒と同じ事が何であるかを知らない。区々たる仏氏の余論を掇拾して、反って斥仏を名となす。瑪竇ら諸人は吾儒の罪人であるばかりでなく、そもそも亦、仏氏の反賊である」。

安鼎福（号は順庵。一七一二〜九一）は、その師李瀷および、その娘婿権日身の兄権哲身への書翰のなかで天主教について多く論議している。そして天主教にたいするかれの見解は、一七八五年に著わした『天学考』および『天学問答』において体系的に整理されている。[52] この二著および前記書翰のなかでかれが批判の対象とした天主教関係書は、『天主実義』『畸人十篇』『弁学遺牘』『真道自証』などである。また『七克』『盛世芻蕘』『万物真源』にも言及している。

『天学考』では、中国および朝鮮において西洋がいかに認識され、天主教または景教（ネストリウス派のキリスト教）がいかに伝播したかを、多くの史書および個人文集に照して歴史的に叙述しており、『天学問答』では、鄭斗源、許筠にはじまる朝鮮での西学の伝播についてのべながら、問答式に儒教教理からする天主教批判をおこなっている。

『天学問答』でかれがいわんとした天主教批判の要点は、その現世否定にたいして（現世を「労苦世」「暫世」「禽獣世」というが如き）、現世肯定の立場から人間はいかに生きるべきか、その倫理的基準は何か、を問いかけているのである。『天学問答』のさいごは、つぎの言をもって結ばれている。

「或いはいう。今吾が子《し》の言を聞くに、其の（天主教の）異端をなすことに疑いはない。吾が儒の明徳新民の功は、皆現世をもってする言であるが、西士の為善去悪の事は、皆後世のための言である。人が既に此の現世に生れたからには、まさに現世の事を尽して、其の至善を求めるべきである。どうして一毫たりとも後世において福を求める意があろうか。其の学(天主教)の入頭門路は、吾が儒とは大いに異なり、其の意は専ら、一己の私から出ている。吾が儒の公正の学が、どうして是れの如きであろうか」。

またかれは、権哲身にあたえた書翰(一七八五)のなかで、つぎのようにも述べている。「吾人は既に此の現世に生る。則ちまさに現世の事に従い、経訓の教える所を求めて行うだけである。天堂といい地獄というが、我れに何のかかわりがあろうか」(53)。さらに柳敬之への書翰(一七九九)では、「古人は仏老の害が楊墨より甚しいといったが、今は則ち天学の害が仏老より甚しく、俗学の害は天学よりも甚しい。士が学を為すのは、まさに時弊を観て之れを矯すことにある」(54)とのべている。

安鼎福が批判の素材としてとりあげた『畸人十篇』(一六〇八年刊)および『弁学遺牘』(一六〇九年刊)は、いずれもリッチの作で、仏教を論駁して『天主実義』の説を敷衍した書である。とりわけ『畸人十篇』の上巻には、附録として「西琴曲意」一巻が収録されているが、これはリッチが一六〇一年に北京入りした当時、万暦帝に西洋琴を献呈し、その命によって西琴八曲を訳したものである。

また『真道自証』(一七一八年刊)はフランス生れのシャヴァニァック(Emericus de Chavagnac, 漢名—沙守信)の作、『盛世芻蕘』(一七三三年刊)は、やはりフランス生れのマイヤー(Joseph-François Moyriac de Maill, 漢名—馮秉正)の作、『万物真源』(一六二八年刊)はアレニ(艾儒略)の作で、いずれも仏教を論駁しながら、天主教を弁護し解説した書である。

一七六三年に李瀷が世を去ってのち、安鼎福は星湖学派の総帥たる立場にあった。ところがその少壮学者のなかで、天主教にたいする李瀷の批判的立場を固守せず、李蘗、李家煥、李承薫、権哲身・日身兄弟、丁若鍾・若銓・若鏞三兄弟らが、信教的方向に傾斜していった。かれらはいずれも南人派(時派)の学者たちで、当然反対派(老論派および一部の南人派＝辟派）の反撃が予想された。『天学考』や『天学問答』は、かれら少壮学者たちにたいする警告の書として書かれたものである。[55]

一八〇一年の辛酉教獄では、学者として処刑されたのはほとんどが南人派に属していた。そのなかにあって二六歳の若さで斬首された金健淳は、その族兄金伯淳とともに、老論派に属する殉教者である。

金健淳は金尚憲（号は清陰。一五七〇〜一六五二）の宗孫として、名門大家の生まれである。金尚憲は一六三六年の清の侵入のとき、国王仁祖の屈辱的な降服に反対してその国書を破り棄て、瀋陽に拉致されて三年間にわたって拘禁されたが、ついに帰国するまで節をまげることがなかった。その後国内の儒学界における「尊明排清」の根強い風潮のなかで、金尚憲とその子孫はかれらの尊敬を一身にあつめた。

金健淳は本来、「博く文学、経史子集、医経・地誌に通じ、もって仏老・兵家の書に至り、精熟せざるはなし」[56]といわれた学者であったが、家蔵本の『畸人十篇』（リッチ著）からしだいに西学に傾倒した。義禁府推案によれば、かれは『畸人十篇』のほかにも、『真道自証』『教要序論』『万物真源』などを借覧している。[57]

李家煥も李蘗から『天学初函』のなかの数種書を借覧しているが、そのなかには『聖年広益』一部が含まれていた。[58]

『教要序論』（一六七〇年刊）はフェルビースト（南懐仁）の教理解説書であり、『聖年広益』（一七三八年刊）はマイヤー（馮秉正）の作で、毎日の修養に必要な事柄を、聖人および聖母の伝記からとって編纂したものである。

このほかにも教史関係の書として、景教が唐太宗九年（西紀六三五）に中国に伝わったという景教碑が発見されたことが知られていて、李圭景はディアス（陽瑪諾）が『景教碑詮』を著わし、アレニ（艾儒略）が『景教碑頌』を著わしたことを指摘している。[59]これは合わせて一六四四年に、『景教流行中国碑頌正詮』として刊行されている。

以上のべた漢訳天主教書は、その一部は朝鮮語訳（諺訳）されて庶民や婦女の間にまで浸透した。例えば『諺文天主実義』『諺文七克』『諺文聖年広益』『諺文盛世芻蕘』などがそうである。また丁若鍾などは、朝鮮語で『主教要旨』二巻を著わしているが、その内容は「聖教の諸書を博採し、参ずるに己れの見を以てし、務極明白にして、愚婦幼童も亦た能く巻を開いて了然、一疑晦処も無し」として、『盛世芻蕘』にまさる教理解説書であったといわれる。(60)

VI 西学研究の「冬の時代」

すでにのべてきたように一七世紀初期から一八世紀末期に至るまでは、中国入りしたイエズス会士による著書および漢訳西洋書が伝来して、儒学者たちはそれらを所蔵し、論議する自由がかなり残されていた。しかもだいじなことは西学における宗教的側面と科学的側面を区別して、自主的西学受容のための批判的立場を確立したことである。安鼎福はつぎのように書いている。

「西学書が宣廟(宣祖、在位一五六七〜一六〇七)末年に東(朝鮮)に伝来して以来、名卿碩儒にして見ざる人はなく、之れを視ること諸子・道仏の属の如くである。以て備うるに書室の玩とするが、取るところはただ、象緯・句股の術だけである(61)」。

つまり名卿碩儒が、正学=朱子学の立場を固守しながらも、西学書をも諸子、道教、仏教の書の如くに、「書室之玩」として備えていた。しかしかれらが取るものはその科学的側面としての「象緯・句股之術」であった。このようにかなり広汎に、西洋書が民間学者の書斎にまで浸透していた。

朝鮮に伝来したそれら西洋書のなかで、いままでのべてきたなかから、その書名と来歴が明らかに確認できるものだけ拾いあげても次頁の表のようになる。

次表であげた西洋書目は、主として民間学者のなかに流布された伝来書の一部であるが、それは政府の史庫や弘文

西洋学術にかんする伝来書

書名	著訳者(漢名)	中国での刊行時期
①坤輿万国全図	リッチ(利瑪竇)	一六〇二
②渾蓋通憲図説	〃　〃	一六〇七
③幾何原本	〃　〃 徐光啓	一六〇七
④同文算指	〃　〃 李之藻	一六一四
⑤測量法義	リッチ	一六一七
⑥句股義	〃　〃	一六一七
⑦簡平儀説	ウルシス(熊三抜)	一六一一
⑧泰西水法	〃　〃 徐光啓	一六一二
⑨天問略	ディアス(陽瑪諾)	一六一五
⑩職方外紀	アレニ(艾儒略)	一六二三
⑪西学凡	〃　〃	一六二三
⑫奇器図説	テレンツ(鄧玉函)	一六二七
⑬治暦縁起	ロンゴバルディ(竜華民) 徐光啓	?
⑭星図	シャール(湯若望)	?
⑮乾象坤輿図	〃　〃	一六二八
⑯遠鏡説	〃　〃	一六三〇
⑰幾何要法	アレニ(艾儒略)	一六三一

館(玉堂)にもかなり浸透していた。というのは一七九五年七月、燕京(北京)における李承薫の「購書事件」にたいする儒生たちのきびしい上疏があって、当時平沢県監の職にあったかれを、礼山県に流配することになった。そのとき国王は伝教のなかで、「以目下開端言之、西洋之書出来於東国者、已為数百余年、史庫・玉堂之旧蔵、亦皆有之、不啻幾十編帙之多」とのべて、西洋書伝来の歴史がふるいばかりでなく、それらが史庫や玉堂に所蔵されていることを指摘している。しかし国王は、かつて李頤命が入燕して蘇霖、戴進賢と往来して天主教書を求めて見たが、それが「彷彿牟利《ママ》(尼)之生、反取報応之論」つまり仏教と同類だと指摘したのは、「可謂詳卞其裏面」とのべた。[62]

またさきの西洋書目からは『天学初函』に収録された二〇種の文献のうち、一六種が確認されるが、[63]西学研究の中心人物李瀷はその全巻を所蔵していた形跡が濃い。

それはともあれわれわれは最初に、従来における開

⑱測量全義	ロー(羅雅谷) 徐光啓	一六三一
⑲坤輿全図	フェルビースト(南懐仁)	一六七四
⑳坤輿外紀	〃 〃	?
㉑西方要紀	〃 〃	?
㉒数理精蘊	梅瑴成他	一七二三

天主教及び西洋倫理にかんする伝来書

①天主実義	リッチ	一五九五
②交友論	〃 〃	一五九五
③七克	パントーハ(龐迪我)	一六〇四
④畸人十篇	リッチ	一六〇八
⑤弁学遺牘	〃 〃	一六〇九
⑥霊言蠡勺	サンビアソ(畢方済) 徐光啓	一六二四
⑦万物真源	アレニ	一六二八
⑧主制羣徴	シャール	一六二九
⑨景教流行中国碑正詮	ディアス(陽瑪諾) アレニ(艾儒略)	一六四四
⑩教要序論	フェルビースト	一六七〇
⑪真道自証	シャヴァニャック(沙守信)	一七一八
⑫盛世芻蕘	マイヤー(馮秉正)	一七三三
⑬聖年広益	〃 〃	一七三八

国前の朝鮮伝来西洋書の研究が、天主教関係書に偏重していたことを指摘したが、さきにあげた西洋書のうち、ほぼ三分の二が科学的な学術書であることに注目する必要がある。

しかし一八世紀末にいたるまでの朝鮮における西学受容は、一定の限界をこえることができなかった。それは要するに、中国を媒介とする間接的な受容であったことである。つまり在中国のイエズス会士によって選択され、漢訳された西洋書をつうじての西学受容であったということである。何らかの形で西洋そのものに直結して、主体的に西洋書を選択し、それを受容するという問題は残されていた。

この問題と関連して、北学派の俊才朴斉家(号は楚亭。一七五〇〜一八一五?)が、一七八六年(丙午)に国王正祖に披瀝した意見は重要である。そのなかで西学研究の新しい展望を切り拓くうえにおいて注目されるのは、つぎのような二つの提案である。(64)

その一つは日本、琉球、安南、西洋諸国が交易している中国の閩中、浙江、交州、広州の各港に水路を開いて通商することである。それは通商による莫大な利益ばかりでなく、そこで交易される利器類をつうじて「利用厚生」を外国から学び、天下の図書が将来されれば、固陋な俗儒たちの考え方が攻めるまでもなく自壊するだろうという見解である。

他の一つは中国の欽天監で、幾何学に明るく、利用厚生の法に精通している西洋人を採用しているように、朝鮮でも観象監で西洋人を招聘して待遇を厚くし、布教活動だけを禁止して、「経世適用之人材」を養成することの提起である。

しかしその二年後の一七八八年七月に正祖は、洋学禁止にたいする李景溟の疏請にこたえて、「以明正学、而熄邪説」を命じなければならなくなった。正学とは孔・孟・程・朱の学であり、邪説とは西学のことである。

一七七七年から一八〇〇年にわたる正祖の治政期には、その先王英祖（在位一七二五〜七六）のときからつづいた「蕩平策」によって、表面的には党争はおさえられていた。

北学派の朴斉家や李徳懋らを奎章閣の検書として文献の収集や編纂に当らせ、星湖学派＝南人派の李家煥や丁若鏞らを反対派の攻撃をおさえて起用してきた宰相蔡済恭が一七九九年に、国王正祖が一八〇〇年にそれぞれ世を去り、反対派＝老論派登場の絶好のチャンスをむかえた。

正祖につづいて純祖が即位すると、その幼少のために大王大妃金氏（英祖の継妃）が垂簾政治をおこなうようになり、金祖淳（安東金氏）がこれを輔佐し、その娘が王妃となった。いずれも老論派（＝辟派）に属する家系である。これが一八〇一年の辛酉教獄の政治的背景である。しかしかえりみればその芽生えは、老論派の圧力に屈して、一七九一年に南人派の士族尹持忠、権尚然を、天主教徒として「毀祠廃祀」したことを理由に処刑した全羅道珍山事件にあったといえる。ここでは長くなるので、年表的にその経過を略述したい。

△一七八四年(正祖八年)二月　李承薫が北京の天主堂でグラモン司祭によって洗礼をうける。これは李蘗の密托による。

△一七八八年(正祖一二年)八月　李景溟が洋学禁止を疏請し、国王は「以明正学、而熄邪説」を命ず。

△一七九一年(正祖一五年)七月　安鼎福没す。一一月、全羅道珍山で南人派の士族尹持忠、権尚然が処刑さる。天主教理に依拠して祖先の位牌をこわし、祭祀を廃したという典礼問題が原因。つづいて尹光普の上疏にこたえて、国王は弘文館所蔵の西洋諸書の焼却を命じ[65]、さらに京外(ソウルおよび地方)に西洋書を所蔵している者は官に自首して、焼き棄てるよう命じた。

△一七九四年(正祖一八年)一二月　中国人司祭周文謨が密入国、姜完淑宅に隠身して布教をはじむ。辛酉教獄で洪楽安(南人系辟派＝攻西派)は左議政蔡済恭に長書を送って、近来ソウルの「聡明才智之士、十居八九」が邪学＝西学に感染していると糾弾、それはさらに権哲身、李潤夏らを名指して尹持忠輩と同類だと告発している。

△一七九九年(正祖二三年)一月　蔡済恭没す。

△一八〇〇年(正祖二四年)六月　正祖没す。姜完淑は「邪魁」として斬首された。

△一八〇一年一月　大王大妃金氏の垂簾政治はじまる。天主教は「所謂邪学、無父無君、毀壊人倫、背馳教化、自帰於夷狄禽獣」するものとして、その摘発のための「五家作統法」(五戸をもって一統とする隣組)の実施を命ず。

△同二月　辛酉教獄おこり、南人系時派の名士のなかで李承薫、丁若鍾、洪楽敏が死刑、李家煥、権哲身が獄死、丁若銓、丁若鏞らは流配となる。老論派の名士では金健淳、金伯淳が斬首された。

△同四月　中国人司祭周文謨が義禁府に自首して軍門に梟首(さらし首)。
△同七月　黄嗣永が北京主教グヴェアに、天主教迫害を報告しようとした帛書が発覚され、事件はさらに拡大して、黄嗣永は死刑。とくに帛書でキリスト教国による武力開教と財政援助を訴えた内容が問題となった。
△同一二月「討邪教文」発布。

一九世紀にはいってからの天主教弾圧事件は、大きくは一八〇一年の辛酉教獄からはじまって、一八三九年の己亥教獄、一八四二年の丙子教獄、一八六六年の丙寅教獄と数えられるが、しかし持続的に北京からの「邪書」(西洋書一般)の購入が禁止され、五家作統法による密告が奨励され、教獄に連坐した子孫への迫害がつづいた。

例えば己亥教獄のとき丁若鍾の子丁夏祥は、教友への弾圧に抗議し、神がモーセにあたえた十誡は、儒教と矛盾しないばかりかそれを補強するものであるとした「上宰相書」[66]によって斬首され、その母兪氏は獄死した。丙寅教獄のときは辛酉教獄のとき斬首された洪楽敏の孫洪鳳周が南鐘三とともに斬首され、それにつづいて一八六八年には李承薫の子李身逵、身逵の甥つまり承薫の孫李在誼、権哲身の孫権複、権欂らがいずれも刑死した。一八六八年閏四月の崔遇亨の疏請では、李身逵・在誼および権複・欂を処刑することによって「以絶乱本、以靖世教」、つまりその乱本を根絶し、世教を清めるべきだとのべている[67]。

一九世紀前半期における西学弾圧は、その宗教的側面と科学的側面との区別なしに、「邪学」概念の不当な拡大によって西学研究そのものを完全に窒息させてしまった。それをイデオロギーの面から支えたのが、「衛正斥邪」思想である。そして政治的次元での「鎖国」と、思想的次元での「斥邪」が表裏一体的に結合して、外部世界からの孤立化の方向へとつきすすんでいった。このような思想的閉塞の状況のなかで、開国前には辛くも一部の知識人が、清国人である魏源の『海国図志』や、徐継畬の『瀛環志略』によって、おぼろげながら西洋事情を理解する程度で、日本で長崎の通詞たちが、西洋事情にかんする生《なま》の情報提供のために翻訳した『オランダ風説書』の如きものはありえなかった。

一八八〇年代に開化派は、自主的採西策の論理として「東道西器」を提起したが(68)、すでにのべてきたことからも分るように、その原型は一八世紀前半期の李瀷に見ることができる。一九世紀にはいって七〇余年間にわたる西学研究の空白期があり、資本主義列強の武力による開国強要をまえにして、国際社会の新しい秩序のなかに組み込まれていくとき、それに主体的に対応するための人的および思想的な主体的準備があまりにも欠けていた。

例えば朝鮮と日本とを開国というスタートライン上においてみるとき、開国が二〇余年間(日本は一八五四年、朝鮮は一八七六年)おくれたこともさることながら、すでに一七七四年にはオランダ語の『ターフェル・アナトミ』が日本人杉田玄白、前野良沢、中川淳庵らの手で『解体新書』として翻訳され、一九世紀にはいってはシーボルトの鳴滝塾、緒方洪庵の適々斎塾などにおける洋学者の養成、一八五五年における幕府洋学所の創設など、西学研究にみる両国の差はあまりにも歴然としている。

このような差は思想史的側面からみて、何に起因するのであろうか。もちろん朝鮮の李朝時代も、日本の江戸時代も、儒教をその統治理念としていた。しかし両国間には、それぞれ思想的体質のうえで顕著な差異がある。というのはすでに再三のべてきているように、朝鮮の儒教が正統と異端との峻別にきびしく、正統＝正学を「一以貫之」することによって、他の流派の思想や学問にたいして対決的であったのにたいし、日本のそれは、諸流派の思想や学問にたいしておおむね包括的かつ習合的であったということである。だからわたくしはつぎのように指摘したことがある――「たしかに(朝鮮儒教の)純一的・対決的な思想的体質に比べて、このような包括的・習合的な思想的体質のなかでは、『長崎』や蘭学も入りうるだろうし、他の異端的思想もなしくずし的に浸透しうるであろうし、『正統』と『異端』にとらわれることなく、新しい思想への転換も容易であろう(69)」。

もちろん日本洋学史においても、一九世紀にはシーボルト事件や蛮社の獄のような洋学弾圧があった。しかしその徹底性において、日本のそれは朝鮮の比ではない。それは儒教的価値観の定着度にみられる、両国間の深度の差によるものであろう。また日本洋学の評価において、封建制批判か封建制補強かの論争もあるが、たとえその研究が民生的なものから国防的・軍事的なものへ移ったとしても、武力を伴う欧米のインパクトのなかで、それが防衛的である限り、その肯定的役割は否定できないように思われる。例えば一八七五年九月、江華島と本土との水路に侵入した日本砲艦雲揚号の射程距離七〇〇メートルの大碗口砲によって、在来式の大砲をそなえた朝鮮の砲台は完全に打ちのめされたこと、この惨憺たる敗北が翌年二月の江華島条約の不平等的性格を規定したこと、それが近代朝鮮の出発点になったことを想起する必要がある。ただし近代日本の洋学による「富国強兵」が討幕＝維新派の征韓思想と結合し、それを背景にして大陸侵略を進めたことは別次元の問題である。

(1)　くわしくは拙稿「江華島事件前後」(『朝鮮の攘夷と開化』所収、平凡社選書、一九七七)。
(2)　日本との講和に反対した崔益鉉は、一八七六年二月(旧正月二二日)の「持斧伏闕斥和議疏」(文集『勉菴集』巻三)のなかで、日本と結交することに反対する五つの理由をあげているが、その第二の理由として「彼(日本)は倭人に名を托していると雖ども、其の実は洋賊である。和事が一たび成れば、則ち邪学の書、天主の像が交易のなかに混って入るだろう」といい、またかつての日本は「隣国」であるから交隣国であったが、今の日本は「寇賊」である。なぜなら「洋賊之前導」をなすからである。「今倭の来る者、洋服を服し、洋砲を用い、洋船に乗る。此れすべて倭洋一体の明証である」。
(3)　李睟光『芝峰類説』巻二、諸国部外国条。
(4)　船越昭生「朝鮮におけるマテオ・リッチ世界地図の影響」(『人文地理』第二三巻第二号)で綿密に考証されている。
(5)　前掲『芝峰類説』同条。
(6)　徐宗沢編著『明清間耶蘇会士訳著提要』巻九、利瑪竇条(台湾中華書局刊)。
(7)　船越氏の前掲論文によれば、リッチ作成の『山海輿地図』は南京で呉中明が刻した一六〇〇年刊本である。また李応誠の誠は試の誤りであり、一六〇三年に李応試によって『両儀玄覧図』八幅が刻されている。これは『坤輿万国全図』が需要を満たすに足りなかったために、刻版されたものという。

（8） 前掲『芝峰類説』同条。

（9） 小野忠重編『マテオ・リッチと支那科学』巻末に『交友論』の原文転載。

（10） 以下イエズス会士による著訳書の説明は、主として徐宗沢編著の前掲書および Aloys Pfister 著、馮承鈞訳『入華耶蘇会士列伝』(商務印書館刊)による。

（11） 『国朝宝鑑』(李王朝歴代の編年体史書)仁祖九年七月条。

なお『李朝実録』仁祖九年七月甲申条には、鄭斗源が国王に進呈した西洋儀器類についてつぎのように説明している――「千里鏡者、能窺測天文、覘敵於百里外云、西砲者、不用火縄、以石撃之、而火自発、西洋人陸若漢者来中国、贈斗源者也。自鳴鐘者、毎十二時其鐘自鳴、焔硝花、即煮硝之鹹土、紫木花、即木花之色、紫者。上教曰、覓来西砲、志在禦敵、誠極可嘉」。

（12） 李瀷『星湖僿説』万物門、陸若漢条。

（13） 金万重『西浦漫筆』下。

（14） 前掲『星湖僿説』天地門、渾蓋条。

（15） 『崇禎暦書』は西洋暦書の集大成。一六二九年(崇禎二年)五月の日食の推測について、従来の大統暦法および回々暦法が当らなかったのに対し、礼部侍郎徐光啓の西洋暦法が的中した。これが契機となって礼部に暦局をおいて徐光啓の監督のもとに西洋暦書の翻訳をすすめた。これには中国人李之藻、西洋人ロンゴバルディ、テレンツが参加したが、テレンツが死亡したためにローとシャールが参加した。一六二九年から一六三四年にかけて前後五回にわたって進呈された暦書が一三七巻にのぼり、これが『崇禎暦書』である(榎一雄編『西欧文明と東アジア』(東西文明の交流五)二五一～二頁)。

（16） 山口正之『朝鮮西教史』六四頁。

（17） 李圭景『五洲衍文長箋散稿』巻八「南敦伯紀坤輿外人物弁証説」および、巻五十三「斥邪教弁証説」。

（18） 李瀷『星湖先生全集』巻之五十五、「跋天問略」および「跋職方外紀」。

（19） 洪大容『湛軒書』内集巻四、補遺「毉山問答」。

（20） 李能和『朝鮮基督教及外交史』上編五～六頁(一九二八年刊)。

（21） 『李朝実録』仁祖二七年二月甲申条。

（22） 前掲『朝鮮西教史』四二頁に、ラテン語からの訳文が掲載されている。

(23) 前掲『明清間耶蘇会士訳著提要』巻九、湯若望条。

(24) 前掲『朝鮮基督教及外交史』上編六〜八頁および「朝鮮におけるマテオ・リッチ世界地図の影響」。ただし前著で著者李能和は、崔錫鼎の跋文の「皇明崇禎初年、西洋人湯若望、作乾象坤輿図」の湯若望を、利瑪竇の誤りだと註をいれているが、勿論不必要である。

(25) 前掲『朝鮮基督教及外交史』上編八〜九頁。

(26) 前掲『星湖僿説』天地門、暦象条。

(27) 同書天地門、地毬条。

(28) 前掲『湛軒書』内集巻四、「毉山問答」では、「虚子」と「実翁」の問答のなかで、洪大容は「実翁」をしてつぎのようにいわしめている。「夫地塊旋転一日一周、地周九万里（日本里では九千里—引用者）、一日十二時、以九万之濶趍十二之限、其行之疾、亟於震電、急於炮丸」。

(29) 拙著『近代朝鮮の変革思想』二〇および五二頁。

(30) 朴趾源『燕岩集』巻之十四、「鵠汀筆譚」。

(31) 藪内清『中国の科学文明』（岩波新書）一六八頁。

(32) 前掲『星湖僿説』天地門、水利条。

(33) 李頤命『疎斎集』「与西洋人蘇霖・戴進賢」。

(34) 「黄嗣永帛書」（前掲『朝鮮西教史』所収）。この帛書は一八〇一年辛酉教獄のとき、黄嗣永がその実状を北京の天主教主教グヴェア(Alexandre de Gouvea, 漢名—湯士選)に報告しようとして政府に押収された文書。

(35) 丁若鏞『与猶堂全書』詩文集、「先仲氏墓誌銘」。

(36) 李晩采編『闢衛編』巻三、「平沢県監李承薫供辞」。

(37) 『天学初函』は李之藻が死去する前の一六二八年に刻したもので、理編および器編それぞれ十種書を収録している。その内容（カッコ内は編著者名）はつぎの通りである。

西学凡（艾儒略）、天主実義（利瑪竇）、弁学遺牘（利瑪竇）、唐景教碑書後（李之藻）、畸人十篇（利瑪竇）、交友論（利瑪竇）、二十五言（利瑪竇）、七克（龐迪我）、霊言蠡勺（畢方済、徐光啓）、職方外紀（艾儒略）、泰西水法（熊三抜、徐光啓）、簡平儀説（熊三抜）、渾蓋通憲図説（利瑪竇）、同文算指（利瑪竇、李之藻）、幾何原本（利瑪竇、徐光啓）、圜容較義（利瑪竇）、表度説（熊三抜）、測量法義（利瑪竇）、天問略（陽瑪諾）、句股義（利瑪竇）。

(38) 前掲「黄嗣永帛書」。
(39) 前掲『五洲衍文長箋散稿』巻二十八、「測量天地弁証説」。
(40) 同書巻十七、「簡平儀弁証説」および「渾蓋通憲儀弁証説」。
(41) 同書序。
(42) 丁奎英編『俟菴先生年譜』。俟菴は丁若鏞の号の一つ。
(43) 前掲『与猶堂全書』詩文集、「自撰墓誌銘」拡中本。
(44) 『李朝実録』正祖一一年六月庚寅条。
(45) 前掲『与猶堂全書』詩文集、「技芸論」。
(46) 例えば柳夢寅『於于野談』「広史」条では「許筠到中国、得其地図、及偈十二章而来」といい、朴趾源『燕岩集』「答巡使書」では、「有偈十二章、許筠之使中国得其偈而来、然則邪学之東、蓋自筠而倡始矣」とのべている。
(47) 前掲『於于野談』「西教」。
(48) 前掲『星湖先生全集』巻之五十五、「跋天主実義」。
(49) 前掲『星湖僿説』人事門、「七克」。
(50) 前掲『朝鮮基督教及外交史』上編一六頁。
(51) 李晩采編『闢衛編』巻一所収。
(52) 『天学考』および『天学問答』は『順庵先生文集』巻之十七所収。
(53) 前掲『順庵先生文集』巻六、「与権既明書」甲辰。
(54) 同書巻八、「与柳敬之書」己酉。
(55) 一七八六年(丙午)に、安鼎福が宰相蔡済恭に宛てた書翰のなかで、つぎのように書いている(前掲『闢衛編』巻二、「与蔡台」丙午)。
「近来吾党小子之平日、以才気自許者、多帰新学、謂以真道在是、靡然而従之、寧不寒心不忍目睹」。
(56) 前掲「黄嗣永帛書」。
(57) 山口正之『黄嗣永帛書の研究』所収の原文「黄嗣永帛書」註。
(58) 前掲「黄嗣永帛書」。
(59) 前掲『五洲衍文長箋散稿』巻五十三、「斥邪教弁証説」。

(60) 前掲「黄嗣永帛書」。
(61) 前掲『順庵先生文集』巻之十七、「天学考」。
(62) 『李朝実録』正祖十九年七月乙亥条。
(63) 『天学初函』二〇種の文献のなかで、朝鮮伝来の書名が確認できる一六種の文献はつぎの通りである。
『西学凡』(アレニ)、『天主実義』(リッチ)、『弁学遺牘』(リッチ)、『畸人十篇』(リッチ)、『交友論』(リッチ)、『七克』(パントーハ)、『霊言蠡勺』(サンビアソ)、『職方外紀』(アレニ)、『泰西水法』(ウルシス、徐光啓)、『簡平儀説』(ウルシス)、『渾蓋通憲図説』(リッチ)、『同文算指』(リッチ、李之藻)、『幾何原本』(リッチ、徐光啓)、『測量法義』(リッチ)、『天問略』(ディアス)、『句股義』(リッチ)。

書名が確認できないのはつぎの四種の文献である。

『唐景教碑書後』(李之藻)、『二十五言』(リッチ)、『圜容較義』(リッチ)、『表度説』(ウルシス)。
(64) 朴斉家「丙午正月二十二日朝参時、典設署別提朴斉家所懐」。本書八二～三頁参照のこと。
(65) 末松保和「奎章閣と奎章総目」(『青丘史草』第二所収、一九六六)によれば、奎章外閣(江華島)の蔵書のうち、つぎの西教関係書が焼却されている。

滌罪正規一件二冊	玫瑰十五端一件一冊	遠道紀言一件一冊
聖記百言一件一冊	泰西人身説概一件二冊	度海苦績記一件一冊
主教縁紀摠論一件四冊	畏天愛人極論一件一冊	譬学一件一冊
悔罪要指小引一件一冊	童幼教育一件二冊	聖水記言一件一冊
斉克一件一冊	進呈書像一件一冊	修身西学一件二冊
真福訓全総論一件一冊	仁会約一件一冊	励学古言一件一冊
西洋統領公沙効忠紀一件一冊	霊魂道体説一件一冊	清涼山志一件四冊(誤入か)
寰宇始末一件二冊	天主聖教四末論一件四冊	主制群徴小引一件二冊
斐録荅彙一件二冊	天主降生言行紀略一件二冊	斉家西学一件五冊

(66) 丁夏祥「上宰相書」は、前掲『闢衛編』巻七に所収。
(67) 『日省録』高宗五年閏四月初二日条。
(68) 拙著『近代朝鮮の思想』九四～五頁。

(69)　前掲『朝鮮の攘夷と開化』四四頁。

追記――西学研究の中心人物として本稿にも(一四七頁)登場する李蘗にかんする研究として、金玉姫『曠菴李蘗の西学思想』(カトリック出版社、一九七九、ソウル)に、本稿校正中に接する機会をえた。本書ははじめて、この人物の思想的輪郭を明らかにしている。とりわけ注目されるのは、李蘗が『天学初函』を読んで著作した『聖教要旨』を、李承薫その他殉教者たちの遺稿集『蔓川遺稿』のなかから発掘し、合せて丁若鏞がその『中庸講義』の注でしばしば引用している断片的な文章からかれの儒教的経学観を考察し、李蘗における初期キリスト教受容の思想的特質を全面的に解明していることである。本書ではまた、『蔓川遺稿』の編者「無極観人」が、じつは丁若鏞であることも考証している。

第四章　開化派の形成と開化運動

第一節　「開化」ということ

本章は当書の中心をなす内容のものではあるが、それに相応した多くの枚数を配分する余裕はなかった。したがって基本的には、わたし自身が研究課題として考えてきた封建体制解体期の思想史分野のなかで、一連の個別研究その他によって発表してきた開化思想、開化派、開化運動にかんする持論を整理し[1]、あいまいなところは新しい史料と研究を踏まえながら、現時点の到達レベルにおいての整合を試みたものである。したがってそれぞれの具体的な内容については、個別研究その他を参照していただくことにして、叙述は簡明を旨とした。

一八七六年二月に、日本との修好条約＝江華島条約を結んだ朝鮮は、同年四月に金綺秀を正使とする第一次修信使を日本に派遣した。かれは近代日本の各分野で活躍していた多くの指導者と交流し、また諸施設を視察した見聞を詳細に記録した『日東記游』を国王に提出した。

江戸期の日本と朝鮮との交隣関係のなかで、朝鮮通信使が訪日したさいごが一八一一年であり、しかも当時は対馬の厳原で徳川幕府の応接をうけた。朝鮮通信使が江戸を訪問したさいごは一七六四年である。金綺秀一行はそれから一一〇余年目に近代日本の首都を往来したわけである。

かえりみればその間、ウェスタン・インパクトのなかではげしい変貌をとげた日本に比べて、朝鮮は「鎖国攘夷」

に徹して己れ自身の旧体制を変えることはなかった。東アジアの激動期に生じた両国間の変動の相違は、そのまま近代における両国のあり方を深く運命づけたといってよい。金綺秀の記録には、日本文部大丞九鬼隆一とのつぎのような問答が掲載されている(2)。

九鬼「貴国の学問は、もっぱら朱子のみを尚ぶのだろうか。それとも他に尊尚するところがあるのだろうか」。

金「我が国の学問は、五百年来ただ朱子あることを知るのみ。朱子に背く者はただちに乱賊をもって之れを誅し、科挙に応ずる文字に至るまで仏氏や老子の語を用いる者は、遠地に追放して許さない。国法がきわめて厳しいから、上下貴賤にとってただ朱子あるのみ。君が君たり、臣が臣たり、父が父たり、子が子たり、兄が兄たり、弟が弟たり、夫が夫たり、婦が婦たる所以は、いちずに孔孟の道理に遵うからで、他の道に迷い、他の術にまどわされることがない」。

この問答は、当時における朝鮮の思想および学問のあり方、およびその閉鎖性を端的にのべたものであるが、そのかれは同じ時期における日本の教育について、つぎのように報告している。

「其のいわゆる学校で人を教える方法は、士大夫の子弟から民の俊秀に及ぶまで、七、八歳から之れを教うるに書を学び、字を習うようにする。初めは日本文字を教え、しだいに漢字を教える。十六歳に至れば、再び経伝を読ませることはなく、大にしては天文・地理・句股(数学)の学、小にしては農器、軍器、図形の説を眼で閲《けみ》し、手で調《しら》べ、しばらくも止まることがない。女子に至るまでまた学校があり、大にしては天・地・兵・農、小にしては詩文・書画について、皆一芸を専らにする(3)」。

朝鮮における近代への出発は、日本とのこのような思想的および教育的へだたりからはじまった。朝鮮の開化運動が日本とのこのような距離を縮め、そのために国民的合意をとりつけることが、いかに至難なことであったかをうかがい知ることができる。しかもその過程には、政治的には封建的特権にしがみついてやまない牢固たる守旧派、思想的には伝統儒教を固執してやまない衛正斥邪思想とのきびしい葛藤と対立があった。それに一八七六年二月の開国から、日本による植民地化が決定的となった一九〇五年一一月の「保護」条約＝第二次日韓協約までは、わずか三〇年にすぎない。その間に開化運動は李朝五百余年間、朱子学一色で凝り固まった岩盤を風化させ、その土壌のうえに根をおろしていかなければならなかった。

一八七〇年代に、世界史的必然としての開国に当面して、一九世紀にはいってほそぼそと個人的書斎のなかで命脈をつないできた実学思想は、新しい資本主義体制に対応するための「実事求是」によって、開化思想へと質的転換をとげた。では開国後における開化思想、それによって結ばれた思想的および政治的結社としての開化派を語るばあい、開化運動に身を投じたかれら自身は「開化」をどのように理解していただろうか。

少なくとも一八九五年頃までは、開化派自身でさえ必ずしも「開化」という用語にたいして統一的な理解を示していたわけではない。例えば朴泳孝は一八八八年正月に、国王にたいする建白書のなかで、われわれが今日いうところの開化派と守旧派との対立を、「就新自立」＝開化派と「守旧依頼」＝守旧派との党派的対立とのべている。そして従来の四色党派(老論、少論、南人、北人)の対立が、「無大関於国体」の朋党的対立であったのにたいし、「就新自立」対「守旧依頼」の対立は、「有大関於国体」の政党的対立であると規定している。(4) ここで開化は、「就新自立」という意味内容をもって表現されている。

朴珪寿の門下から輩出した開化派のなかでも、金允植などは金玉均、朴泳孝らとは若干ことなった思想傾向をもっていた。つまり金允植らを改良的開化派とするならば、金玉均らを変法的開化派ということができる。金允植が一八九一年にのべたところによれば、開化を「此云開発変化者、文飾之辞也。所謂開化者、即時務之謂也」、開化＝開発変化＝時務と理解している(傍点引用者)。そして一八八四年一二月に甲申政変をおこした金玉均らとは一線を劃して、「甲申諸賊、盛尊欧洲、薄堯舜、貶孔孟、以彝倫之道、謂之野蛮、欲以其道易之」、つまり甲申政変をおこした金玉均らが欧州を尊びながら、儒教的人倫を野蛮とし、西洋の「道」をもって孔孟の「道」をかえようとしたかれらは、天理を絶滅し、冠履(冠とくつ)を倒置するものとして批判している(5)。いうまでもなく金允植は、金玉均らに比べてより儒教的である。

恐らく開化について、はじめて厳密な概念規定を試みたのは兪吉濬であろう。かれも同じく朴珪寿の門下から輩出した開化派であり、一八八一年には日本の慶応義塾に、一八八三年にはアメリカのダムマー・アカデミーに留学している。かれは甲申政変後に帰国して拘禁生活をおくっていたなかで、『西遊見聞』を書きあげている(一八八九年晩春に稿了、一八九五年四月に東京交詢社で刊行)。

かれはそのなかで(6)、「およそ開化とは、人間の千事万物が至善極美の境域にいたるをいう。故に開化の境域を限定することは不可能である」と規定している。したがって「至善極美の境域」に至るまでにはいくつかの階梯があって、その程度によって「開化」「半開化」「未開化」の三つの等級に区分することができる、という。

開化には人倫の開化、学術の開化、政治の開化、法律の開化、器械の開化、物品の開化があるが、「ひそかに想うに、人倫の開化は天下万国をつうじて其の同一なる規模が、千万年の久しきにわたっても変らざるものであるが、政治以下の諸開化は、時代にしたがって変改し、地方にしたがって異ることがある。然る故に古えには合っていたことが今では合わなくなることもあり、彼れには善であることが、我れには不善であることもある。だから古今の形勢を斟酌し、彼我の事情を比較して、其の長を取り、其の短を捨てるのが開化の大道である」。

つまりかれによれば、「人倫の開化」は時間、空間を超えて不変であるが、政治以下の諸開化は時間的および空間的に多様であり、変改するものと理解している。兪吉濬の開化思想は先きの金允植とはニュアンスを異にして、「東道西器」的な発想というよりは、「東教西法」といった方が適切かも知れない。というのは儒教的政治思想において不可分の関係にある「政」と「教」＝政教を分離して人倫＝「教」の不変と政治＝法の可変という発想をしているからである。これはのちにのべるようにかれの西洋的教養によるものであろうし、ラディカルな変法思想とは一線を劃しながらも、一脈通じる論理構造であるといえよう。[7]

さらにかれによれば、開化には「実状開化」と「虚名開化」とがあって、前者は事物の根本を窮究して、それを自国の実状に合うように適用することであり、後者は他国の文物を模倣してそれを施行しようとすることである。しかし開化への階梯としては、「始めて外国に通じた者は、一次的には虚名の開化を経過するようになり、長い歳月のなかで練達するようになれば、はじめて実状開化に赴くようになる」。

『西遊見聞』は、甲午改革中の一八九五年に一〇〇〇部を日本で刊行し、無料で各階各層に配布しているから、それ以来開化という用語は一定の意味内容をもってしだいに定着するようになったと考えられる。ここで注目しなければならないことは、開化派内部においても金允植の言を借りるならば「東道」そのものを否定(「欲以其道易之」)しようとした甲申政変の主役たちと、「東道」または「東教」的立場にたつ金允植、兪吉濬らとは、伝統儒教にたいする対応において大きな差があったことである。ちなみに一八八四年一二月の甲申政変では金玉均、朴泳孝らが主役となり、一八九四〜五年の甲午改革では金允植、兪吉濬らが主役となっている。甲申政変と甲午改革の性格をみるばあい、その主役たちの思想傾向を見ておくことは大事である。[8]

ところが兪吉濬の開化にたいする以上のような概念規定は、一八九〇年代後半期からしだいに、その論拠を中国の古典に求める傾向が顕著になってくる。例えば甲申政変に失敗してのちアメリカに亡命し、医学を専攻した徐載弼が帰国して、開化思想による大衆啓蒙のために創刊した純国文紙『独立新聞』(一八九六年四月七日創刊)は、つぎのようにのべている[9]。

「開化という用語はさいきん大変はやっていて、みんながこの用語をしきりに使うが、われわれの見るところでは開化の意味を正しく理解しているとはいえないので、その意味をのべておきたい。

開化という用語は清国ではじめた用語であり、それは蒙を啓《ひら》いて道理をもって物事を考え、実状のままに万事をおこなう意味である。実状のままに物事をおこなえば、内容がなく実状のともなわない外飾がなくなり、実《じつ》のある公平にして正直な考えをもち、またそのように行うようになる」。

つまり『独立新聞』は開化をば、人間の思考と行動から外飾的なもの、実《じつ》のないものを排除して、物事の「実状」に沿うて思考し、行動することと理解しているのであって、「実事求是」そのものであることはいうまでもない。ところが開化という用語が清国からはじまったということは、どういうことであろうか。それは開化の語源が中国古典の「開物成務」(『易経』繋辞伝)と「化民成俗」(『礼記』学記第一章)に由来しているということであろう。同じく開化派の南宮檍らによって創刊された国漢混合文の『皇城新聞』(一八九八年九月五日創刊)は、先きの『独立新聞』に比べてより儒教的な傾向の新聞であるが、その社説によれば「客が余に問うて曰く、開化とは何物を指し、何事をいうのか。余答えて曰く、開物成務し、化民成俗することを開化という[10]」。

開化にかんする同社説の説明は、兪吉濬のそれをほぼそのまま踏襲しているが、さらにつぎのようにのべている。すなわち「客曰く、近世に開化する者は西洋を依慕するが、当初から東洋には開化した者がなかったのか。余曰く、どうしてないだろうか。上古に書契を造って結縄を代え、太極を象《かたど》って陰陽を分けたのは伏羲の開化であり、耒耜を作って耕種を教え、百草を嘗《な》めて博く衆に施したのは神農の開化であり……春秋の正筆は孔子の大にして化したる開化である」。だから今の開化を斥ける者、「此れは開化の罪人であるばかりでなく、伏羲、神農、黄帝、唐堯、周公、孔子の罪人である」。

開化派ばかりでなく、むしろ伝統的儒者として開化派に批判的な立場に立ち、一九一〇年八月の日本による「併合」に反対して憤死した黄玹も、一八九九年の上疏のなかで甲午改革以来の混乱の原因が、開化の末を慕い、その本を究めなかったからだと指摘して、「夫開化云者、非別件也、不過開物化民之謂」とのべている[11]。

かれによれば開化の本とは「親民遠姦、愛民節用、信賞必罰之類」であり、開化の末とは「錬軍伍、利器械、通商販之類」である。つまりかれがいう開化の本とは伝統的な儒者流の内修策であって、開化のための変法が混乱の原因とみている。したがって開化の本を立てたばあい、西洋諸国の歴史(『万国史』)に照してみても、「開化之名、雖属創見、其実与中国之治、無以異也」というのである。ともあれ開化とは「開物化民」のことであって、その内実は「中国之治」と異るものではない、という。黄玹は開化派と同じ用語を使いながらも、開化派が開化＝近代化の主眼とするところをその末とし、実質的にはそれを否定する伝統的儒者の立場から理解している。

要するに開化という用語にたいする一八九〇年代後半期からの一般的理解は、ほぼ物的開化としての「開物」、人的教化としての「化民」を結合した用語として定着している。開化派にとっての「開物」とは、国内資源の開発による産業の近代化であり、「化民」とは啓蒙と教育による人間の意識と知識の近代化をいうのであった。

すでにのべたことがあるように(本書二章)、封建体制内部における社会的変動を反映した変通思想として、実学思想は近代志向的性格を多分にはらみながらも、依然として体制内的な改良思想の域を超えるものではなかった。近代朝鮮における開化思想は、実学思想の近代志向的側面を内在的に継承しながら、外発的要因に触発されて近代的変革思想として、しだいに質的転換をとげていった。

第二節　朴珪寿の思想と開国問題

朝鮮儒教は近代において、その伝統的価値観をかたくなに固守する衛正斥邪思想と、新しい時代に対応する変通思想としての開化思想に分化するが、この開化思想の源流を、われわれは朴珪寿(号―瓛斎、一八〇七〜七七)に求めることができる。つまり「一八七六年の開国以来、一つには李恒老、奇正鎮を源流とする衛正斥邪思想が、他の一つには朴珪寿を源流とする開化思想がさまざまな政治的事変と結びつきながら、主要な二つの潮流として李朝末期の全過程を貫通するにいたった[12]」。

朴珪寿における「実学」から「開化」への思想的転換を、われわれはさきに一八七〇年代前半期とみてきたが(一二四頁)、そのような転機をより具体的にのべれば、一八七二年とみるのが妥当であろう。本来朴珪寿の学風は実学派のそれであって、その門人金允植も指摘しているように、「大にしては体国経野の制から、小にしては、金石、考古、儀器、雑服などの事まで、研究精確、実事求是ならざるはなく、是れ規模の宏大、綜理の微密、皆、経伝を羽翼してもって先王の道を闡明したというべし[13]」、というものであった。

いうまでもなく朴珪寿は朴趾源の孫として人脈的には北学派に直結しながら、かれが私淑した先輩のなかには、星湖学派と北学派の思想を接合して実学思想を集大成した茶山・丁若鏞、大著『林園経済志』をあらわして、伝統的農学思想を踏まえながら、実学派としてそれに新生面を切り拓いた徐有榘(号—楓石、一七六四〜一八四五)らがいた。(14)

朴珪寿は一八六〇年代から一八七〇年代前半期にかけて地方および中央の要職にありながら、封建から近代への激動期に、内外的危機に直接対処してきた。つまり一八六二年には慶尚道晋州民乱の収拾のために、按覈使として現地に派遣されており、一八六六年には平安監司として、大同江に不法侵入したアメリカ武装船シャーマン号焼き打ち事件を直接指導した。それから一八七一年の辛未洋擾(江華島に侵入したアメリカ艦隊を撃攘した事件)に至るまで、かれは洋擾に関連する清国礼部への咨文および、アメリカ側の詰問および通商要求にたいする答状を起草している。(15)

さらにかれは二回にわたる燕行使として、清国における西洋諸国の動向および実態をつぶさに知る機会をえた。つまり第一回目は、一八六〇年の第二次阿片戦争(アロウ号事件)で英仏軍が天津から北京に侵入したため、咸豊帝が熱河に逃避したことと関連して、六一年の熱河副使として(正使趙徽林、書状官申轍求)、また一八七二年には進賀正使として(副使成彝鎬、書状官姜文馨、首訳呉慶錫)、それぞれ清国を訪問している。この二回の燕行をつうじて、かれは、沈秉成、馮志沂、黄雲鵠、王軒、董文煥、王拯、薛春黎、程恭寿、万青藜、孔憲瑴、呉大澂など、清国の政界および学界の著名人士百余人の知己をえた。(16)

洋擾にたいするかれの姿勢には、公的＝政治的立場と、私的＝思想的立場の二つの側面がある。つまり現職者としてのかれは、鎖国攘夷を国是とする興宣大院君の執政下にあって(一八六三〜七三)、洋擾にかんする咨文および答状の起草において、公的＝政治的立場に立たざるをえなかった。その論旨は一貫してつぎのようなものであった。

「本国の法例は凡そ、異国の商船が漂到すれば、船が完であれば粮を助け需を給して、風を待って帰去せしめる。船が不完にして駕海しえなければ、願いに従って旱路(陸路)、官を差して護送し、以て北京に達せしめる。前後一再に止まらない(17)」。

また――

「彼れが好を以て来れば、我れも好を以て応じ、彼れが礼を以て来れば、我れも礼を以て接する、即ち人情の固然であり、有国の通例である(18)」。

だから一八六六年のシャーマン号事件にしても、一八七一年の辛未洋擾にしても、武力にうったえる無法行為、または非礼行為にたいしては、断乎これを撃攘したことは正当である、と主張した。しかしこのような主張は大院君執政下において、廟議が「斥和」によって固まっていたなかでの国家的体面を考慮した公的＝政治的立場であって、その門人金允植によれば、咨文および答状におけるかれの主張は、「拠理詳陳、宛転其辞、不失国家体面而已、至如閉門却好、非先生之意也、不得已也」、つまり「閉門却好」＝鎖国攘夷が朴珪寿の私的＝思想的立場ではなかったのである。ここに朴珪寿の苦悩があった。

金允植はいう(19)――

「其の時、余はかつて先生に侍坐した。先生は喟然として歎いて曰く、今宇内の情形は日に変じ、東西の諸強が並峙して、昔の春秋列国の時と相同じく、会盟征伐、まさにその紛紡たるをたえない。我が国は小処といえども東洋の紐枢たること鄭国の晋楚の間にある如く、内治外交が機宜を失せざればなお自ら保ちうる。然らざれば則ち昧弱なる者が先に亡ぶのは天の道であるから、また誰を咎めようか。

吾が聞くところでは、美国《アメリカ》は地球の諸国中にあって、最も公平を号して善く難を排し紛を解き、且つ六洲の第一の富国にして啓疆の慾はない。彼れが言無しといえども我れがまさに先んじて交締を結び盟約を固めて、庶わくば孤立の患を免かるべきを、反って推して之れを却けるのが、どうして、謀国の道といえようか。之れを観れば、当日の咨報文字は先生の意に非ずである」。

ここで注目されるのは、一八六六年のシャーマン号事件、それを口実にした武力開国のための一八七一年の辛未洋擾にもかかわらず、朴珪寿はアメリカについて「美国在地球諸国中、最号公平、善排難解紛、且富甲六洲、無啓疆之慾」と、その国柄を内容的に理解していることである。というのは当時一般的な儒者流の世界観というのは、ア・プリオリに世界諸国を「中華」「夷狄」「禽獣」と階序的な礼秩序のなかに位置づけ、アメリカはいうまでもなく「禽獣」の国に列せられていた。

例えば近代朝鮮における衛正斥邪思想の源流であり、理念的にその論理の基本的枠組みを確立した李恒老(号—華西、一七九二〜一八六八)によれば、「今の学問する者、能く西洋の禍を知れば、則ち善の側の人である。西洋の説には、千端万緒があるが、ただ是れ、無父無君の主本、通貨通色の方法」であり、「中国の道(孔孟の道)亡べば、則ち夷狄、禽獣に至る。北虜の夷狄は、なお語るに足るが、西洋の禽獣は語るにも足らない[20]」。

衛正斥邪思想におけるこのような他国観の根底には、朝鮮が唯一の「小中華」であるとする自負があって、北虜=清とは語るに足るが、禽獣=西洋とは語るにも足らないというのである。例えば李恒老の高弟金平黙(号—重菴、一八〇五〜八二)はいう——「ああ神州(明朝)が陸沈し、四海がなまぐさくなって、今二百年となる。ところが一脈の陽気が寄って吾が東国に在り、両儀(天と地、陰と陽)が昏濛たるなかに一星が孤り明るく、大いなる流れが相連なるなかで孤山没せず、皇天上帝のいつくしみが向うところ此れに在り、百姓万民の重くたのむところ此れに在る如くである[21]」。

要するに「衛正斥邪」の目的は異端の浸透から「朝鮮乃聖賢之裔、礼義之邦」の清浄を固守することであるが、朴珪寿はかの辛未洋擾のとき弟朴瑄寿に宛てた私信のなかで、「天下万古、安有為国、而無礼義者哉」と、つぎのようにのべている[22]。

「輒《すなわ》ち礼義の邦を称するのは、此の説吾れもとより之を陋《いや》しむ。天下万古、いずくんぞ国を為すありて、礼義なき者があろうか。是れ中国人が其の夷狄中に此れあるを嘉し、之れを嘉賞して曰く、礼義の国なり、と。此れもとより羞ずべく恥ずべき語である。自ら天下に豪するに足らない」。

いうまでもなく朴珪寿はその公的立場をはなれた思想において、儒教的人倫を基準とする世界諸国の階序的な礼秩序による区分けを否定し、したがって「西洋之説……只是無父無君之主本、通貨通色之方法」である故に禽獣であることを否定し、それぞれの国の「礼」を認めることによって、「万国公法」的世界秩序のなかで「孤立之患」を免かれるための思想的前提を切り拓いたといってよい。それはまた、かの北学派における「華夷一也」の世界観の継承である。

では公的＝政治的立場と、私的＝思想的立場との矛盾のなかで苦悩してきた朴珪寿が、公的立場からも開国への確信を深め、それを公然と主張するに至らしめた契機は何であったか。それが一八七二年進賀正使としての燕行ではなかっただろうか。とりわけ一八七二年の燕行のなかで注目されるのは、一八六〇年代からはじまる清国の洋務運動をつぶさに見聞したばかりでなく、一八七一年に清の謝罪使としてフランス旅行から帰った崇厚の兄崇実に遭ったことであろう。本来朴珪寿は「庚午(一八七〇)冬、天津欽差大臣崇厚奉命、往法国《フランス》、蓋彼夷屢請遣使通好、不得已送之云、今年夏始還、而遍遊英・法・布(プロシャ)・美(アメリカ)各国、而還云」の消息を聞き、直接崇厚に面接することを望んだが、それは果しえなかった。ところが徐殷卿という知人の斡旋で、幸いにも崇厚の兄崇実に遭い、間接的ながら西洋の事情をくわしく聞くことができた(23)。一八七二年の燕行にかんする「聞見別単」は、書状官姜文馨、首訳呉慶錫によって国王に提出されているが、朴珪寿は国王にたいする帰国報告のなかで、つぎのような問答をかわしている。少々長くなるが、注目すべき内容なので引用することにしたい(24)。

「予(国王)曰く、正使はすでに、再度の往還であり、中原朝士とも新旧交遊が多く、諸般事情もまた、探問の道があったであろう。

珪寿曰く、臣が燕京に到って、中国が法国《フランス》に送使したことを聞いた。故に詳細に探問したところ、法国の人はしばしば中国の送使による通好を求め、天津欽差大臣崇厚を以て派することに定め、庚午(一八七〇年)十月に出発して火輪船に乗り、月を数えずして其の国に至った。則ち法国王はすでにして布国《プロシャ》に擄去せられ、新君があらたに立ってから中国の使は新君に命を致し、還りに英国、美国《アメリカ》など各国を遍歴して回還し、復命したという。けだし其の各国は相互に攻撃して争戦がやまず、即ちこれが其の習俗である。而して今、また布法が相戦(普仏戦争)しているために、其の中国に留在する者はまた、交易売買に務める暇なく、而して其の横行蹤恣の気が、ややおさまるに似る。

近来中国人は皆、洋物が徒らに人の眼を眩まして実用に中らないことを覚った。故に交易に従うことが甚だしくなくなってきた。洋人は此れをもって利を失った。先きに江南で兵を用いたとき、中国は多く洋砲を買い、戦陣に用いた。而して洋人は砲を造って利を得た。近来は中国が洋砲に倣って造り、極めて便利となり、彼れの砲を買わなくなった。洋人はまた利を失った。先きに中国の商賈は、火輪船を借りて用い、故に洋夷は此れを以て利を得た。いま中国はまた、火輪船を模倣して造り、再び借りて用いることがなくなり、彼れはまた、利を失った。先きに彼れは鴉片烟をもって利を得たが、今は中国もまた、種花製烟するようになった。故に彼れはまた、利を失った。

彼の夷は通商交易の計をもって、到る処に多くの房屋を建て、費すところが甚だ多かった。今はすでにして、事々に不利となり、房屋に費すところさえ、償い充てる道なく、今の事情を見るに、しだいに捲帰退去の勢にある、という。燕中での物議は、或いは此れらの如き説あるも、また其の必ず然るを的確に知るのはむずかしい」。

つまり朴珪寿はその報告のなかで、崇厚の兄崇実から聞いた、普仏戦争をめぐるヨーロッパの事情、およびそれに伴う在清西洋人の動向、さらにまた、中国が西洋の技術にならって自主生産し、ついには外国商品を駆逐するという洋務運動についてのべている。そこでかれは洋物は排斥すべきものではなく、それを受容し、その製法を習うことによって自主生産の道を切り拓き、通商を内実とする開国への対応策を考えていたとみてよいであろう。かつて北学派が主張した、北学による「利用・厚生」である。

朴珪寿のこのような洋物観は、鎖国攘夷の思想的立場にたつ李恒老のそれとは、きわめて対照的である。李恒老によれば「夫洋物之来、其目甚多、要皆奇技淫巧之物、而於民生日用、不惟無益、為禍滋大者也」であり、したがって「禁絶洋物、為内修之機要」と主張している。かれは国王につぎのように進言している。(25)

「故に臣は前疏において敢えて請うたように、殿下は服食日用の間に、一つたりとも洋物があればことごとく闕庭に聚めて之れを焼き、是れを以て宮闈、宗戚の家を警動し、ここにおいて群臣百姓の耳目に及ぼし、中外上下をして暁然、聖意の在るところを青天白日の如くに知らしめれば、志に従わざる者はないであろう。然る後に洋賊の来るを、其の根源から絶つべきである」。

要するに李恒老にとって洋物とは、「奇技淫巧之物」であり、それを絶つことによって「洋賊」の浸透を防ぐというのである。両者のめざすところは共通して外来敵からの保国の道であるが、李恒老が受動的に異端ときびしく対決して、伝統の清浄を固守する立場であるならば、朴珪寿は能動的に異端を受容して、新しい時代に対応しようとする変通的立場にたつ。

第二回目の燕行使から帰国した朴珪寿は、一八七三年には奎章閣提学から、さらに右議政(六曹の上位の最高職として領議政、左議政、右議政の三政丞の一人)にのぼった。しかし翌年九月には上疏して辞退し、国政の第一線から退いて判中枢となった。ほぼ同じ頃の一八七三年一二月に、国王は万機親政を宣布して閔氏一族(王妃閔氏の一族)が興宣大院君に代って、国政の実権を掌握した。

当時朝鮮の対外関係において焦点的な問題は、一八六九年以来、日本の王政復古を告知してきた書契問題があった。つまりその書契が江戸期二六〇余年間にわたる朝鮮国王と日本国大君(徳川将軍)との抗礼(対等の礼)関係を否定して、朝鮮国王にたいする日本の「皇」「勅」、朝鮮国にたいする「大日本」など、つまり日本を朝鮮の上国に位置づけようとしたことから、その受理を迫る日本側と、その違格の訂正を求める朝鮮側との確執があった。

ところが日本にたいする朝鮮の警戒心をいやがうえにも強めたのは、交隣の礼をくつがえすような違格の書契もさることながら、日本政府内部における征韓説が、清国政府をつうじて伝えられたことである。すなわち一八六六年一二月一二日の広東発行『中外新聞』は、香港に滞在中の日本国名儒八戸順叔が、同地の漢字新聞に日本国情について寄稿したものを掲載した。それによれば日本が軍艦の購入と製造に熱中し、また軍服も洋式に倣い、イギリスに留学生を派遣したこと、また督理船務将軍中浜万次郎が上海に至って火輪船を造ったことなどを伝えているが、とくに朝鮮側を刺戟したのは、その武備強化の目的が「興師往討朝鮮之志」ということであった。しかも徳川幕府との交隣関係を歪曲して朝鮮を「朝貢国」視し、征韓説の理由が「因朝鮮五年一朝貢、至今負固不服、此例久廃故也」とのべていることである。(26)

日本では一般的に、日本の書契受理を拒否した理由を朝鮮のかたくなな鎖国策とみているが、朝鮮側の一貫した対日姿勢は、江戸幕府との、さらにさかのぼれば一四〇四年以来の室町幕府との交隣の回復であり、それにふさわしい書契形式を要求したのであった。(27)

一八七四年以来、大院君と朴珪寿との間には、書契問題をめぐる両者間の書翰が往復しているが(五通)、それらの文面によれば、両者間に共通して日本の背後にある西洋が意識されている。つまり「倭洋一片」にたいする両者間の対応策の相違である。

朴珪寿の対日姿勢は、書契の字句にこだわることなく、かれらが国制を変更して「依旧通好之意」を表明する限り、大局的見地から書契を受理して武力衝突を回避することであった。かれはいう(28)——

「大抵初めから今に至るまで、閣下(大院君)の深憂遠慮は、専ら彼れの方が洋と打って一片を成すにあり、専ら此の書契を受けることは、弱さを示すというにある。小生の深憂遠慮もまた、倭洋一片に在るが、我れより釁を啓くのは宜しくないといい、むしろ書契を受けないのが弱さを示すことになるから宜しくないという……苟くも此のように、書契を受けないことが、果して強さを示すことだろうか。または弱さを示すことだろうか。強弱は書契を受けるか受けないかに係わりはなく、彼れは言を執えて作兵の理由とするに足る。おおよそ強弱の勢は、ただ事理の曲直にあるだけである。我れの事に処し、人に接するのに礼あり理直なれば、弱いようで必ず強く、我れの事に処し、人に接するのに礼なく理曲なれば、強いようで必ず弱い」。

また朴珪寿は「況んや明らかに其の洋と一片たるを聞知しながら、何故にまた、和好を失して一敵国を添えるのか」といい(29)、江華島事件がおこる前の一八七五年五月の書翰では、「若し彼れの一砲声を発してのちは、則ち受書しようとしても、其の国を辱めること、さらに余地はない。其の日は断じて、受書の道はない(30)」。

してみると朴珪寿は、「倭洋一片」のなかで日本との修好を拒否することは、朝鮮の弱さを示すのみならず、かれに武力行使の口実をあたえ、西洋をも敵国に加えることであり、したがって日本との修好は西洋への開国をも見通していたといえる。それは国家間における階序的な礼秩序を否定し、「天下万古、安有為国、而無礼義者哉」とするかれの信念からみて、当然の論理的帰結であったといえよう。

以上は朴珪寿が公的立場からはなれたうえでの興宣大院君の鎖国攘夷にたいする批判であるが、しかしかれは大院君の執政下においてさえ、対外的に国家体面にかかわる問題以外では、必ずしも同調してはいない。例えばシャーマン号の焼打ち事件がおこった一八六六年には、国内における天主教への大弾圧があり、それが原因となって同年一〇月には七隻からなるフランス遠征艦隊が、江華島に侵入して上陸するという丙寅洋擾があった。国内の天主教徒は西洋の密偵分子(窺覘之奸細)、その侵略の手先(寇賊之先導)と目されていたからである。当時かれが平安監司であったその管轄地域の平壌にも、多数の天主教徒がいた。しかし「公(朴珪寿)曰、民不蒙教化之沢、背正趨邪、苟能導之以善、皆吾良民、多殺何為、遂不戮一人[31]」と、ついにかれは天主教弾圧に加担しなかった。つまりかれによれば民衆が「背正趨邪」するのは、「教化之沢」をあたえなかった為政者の責任であるとし、民衆への信頼を披瀝した。

一八七五年六月一三日(陰暦五月一〇日)、王宮の煕政堂では原任および時任大臣、政府堂上官の御前会議において、日本からの書契をめぐる論議がおこなわれている。そこに参席した三五名のうち、受書に賛成する者五名、反対する者七名、可否を決しかねて国王の裁断に任せる者一八名となっているが[32]、それぞれの代表的見解はつぎの通りである[33]。

まず可否を決し難いとした領中枢府事李裕元によれば、違格の書契を拒否することは「持正之論」であり、その違格を是正することなく受けることは「権宜之政」である。しかしそのいずれも「辺釁之緩急」に係る重大問題で、例えば受書するのは姑息の道ではあるが、将来の「無窮之憂」がある。したがって個人的には決し難いというのである。

つぎに受書の拒否を主張した領敦寧府事金炳学は、かつて中国の春秋時代に、呉と楚とはその国内においては「王」を僭称したが、列国に送使するときは「王」といわずに「寡君」と称し、「大国」といわずに「敝邑」と称した。書契の「其数三句語」は江戸幕府との三百年間にわたる交隣のなかで、かつてなかったことであり、それに屈したばあい「後弊」があるから拒否すべきだという。

判府事朴珪寿は、書契の違格を批判しながらも、その国俗として「帝」を称したのはきわめて古くからのことである。受書するかどうかは、ただ「聖度包容之如何」にかかわっており、かれらが国制を変更して隣好を主張しているのに、それを拒否すれば「其必有撼恨、生釁之端、十分可慮」と主張している。かれは「伏願取其所長、而処分焉」と、国王に進言している。

じつは一八七三年二月に東萊の草梁倭館は対馬藩の所管から日本外務省の所管となり、七五年二月には外務少丞森山茂が理事官、外務省出仕広津弘信が副官となって草梁倭館に着任した。森山らは朝鮮礼曹判書に宛てた日本外務卿寺島宗則および、礼曹参判に宛てた外務大丞宗重正(旧対馬藩主)の書契を携帯してきた。それには「朝鮮国王」にたいして「皇」と「勅」を固執していたばかりでなく、「朝鮮国」にたいして「大日本国」という用語まで使っていた。先きに金炳学がいった「其数三句語」はそのことである。この会議はそれにたいする対処策のためのものであったが、結果は書契が従来の慣例を破って、対馬藩からではなく外務省から送ってきたこと、恭謙であるべき交隣文書が尊大であること、その他をあげて書契の受理を拒否するとともに、その訂正を要求したのである。

その間すでに四月末には、森山茂は副官広津弘信を帰国させて、日本政府に武力示威による積極策を上申させたのである。それを受けて寺島外務卿は太政大臣三条実美、右大臣岩倉具視の了解を得、海軍大輔川村純義と協議して軍艦春日、雲揚、第二丁卯を朝鮮近海に派遣した。一八七五年九月二五日、雲揚号が江華島草芝鎮砲台に接近して砲撃を交え、永宗鎮に上陸して諸施設に放火し、朝鮮兵三五名を戦死させたのが江華島事件である。

江華島事件における朝鮮側の敗北は、朴珪寿が憂慮していた最悪の事態となって、一八七六年二月の江華島談判は、敗者朝鮮にたいする勝者日本の武力的脅迫のもとにすすめられた。つまり特命全権大臣黒田清隆、副全権大臣井上馨を首脳とする文武官随員三〇名は、六隻の艦船に八〇〇名の護衛兵を乗せて江華府に現われたのである。室町時代の日本使節の上京路が豊臣秀吉軍の侵略路に使われたことから、江戸二六〇余年間には日本使節の上京は禁止され、すべて東莱府において応接するのが慣例であった。したがって日本使節が首都ソウルに近い江華府に現われたことは、武力的優位を背景にした異例のことであった。日本側は交渉決裂のばあい、後続部隊の来援による武力侵攻をほのめかしながら、朴珪寿の言を借りるならば「言を執えて作兵の名を為」しながら、一八七六年二月二六日には「修好条規」十二ヵ条の調印にこぎつけたが、それは欧米諸国が日本に強要した内容と同じ治外法権をはじめ、片務的な不平等的内容で貫ぬかれていた。寺島外務卿がアメリカ公使ビンガムに語った言を借りるならば「ペリー提督の故智」にならったわけである。

朝鮮側の代表は接見大官申櫶、接見副官尹滋承(礼曹判書)、従事官洪大重(弘文館副校理)を首脳とし、とくに注目されるのは一行中の伴倘姜瑋、首訳呉慶錫が申櫶の秘書格として活躍していることである。

姜瑋にとって申櫶(一名—申観浩)は、その師金正喜の知己であり、一八六六年の丙寅洋擾のときかれは、江華島附近の海口を視察して総戎使であった申櫶に沿岸防衛対策を建議している。(34) 江華島談判において姜瑋は、申櫶の意を体して談判の経過について朴珪寿に連絡し、国王および政府にたいするその影響力に期待をかけた。姜瑋の主張は、朝鮮の軍事力は日本に到底及ばないこと、したがって武力衝突を避けて事態を平和的に収拾することであった。かれはいう——「彼之進京、断非三寸之舌所可防塞、試想彼兵進京之後事之難処、又当如何也(35)」と。

一八七六年二月一四日(陰暦一月二〇日)国王は、原任および時任の大臣たちと対日策を協議しているが、例えば違格の書契の受理を拒否すべきであると、依然として主張しつづける判府事洪淳穆(開化派洪英植の父)などは、外患はいつの時代にもあるものであって、朝廷の処置宜しきを得て「衆心成城」すれば、敵国も自然帰順するだろうと、このような切迫した状況のなかにあってなお、きわめて抽象的な精神主義を繰り返している。

朴珪寿は、日本が修好を称しながら兵船を率いてきたことは理解に苦しむ。しかし彼れが修好を云々する限り、我が方から先攻すべきではない。しかし「内修外攘之方」を尽さず、「国富兵強之効」を致さなかったばかりに、一島国に畿内地方までうかがわれ、侮られるに至ったと憤慨している。[36] いうまでもなく朴珪寿の開国策は、武力衝突に至るまでの自主的開国であって、武力的敗者としての他律的開国を避けることであったが、すでに事態はその意図とは逆の方向に進展したことにたいする悔しさであり、怒りであろう。

ところが開国以前の「実学」から「開化」への思想的転換が、主として清国における洋務運動および、そこをつうじて将来された新書によるものであったが、江華島談判をつうじて例えば呉慶錫などは、近代的武備の背景をなす日本の文明開化に注目しはじめた。呉慶錫は日本側の宮本小一、森山茂との談話のなかで、日本の軍艦、汽船、汽車、国内および外国との電信などについて詳細に質問し、近代化における鉄と石炭の役割に注目して「然リ、我ガ国モ鉄ト石炭ヲ掘ル事ヲ知ラバ、国必ズ富マン」と。[37]「鉄と石炭の時代」、それは産業革命の象徴である。

しかし訳官呉慶錫は中人階級であり、政策決定の地位からはほど遠い階層であった。金玉均らに期待をかけた理由はそこにある。呉慶錫は江華談判において、「申櫶、尹滋承両大臣の秘書となり、日本全権一行の客館に出入し、日本の情勢に就いて見聞せり……是を以て彼は帰城直ちに金玉均を招請し、語るに日本の形勢を以てし、日本との交際を慫慂し、他日機会あらば日本人と交遊し、進んで日本視察の時節到来をも勧告せり」。[38] じつに開化派をして日本の文明開化に眼を向けさせたのは呉慶錫であった。

ともあれ朝鮮と日本との江華島談判は、武力衝突を避けて、他律的とはいえ平和裡に収束した。そのために中央にあっては朴珪寿が、談判現場にあっては姜瑋や呉慶錫らが相互に連絡しながら、奔走したことはいうまでもない。にもかかわらず武力的屈服による他律的開国は、先きにものべたように朴珪寿の志ではなかった。それから一年足らずして、かれは一八七七年二月九日(陰暦一八七六年一二月二七日)に世を去った。門人金允植は師の晩年について、「時事日非、公常仰屋長呼曰、倫紀絶矣、国将随亡、哀我生民何辜于天、遂憂憤成疾」と書いている[39]。その心情は如何ばかりであっただろうか。

先きにものべたことがあるように、一八七六年二月の江華島条約ののち、同年四月日本側の要求によって金綺秀を正使とする第一次修信使を日本に派遣したが、瓛斎朴珪寿は金綺秀に書を送って、「吾れ年齢と爵位が公然と此れに到って、此の海游を、ついに吾が友に譲ったことが恨めしい」と[40]。というのは江戸期から日本に派遣する朝鮮通信使は、正使の官職が参議(判書→参判→参議)であり、朴珪寿は判書の上位にある右議政を歴任している。

金綺秀にしても、或いは国王および為政者にしても、不平等条約による朝鮮と日本との外交的現実とは別に、依然として江戸期における交隣外交の復活とみており、「倭洋」を分離していた(「与倭続好、匪洋伊和」——一八七六年二月の尹致賢の上疏と国王の批答)。金綺秀によれば使節名を、江戸期の通信使を変えて修信使にしたが、「修信者、講旧修好、敦申信義、辞命以導之、威儀以済之、不激不随、荘慎自持、苟不辱君命[41]」という封建的「礼」の観念を超えるものではなかった。つまり近代的意味における開国は、厳密には一八八二年アメリカ、イギリス、ドイツとの開国条約からはじまったとみるべきであって、それに至るまでの対日外交は、「旧好」=交隣の継続という感覚によって貫ぬかれていた[42]。

例えば一八八一年に一二名の朝士(趙準永、朴定陽、厳世永、姜文馨、趙秉稷、閔種黙、李𨯶永、沈相学、洪英植、魚允中、李元会、金鏞元)を中心とする六二名からなる紳士遊覧団は、五月八日(旧暦四月一一日)に長崎に到着して、八月二五日(旧暦閏七月一日)に長崎を出発するまで日本の各官庁および施設を視察し、各界の指導者たちと交流を深めた。国王は一〇月二二日(旧暦八月三〇日)に帰国した朝士との接見席上で、通交後における日本の朝鮮にたいする「裏許」(内心)と「外様」(外面)は如何であったかと問うている。それにたいして趙準永は「外様」は鄭重であったが、その「裏許」を知ることはできない。「大抵近日において、各国はただ強弱を以て相較べ、仁義を以て之れを責めることはできない。たとえ好意があっても、若し其の弱さを視れば反って悪意を生み、たとえ悪意があっても、若し其の強さを視れば、必らずまさに修好すべし。今の事勢は、其の自修自強を先務することのみである」。

また国王は、「(日本の)交隣は慶弔を以てせず、ただ通商を以て主となす」と、不満をのべたのにたいし、朴定陽は「交隣の道は宜しく慶弔の間に礼を修むるを以て要と為すべきなのに、彼れは果して通商を以て務めと為す」といい、趙準永も「我が国の所産は別に買うべき物が無いのに、期して通商を欲するのは、専ら通商を為す各国の例に依って、交隣を計ろうとするのである(43)」。

つまりこの接見席上で、国王の関心は朝鮮にたいする日本の交隣の「礼」の如何であったが、朝士たちが日本訪問でえた結論は、趙準永がのべたように「各国惟以強弱相較、不可以仁義責之也」であること、また交隣とは「以慶弔間修礼為要」ではなく、「以通商為務」という外交の現実であった。したがって国家間の対等関係を維持するためには「先務其自修自強而已矣」ということである。しかし新しい国際秩序のなかにおけるこのような外交の現実にたいするおぼろげな認識は、一八八一年においてさえ、少数派としての一部開明官僚のものでしかなかった。

紳士遊覧団がえた収穫は、国際外交における新しい認識ばかりではない。朝士趙秉稷の随員安宗洙は津田仙がオランダの園芸家ダニエル・ホイブレンクの“Method of Cultivation, Explained by Three Different Process”を訳述した『農業三事』(一八七四)を底本とし、その他の文献を参照して『農政新編』(一八八一)を著わして、はじめて西洋農法を紹介している。申箕善はその序のなかで「道」と「器」とを分離し、「西法」または「西器」受容のための儒教内在的論理を、はっきり提示している。つぎのようにいう(44)。

「安起亭(宗洙)は聡明にして強記、洛閩(程朱)の書を講じ、経済の志を懐く。今春日本に東遊して中西農書若干篇を得、帰って漢文に訳した。其の繁冗をけずり、分条を集め、編を分けて四巻と為し、之れを命じて農政新編とした……。

或いはいう。この法は多く西人の法から出ており、西人の法は耶蘇の教である、其の法にならい、其の教に服するものである、と。……ああ、是れは道と器の分を知らないものである。古に亙り宙を窮めて易らざる者は道であり、時に随って変易し、常ならざる者は器である。道は三綱五常、孝悌忠信だけであり、堯舜周孔の道は日星の如く炳として、蛮貊の邦であっても棄てることはできない。器というものは礼楽・刑政・服飾・器用だけであり、唐虞三代にも、なお損益があった。まして数千載の後においてをや。いやしくも時に合い、民を利するものは、夷狄の法であっても行うべきである。

書経にいう(大禹謨)、正徳・利用・厚生、惟《こ》れ和し、と。吾が道は正徳に所以するものであり、彼の器に效うことは利用・厚生に所以するものである。此れは竝行するものであって、互いに悖るものではない」。

ここで注目したいのは、「器」を器用に限定せず、礼楽・刑政・服飾など広範囲に理解しており、「器」=「利用・厚生」を夷から学ぶことは、「吾道」=「正徳」と矛盾するものではない、という論理である。儒教的論理のなかに西学受容による開化を合理的に位置づけたこのような発想が、実学派における北学思想の延長線上にあることは自明である。

第三節　初期開化派の形成とその分化

I　初期開化派の形成

一九世紀後半期もその半ばをすぎて、隣国日本の武力的脅迫のもとに開国を余儀なくされた朝鮮にとって、世界資本主義体制のなかで生き残る道は、旧体制を固守することではなく、世界大勢にふさわしく自己を変革することしかなかったといえる。「開国とは国を外、つまり国際社会に開くと同時に、国際社会にたいして自己を国＝統一国家として画するという両面性が内包されている[45]」というばあい、当然のことながら「自己を国＝統一国家として画する」ための内実が問われなければならなかった。

日本による朝鮮の開国から「併合」に至る三五年間には、外圧に挑戦した反侵略的、旧体制に挑戦した反封建的な大小さまざまな運動があった。しかし反侵略的および反封建的闘争だけで新しい国際社会に存立しうるものではないであろう。明らかなことは世界史的同時代性を獲得するための自主的近代化のビジョンを開示しうる思想と、その思想と結合した運動こそが要求される。開国およびその後におけるさまざまな運動と結合したその思想の質が問われなければならない所以である。

それらのさまざまな運動や闘争のなかで、広汎な民衆を武装させることによって内外に大きな衝撃を呼びおこしたのは、衛正斥邪思想と結合した斥邪上疏および、それにつづく反日義兵運動であり、また東学思想およびその組織を核とする甲午農民戦争（一八九四）であろう。ところがそれらの運動と結合した思想の質を問うならば、もちろん歴史的経過にともなって部分的な変容はあるが、基本的な思想パターンとしては、衛正斥邪思想は「華夷」的世界観による旧体制の「礼」秩序を固守する強烈な反侵略思想であり、東学思想は「人乃天」＝天人一如の布徳による億兆蒼生の「回帰一体」によって、地上天国の実現を求めたユートピア思想であった。開化思想こそが運動としてはひ弱な側面をもっていながらも、人間、社会、国家の近代的変革を内実とする思想であったといえるであろう。

もちろん開化思想は、時代的推移にしたがってしだいにその風潮が普及し、開化派だけのものではなくなった。しかしここでいう初期開化派とは、開国→開化のための思想的および政治的結社として、一八八四年一二月の甲申政変に至る開化運動の担い手としての党派をいう。しかしそれは甲申政変でおわるのでなく、のちにのべるように形態を変えながら、人脈的および思想的に近代的変革のための諸運動に貫ぬかれていくのである。

初期開化派の淵源をたどれば朴珪寿の舎廊（書斎兼応接間）に集まった両班少壮派となるが、その形成期を具体的にのべれば一八七四年以降となるであろう。先きにものべたように朴珪寿の思想における「実学」から「開化」への転換は一八七二年からであり(46)、七四年からは右議政を辞退して閑居生活にはいっている。この時期に朴珪寿はその舎廊に出入りする両班の若い子弟たちに祖父朴趾源の文集『燕岩集』を講義したり、中国に往来した使臣や訳官たちが伝える新思想を語ったりした。そのなかから朝鮮開化運動の先駆的分子が輩出していることは、かれらの回想談によって知ることができる。

「……錦陵尉（高宗の前国王哲宗の娘婿）朴泳孝氏の語るところによれば、自分が金玉均氏とはじめて会ったのは朴政丞（朴珪寿）宅の舎廊であった。そのとき朴政丞は官職をやめて自適しながら、訪ねてくる青年たちに外国情勢や時局について語ることを楽しみにしていた。そのために志ある多くの青年たちがその舎廊に集った。金玉均をはじめ甲申改革党の新知識は、そのほとんどがこの舎廊で、朴政丞から学んだということだ。また榘堂兪吉濬氏の語るところによれば、自分が日本に留学した動機は(一八八一年に慶応義塾に留学)、この朴政丞の勧喩によるもので、一四、五歳のとき同輩たちと漢詩をつくって朴政丞の講評をうけたことがあるが、或る日槼堂の詩の末句『唯恐晩生花不実・斡天旋地入薫陶』をみて大変称讃された。そして作者を招いていわく、気象もよく才能もすぐれているのに、なぜこのような天稟をもって時務の学を学ばないのか、と勧められた……これから外国への留学を思い立つようになり、ついに高宗一八年の辛巳(一八八一)に十二官紳の一人である魚允中にしたがって東京に赴き、留学するに至った。また韓米通商条約が成立すると、再び報聘大使閔泳翊の随員としてアメリカに渡り、留学するに至った。これによってみると、朝鮮最初の改革党である金玉均、朴泳孝だけでなく、朝鮮最初の留学生となった兪吉濬も、朴珪寿の感化によるものといっても過言ではない。

領選使として天津に渡り、李鴻章と韓米条約について論議した雲養金允植も、この朴珪寿からうけた感化が大きかったことを思えば、朴珪寿をもって近代開化党の元祖とするのは当然である[47]」。

しかし朴珪寿の在世中には、その門下に集った両班少壮派はしだいに思想的に結束はしたものの、政治的結社としての性格をもつには至らなかったと見るべきであろう。ところが一八七七年初めに朴珪寿が世を去ってのち、かつて朴珪寿の二回にわたる燕行に訳官として随行し、その他にも十余回にわたって北京に往来した呉慶錫(号―亦梅、一八三一～七九)は、その盟友劉鴻基[48](号―大致、一八三一～一八四)に北京から将来した新書を提供して世界の新しい動向を研究させ、かれら両班少壮派に目的意識的に接近させた。呉慶錫の子息呉世昌の回想によればそのいきさつはつぎの通りである。呉世昌は早くから開化派として活躍しており、甲申政変直後に復刊した『漢城周報』の編集に参加している。

「父呉慶錫が中国より新思想を懐いて帰国するや、平常尤も親交ある友人中に大致劉鴻基なる同志あり。この大致は学識、人格、共に高邁卓越し、且つ教養深遠なる人物なり。呉慶錫は中国より持来せる各種新書を同人に与へ、研究を勧めたり。

爾来二人は思想的同志として結合し、相会すれば自国の形勢実に風前の燈火の如き危殆に瀕するに長嘆し、何時かは一大革新を起さざる可らざることを相議しつつありたり。或時劉大致は呉慶錫に問うて曰く、我邦の改革を如何にせば成就するを得べきか。呉答へて曰く、先づ同志を北村（北村とは京城の北部で当時上流階級の所在せる区域なり）の両班子弟中に求め、革新の気運を起すにありと。

斯くして間もなく韓改造の木鐸呉慶錫は病を得て老死せり。

劉大致は呉慶錫より稍年少なりしが、呉逝いて以来北村方面に交際を弘め、老少を問はず人物を物色し、同志を集めつつありたり。折から偶然金玉均と相会し、世間話をなしつつある際この青年の非凡なるを知り、思想、人格、学才嶄然衆を抜き将来必ず大事を計るに足る人物なるべきを洞察し、呉より獲たる世界各国の地理歴史訳本や新書史を金玉均に読むべく悉く之を提供せり。且つ熱心に天下の大勢を説き、韓国改造の急なる旨を力説せり。

呉慶錫が中国に於て感得したる新思想は之を劉大致に伝へ、劉は之を金玉均に伝へて、茲に金玉均の新思想を産むに至りしものなり。呉は韓改造の予言者にして、劉は其の指導者なり。金玉均は其の担当者となれり」[49]。

当時呉慶錫が劉鴻基に伝えた各種新書の主なるものは魏源の『海国図志』、徐継畲の『瀛環志略』、一八七二年アメリカ宣教師が北京で創刊した西洋事情紹介誌『中西見聞録』などである。呉は訳官であり、劉も訳官の家系に生まれた漢医であった。中人階級であったかれらは政府の中枢に進出して政策決定に参与することは身分的に不可能であった。かれらがソウル北村の両班子弟にはたらきかけた理由がここにある。

朴珪寿につづいて一八七九年に呉慶錫が世を去ってのち、初期開化派の政治的結社への転換を決定したのは劉鴻基と金玉均との出会いであったといえる。それは恐らく一八七九年のことであろう。以来劉は初期開化派にとって思想的および政治的指導者として、甲申政変に至るまで「白衣政丞」(官職のない指導者)といわれていたように、その支柱的存在として重きをなした。

ところが金玉均の生父は金炳台であり(忠清道天安)、六歳のとき従叔金炳基の養子となったが、養父金炳基は東海第一の巨邑であり、李朝中期の大儒李珥(号―栗谷)の郷土である江原道江陵の府使をつとめた。金玉均は一八七二年に、科挙試の文科に壮元及第(第一等の成績で及第)した。そういうかれはいうまでもなく、儒教的教養のなかで育った。しかしかれは仏教についても深い関心を持ち、その造詣が同志たちにとって大きな魅力となっていた。

朴泳孝の回想によれば、「金玉均と私とがはじめて交わるようになったのは、仏教にかんする討論であった。金玉均は仏教のことを好んで話したが、私はそれが面白くて親しくなった。私の伯兄(朴泳教)から金玉均と交わるようにいわれたからではあるが、そのとき金玉均が二七歳、私は一七歳であった[50]」。また甲申政変が失敗してのち、日本に亡命していた金玉均と交遊した犬養毅によれば、金玉均は「儒教を以て形式的の教」と考えて仏教に傾倒はしていたが、「併し氏は参禅に耽るといふ方でなく、禅学を研究するといふ方の人であつた[51]」と回想している。

じつは仏教にかんする金玉均の関心は劉鴻基に触発されたものであって、先きの呉世昌はつぎのように語っている。「金玉均が劉大致より学びたる思想感化の外に特に記すべきは、大致の仏教信仰の一事なりとす。大致は朝鮮学士の儀礼に長じ道念に薄きを嘆じ、金玉均に勧めて仏教研究を為さしめたり。大致の仏教信仰は実に篤く、其の人物無欲恬淡なりしことなど、以て信仰の力なりと想はれたり。金玉均が他の人と異なり、青年の頃より仏典の文句や仏説を口にしたること屡なりしは、劉大致の感化に基くものなり[52]」。

金玉均の仏教にかんする関心を、その改革思想につなぐことは困難であるが、その儒教的教養はけっして教条的なものではなく、だからこそ他の思想をも受容しえたことは確かである。しかし不思議に朝鮮の実学思想史には、仏教に深い関心を寄せた大学者がいる。例えば栗谷李珥、茶山丁若鏞、阮堂金正喜などがそうである。ところが仏教がとりもつ縁として、金玉均は劉鴻基の紹介で僧侶出身の有力な同志をえた。それがソウル近郊の奉元寺の開化僧李東仁[53]であり、その同志卓挺埴(僧名無不)である。

李東仁は一八七八年頃から維新後の日本に注目し、『万国史記』や世界各国の都市および軍隊の写真、瑤地鏡(万華鏡)などを日本から入手して、金玉均らに提供した。初期開化派の指導者としての劉鴻基は、一八七九年までは呉慶錫が伝えてくれた清国からの新書をつうじて、それ以後は李東仁が入手してくれた日本からの書籍や諸情報をつうじて世界の新しい動向を洞察することができた。

金玉均と朴泳孝は李東仁に資金を提供して(長さ二寸余の純金棒四本)、外国事情にかんする資料収集と日本視察を依頼した。かれが東本願寺釜山別院の奥村円心の協力をえて、和田円什師にともなわれて渡日したのは一八七九年一一月のことである。これが維新後の日本に、民間人としては最初の密航である。

李東仁は渡日後京都の東本願寺におちついたが、八〇年三月に東京の浅草別院に移り、寺田福寿(東本願寺派の僧侶)を介して福沢諭吉と交わりを結んだ。これが朝鮮の開化派と福沢との最初の出会いである。李東仁の日本での活動は逐一卓挺埴をつうじて金玉均らに報告された。じつはこの卓挺埴は開化派の活動においてほとんど表面に現われることはないが、甲申政変当時王宮内で使った火薬は、金玉均の言によれば「二年前(一八八二)我游日本時、使卓挺埴托于西人、而有購来者也」[54](傍点引用者)となっている。一八八〇年に日本に滞在していた李東仁は、同年八月に第二次修信使として訪日した金弘集と出会い、李東仁が朝鮮の政界に進出する機縁となったが、外国事情に精通した李東仁は朝鮮国王にとっても貴重な人材として重用された。一八八一年に一二名の朝士を中心とする六二名の紳士遊覧団を日本に派遣したのも、国王にたいする李東仁のはたらきかけによるものであった(55)。

金弘集一行の後につづいて帰国した李東仁は国王から日本密航の罪が許されたばかりでなく、一八八一年一月の官制改革では(56)、統理機務衙門十二司のなかの典選・語学司の参謀官となり、同年北京ではじまった朝米条約交渉では朝鮮側条約草案を作成している。紳士遊覧団にも銃礮および船艦購入の特殊任務を帯びた参謀官として同伴する予定であったが、出発直前に王宮に入ったまま消息不明となっている。当時は全国から儒生たちの斥邪上疏がはげしく国王につきつけられ、開化派にたいする攻撃が熾烈をきわめていた。王宮に自由に出入りする李東仁が、衛正斥邪派から忌みきらわれていたことはいうまでもない。

ところが李東仁が日本から将来した文献は、新しい世界への開眼のために新鮮な衝撃をあたえた。のちに日本の陸軍戸山学校に留学し、甲申政変には士官長として活躍した徐載弼は、その回想のなかでつぎのようにのべている。

「その持来した書籍が多くあったが、歴史あり、地理あり、物理、化学のようなものもあって、これをみるために三、四ヵ月その寺(奉元寺)にかよった。当時このような本はひっかかれば、邪学といって重罰に処せられるため、一ヵ所で長い間読んでいられないので、その次は東大門外の……永導寺とかいう寺で読書し、また奉元寺に移り、このようにくりかえすこと一年余、それらの本をすべて読了した。それらの本は日本語で書かれているけれども、漢字を拾い読みすれば意味はほぼ通じた。このようにして本を読了したところ世界の大勢がほぼわかるようになった。そこでわが国でも他国のように人民の権利をうちたててみようという考えがわいてきた。これがわれわれをして開化派として登場させる根本になった。換言すれば、李東仁という僧侶がわれわれを導いてくれ、われわれはそれらの本を読んでその思想を身につけたから、奉元寺がわが開化派の温床ということになる(57)」。

以上整理すれば初期開化派の形成過程にはほぼ二つの段階があって、一八七四年から七九年までは朴珪寿の指導と、それに次ぐ呉慶錫のはたらきかけによって思想的結社としての開化派が形成され、一八七九年からは劉鴻基の指導と李東仁の活動によってしだいに政治的結社への転換をとげるにいたった。[58]しかしこれは変法的開化派のばあいであって、のちにのべるように一八七七年初めに朴珪寿が世を去って以来、劉鴻基のような中人階級および、李東仁のような僧侶（僧侶は賤民と目されていた）との交渉がなく、より儒教的、より士族的な改良的開化派があった。

われわれは朝鮮の初期開化派が思想的に形成され、政治的結社として出発するにいたった過程を、内発的および外発的両側面から、あらまし見てきた。開化派にとって維新後に新しく変貌した日本にたいする見聞もさることながら、日本の文明開化思想の理解において、もっとも大きく影響したのは福沢諭吉であり、[59]かれと最初に出会ったのが李東仁であったこともすでにのべた。

それから福沢諭吉は、一八八一年六月には紳士遊覧団の朝士の一人魚允中、八二年三月には第一回目に訪日した金玉均、同年一〇月には修信使として訪日した朴泳孝をはじめ、その他洪英植、徐光範らとの出会いを重ねた。そして福沢は甲申政変にいたるまでに五〇名の留学生を受け入れたばかりでなく、[60]朝鮮最初の近代新聞『漢城旬報』（一八八三年一〇月三一日創刊）創刊にも、その門人井上角五郎を派遣して協力した。甲申政変のために停刊した『漢城旬報』が、一八八六年一月二五日に『漢城周報』として復刊されたとき、公式文書としてははじめて、姜瑋が考案した国文（ハングル）と漢文の混合文体を採用したのも、福沢の熱心な勧告によるものであった。[61]

このように福沢諭吉が、朝鮮開化運動の草創期にあたえた影響は大きい。また福沢も開化派との交流をつうじてその朝鮮観を変えた。かれの著名な「脱亜論」（『時事新報』一八八五年三月一六日）も、開化派にたいする大きな期待と、一八八四年一二月の甲申政変の失敗後における守旧派の仕打ちにたいする絶望感から噴出したものと理解すべきであろう。[62]しかし留意すべきは外発的に、従来一部において考えられていた如くに、福沢諭吉の「指導」によって開化派がては、すでにのべてきた通りである。

形成されたのではない、ということである。朝鮮における開化思想および開化派の形成にたいする内在的経路につい

II　開化派内部の分化——「変法的」と「改良的」

すでにのべたように朴珪寿が死去してのち、金玉均、朴泳孝らは一八七九年から中人階級としての劉鴻基を指導者とし、賤民視されていた僧侶李東仁、卓挺埴らとも同志的に結合した。そして守旧派とも斥邪派とも対立する政治的結社として内外活動を展開し、しだいに同志を拡大しながら、その結束につとめた。

しかし同じ朴珪寿の門人のなかでも、金允植、兪吉濬らは、金玉均らとは別のコースを歩んでいた。金允植は魚允中や金弘集らと歩調を合せて、閔妃(国王高宗の王妃)一族を中心とする守旧派との政治的対決を避けながら、穏健な開明官僚として漸進的な改革を意図していた。また金玉均らは清国との封建的な事大関係に対決的であったのにたいし、金允植はその伝統的事大関係を踏まえながら、とくに清国洋務派の中心人物李鴻章との紐帯を強めていった。つまり金玉均と金允植とは、清国および守旧派にたいする対決的変法か、妥協的改良かという姿勢において、しだいにその相違が明らかになっていった。

金允植は本来、晩年における朴珪寿の思想的枠組みを、基本線においては温存しながら、事態の変化と発展にしたがって対応した人物といえる。朴珪寿の思想とはすでにのべたように、対外的には「礼」秩序による階序的世界観を打破して、「夷」の世界に開かれた国際観を確立したこと、対内的には近代外交の内実をなす通商に対処して、「西器」の導入による経済的近代化をはかったことであろう。もちろんそれは、旧体制変革のための変法思想にまでは至らなかった。いうならば「東道西器」的洋務論といえよう。

兪吉濬は近代朝鮮最初の日本およびアメリカ留学生である。つまり一八八一年に紳士遊覧団の一二名の朝士のうちの魚允中の随員として訪日し、福沢諭吉の慶応義塾に留学した。また一八八三年には閔泳翊を正使とする訪米使節団(副使洪英植、従事官徐光範)に随員として参加し、閔泳翊の肝いりで国費学生としてアメリカに留学した。かれは使節団の秘書であり、火星研究者であったローウェル(63)(Percival Lowell, 著書に"*Chosön, The Land of Morning Calm*" 1886 がある)の紹介で、生物学者として、かつダーウィンの進化論の熱烈な支持者として著名なエドワード・モース(Edward Morse, 当時マサチューセッツ州セーラム市のピーボデー博物館長)の個人指導をうけ、マサチューセッツ州のダンマー・アカデミー(Dammer Academy)に編入した。ハーバード大学への入学をめざしていたかれは、一八八四年一二月の甲申政変の報に接して帰国、捕盗大将韓圭卨宅で軟禁生活を送った(64)。世界にかんする知識を提供した書としては、開国以前には清国から伝来した魏源の『海国図志』と、徐継畬の『瀛環志略』が主要なものであったが、この軟禁生活中に書きあげた全二〇編にわたる『西遊見聞』(一八八九年完成、九五年に東京で出版)は、イギリスの世界年鑑から井上角五郎が翻訳し、朝鮮部分を追加して世界五一ヵ国の国情を紹介した『万国政表』(一八八六年、博文館発行、金允植、鄭憲時の序がある)に次いで、朝鮮人の手による最初のもっとも充実した世界知識書であり、思想の書であった。

エドワード・モースはいうまでもなく、東京大学草創期の外国人教師として、一八七七年から二年間動物学および生理学を講義し、「モースの進化論は自然科学の世界だけでなく、当時のわが人文科学・思想界にも大きな影響を与え、ダーウィンの進化論を人類社会にあてはめた、スペンサー流の生物学的社会進化論のわが国(日本)における非常な流行の端緒をつくった(65)」人物である。先の『西遊見聞』は、「スペンサー流の生物学的社会進化論」によって列強角逐時代の朝鮮の改革案を模索している。

じつは兪吉濬のこのような外国留学は、ほかでもなく朴珪寿の感化によるもので、金允植が兪吉濬の漢詩集『矩堂詩抄』に寄せた序によれば「朴瓛斎先生嘗見其詩、知其為国器、大加奨歎、授之魏黙深海国図志、曰、此時外洋事不可不知也。君以是益自奮、及長遊学東京及欧美《米》各国」[66]と書いている。つまり兪吉濬の詩才に感嘆した朴珪寿が、『海国図志』を授けながら外国事情を知らなければならないと勧めたことが、外国遊学の動機となったのである。

一八八一〜二年は、八〇年の第二次修信使金弘集が、東京で駐日清国公使何如璋、参賛官黄遵憲との間に、世界と日本の内情、外交および通商上の諸問題、朝鮮外交のあり方などについて討議し、帰国と同時に黄遵憲の私擬『朝鮮策略』を国王に献呈したことから端を発して、上疏による「斥邪」と「開化」との二つの思想路線をめぐる論戦がはげしく展開された時期である[67]。この論戦は『朝鮮策略』が、朝鮮の主たる脅威をロシアとし、その対抗策として「中国と親しみ、日本と結び、米国と連なり、もって自強を図る」べきこと、キリスト教(耶蘇教)も「彼教之意、亦在勧人為善」であって「邪教」でないと勧告したことにたいして儒生たちが反撥し、黄遵憲と金弘集を糾弾する「斥邪」上疏からはじまった。かれらの主張によれば、ロシア、アメリカ、日本は「同一夷虜」であり、黄遵憲は中国の産というが、日本のための説客、キリスト教のための善神というのである。これにたいして「開化」上疏は、西洋諸国との修交と、「西法」および「西器」の受容による開化策を主張している。このような新旧思想の対立のなかで、開化思想はすでにして在野の思想ではなく政府内部にかなり浸透し、また国王の信頼をうけた開化派の活動も政府内部においてしだいに重みを増してきた。その突破口をなしたのが金弘集を正使とする第二次修信使の訪日であろう。

金弘集を正使とする第二次修信使が朝鮮の思想界および政界にあたえた衝撃は、先きの『朝鮮策略』が政府内部に、西洋諸国への開国を促進する風潮をかもしだしたことだけではない。修信使によってもたらされた清国鄭観応(『盛世危言』の著者)の『易言』も、朝鮮における開化思想の発展に大きく寄与した。富強への道として「必先学洋制、而習洋技」を説いた本書は、[68]一八八一年に訪日した紳士遊覧団も黄遵憲から寄贈をうけ、一八八三年にはその再刊本(一八八〇)が朝鮮で復刻されたばかりでなく、朝鮮文(ハングル)で翻訳出版されている。[69]しかも一八八一年に紳士遊覧団として訪日した魚允中、一八八二年に金玉均に随行して訪日した姜瑋は、それぞれ上海に渡って招商局の幇辦であった著者鄭観応を訪問している。

また第二次修信使の随員李祖淵、尹雄烈、姜瑋らは東京で興亜会の招待をうけて日本の朝野人士と交流し、それが前例となって一八八一年にも紳士遊覧団のうち洪英植、魚允中、金鏞元らが招待をうけて交流した。[70]

一行のうち尹雄烈(尹致昊の父)は、日本陸軍工兵少尉を教官とする朝鮮最初の新式軍隊「別技軍」を創設し、その長となった。また池錫永が日本からジェンナーの種痘法を伝えたことも、西洋医学が朝鮮に受容され、伝播する端緒となったことで看過できない。すでにその師朴永善は一八七六年の第一次修信使のときに随行して、医師大滝富三から種痘法を学び、関係文献を購入してきて池錫永に伝授していたが、このたびの直接訪日によってさらにその研究を深め、朝鮮での普及につとめた。[71]池錫永は一八九九年に官制によって設立された医学校の初代校長であり、封建的なエリート言語としての漢文の弊害を論じて、平民的な国文(ハングル)の研究と普及につとめた人物である。

ともあれ一八八一〜二年に、政府は「斥邪」上疏をおさえながら、朝鮮開化史上重大な意味をもつ措置をとっている。その一つは一八八一年五月に一二名の朝士を中心とする紳士遊覧団が訪日し、それぞれ分担して日本政府各省および諸機関を視察して報告したこと、朝士の一員である魚允中の随員兪吉濬、柳定秀が福沢諭吉の慶応義塾に、尹致昊が中村敬宇の同人社にそれぞれ留学したこと、同年一一月には金允植を領選使とする三八名の外国語および技術留学生(「学徒」〈両班子弟〉二〇名、「工匠」〈中人階級〉一八名)を天津機器廠南局および東局、水雷学堂、水師学堂に派遣したこと、[72]かれら留学生は壬午軍乱後の一八八二年末まで帰国したが、領選使一行は一九種七四冊の科学書をはじめ、各種機器の模型(木様)および設計図(図様)その他機器の寄贈をうけ、[73]さらに多くの機器を購入し、袁栄燦ら四名の天津工匠をつれてきて、一八八三年にソウル三清洞北倉に機器局を創設したこと、八二年二月(陰暦八一年一二月)から八月まで金玉均がはじめて徐光範らとともに訪日したことなどである。

その二つは、一八八二年一月(陰暦一八八一年一一月二一日)の統理機務衙門各司の改編にともなって、先きの紳士遊覧団の一二名の朝士のうち八名と、参劃官として一行に参加した李元会が、各司の要職に配置されたことである(傍点がそのメンバー)。具体的にみれば、同文司(外交)堂上には李載冕、趙寧夏、沈相学、軍務司堂上には李載元、申正熙、閔泳翊、趙義純、李元会、洪英植、通商司堂上には金輔鉉、金弘集、趙秉稷、李𨯶永、閔種黙、利用司堂上には閔鎌鎬、李根弼、朴定陽、典選司堂上には金炳徳、尹滋悳、趙準永、律例司堂上には沈舜沢、厳世永、監工司堂上には閔台鎬、鄭範朝、姜文馨などである。もちろんこの改編においても人事配置は守旧派を中軸として構成されているが、しかしそこには実務的に開化策を推進するための政府内部の橋頭堡が構築されたことが注目される。しかも一八八一年一月の官制改革で(注56参照のこと)、従来、対清外交は事大司、対日外交は交隣司となっていたのを、このたび同文司の一つに統合したことは、その対外観の変化を意味するものであろう。

その三つは、対外関係においてはじめて「洋夷」との修好通商条約が成立したことである(一八八二年五月の朝・米修好通商条約)。先きにのべた領選使金允植の清国への派遣は、留学生のことのほかにも、李鴻章を仲介として対米交渉に参劃するという別の任務を帯びてのことであった。ここには紳士遊覧団の朝士の一員であった魚允中が、日本からそのまま北京に渡り、金允植と合流して対米交渉に参劃している。先きの江華島条約が、少くとも観念的には江戸二六〇余年間の旧好=交隣の回復と理解されていたなかで、「洋夷」としてははじめてのアメリカとの交渉が国外で、しかも李鴻章の仲介によってなされた原因の一つは、対西洋外交の未経験もさることながら、一八八一年におけるはげしい「辛巳斥邪上疏」であった。そしてこの対米修好通商条約を端緒として、一八八三〜八四年にかけて、イギリス、ドイツ、イタリア、ロシアとも修好通商条約が成立した。

じつは対米交渉に至るまでには、清国洋務派官僚李鴻章の強力なはたらきかけがあった。かれはすでに一八七九年八月二六日(陰暦七月九日)、朝鮮の領中枢府事李裕元に密函(幕僚薛福成の作成)を送り、「為今日之計、似宜用以敵制敵之策、次第与泰西各国立約、藉以牽制日本」と、日本の一方的進出にたいする「以敵制敵之策」として、欧米諸国との立約を勧告している。また領選使として北京に赴いた金允植から、アメリカ使節シューフェルト(R. W. Shufeldt)との対米交渉を主持してくれるよう要請をうけた李鴻章は、八二年一月二一日(旧暦一二月二日)の上奏のなかで、「我藩属之最親者莫如朝鮮、日本脅令通商、復不允訂税則、抑勒把持、計甚険狡、非先与美国《アメリカ》訂立妥善之約、則朝鮮勢難孤立、請允金允植之請」とのべている(74)。

李鴻章が朝鮮にたいする日本の一方的進出にたいして脅威を感じたのは、琉球問題をめぐる葛藤もさることながら、中国東三省への脅威にたいする警戒であった。つまりかれはすでに一八七六年一月一九日(旧暦一二月二三日)に総理衙門に致した書のなかで、「更恐朝鮮為日本陵逼、或加以侵佔、東三省根本重地遂失藩蔽、有唇亡歯寒之憂、後患尤不勝言(75)」とのべていることから分る。ところが先きの黄遵憲の『朝鮮策略』では、「防俄《ロシア》之策」のために「結日本」をも強調している。これは李鴻章と駐日公使何如璋との対日観の相違によるもののようである(76)。

ところが同じ朴珪寿門下の金允植と金玉均との間に潜在していた思想的相違が決定的に表面化したのは、一八八二年の壬午軍乱に対処した両者間の立場の相違からであった(当時金允植は清国、金玉均は日本に滞在中)。

一八八二年七月二三日の壬午軍乱は、武衛営、壮禦営の旧軍卒にたいする軍料の、守旧派官僚による横領と遅配、新式軍隊「別技軍」に比べての差別待遇が発端となって、旧軍卒および都市貧民を網羅した反日・反閔闘争に発展した。そして大院君が推戴されて執権の座に復帰したが、これは守旧派と開化派にたいする衛正斥邪派の勝利を意味した。つまりその前年八月、辛巳斥邪上疏がはげしく国王につきつけられていたさ中に、大院君系列の安驥永、権鼎鎬が各地の儒生、李哲九、姜達善、李斗栄、李鐘学、李鐘海、丁建燮、任哲鎬らと画策して、守旧派の中心をなす閔氏一派のとりことなっていた国王高宗を廃し、大院君の庶長子李載先を推戴した「斥邪討倭」クーデター計画が未遂におわっているが、壬午軍乱はその延長線上の蜂起であった。大院君は執権の座に就くと同時に、一八八一年の斥邪上疏によって逮捕され、または流配されていた李晩孫(退渓李滉の了孫)、姜晋奎、金平黙、白楽寛、李源進らをはじめ八八七名の罪囚を釈放したばかりでなく、かつて大院君執政期にその腹心として、対日強硬策を推進した前東萊府使鄭顕徳を釈放して、重用している。

ところで当時北京に滞在していた金允植と魚允中は、日本による一方的な武力介入と、大院君による反開化策を防ぐために、李鴻章の幕僚周馥や馬建忠にはたらきかけて清国による武力介入を要請した。すなわち署理北洋大臣張樹声は呉長慶が率いる淮軍六営の出動を命じて軍乱を鎮圧させ、馬建忠、丁汝昌は八月二六日に、呉長慶の招請をうけてその軍営を訪れた国王高宗の実父大院君を逮捕して天津に連行し、保定府に監禁した。

他方日本でも留学中の兪吉濬、尹致昊などは大院君の登場による危機感を深め、八月六日に日本太政官に上書して、「派送軍鑑、航于仁川近海、徐観時変、以救全敝国主上与東宮、以処安地、然後明正昰応(大院君)之罪」とし、当時帰国のために下関に滞留中の金玉均、徐光範を訪ねて協議したい、とのべている。(77)

しかし大院君にたいする金玉均の姿勢は、金允植、魚允中、兪吉濬、尹致昊らとは根本的に異なるものであった。かれは「摂政国父は頑固なれども其の政治は正大なり、国王殿下は聡明なれども果断に乏し、死を以て国父を説くべし」(78)と、帰国をいそいだ。

八月一二日に仁川に着いた金玉均、徐光範は、朴泳孝らと連絡をとるために奔走中のところ、大院君はすでに清国軍艦に連行されたという報に接した。

「金玉均は大院君拘送を聞くや、慨然起つて清国打倒を決心せり。彼は国際の政情如何に拘らず、国父を欺いて之を拉去したるは、国土を蹂躙し、国民を侮辱し、朝鮮の王家を奴隷となし、国の面目を蹂躙したるものとなし、慨然起つて清国打倒を決意したるものの如く、彼が後年甲申の政変に当り、一意専心、以て事大党与撃滅を決心したりしは、実に大院君拉去事件に基因すと謂はれたり(79)」。

清国による大院君の拉去事件を、金玉均らが重大な主権侵害とみていたこと、対清事大関係の清算による完全独立を考えていたことは、例えば一八八四年一二月四日の甲申政変において、その政綱の第一条に「大院君不日陪還事(朝貢虚礼、議行廃止)(80)」と、うたいあげていたことからも分る。また大院君の「頑固なれどもその政治は正大なり」という評価は、金玉均の同志朴斉炯の著書『近世朝鮮政鑑』のなかの大院君政治にかんする裵次山の評のなかで、大院君の「虎威」がなければ「開化」を塞いで「頑固」を保ちえないが、またそれがなければ「頑固」を変えて、「開化」を進めることも困難である(81)、とのべていることと符合する。李朝末期の政治状況をかえりみれば、じつに開化運動にとって、反対派にたいする大院君の「虎威」が必要不可欠だったのである。ついに大院君と金玉均との出会いの機会はあたえられなかった。

以上みてきたように、金允植の赴清と金玉均の赴日、そこでむかえた壬午軍乱を契機として、両者間には開化路線をめぐって、大きな亀裂が生じた。金允植はのちに、当時の苦しかった心情をつぎのように回顧している(82)。

「初め古愚(金玉均)は瓛斎先生の門下に遊ぶ。頗る宇内大勢に明るく、嘗て同志たちと国事を憂歎す。辛巳年間(一八八一)、余は領選使を以て天津に入り、古愚ら諸人は游覧を以て日本に東渡し、共に扶国を約す。

余は壬午軍変において清兵に随いて東に還り、是より清国は我が国事に多く干渉した。而して余は、清国党と目《もく》された。古愚ら諸人は清国の我が自主権を侵すを憤り、遂に日本公使とともに、甲申の変(一八八四年一二月の甲申政変)を醸成した。遂に日本党と目され、事敗れるに及んで、挙げて指すに逆賊を以てした。

余は政府に在りて、声を同じくして誅討せざるをえなかった。然し両心相照して、其の愛国より出たるを知っており、他図が有ったのではない」。

この両者間の亀裂は、あくまでも開化派内部のそれであって、金玉均の赴日、金允植の赴清を前にして「約共扶国」したにもかかわらず、壬午軍乱への対処において決定的な亀裂が生じてしまったのである。しかし金允植が述懐しているように、かれらは「然両心相照、知其出於愛国、非有他図也」であったとみるべきであろう。わたくしはかつてつぎのようにのべたことがある[83]。

「そもそも朝鮮の開化運動には、二つの潮流があったと考える。朝鮮を資本主義化する方策として、その一つは金弘集、金允植、魚允中らのように清国の洋務運動に範をとるか、他の一つは金玉均、洪英植らのように日本の明治維新に範をとるかのそれである。卑見としては前者を改良的開化派、後者を変法的開化派とみる。しかしそのいずれにしても、共通する立脚点は朝鮮を改革して独立自存の道を切り拓くことであった」。

金玉均らが日本の明治維新に範をとるに至った理由は、「親日派」であったからという次元の低いものではない。かれらは日本観察から正しくも、つぎのような結論に到達している――「かれ(金玉均)は欧米の文明が一朝一夕にできたものではなく、列国間競争の努力による漸進として数世紀を要したのに、日本は一代の間にそれを速成したように理解した。そこでかれは、おのずから日本をモデルにしようと百方奔走した[84]」。

つまり当時の朝鮮の状況というのは、東アジア諸国のなかで、もっともおくれて開国し、また開化への出発もおくれていたなかで、その自立的発展を妨げる諸外国との複雑なからみあいがある。朝鮮の開化＝近代化の速成は、時間的に切迫した焦眉の問題であった。それが速成的に近代化をなしとげた日本をモデルにした理由である。

ここで変法的開化派と改良的開化派との相違を整理すれば、ほぼつぎのようになるであろう。第一には前者は清国との封建的な事大関係に対決して完全な自主権を確立し、日本の明治維新を改革のモデルとしたのにたいし、後者は清国との伝統的関係を尊重しながら、清国洋務運動を改良のモデルとした。第二に前者は、執権層としての守旧派に対決して、君権を完全にその手中に掌握することによって急進的な変法を考えた、つまり君権変法を考えたのにたいし、後者は守旧派との対決を避けて妥協しながら、漸進的な改良の積み上げを考えた。第三に伝統儒教にたいする姿勢において、後者はおおむね、「東教西法」または「東道西器」的であり、かなり「東教」または「東道」につよい執着をもっていたのにたいし、前者は「道」と「器」の問題よりも、朝鮮儒学における「虚」と「実」の問題を重視した。そしてその「実」の強調は、とどのつまり儒学そのものの内在的な否定に発展しうる性格のものであった（第五章第一節Ⅱ参照）。そして「東教」または「東道」にたいする執着が比較的弱く、仏教やキリスト教の受容にたいしても寛大であった（一九八、三〇三頁参照）。したがって、一般的に使われているように、守旧派にたいする開化派の姿勢によって「穏健的開化派」および「急進的開化派」とする規定よりは、開化派内部のそれぞれの思想内容によって、「変法的」と「改良的」に分けることがより適切ではなかろうかと考える。

このような変法的および改良的開化派の性格の相違を、中国の洋務派および変法派と対比してみることは興味ある問題である。たしかに中国における「洋務論の眼目ともいうべきものは、機器と技術の導入にあった[85]」とするならば、改良的開化派に相似している。また「梁啓超はいう、変法の根原は官制と学校である[86]」とするならば、変法的開化派に相似している。先きにものべたように金允植を領選使とする対清留学生は「機器」のためのそれであったのにたいし、金玉均の強い思想的影響をうけた対日留学生は、そのほとんどが政治および軍事のためのそれであった。とりわけ朝鮮における一八八四年一二月の変法的開化派による甲申政変は、清国における一八九八年の変法派による「戊戌《ぼじゅつ》変法」と、その政治的および思想的性格において多くの相似性をもつように思われる。

しかし再三のべてきたように、朝鮮における開化派の形成およびその分化過程は、清国の洋務派および変法派の亜流としてあったのではない。それは朝鮮の思想的遺産のなかでその進歩的側面を内在的に継承し、外発的要因に触発されながらの独自な発展過程をみせている。要するに開化派が内部的に分化した原因は、両者間の伝統儒教にたいする内在的止揚の度合いを基本として、近代化のモデルの選択、旧体制打破の方法をめぐる相違であり、それがとくに壬午軍乱後に政治的に表面化したことであろう。

ところが壬午軍乱後の朝鮮の政治地図は大きく変った。既述したように一八八一〜八二年にかけての朝鮮は、政府内部に開化派の影響がしだいに増してきた状況のなかで、自主的開化の本格的段階を迎えようとしていた。ところが壬午軍乱に武力介入した清国軍は呉長慶を長とする三〇〇〇名の軍隊を駐留させ(清仏戦争にともなって一五〇〇名は引揚げ)、それを背景にして従来の両国間の宗属関係は、儀礼的なものから実質的なものに変った。壬午軍乱の失敗によって守旧派および開化派の政敵であった衛正斥邪派は後退したが、守旧派と変法的開化派との対決色はしだいに濃くなった。改良的開化派は中道的立場をとってそのいずれとの対決をも避けながら、専ら守旧派体制内における改良の積み上げを意図した。それらを図式化すれば守旧派の事大＝守旧、変法的開化派の独立＝変法、改良的開化派の事大＝改良ということになろう。

壬午軍乱後から甲申政変に至るまでの政治地図は、要するに守旧派と開化派(変法的)との事大か独立か、守旧か変法か、朴泳孝の言を借りるならば「有大関於国体」の「守旧依頼」か「就新自立」かをめぐる対決が主軸であり、それに日清両国の外部勢力がからみあって、その自主的解決を困難にしたことである。一大変革期に外部勢力がからみあうのは朝鮮特有の現象ではなく、日本のばあいも(明治維新当時)、中国のばあいも(辛亥革命当時)同じことである。このような駄足を敢えて加えなければならない理由は、甲申政変を親清派と親日派との対立という「朝鮮不在」の史観から把握したのでは、その本質を理解できないばかりでなく、それと連なるその後の開化運動の正しい位置づけも不可能であり、歴史をみる眼そのものが曇ってしまうからである。

第四節　開化運動の段階的発展

I　開化運動の三つの段階
——甲午改革の評価とも関連して——

朴珪寿を源流とする近代開化思想は、両班少壮派を中心として中人層、僧侶をも結集しながら、その思想的および政治的結社としての初期開化派を形成させた。開化派はその後の歴史過程におけるブルジョア的改革と国民啓蒙の担い手として、一貫した継承性をもって近代朝鮮の思想史および政治史に一筋の有力な潮流を代表した。いうならばそれは、近代開化運動史として体系づけるべき潮流としてあった。

従来の一般的傾向として、ややもすれば甲申政変(一八八四年一二月)、甲午改革、独立協会運動(一八九〇年代後半期)、愛国啓蒙運動(一九〇〇年代後半期)を個々バラバラに考察する向きがあって、それらを総体的かつ体系的に把握する視野が欠落していたといえる。しかしそれらの運動相互間には、人脈的にも思想的にも一貫した系譜があったばかりでなく、運動およびそれに内在する思想そのものが段階ごとに、しだいに大衆的基盤を拡げながら、深化し発展したことを看過するわけにはいかない。

近代開化運動史における各段階的特徴については、かつて卑見をのべたことがあるが、それはつぎのようなものであった(87)。

第一段階(一八七〇～八四)——開明的両班少壮派を中心とする開化運動期

第二段階(一八九六～九八)——大衆的政治運動としての開化運動期

第三段階(一九〇六〜一一)——国権回復運動としての開化運動期

これら三つの段階の開化運動について、それぞれのくわしい過程や内容については個別研究にゆずることにして[88]、ここではそれらを要約してそれぞれの段階の運動内容と特徴をのべてみたいと思う。ただすでに考察してきたように、朴珪寿の思想における「実学」から「開化」への転換点を、一八七二年とみてきたことと関連して、第一段階の時期を一八七二〜八四年と訂正しておきたい。

しかし朝鮮における近代開化運動史を総体的に考えてみるばあい、甲午改革(一八九四年七月〜九六年二月)を看過するわけにはいかない。甲午改革はその当初から、金弘集、金允植、魚允中、兪吉濬ら改良的開化派を改革主体としており、一時期(一八九四年一二月〜九五年七月)は、甲申政変後に日本に亡命していた朴泳孝、アメリカに亡命していた徐光範ら変法的開化派とも連合しておこなわれた改革であった(金玉均は一八九四年三月に、上海で暗殺される)。つまり甲申政変の主役が変法的開化派とするならば、甲午改革の主役は改良的開化派であり、思想史的にみれば「甲申政変が変法的開化思想の反映であるならば、甲午改革は改良的開化思想の反映である」[89]。

甲午改革はもっとも顕著に、朝鮮の政治、経済、社会に「近代」を制度的に刻印する劃期となった。その内容の主なものをあげれば[90]——

第一には政治機構の改革をつうじて、議政府(国政)と宮内府(王室)とを分離したこと。第二には官吏採用の基本法であった科挙制度を廃止して銓考局条例を制定し、士＝儒者による両班政治に終止符を打ったこと(もちろん科挙試によってすでに登用された旧型官僚は、そのまま枢要の地位を占める)。第三には封建的身分制度の廃止。第四には司法制度の改革による司法権の行政権からの分離。第五には財政体系の一元化、租税の金納制、度量衡の統一、銀本位制の通貨改革など、財政および経済制度の改革。第六には学校制度の近代的改革などである。

従来清国との伝統的な事大関係と、守旧派政権との妥協のなかで、体制内的に改良の積み上げを推進してきた改良的開化派が、どうしてこのように変法的たりえたかについては、つぎのような二つの理由が考えられる。その第一は外的要因として、日本軍が日清開戦を目前にした一八九四年七月二三日、王宮を占領することによって守旧派を政権の座から排除したことおよび清国の敗北、その第二は内的要因として、甲午農民戦争(一八九四)における農民軍側の弊政改革案が変法的改革を余儀なくさせたことであろう。したがって甲午改革をみるばあい、日本の外圧とその「内政改革」要求による他律性だけを一面的に強調して、朝鮮社会の内在的発展を反映した側面を看過することは、甲午改革の性格と本質を見誤ることになろう。

すでにして一八九四年七月一三日には、農民軍の弊政改革案に応じた内政改革のための校正庁が朝鮮政府によって設置され、堂上官一五名をその構成員として任命している。そして自主的改革を先取りすることによって、日本の介入を防ごうとした。つまり「我政府奉命設校正庁、差堂上十五員、先革弊政幾条、皆東党(農民軍のこと)原情中事也、欲以為自主改革之漸、以防日人要挾」[91]。

また七月一〇日の老人亭会談においては、日本公使大鳥圭介が期限付きで朝鮮の「内政改革」を迫ったのにたいし、朝鮮側改革委員申正熙ら三名は連名をもって、「今我政府、自有南擾(甲午農民戦争のこと)以来、方図更張」と、すでに自主的改革のための対策があることをのべ、むしろ日本軍の撤兵とその「改革案」の撤回によって「我国保自主之権、而得行更張之政」と主張している[92]。

一般的にいって甲午改革をいうばあい、日本軍が王宮を占領してのちの一八九四年七月二七日に金弘集が領議政となり、改革案審議決定のための軍国機務処が設立されたときから[93]、九六年二月一一日に李範晋、李完用ら親露派の手引きによって国王がロシア公使館に播遷し、第三次金弘集内閣が倒れるまでの諸改革をいう。ところが甲午改革の全過程は、第一次金弘集内閣（九四年七月二七日〜一二月一六日）の第一段階と、朴泳孝との連合による第二次金弘集内閣（九四年一二月一七日〜九五年五月二八日）と、朴泳孝の主導による朴定陽内閣（九五年五月二九日〜八月二三日）とを包括する第二段階と、それから第三次金弘集内閣（九五年八月二四日〜九六年二月一一日）の第三段階とに分けてみることができよう。

甲午改革における自主性と他律性とのかねあいからすれば、日本側との不即不離の関係を保ちながら、基本的にはその自主性を貫徹しえたのは第一段階と第二段階であったといえよう。もちろんその間にも、とくに第二段階において金弘集と朴泳孝との間の角逐があり、ついには九五年七月に朴泳孝は、守旧派（特進官沈相薫）の誣告によって「大逆犯人」とされ、再び日本に亡命せざるをえなくなった。しかし第三段階においては、一八九五年一〇月における日本公使三浦梧楼の主謀による閔妃虐殺事件の処理をめぐって、金弘集内閣はその真相をまやかし、日本の犯罪行為の隠蔽に加担することによって「親日派」と烙印されるまでに転落した（李周会、尹錫禹、朴銑を殺害犯人にでっちあげて処刑）。したがって一八九六年二月の国王のロシア公使館播遷にともなって、金弘集（総理）、魚允中（度支部＝財政）、鄭秉夏（農商工部）の諸大臣が民衆の反日蜂起によって殺害され、兪吉濬ら一部は日本に亡命し、金允植は遠島流配となったのである。このことは甲午改革の主体となった改良的開化派がその政治的および大衆的基盤の弱さと関連して、日本のバック・アップなしには、反対派をおさえて改革を遂行するほど強力でなかったことを意味する。

甲申政変および甲午改革は、守旧派からの権力奪取の方法において前者は暴力的で、後者は他律的であるという差はあるが、そのいずれも大衆啓蒙による国民的合意を獲得するための前提過程を欠如したために、少数エリートによる「上」からのブルジョア改革となり、その失敗によって初期開化派のオールド・メンバーは再起不能の打撃をうけた。いうまでもなく次期からの開化運動は、新しい世代の開化派によって受け継がれるようになる。つぎにその過程を三つの段階に分けてみることにしたい。このばあい甲午改革は、その改革内容の評価はともあれ、権力の奪取と維持における他律的性格からして、開化運動の各段階からは除外したい。

II　第一段階——甲申政変

ここでは開化運動の第一段階の終結点としての甲申政変について垣間みたいが、先きにものべたように一八八二年八月の壬午軍乱後の政治地図は、閔氏を中心とする守旧派と改良的開化派とが連合し、清国の強力なバック・アップをうけて執権の座についた。そのなかで変法的開化派はしだいに窮地に追込まれ、孤立感は深まるばかりであった。もちろんその間においても改良的開化派によって部分的な改良の積み上げはあったが、しかしそれはあくまでも守旧派的体制を補強する体制内的なものにとどまるもので、あたかも清国の洋務派に似たものであった。

朝鮮にたいする清国の宗主権は、壬午軍乱を転機として従来の形式的、儀礼的なもの（すべての政教と禁令は「自行専主」していた関係）から[94]、しだいに実質的、直接的な宗属関係に変った。すなわち朝清商民水陸貿易章程（一八八二年八月）では、「此次所訂水陸貿易章程、係中国優待属邦之意、不在各与国一体均霑之例」（前文）と規定して、この章程が属邦にたいする中国の優遇から結ばれたこと、しかもその宗主国としての特権は他国の均霑を許さないことを明文化した。

呉長慶を長とする清国軍三〇〇〇名がソウルに駐留したほか、袁世凱はそれぞれ五〇〇名からなる左営および右営の朝鮮軍を組織してその訓練と武装を担当し、左営使には李祖淵、右営使には尹泰駿と、守旧派が兵権を握った。さらに李鴻章はその配下の馬建常（馬建忠の兄）とドイツ人メルレンドルフ（P. G. von Möllendorf, 穆麟徳）をして外交および税関を掌握させた。

壬午軍乱後から甲申政変にいたるまでの朝鮮の政治地図を知るうえで、一八八二年一二月に馬建常の勧告によって実施された官制改革と、その人事配置は特徴的である。それによれば一八八一年一月に設置された統理機務衙門を、一八八二年一一月には統理内務衙門と統理衙門(外衙門)としていたのにたいし、このたびの一二月には前者を統理軍国事務衙門(内衙門)、後者を統理交渉通商事務衙門(外衙門)にした。そして一品官を督辦、二品官を協辦、三品官を参議、堂下三品(文官は正三品通政大夫以上が堂上官、通訓大夫以下が堂下官、武官は正三品折衝将軍以上が堂上官、禦侮将軍以下が堂下官)から九品に至るまでを主事として各部署に配置している。例えば一八八三年一二月二九日現在の各司と、それぞれの督辦および協辦をみると、つぎの通りである。[95]

閔台鎬を督辦とする内衙門には利用司、軍務司、監工司、典選司、農商司、掌内司の各司があって、守旧派の金炳始、趙寧夏、鄭範朝を軸として、改良的開化派の金允植、魚允中、朴定陽らをもって補強している。また閔泳穆を督辦とする外衙門には掌交司、征権司、富教司、郵程司、同文学の各司があって、閔泳翊、李祖淵、メルレンドルフ、金弘集、金晩植、金玉均、洪英植と並ぶが、金玉均は閔泳翊とともに富教司の協辦、洪英植は郵程司の協辦となっている。

壬午軍乱以後の政治地図は、明らかに開化派が守旧派政権の補強的役割にとどまるのか、何らかの手段による権力交替によってラディカルな変法＝国政改革を断行するのか、その岐路にたたされていたといえる。例えば洪英植にいわしむれば、「此儘ニテ数年ヲ経過セバ朝鮮ハ変革スルトモ、再ビ朝鮮人ガ治スルコト可難ト杞憂ニ不堪義ニ候」[96]という焦燥感があった。本来かれらは、平和的手段による国政改革を考えていた。しかしそのような意図は、ほとんどのばあい清国を背景とする守旧派政権の堅い壁の前で挫折してしまった。

第一にかれらは、国王を私的に謁見できる「別入侍」という特権を利用して、国王高宗および閔妃の開明化に努めた。開明君主による君権変法を意図したのである。また守旧派の軸をなす閔氏一族の中心人物であり、閔妃の甥である閔泳翊を開化派に引き入れるためにあらゆる機会を利用した。例えば一八八二年九月の朴泳孝を正使とする修信使(副使金晩植、従事官徐光範)には、閔泳翊は金玉均とともに、その顧問として訪日した。一八八三年七月の閔泳翊を正使とする派米使節団には、洪英植は副使、徐光範は従事官として同行した。洪英植は太平洋コースを往復したが、閔泳翊は徐光範、辺燧らとともに往路は太平洋コース、帰路は大西洋コースをとって、八四年六月に帰国した。かれは朝鮮人として、初めて世界一周したことになる。

尹致昊はアメリカ公使館で、閔泳翊が「近日に独立の成るべき機会があろうか」と問うたことから問答したあげく、つぎのようにかれを評している。(97)

「ああ芸楣(閔泳翊の号)が此のように問う其の意は知りうる。蓋し開化党が興新改旧を意図し、常に独立を図るを以て、芸楣が此れを悦ばない故である。独立の志は公のためか私のためか。曰く、公のためである。然らば国家にとって公利が有れば有益ではないか。曰く、有益である。然らば国に有益であれば、閔氏もまさに力を尽して図るところがあるべきではないか。曰く、まさに力を尽すべきである。然るに芸台(閔泳翊)は文明独立して宇内に自ら振おうとする士を、国に不忠の人と為す。そもそも彼の心理は何であろうか。憐れむべきである。

芸楣の如き好い境遇にある者が、もし能く剛明にして定見があれば、どうして我が国が風に従って進歩しえないことを憂おうか。彼は頑愚にして、世界を一周しても自強の栄光たることを知らざる如くに、なお人に属することを楽とし、一時の間に合わせをしようとする。豈に、寒心すべきことではないか」。

第二に修信使として訪日した朴泳孝は、帰国後の一八八三年二月に漢城府判尹(正二品で各曹判書と同格)になると、治道局と巡警局を設けて近代的な都市建設と治安制度の確立を図り、兪吉濬をして近代的新聞の発行を準備させた。

ところが同年四月に広州留守兼禦営使に左遷され、中央から遠ざけられた。ここでかれは、日本から帰国した士官留学生申福模、喇叭手李殷乭(銀突)を教官として、一〇〇〇余名の新軍建設に着手した。ところがその広州留守さえ罷免され、その軍隊は韓圭稷を営使とする前営および、尹泰駿を営使とする後営に編入された。ちなみに朝鮮軍四営は、右営使―閔泳翊、左営使―李祖淵、前営使―韓圭稷、後営使―尹泰駿という風に、いずれも兵権は守旧派に掌握された。

第三にもっとも困難にして緊急な問題は、改革資金を調達することであった。これを金玉均が担当した。当時朝鮮政府の財政は、開国後における諸経費の増加と、民衆生活のじり貧による税収の減少のために極度に逼迫していた。閔泳翊をはじめとする守旧派(鋳銭所堂上は閔台鎬)はメルレンドルフの意見にしたがって、当五銭(旧銭一枚と同じ貨幣に「当五」の文字を入れて旧銭五枚に該当させる)、当一〇銭を鋳造して流通させようとした。金玉均は悪貨鋳造による弊害をはげしく論駁し、その対案として国王からの国債委任状をたずさえて、外債三〇〇万円募集のために、一八八三年七月に訪日した。これは同年五月に、アメリカ公使フート(L. H. Foote)の通訳として日本から帰国した尹致昊に、日本外務大輔吉田清成から、国王の委任状があれば外債募集は成功するだろう、という伝言があったからである。一八八三年四月には、さきにのべたように朴泳孝が漢城府判尹から広州留守に左遷されたように、金玉均も東南諸島開拓使兼捕鯨使となり、いずれも中央政界から排除された時期であった。それだけにかれらは国政改革のためのこの資金調達に、政治生命をかけていたといえる。

ところが日本公使竹添進一郎はメルレンドルフと結托して外務卿井上馨にはたらきかけたために(金玉均の「甲申日録」によれば、金玉均の委任状は偽物であると中傷した)、三〇〇万円外債募集は失敗した。第一銀行頭取渋沢栄一にたいする一〇万円ないし二〇万円の借款交渉も、外務卿の許可がないからと、拒否された。アメリカ公使ビンガム(J. A. Bingham)をつうじての外債交渉も失敗し、八四年四月に失意のうちに帰国した。

金玉均が帰国した当時、当五銭の濫発は弊害に弊害を生み、物価高のために民情は困窮をきわめ、地方守令は旧銭(葉銭)をもって収税し、当五銭をもって上納するために、かれらは新旧銭の価値の差額によって肥る一方、国庫は涸渇した。閔氏をはじめ守旧派内部においても失策の責任をめぐって亀裂が生じた。ところがメルレンドルフは閔氏一族につぎのようにけしかけた。(98)

「今朝鮮の害を除くためには、当五銭に在るのではなく、宜しく金玉均を除去することこそ急務である。百事をもって君上をたぶらかし、諸君に害をなすのは、即ち一に金玉均のみである。諸君は何故害を為す本を思わずして、其の末を治めようとするのか。且つ諸君が同門同種を以て、時に互いに反目するのは、国の福とはならない。請う に諸君は、相互に符合して以て国の第一の弊を為す者を除くことこそ、計の得たるものではないのか」。

このようにして開化運動にたいする日本政府の理解と援助への期待は踏みにじられ、守旧派との対立は、その体制内にかれらが存在しえないほどエスカレートするのみであった。そのなかでかれら変法的開化派が近代化のためになしえたことは、さきに朴泳孝によって計画されていた新聞発行を、金晩植を協辦とする同文学の博文局で実現したことがその一つである。つまり一八八三年一〇月三一日(陰暦一〇月一日)に『漢城旬報』の創刊をみたが、それには福沢諭吉の協力が大きかった。その門人井上角五郎および職工三輪広蔵、真田謙蔵は日本から印刷機械と活字を準備してきて、草創期の新聞編集と印刷を指導した。また郵程司協辦洪英植は、一八八四年四月に従来の駅馬法を改めて郵政総局を設け、その総辦となって近代的郵便制度を創設したのがその二つである。八四年一二月四日のこの総局開設宴で、開化派は甲申政変ののろしをあげた。

さらに変法的開化派がなしえたその三つは、金玉均、朴泳孝と福沢諭吉との提携によって五〇名の対日留学生を派遣し、かれらの思想的影響下においたことである。金玉均は訪日のたびにかれら留学生と接触し、「かれ(金玉均)は祖国刷新にたいする我々の重かつ大なる任務を語ると同時に、帰国してからわれわれが果すべき大功勲を信じてうたがわなかった。かれは常日頃、日本がアジアのイギリスになるならば、わが国はアジアのフランスにならなければならないと話した」[99](傍点引用者)。金玉均が外債募集に失敗して一八八四年四月に日本から帰国したのにつづいて、戸山陸軍学校に留学中の徐載弼をはじめとする一四名の士官学生も、同年七月に帰国した。かれらは袁世凱の影響下にある朝鮮軍四営からは排除されたが、徐載弼は八四年八月に新設された操錬局の士官長となった。

甲申政変前夜の情勢は、守旧派の障壁を打破することなしには変法＝国政改革は不可能なこと、それを遅延させることは自主独立の機会を逸しかねないこと、そのためには実力行使による権力奪取にうったえるほか方法がないこと、このように切迫していた。つまり「ところが閔(泳翊)は国を出発するときと同じく頑固で無知のまま、(アメリカから)帰ってきた。改革派は平和手段によって国運を開拓しようとしたが、何らの成果もなかった。そこでついには、皇帝とその一族を強制的にでも宮廷内の腐爛した周囲から救いだして、あらゆる因習と弊風を改革するための新勅令をださせるために計画したのであった」[100]。

ところが開化派(変法的)にとって有利な情勢がみえてきた(かれらはそれを過大評価する誤ちを犯したが)。その一つは一八八四年六月にヴェトナム問題をめぐる清仏戦争がおこって、呉長慶は清国軍三〇〇〇名のうちその半分を率いて帰国したこと(呉兆有が率いる一五〇〇名は残留)、その二つは一時帰国していた竹添進一郎が一〇月三〇日に帰任してから、壬午軍乱後の済物浦条約による朝鮮からの賠償金のうち、未払い分四〇万円を返上して国王の歓心をかい、開化派に積極的に接近してきたことである。しかし竹添には清国側や守旧派を警戒させるようなはねあがりの言動が多く、井上角五郎の評言を借りるならば、「日本政府の対韓方針が一変すると共に竹添公使の態度も亦改まつたのは当然の事とは云へ、公使は恰も性格まで一変したかの如く、従来優柔温順であつた人が頗る活溌果断となり、而も言動過激に流れ、大言壮語して憚らず」であった[101]。

金玉均らは竹添公使のはねあがり的な言動を警戒しながらその動向を注視していたが、はじめて政変計画を打ち明け、協力を求めたのは政変十日前の一一月二五日であった。すなわち金玉均は当日、はじめて「除去諸閔及数三奸臣之計」を打ち明け、「内政改革及謀除奸類之策」は金玉均が、政変後における「発兵保護防潰発作一事」は竹添公使がそれぞれ分担するという、つまり改革の主体と、その防衛との任務分担が決められた。またここでは、政変後における応急の財政援助についても合意している[102]。

甲申政変は一八八四年一二月四日、郵政局開設宴に外国使臣と四営使(閔泳翊、尹泰駿、韓圭稷、李祖淵)を招待し、午後一〇時行動隊が隣家に放火したのを合図に、その混乱を利用して閔泳翊に刺傷を加えたことからはじまる。それから電光石火のように王宮を占領したかれらは、「日本公使来護我」と書いた国王の親書による日本軍一個中隊(公使館警護兵)の出動を求めて景祐宮の大門内外を警護させ、国王および諸妃嬪が安坐した正殿の殿上には徐載弼が率いる士官学生が、殿門外には李寅鐘、李昌奎、李奎禎が率いる壮士たちがそれぞれ侍立し、殿庭内外には前営小隊長尹景完が率いる当直兵が排立した。そして国王の召命によって入闕してくる三営使(尹泰駿、韓圭稷、李祖淵)と、守旧派の巨頭閔台鎬、閔泳穆、趙寧夏および、宦官柳在賢を処断した。

翌五日には新政府の構成を発表しているが、それは領議政李載元(国王の従兄)と左議政洪英植を最高職とする大院君派と開化派(改良的および変法的)との反閔的連合政府としての性格のものであった。しかし軍事、警察、外交の中枢には朴泳孝、徐光範、徐載弼を配置し、金玉均は戸曹参判として財政問題に全責任を負うた。徐載弼によれば、「わが派の中心人物であり、総理格の金玉均を戸曹参判に任命したのは少し異常であるが(参判は次官級―引用者)、これは実権を握るためのことであった。いかに新政権が新政令を発したとしても、政務の実現は財政の調達にあるから、金玉均に新政改造の政費調達にたいする責任を任せたのである[103]」。

つづいて当日中に新政令を作成し、翌六日の『朝報』(李朝時代官人たちの間に配布されていた政治情報)に発表すると同時に、ソウル市内の要所に掲示した。金玉均がのちに略録したところによれば、その内容はつぎの一四ヵ条である[104]。

(1)大院君を早急に帰国させ(壬午軍乱後から清国保定府に幽閉されていた)、清国への朝貢虚礼は協議して廃止すること。

(2)門閥を廃止して人民平等権を制定し、人を以て官を択び、官を以て人を択ぶこと勿れ。

(3)全国の地租法を改革し、奸吏を杜《ふさ》ぎ、民困を叙《の》べ、兼ねて国用を裕《ゆた》かにすること。

(4)内侍府(宦官)を革めて罷《や》め、其のうち才の優れた者は登用すること。

(5)前後に奸貪して国に害毒を及ぼすこと最も著るしき人は、罪を定むること。

(6)各道の還上米は永久に免除すること。

(7)奎章閣は革めて罷めること。

(8)早急に巡査を設けて、以て窃盗を防ぐこと。

(9)恵商公局を革めて罷めること。

(10)前後に流配または禁錮された人は、酌放すること。

(11)四営を合せて一営となし、営中から精丁を選んで近衛隊を急設すること。陸軍大将は王世子をもって擬すること。

(12)凡そ国内財政に属するものは総べて戸曹に由って管轄し、其の余の財簿衙門は一切罷めること。

⒀大臣は参賛とともに(新差六人は、必ずしも今其の名を書く必要なし)日を課して閤門内の議政所で会議し、以て稟定を為して政令を布行すること。

⒁政府六曹のほかは、凡そ冗官に属するものをことごとく革めて罷め、大臣および参賛をして酌議して啓示せしむること。

このなかで国政の根本にかかわる変法的改革としては、外政では⑴における清国との宗属関係の廃止、内政では⑵の人民平等権と能力本位の人材登用、⑾の兵権の一元化、⑿の財政の一元化、⒀の大臣および参賛会議による君主専制権の制限、などであろう。なかんずく⑴、⑵、⒀が、対外的および対内的な変法的改革の三つの柱といえよう。すなわち⑵は封建的身分制と、それを前提とする士＝両班政治を否定したばかりでなく、⒀では国王による国政の私物化を否定して、その実権を大臣および参賛会議に移した。また対外的には李朝五百年間、その前期の明、後期の清にたいする宗属関係を清算して、新しい国際関係＝「万国公法」的国際関係を確立したことなどである。これらは国体の根本にかかわる改革であったといえる。

とりわけ⑵と⒀とに関連して、朴泳孝がのちに(一八八八年初め)国王にたいして建白したところによれば[105]、「天降生民、億兆皆同一、而稟有所不可動之通義、其通義者、人之自保生命、求自由、希幸福是也」にみる人民平等の思想、「不可親裁万機、而各任之其官事」および「設県会之法、使民議民事、而得公私両便事」にみる君権制限と民権拡大の思想が、その根底にあることが分る。朴泳孝はつぎのようにいう――「凡そ民に自由の権が有り、而して君権定まる有れば、則ち民国は永安である。然るに民に自由の権が無く、而して君権が無限であれば、しばらく強盛の日があると雖も、久しからずして衰亡する。此れは政治が定まる無く、任意に擅断する故である」。民権思想が中人や常民層の先覚者のなかからだけ芽生えるという、いうならば出身階級と思想とを直結させる考え方は機械論的思考であって、朴泳孝は名門の両班出身であったばかりでなく、高宗の前王哲宗の娘婿として錦陵尉である。もし階級的利害関係から考えるならば、かれを含めて金玉均、洪英植、徐光範、徐載弼らこそ旧体制を固執しなければならない出身であったはずである。

しかし新政令には八〇余条があり、先きに金玉均が略録した一四ヵ条のほかにも、①国民は一斉断髪させること、②青少年のうち俊秀を選抜して外国に留学させること、[106] ③国王殿下を更めて陛下と称し、伝を更めて勅と称すること、④内外公債を募集して運輸・教育・軍備の充実を期すること、[107] などが確認され、今日知りうる新政令は合せて一八ヵ条となる。「そのなかには実行しにくいものがあったばかりでなく、かえって国民に反感をまきおこすようなものもあった。改革運動をおこなっていた当時のことだから、矛盾することが二、三にとどまらなかった」。[108] 例えば甲午改革期の一八九五年一一月の断髪令がまきおこした反撥と混乱を想起するならば、この時期の断髪令などは国民の反感をからうに足るものであろう。

ところが新政令が発表された一二月六日の午後、開化派は呉兆有と袁世凱が率いる清国軍の武力攻撃をうけ、竹添進一郎は早々に日本軍の引き揚げを命令したため、甲申政変は三日目に失敗に帰した。さいごまで国王に陪従した洪英植と朴泳教（泳孝の兄）および七名の士官学生は清国軍に殺害され、政変の主導者および行動隊として参加した四〇数名のうち、[109] 生き残りとしては金玉均、朴泳孝、徐光範、徐載弼、李圭完、柳赫魯、鄭蘭教、申応熙、辺燧の九名が日本公使館員とともに、再起を期して日本に亡命しただけであった（うち徐光範と徐載弼は日本からさらにアメリカへ亡命）。

一八七九年以来、つまり朴珪寿、呉慶錫が世を去って以来、開化派の精神的および思想的支柱となっていた劉鴻基は、甲申政変の渦中でどのような運命をたどっただろうか。金玉均と朴泳孝が開化派を代表して、病床の劉鴻基をさいごに訪ねたのは一一月一六日であった。当日金玉均、朴泳孝、徐光範、徐載弼、李昌奎、李奎禎、金鳳均、柳赫魯、朴斉絅らは李寅鐘宅に集ったが、そのうち金玉均と朴泳孝がソウル市内広橋の劉鴻基宅を訪問した。そこではつぎのような問答がかわされている[110]。

劉――「聞くに日本公使が再来してのち、世は挙げて喧然となり、物情が海や雲が沸騰した如くであるが、君たちのために甚だ危いようだ。今の計は早く図るに如くはないが、然し日本政府の政略を、君たちは深く知っているだろうか」。

金――「日本政府の論議はあるだろうが、論ずべきでないようだ。たとえ日本政府の援助がなかろうと、吾が輩の意は、我が国の事勢が今は背水無糧に至り、其の切迫の状からして、固より日本政府の挙動を待つわけにはいかない。ところが竹添が新来してから其の気色を察するに、かえって過激すぎて禍を速めかねないのを吾が輩は歎くが、これもまた時の運である。運を天にまかせて一死の志をもって、吾が輩はすでに決するところがある。望むらくは先生は安心して摂生していただきたい」。

劉――「ただ吾がおもんばかるところは、日兵が百名にすぎず、其の節制は清兵より強いに似ると雖も、其の人数を論ずれば大いに同じからず、是れを甚だ憂うものである」。

金玉均と朴泳孝はともに笑いながら、病情を慰めて分れている。ところが劉鴻基は甲申政変が失敗してのち消息不明で、その生死を知らない。また日本に亡命した金玉均は日本政府によって対清関係から厄介視され、小笠原諸島および北海道で長い幽閉生活を送ったあげくに、甲午改革を目前にした一八九四年三月上海に渡ったところ、刺客洪鐘宇に射殺された[111]。

甲申政変にたいする性格規定にはいろいろあって、極端な例としてはたんなる「外国勢力と結托した政権奪取の陰謀[112]」という他律性論的評価は論外としても、「一八八四年ブルジョア革命[113]」という飛躍した評価がある。しかしすでにのべてきたように、少数エリートの開化思想は、まだ広汎な民衆のなかに根をおろすまでに至らず、甲申政変は変法的開化派が君側から閔氏一族を中心とする守旧派を除去し、君権変法による「上」からのブルジョア改革を志向したクーデターである。それはブルジョア民主主義運動の視点からみれば初期的な未熟さ、不徹底さの故に、近代開化運動史の第一段階を劃するものであり、それで完結するものではない。

ところが八五年四月に日清間の天津条約が成立して日清両軍は完全に朝鮮から撤退したが、守旧派政権が復活して開化アレルギーが政府内部に蔓延し、日清戦争に至るまでの一〇年間は、開化運動のきびしい雌伏期となった。ところが朝鮮をめぐる日清の対立のほかに、一八八五年四月イギリス極東艦隊が巨文島を不法占領したため(八七年三月に撤退)、朝鮮をめぐる英露の対立が露呈した。この一八八五年にアメリカから帰国して軟禁状態にあった兪吉濬および、ドイツ総領事代理バッドラー(H. Budler)によって中立化論が提起されたことは注目に値する。両者間には「バッドラーは朝鮮中立化のモデルをスイス(惢斯国)に求めているのにたいし、兪吉濬はそれをベルギー(比利時)とブルガリア(発佳利亜)に求めている」差はあるが[114]、この中立化論はいずれも世論を形成するまでには至らなかった。

III　第二段階——独立協会運動

一八九六年二月に国王は、親露・親米グループである貞洞派(李範晋、李完用ら)によってロシア公使館に播遷し(一年後の一八九七年二月に慶運宮に還宮)、第三次金弘集内閣の主要閣僚は反日的群衆によって殺害された。すでに第三次金弘集内閣は、一八九五年一〇月の日本公使三浦梧楼の主謀による閔妃殺害、同年一一月の断髪令をきっかけとして起った反日義兵運動と、それに呼応する民衆の反日感情によって危機を深めていった。

第三次金弘集内閣が倒れると同時に、甲午改革当時は政界から隠退していた金炳始を首脳とする守旧派と親露派の連合政府が成立し、封建反動による政治的不安と外国による利権競争はいよいよ激化した。旧法は廃止された反面、新法は定着せず、一八九七年四月一七日の朝臣会議で特進官鄭範朝がのべたように、「近来法綱解紐、旧法廃棄、新法未立、可謂無法之国[115]」の状態であった。政府施策の基本は「新旧式参酌互用之例」としたが、旧にも就かず新にも就かない一時しのぎの姑息策にすぎなかった。

一八九六年七月二日に結成された独立協会はその運動過程で、甲午改革の成果を定着させ、それを前向きに発展させることによる近代国民国家の完成をめざした合法的な政治結社としての性格を鮮明にした。先きにものべたように独立協会を中心とするこの段階の時期を「大衆的政治運動としての開化運動期」たらしめたのは、従来の甲申政変および甲午改革においては、その前提過程として欠落していた大衆啓蒙運動が先行し、さらに並行したからである。

一八八四年一二月に甲申政変が三日目に失敗してのち、生き残りの四凶(金玉均、朴泳孝、徐光範、徐載弼)の一人としてアメリカに亡命していた徐載弼は、朴泳孝からの要請をうけて、一八九六年初めにアメリカ市民として帰国した。かれはアメリカに渡ってのち、陸軍医学図書館の書記をしながらジョージ・ワシントン大学医学部に学んで医学博士となり、アメリカ市民権をえてフィリップ・ジェーソン(Philip Jaisohn)と名づけた。

徐載弼が帰国したとき、朴泳孝はすでに日本に亡命したあとであったが、かれは第三次金弘集内閣の内部大臣兪吉濬の勧告によって中枢院顧問になるとともに、国庫補助金五〇〇〇円をもって新聞を発行することにした。金弘集内閣はそれから四日後に倒れ、兪吉濬は日本に亡命したが、徐載弼は一八九六年四月七日に純民間紙『独立新聞』を創刊した。いうまでもなく兪吉濬と徐載弼とはともに、日本およびアメリカに留学した経験の持主である。

朝鮮の新聞史をかえりみれば一八八三年一〇月三一日に創刊された『漢城旬報』(一〇日に一回刊)は純漢文、それが甲申政変で停刊されたあげくに、八六年一月二五日に再刊された『漢城周報』(週に一回刊)は、姜瑋が考案した国漢混合文を採用したが、一八八八年七月七日に財政上の理由で廃刊となった。

『独立新聞』は週に三回発行され、四面からなる紙面のうち三面は国文版、一面は英語版 The Independent とした。つまり国内向けの三面からはエリート文字としての漢文をいっさい廃し、封建期に非エリート文字として賤視されてきたハングル(国文)を専用した。その創刊号には「すべて国文で書いたのは男女、上下、貴賤の別なく、みんなが読めるようにするためであり、句節を区切って書いたのは、読み易くするためである」[116]と、その人民平等思想の立場をのべている。

従来朝鮮の封建社会においては「男・上・貴」が使用する文字は「真書」(漢文)であり、「女・下・賤」が使用する文字は「諺文《オンムン》」(ハングル)であった。『独立新聞』はこのように文字使用における封建的階層性をはじめて打破し、朝鮮独自の文字を「国文」としたわけである。近代言語学の基礎のうえに朝鮮語研究の新しい分野を切り拓いた周時経は、この新聞社で会計兼校補員としてはたらきながら、社内に国文同式会を組織して国文表記法を研究したが、これがかれの本格的な朝鮮語研究の科学的基礎を切り拓く端緒となったことはいうまでもない。

国文および英語版『独立新聞』は内外に大きな反響を呼び、徐載弼の回想によれば、「その英字新聞は意外にも購読者が増え、米、英、露、中国などに相当の部数が発送された。これは当時、かれらがわが国のことに深い関心をもち、その内容を知るためにそうしたことであった。正音版(正音＝国文)独立新聞も、はじめのうちは毎日三百部ずつしか印刷できなかったのが、後には五百部となり、ついには三〇〇〇部まで発行した」[117]。この三〇〇〇部も、隣近所で廻し読みされ、その読者網はソウルからさらに地方都市にまで拡大していった。

『独立新聞』は独立協会の機関紙ではなかったが、つねにその主張を代弁し、或いはそれを先導し、その思想を民衆のなかに浸透させる言論の武器として、独立と民権にたいする大衆の覚醒を促し、啓発した。

独立協会が創立されたのは、一八九六年七月二日である。当日政府の外部署に集った有志たちは顧問徐載弼、会長兼会計長安駉寿、委員長李完用をはじめ、八名の委員、一〇名の幹事員を選出し、清国との宗属関係を清算して自主独立国であることを内外に宣言し、そのための記念事業として事大外交のシンボルであったソウル西大門の慕華館に代る独立館を、迎恩門に代る独立門を建立し、その敷地に独立公園をつくるべく募金運動を始めることにした。(118)

独立協会は一八九六年一一月三〇日にその機関誌『大朝鮮独立協会会報』を創刊しているが、会長安駉寿の序によれば、漢文、国漢文、国文をもって「一以闡揚幽沈、一以開豁知見、一以補闕治化、一以外禦人侮、洵及時之要務、不世之盛事也」と、その編集方針を明らかにしている。いうまでもなく協会は、独立門の建立と独立公園の建設にとどまるものではない。安駉寿は独立協会の名称について、「然独而不協則、失於我慢、不如不立也。協而不独則、失於無宰、不如不会也。故、曰独立曰協会、二義各成、能独能協能立能会、入徳相済、由是観之、今此四字命名、非徒華国文章之面目、実是化民礼楽之階庭」、つまり「独・立」と「協・会」とは相矛盾するようだが、相互に「入徳相済」することは「華国文章」の面目にとどまらず、「化民礼楽」の階庭となる、とのべている。(119)

独立協会は少数の開明的官僚の組織から、しだいに民衆の参与による大衆的組織に発展していったが、その過程を四つの時期に分けて考えることが適切であろう。つまり第一期(一八九六年七月二日〜九七年八月二八日)は高級官僚主導期、第二期(一八九七年八月二九日〜九八年二月二六日)は民衆進出期、第三期(一八九八年二月二七日〜九八年八月二七日)は民衆主導期、第四期(一八九八年八月二八日〜一二月末)は民衆闘争期である。(120)

第一期には開明的官僚の主導による募金をもって対清事大外交のシンボルであった迎恩門にかわる独立門を建立し(一八九七年一一月二〇日に竣工)、慕華館を改修して独立館とした。国王が「称帝建元」の上疏に応えて、一八九七年八月一六日から年号を光武とし、一〇月二〇日に皇帝即位式があって、国王を「皇帝」、国号を「大韓帝国」としたが、独立協会はそのような世論形成の一翼をになったのである。

ところが一八九七年八月二九日から、独立協会の主催による公開討論会が、独立館でおこなわれるようになった。それから第二期にはいる。大衆討論会は第一回の論題「朝鮮の急先務は教育である」(八月二九日)、第二回の論題「道路改修が衛生上第一の方策」(九月五日)、第三回の論題「国を富強にするためには商務が第一」(九月一二日)、第四回の論題「盗賊を防ぐためには街路灯をつけるのが緊要」(九月一九日)、第五回の論題「婦女教育は義理上、経済上からみて当然なこと」(九月二六日)……と、毎日曜日に左議、副左議それぞれ一名、右議、副右議それぞれ一名が、予定の討論問題を研究してきて討論し、それをめぐって会員が自由に討論に参加する方式をとった。

独立協会による公開討論会は、その解散を目前にした一八九八年一二月三日まで三四回おこなわれたが、それを論題別に分ければ新教育振興にかんして三回、産業開発にかんして五回、民族文化にかんして一回、迷信打破にかんして三回、衛生と治安にかんして三回、自主独立にかんして三回、新聞普及にかんして一回、対外政策にかんして一回、守旧派批判にかんして二回、利権反対にかんして二回、自由民権にかんして五回、議会設立にかんして一回、独立協会支会設置にかんして一回となっている。[121] このような討論会をつうじて、徐載弼の回想によれば、会員および聴衆がしだいに覚醒するにつれて、旧秩序にしがみつく官僚および、かれらをつうじて利権を漁る外国外交官との対立がしだいに顕著になり、独立協会の役員や会員のなかからも、一部の高級官僚たちが脱落していった。

「討論された論題は、主として政治・経済の諸問題であったが、しかし宗教および教育の問題も見逃さなかった。当初朝鮮人たちは公衆の面前で演説することをはにかんでいたが、ある程度の指導と激励をうけてからは、かれらのうちの数百人が効果的に演説できるようになった。わたしは、朝鮮人はうまれつき演説にたいする才能をもっているとは確信している。もちろんこれらの集会で討論されたすべてが論理的だとか啓発的だというのではない。にもかかわらず有益な多くの新しい考え方が発表された。さらに平等なたちばで、いろいろな論題が討論されていく静粛かつ秩序ある態度は、朝鮮の青年たちのあいだに、また聴衆にたいしておどろくべき影響をあたえた……

独立協会の影響が増大することは、朝鮮官僚にとって脅威であったばかりでなく、一部の外国外交官にとってもそうであった。たとえばロシアと日本の両国は、朝鮮人民のなかにおこってきた独創的な公論を不快におもっていた。独立協会の会員たちは、なにも官職があったわけではないが、この協会の集会に参加して自由に討論する特権を楽しんでいた。そしてかれらは朝鮮の官僚ばかりでなく、利己的な利益のために朝鮮をおとしいれようと計画していた外国人にたいしても、ためらうことなく批判を加えた。一年半が経過するうちに、協会に対立する反対勢力の擡頭が目にみえて顕著となったが、それは人民のあいだからではなく、少数の政府官僚やある外国公使館員たちのあいだからおこってきた(122)」。

公開討論が度を重ねるごとに、協会内部には政治批判にたいする消極派＝高級官僚派(李完用、李采淵ら)と、積極派＝少壮派(尹致昊、李商在ら)とに分化がおこり、大衆の支持をうけた積極派がしだいに主導権を握るにいたった。第三期は一八九八年二月二七日の役員改選からはじまる。新しい幹部は顧問徐載弼、会長李完用、副会長尹致昊、書記南宮檍、会計李商在、尹孝定、提議鄭喬、梁弘黙、李建鎬、その他司法委員、警察委員、評議員からなる。李完用は三月一一日に全羅北道観察使(地方長官)となり、尹致昊が会長代理を兼ねた。

この時期から協会はその内部討論にとどまらず、国王への上疏と街頭集会(万民共同会)によって、外国利権と民権侵害に反対して守旧派政府を糾弾する大衆運動を展開した。そのさきがけとなったのが、九八年二月二一日、会長安駉寿の名儀による国王への上疏である(製疏は李商在、李建鎬)。

当時朝鮮政府内部にたいするロシアの勢力浸透がいちじるしく、九六年一〇月には軍事顧問としてプチャータ大佐が来朝し、九七年一〇月には従来の財政顧問兼総税務司ブラウン(英人)に代って、アレキセーエフが就任した。またロシアによる絶影島租借問題、韓露銀行設置問題などが山積していた。

上疏は「国が国をなすには二つある。曰く自立して他国に依頼せざること、曰く自修して一国に政法を行うこと」である。「願わくば皇上は聖衷を確執し、三千里・千五百万赤子の心を心とし、その憤りと憂いを共にし、内には定章を実践し、外には他国に依頼せず、皇上の権を自主し、一国の権を自立」することを訴えたのである[123]。もちろんこれは協会内部の討論を経たものであった。

さらに独立協会の上疏に呼応して三月一〇日には鍾路白木廛(綿布商)前で一万名、一二日には数万名の万民共同会が開催され、ロシアの軍事および財政顧問を解雇して、兵権と財政の自主性を回復するよう政府に要求した。当時政府批判の焦点となったのは度支部(財政)大臣趙秉鎬、外部大臣閔種黙であった。それ以来公開討論と万民共同会は、もろもろの問題をとりあげた対政府批判のなかで独立協会の運動形態の二つの柱となった。じつは万民共同会の方式は徐載弼の発案によるものである[124]。

従来の朝鮮では、君主専制下においても国王にたいする「言路」は開かれていた。しかしそれは士族に限られた上疏であった。被統治者として身分的に運命づけられていた民衆が、国都の中央において白昼公然と、政府批判の集会をもったことはかつてなかったことである。万民共同会は朝鮮における民主主義の歴史のあけぼのを告げる暁鐘であるといっても過言ではないであろう。ところが政府は、外国士官と顧問を用いないことを通告するとともに、アメリカ市民ということで徐載弼の国外退去を要求した。かれは『独立新聞』の経営を尹致昊に任せて、同年五月に帰米せざるをえなかった。『独立新聞』国文版は同年七月一日から日刊となった。

一八九八年八月二八日に独立協会の役員改選があり、会長尹致昊、副会長李商在、その他書記、会計、司法委員、評議員のほとんどが、積極派＝少壮派によって固まった。このときから第四期がはじまる。そして地方支会も、一八九八年二月の公州支会、七月の平壌支会、九月の大邱支会をはじめ、一〇月には義州、宣川、江界、北青、木浦、仁川にもそれぞれ結成された。運動はしだいに地方に拡大する兆しをみせた。

尹致昊についてはすでにのべたことがあるように、一八八一年に日本の中村敬宇の同人社に留学したが、一八八三年には渡日中の金玉均の勧告によって横浜のオランダ領事館の書記官に英語をならった。八三年五月にアメリカ公使フートの通訳として帰国したかれは、国王とアメリカ公使にたいする開化派のパイプ的役割を果した。甲申政変当時の新政府にはその父尹雄烈は刑曹判書、尹致昊は参議交渉通商事務に指命されたが、父子ともに積極的には参加していない。

八五年一月に朝鮮から脱出したかれは、長崎を経由して上海に渡り、アメリカ南監理教経営のミッション・スクール中西学院に留学した。さらに八八年にはアメリカに渡ってヴァンダービルト大学およびエモリー大学で学んだ。在米中は徐光範や徐載弼と交友した。九三年からは上海で中西学院の教師をしている。

甲午改革当時帰国したかれは、政府の中堅官僚として活躍したが、一八九六年五月にロシア皇帝ニコライ二世の戴冠式に、特命全権公使閔泳煥の首席随員として参加し、帰りにはフランスのパリに滞在してフランス語を学んでいる。帰国したかれは、九七年二月から徐載弼と提携して独立協会運動に参加している。

李商在は朴定陽の随員として、一八八一年の紳士遊覧団の随員として訪日しており、主として郵便制度を視察している。そして郵政局総弁洪英植の右腕となって、開港場として重要な仁川郵便局の創業に従事したが、甲申政変後隠退した。

八七年には朴定陽が初代の駐米公使となると、その書信官として渡米したが、アメリカにたいするその自主外交が、「宗属関係」を固執する李鴻章の圧力のために、ほぼ一年後に召還罷免された。甲午改革当時はかれも、尹致昊と同じく中堅官僚として活躍したが、それが挫折してのちは、主として独立協会にかかわるようになった。

のちにのべるように、独立協会が趙秉式と閔種黙を軸とする守旧派政府を排除して、朴定陽と閔泳煥を軸とする開化派政府の実現によって国政改革を断行しようとしたのは、尹致昊や李商在とのこのような人脈的および思想的つながりがあったからである。

ところが第四期の独立協会の中心的な運動は、封建的な縁坐・孥戮法復活反対運動と、議会設立運動であろう。

一八九八年九月に、国王および王太子に毒茶をすすめて毒殺しようとした親露派金鴻陸一味の進毒事件があった。つまり国王のロシア語通訳として側近にいながら権勢をほしいままにした金鴻陸は、ロシア勢力の後退とともに全羅南道黒山島に流配された。その私怨をはらすために宮廷調理師孔洪植らを買収して毒茶を進めたが、未遂におわったのである。この事件を機に中枢院議官のうちの大多数が連名して、縁坐・孥戮法（罪囚本人だけでなく、その父子および妻まで処断する酷刑）の復活を上疏したばかりでなく、孔洪植が獄中で刃傷をうけるという事件がおこったのである。じつはこの縁坐・孥戮法のために、甲申政変の志士たちは「三族滅門之禍」をこうむっている。

ところがこの法は甲午改革当時廃止され、一八九五年一月七日に国王みずから宗廟に誓告した「洪範十四ヵ条」でも、「民法・刑法厳明制定、不可濫行監禁懲罰、以保全人民生命及財産」（第一三条）を誓ったのである。独立協会は金鴻陸一味を糾弾する声討会を、皇国中央総商会（ソウル鍾路街各廛商民の組織）と共同しておこなう一方、縁坐・孥戮法の復活と獄中刃傷事件は、「文明之治」に逆行する違法行為として、中枢院議長兼法部大臣申箕善と法部協辦李寅祐とを高等裁判所に告発した。そのために申箕善と李寅祐は免官され、旧法復活上疏は却下された。

このように民意の合法的な圧力によって政府がその外政および内政を変更したことは、朝鮮の政治史上かつてなかったことである。朝鮮の政界に、初歩的ながら民主主義の新風がまきおこったのである。さらに独立協会は万民共同会を開いて、守旧派政府の交替と議会設立を要求する対政府運動を展開し、開化運動はこの段階にいたって一つの峠をむかえた。つぎに別項を設けて議会設立運動を垣間みることにしたい。

Ⅳ　議会設立運動とその挫折

すでに朝鮮の開化運動史のなかでは、相対的対抗関係にある自由民権の伸長と専制君主権の制限、それにともなう政体のあり方がいかにあるべきか、について、一八八〇年代からいろいろ模索してきた。そこで到達した理想的な政体は、イギリス型の立憲君主制であった[125]。それは独立協会によって、ついに議会設立運動として発現した。

独立協会は一八九八年四月三日に、「議会院を設立するのが政治上第一に緊要」という論題で討論会を開催し、それをうけて『独立新聞』も脳(立法)と手足(行政)とが異った機能をもっているように、「開化した世界各国はこの例にならって、いろいろなことを考えて意思と方策を決定する官員たちをおき、国中にそれを執行する官員たちをおいた。方策を考えだすところを外国では議会院といい、議会院で定めた方策と意思を執行するところを内閣という……大韓でもしだいに一定の制度を政府でたて、このような混みいって規則的でないことをやめて(立法と行政との混同――引用者)、必ず議会院を別に設立し、国中から学問あり、知恵あり、りっぱな考えの持主を選抜して、かれらには行政する権利はあたえずに議論して決定する権利だけを与え」ることを主張した[126]。

さらに同年七月からは、独立協会では尹致昊の訳によるロバーツの『議会通用規則』[127](Henry M. Roberts, *Pocket*

Manual of Rules of Order for Parliamentary Assemblies)を独立新聞社で出版して、その普及につとめている。要するに議会院とは従来における独立協会内部の討論会を国政レベルに組み込むことであって、その意味で独立協会の討論会は、議会院の原型であったといえる。かつて甲午改革では、国政と王室とを分離したが、ここではさらに国政を立法と行政とに分離することによって、近代的政体の確立をめざしたのである。

独立協会が内部の討論にとどまらず、李懋栄を奉疏委員、鄭喬、李建鎬を製疏委員として、協会員六〇〇余名の連名をもって、民意にしたがって人材の登用、政令の詢議と採択をするための議会設立を上疏したのけ、九八年七月三日であった。しかし議会の設立は、守旧派政権の体制内では実現不可能なことであった。先きにものべたように独立協会は縁坐・孥戮法の復活を阻止する運動を展開したが、一〇月一日から引きつづき上疏を突きつけ万民共同会を開いて、申箕善、李寅祐の罷免にとどまらず、かれらを含めた守旧派七大臣(申箕善、李寅祐、沈舜沢、尹容善、李載純、沈相薫、閔泳綺)の罷免を要求した。このようにして議政府議政署理(議政＝内閣総理)朴定陽、軍部大臣閔泳煥を中心とする新しい内閣が成立した(国王のロシア公使館播遷以来、甲午改革当時の内閣制を廃止して議政府を復活し、議政一人、参政一人、賛政五人、その下に各部大臣をおいた)。この朴定陽と閔泳煥は開明的な高級官僚で、独立協会に同調的であり、その推戴をうけた。

一〇月一五日にはじめて、朴定陽政府と独立協会の代表との間に官民協商がおこなわれた。独立協会の総代南宮檍、洪正厚、安寧洙、劉猛、朴彦鎮の五名は、雑税廃止と中枢院改造にかんする二つの案を提出したが、中枢院改造にかんする第二案は、つぎのような内容のものであった(128)。

第二条　中枢院を再編すること、その官制は政府と独立協会会員のうち、公平正直な人をもって総代委員とし、会同議定すること。

(1)議官は半数は政府より薦選し、半数は独立協会より投票薦選して、上奏してのち奉勅叙任すること。

(2)議長は政府が推薦した人の中から、副議長は独立協会が推薦した人の中から、諸議官の投票によって選定すること。

(3)章程は外国の議院規則にならって中枢院で起案し、議政府の議を経てのち裁可をうけて施行すること。

つまり独立協会の議会設立案は、従来有名無実化した中枢院を改造して、半官半民の議会とし、外国の例を参照して、議会法(章程)を作成することであった。従来の中枢院は一八九五年一二月に設立され、内閣の諮問機関にすぎなかったのである。

議会設立をめぐって、独立協会と守旧派との対立は従来以上に尖鋭化した。趙秉式、李基東は独立協会および万民共同会に対抗する御用団体皇国協会を率いて、暴力的に対決した。このようにして守旧派と皇国協会とを一方とし、独立協会と万民共同会とを他の一方とする相互間に攻防戦がはじまった。皇国協会は五日市《いち》を行商する商人ギルド(褓負商)で、吉永洙、洪鐘宇(金玉均暗殺犯)を頭領とする守旧派の行動隊である。

議会設立をめぐる官民協商に危機感を深めた守旧派は、皇国協会をして朴定陽に圧力をかけさせ、一〇月二〇日には尹容善を議政、趙秉式を賛政とする守旧派政府を復活させたばかりでなく、国王の詔勅をもって独立協会の「離次開会」(街頭集会)を禁止した。しかし独立協会と万民共同会との連日連夜の抗議に屈した国王は、一〇月二三日に再び朴定陽を参政(内閣総理代行)に任命すると同時に、中枢院議長に韓圭卨、副議長に尹致昊を任命した。

朴定陽政府は独立協会に中枢院改造案の提出を要求したけっか、一〇月二四日に尹致昊は、鄭喬、李建鎬、李商在の作成案をもって、政府側と交渉した。その改造案はつぎのようなものである。(129)

第一条　中枢院は議政府の諮詢に応じて中枢院の建議をなし、左の事項を審査議定する処である。

(1)法律・勅令案
(2)議政府が議を経て上奏する一切事項
(3)中枢院の臨時建議事項
(4)人民の献議を採用する事項

第二条　中枢院は左の職員をもって構成する。
議長一人、副議長一人、議官五〇人を叙任し、その半数は独立協会より会員投票によって選挙する。参書官二人以下奏任、主事四人以下判任。

第四条　議長、副議長、議官の任期は十二ヵ月と定める。

第八条　議政府と中枢院が意見が合わないときは、府と院が合席協議し、妥当可決してのち施行する。

第九条　国務大臣はその主任事項をもって委員を命じ、これを議政府委員と称し、中枢院に至って議案の理趣を弁明する。

第十条　国務大臣及び各部協辨は中枢院に来会して議官となり、列席するを得る。
但しその主任事項の決議員数には加わることを得ず。

第十一条　本令は頒布日から施行する。

独立協会が提起した中枢院改造による議会設立の章程草案の特徴は、「中枢院構成の半数を独立協会で選出すること、議政府(行政府)は国王の親裁ではなく、その執行事項はすべて中枢院(立法府)の決議に拘束されること、国務大臣はその主管事項について、中枢院にたいして責任を負うことなどである。とくに中枢院の議決事項には、議政府の諮詢事項、中枢院独自の臨時建議事項のほかに、人民からの献議事項があることである。これは半官半民による議会政治への過渡的形態ではあるが、プロシャ型の議会(その流れを汲む日本のそれを含めて)に比べて、きわめて民主主義的な内容をもっていた」[130]。というのはこの章程草案によれば、君主専制権がほとんど否定されて、国王は対外的な国権の象徴にすぎない内容となっている。ところが独立協会は、上院と下院の二院制に移る前段階として、改造された中枢院を上院として位置づけていたようである。それは「下議院は急ぐべきでない」という、『独立新聞』の論説からうかがわれる[131]。

中枢院の改造による議会設立をめぐって、尹致昊の対政府交渉で最大の焦点となったのは、中枢院議員の半数を占める民選議員を、独立協会と皇国協会とからそれぞれ一七名とする政府側と(官選議員と皇国協会選出議員を合せれば絶対多数)、民選議員を独立協会選出議員に限定しようとする独立協会側との対立であった。

独立協会は中枢院改造の問題に限らず、国政全般の改革問題を討議するために、政府にたいして官民共同会の開催を要求し、ついに一八九八年一〇月二九日午後二時、一国の中央に当る鍾路街で開催されるにいたった。ここには政府側から、議政府参政朴定陽をはじめとする現任の各大臣および高官たち、閔泳煥をはじめとする前任の大臣たちが参加した。民間側からは「紳士・各協会・順成会婦人・各学校学徒・廛人(商人)・盲人・僧徒・宰設軍(白丁)皆依請帖来到」[132]、じつに男女はもちろん、かつて賤民視されてきた僧徒、白丁まで請帖＝招待状をうけて、一万名余りが参加したのである。

官民共同会は尹致昊の趣旨説明と朴定陽のあいさつからはじまったが、最初に発言した宰設軍(白丁)朴成春の、官民が心を合せて利国便民の道を切り拓くべきだと訴えた演説は、とりわけ満場の拍手をうけた。かつて一方的な統治の対象でしかなかったかれらが、身分や階層をこえて政府大臣と席を同じくし、天下国家を論じたことは、かつて朝鮮史上になかったことである。当時における民権思想の深まりをうかがい知ることができる。

官民共同会は「時弊民瘼」の根本にふれる国政改革の基本方向を示した献議六条を決議し、一〇月三〇日に国王はそれを無修正で裁可したばかりでなく、詔勅五条をおろして「求治之至意」を天下に示した。献議六条の内容はつぎの通りである。(133)

(1)外国人に依附せず、官民が同心合力して専制皇権を鞏固にすること。

(2)鉱山、鉄道、石炭、森林及び借款、借兵、すべての政府と外国人との約条の事は、若し各部大臣と中枢院議長合同の署名捺印を得るに非ざれば施行し得ざること。

(3)全国財政は勿論、いかなる税も度支部(大蔵省に該当)で一括句管し、他府郡及び私会社は干渉することを得ず、予算及び決算は人民に公開すること。

(4)今後すべての重大犯罪は別に公弁を行い、被告が徹底的に説明し、究竟自服してのちに施行すること。

(5)勅任官は大皇帝陛下が政府に諮詢し、その過半数の協賛に従って任命すること。

(6)章程(中枢院改造案)を実践すること。

二九日における献議六条と三〇日における詔勅五条は、独立協会によって直ちに漢文および国文をもって一〇万枚が印刷され、朝鮮一三道の都市と農村に配布され、また学校ではテキストとして利用された。国政改革にたいする民衆の期待がいかに切実で、かつ大きかったかを知ることができる。

さらに朴定陽政府は、一一月二日に独立協会の中枢院改造案を基礎とした新しい中枢院官制一七ヵ条を発表し、その第三条および第一六条に依拠して、一一月五日に全議員の半数に当る二五名の議員選出を独立協会に指示した。これは議会設立にかんする独立協会案を全面的に受け入れたことを意味するばかりでなく、半官半民による議会(上院)の設立による立憲君主国への新しい出発を意味した。

ところが専制君主国から立憲君主国への大転換を前にして、独立協会と朴定陽政府にたいする守旧派のクーデター計画が隠密裡にすすんでいたのである。賛政趙秉式は一一月四日に、建義疏庁および都約所の雑流をそそのかして匿名書をソウル市内の要所にかかげさせ、軍部大臣署理兪箕煥、法部協辦李基東らと密謀して、国王につぎのように誣告した。つまり一一月五日に独立協会は、大統領として朴定陽、副統領として尹致昊、内部大臣として李商在、外部大臣として鄭喬、その他会員の著名者を各部大臣および協辦として選挙し、「変国制・為共和政治」をたくらんでいる、と。(134) 国王はそれをうけて協会を解散させたばかりでなく、警務使に新しく金禎根を任命して、独立協会幹部を直ちに逮捕するよう命令した。守旧派によって「共和政治」への変革が反独立協会キャンペーンに使われた自体、当時の思想状況では、たとえ潜在的にそのような共和主義思想があったにしても(またじじつあったのであるが)、それを表面化することは思想と運動との結び付きを阻害するばかりでなく、運動そのものをつぶす原因にもなりかねない現実があった。したがって独立協会の思想を論ずるばあい、共和主義思想を尺度とし、それを表面化しなかったからといって、その思想の限界性を云々することは非歴史的であるといえる。一般的にいって思想がいかに先進的でも、運動レベルまでさげない限り、その思想が物質的力に転化しうるものではない。

事態は一変した。国王の命令によって一一月四日に独立協会の中堅幹部一四名が逮捕され、(135) 警察は事務所を襲撃して文簿や印章を押収するとともに、人の出入りを禁止した。そして五日には議政府参政趙秉式(兼法部大臣署理)、外務大臣閔種黙(兼内部大臣署理)を軸とするウルトラ守旧派政府が成立した。

その後守旧派と皇国協会、つまり守旧派権力とその御用テロ団体と、独立協会と万民共同会、つまり協会とそれを支持する市民大衆との間に、実力行使による攻防戦が展開されたが、その過程については他の文献にゆずって、(136) ここでは省略することにしたい。

けっきょく独立協会は、一二月二五日の国王の勅諭によって「悖乱」団体と規定され、再起不能なまでに弾圧された。このようにして独立協会運動の第四期はおわるのである。

その間朝鮮および満洲問題をめぐる日露間の対立がエスカレートし、日露戦争後には一九〇五年一一月の朝鮮にたいする日本の「保護条約」において、伊藤博文はこの「君主専制権」を巧みに利用して国王をおどし、容易に主権を奪取しえたのである。

独立協会は朝鮮史上はじめて、民衆レベルで言論、出版、集会、結社の民主主義的ルールを初歩的ながら切り拓き、民衆をそのように啓蒙し訓練した。しかしそれは守旧派権力の暴力によってついえ去った。一九〇〇年代後半期の愛国啓蒙運動は、まぎれもなく人脈的および思想的に、独立協会運動の延長線上にある。

甲申政変と独立協会にたいするつぎのような評価は、開化運動史上における両者を、ほぼ正しく位置づけたものといってよい(137)。

「甲申改革党が暴力によって政治改革を意図したのに反して、独立協会は言論によって政治改革を意図した。たとえ緩急の差はあったにしても、腐敗した政治を改革して独立の実をあげようとした運動としては、同じである。甲申政変に四巨頭(金玉均、洪英植、朴泳孝、徐光範—引用者)があったように、独立協会にも三巨頭があった。それは徐載弼、尹致昊および李商在である」。

たしかに独立協会および万民共同会は、その運動方法を言論と集会に限定したために、守旧派の暴力にたいして効果的に対抗することができなかった。またその運動はソウルに限定され、地方に波及しなかったために、守旧派暴力を地方に分散させることができず、ソウルに集中させる結果となった。

じつは独立協会が議会設立案を提起しはじめた九八年五月、安駉寿、尹孝定らは前警務使金在豊と提携して、「以兵逼帝、使皇太子代理、而改革国政」、つまり軍事力の圧力によって皇太子に代理執政させ、国政改革を断行しようとした軍事クーデター計画があったが、事前に秘密が漏れて未遂におわった[138]。安駉寿と尹孝定は日本に亡命したが、一九〇〇年に帰国した安駉寿は逮捕されて処刑され、尹孝定は一九〇〇年後半期の大韓自強会および大韓協会の幹部として活躍している。

V　第三段階——愛国啓蒙運動

日清戦争において清国に勝利し、日露戦争においてロシアに勝利し、さらにイギリスやアメリカの支持をうけた日本は、朝鮮を植民地化するうえで、国際的な阻止要因はなくなった。問題は朝鮮人民の抵抗との力関係だけが残されていた。

日露戦争後においても朝鮮をその軍事占領下においた日本は、一九〇五年一一月に第二次日韓協約＝乙巳保護条約を強要し、朝鮮はその「保護」政治をうけるにいたった。この条約によって朝鮮の外交権は剝奪されて国際的に孤立化し、一九〇六年二月には日本統監府が設置された。統監の権限のなかには朝鮮外交の管理、韓国皇帝に内謁する権利のほかに、朝鮮駐剳軍の使用を命じ、韓国政府に傭聘されている日本人官吏の監督などがあった。

すでに日露戦争中の一九〇四年八月二二日の第一次日韓協約において、日本政府が推薦する日本人一名を財政顧問に、外国人一名を外交顧問に任用することが規定され、財政顧問として日本大蔵省主税局長目賀田種太郎、外交顧問として駐米日本公使館顧問アメリカ人スチーブンス(D. W. Stevens)が、それぞれ日本政府の推薦によって任用された。このほかにも宮内府(加藤増雄)、軍部(野津鎮武)、警務(丸山重俊)など権力の中枢に日本人顧問が配置されていたが、かれらも日本統監の監督をうけるようになったのである。

つまり日本統監(第一代伊藤博文)は、国王に直接内謁し、外交を直接管理し、朝鮮政府内部の日本人顧問をつうじて内政を間接に監督するという最高の権力の座を占めたのである。

さらに一九〇七年六月、オランダのハーグで開かれた万国平和会議に、国王が密使を派遣して(李儁、李相卨、李瑋鍾)、朝鮮の国権回復を訴えようとした密使事件を契機に、七月二〇日には国王高宗を退位させて皇太子(純宗)に代らせ、二五日には第三次日韓協約＝丁未七条約を強要した。この条約によって韓国政府各部(省)の次官として日本人を任命したほか、行政および司法の各部署に日本人が韓国官吏として任用されるにいたった。そして秘密条項によって韓国軍隊は解散した。韓国政府はその内実において完全にカイライ化したのである。

日本によるこのような国権剝奪にたいして、朝鮮人民の抵抗は反日義兵運動、愛国啓蒙運動、テロ活動(伊藤博文、スチーブンスを射殺、李完用を刺殺未遂)、抗日上疏および言論などさまざまな形態でおこなわれたが、反日義兵運動による武闘路線と、愛国啓蒙運動による文闘路線が、国権回復運動の二大潮流となった。

つまり一九〇〇年代後半期における朝鮮人民のすべての抵抗運動は、国権回復を主要目的にした闘争であり、したがって開化運動もその第三段階は、国権回復を主要な側面とし、国政改革を副次的側面とする「国権回復運動としての開化運動期」とならざるをえなかった。いいかえるならば開化運動の第二段階＝独立協会運動と、第三段階＝愛国啓蒙運動とは、人脈的および思想的な継承性をもちながらも[139]、それぞれの歴史的背景の相違によって、当面する運動課題の焦点を転換しなければならなくなった。

しかし武闘路線としての反日義兵運動と、文闘路線としての愛国啓蒙運動とは、国権回復を共通の課題としていたにもかかわらず、その思想的系譜もその闘争形態も異にしていた。つまり「一九〇五年一一月の『保護条約』いらい、近代朝鮮における革命運動史は、日本による国権剝奪に反対する国権回復運動の形態をとるにいたった。そして旧型知識層である儒生たちの衛正斥邪思想は、日本の侵略にたいして武力をもって対決する反日義兵運動と結合し、新型知識層の開化思想は、愛国啓蒙運動と結合した。つまり反日義兵運動と愛国啓蒙運動は、李朝末期における国権回復運動の二つの主流となり、かつ併行した[140]。

この二つの運動が李朝末期において「かつ併行した」という意味は、その闘争目標を同じくしながらも、衛正斥邪思想と開化思想とがその相互浸透によって、いまだ民族主義思想に止揚され、帰一する段階まで至らなかったことを意味する。

そもそも反日義兵運動と愛国啓蒙運動とは、国権回復のための戦略思想においても根本的な相異があった。衛正斥邪派の儒生たちは勝敗利鈍を別にして、「殺身成仁」、「捨身就義」を好んで語り、「視死如帰」の死生観に徹していた。つまり「仁」と「義」のために身を殺し、後世につづく者たちに「聖人之徒」としての鑑たろうとする、いうならば動機主義であった。

しかし開化派のオピニオン・リーダーたちは、国権回復の「機会」にそなえて、その前提として「実力」の培養による自強運動を主張した[141]。いうならば結果主義である。したがって日本軍警にたいする武力的対決は、むしろ「実力」の破壊をまねく「不度時・不量力」の無謀な運動として批判的であった。かれらの主張はこうである[142]——

「韓国二十年間に義兵の繹騒を再び見るにいたったが、蓋しその縁由するところ故無きにあらず。乙未の挙（一八九五年一〇月閔妃殺害事件後の起兵）は国讐を報ゆるを以て義となし、今年の挙（一九〇六年）は国権回復を以て名と為す。蓋し此の両年間の事変は皆、前古未曾有の奇禍にして、万劫に忘れ難き恥辱であり、凡そ大韓臣民たる者、誰か慟哭し、腐心切歯し、万死を冒して決闘を欲せざる者があろうか。

然し国家の関係は個人の事と同じからず、今個人を以て其の父母の讐辱に報ゆるには、ただ一剣を以て事に当り、一朝一夕の間に黒白をつけることも可なるが、国家の大讐に至っては時と力をはからざるべからず、彼を知り己れを知ってその為しうべき計略を操り、それを図らなければならない。

だから昔、越王勾践は強国に辱しめを受けて臣妾の卑賤に甘んじながら、十年間民力を育て、十年間教訓を以てし、其の実力を養ってのち、一挙に呉を滅ぼしたし、燕の昭王は賢才を登用してその国政を修むること四十年、能く斉に復仇したし、近世のプロシャは君臣上下が国民教育に専念して六十年、能くフランスに雪辱した。是れ皆、堅忍耐欠の志を以て其の実力を養成し、時機を待って動いたのである。

今大韓臣民が此の奇変に遇い、此の至痛にも拘らず、若し雪辱の志が無ければ人類とはいえないだろう。しかし時と力をはからずしてひたすら一時の血憤に激し、千百烏合の衆を集めて紛々妄挙を為すとすれば、たんに国家の禍乱を増し、其の生民を糜爛するのみ。豈に知覚ある者の為すべき行為か」。

ここで愛国啓蒙運動というばあいの「啓蒙」については、一般的概念としてのそれと、歴史的概念としてのそれとを厳密に区別すべきであるが、ここでいう「啓蒙」とは一般的概念としてのそれであって、すなわち「一般的概念としては、それは広く民衆の知識を啓発し、個人としての自覚と自発的能動性を高めようとする思想」である。(143)

愛国啓蒙運動のための結社として、はじめて国権回復のための基本戦略を闡明したのは、一九〇六年四月に結成された大韓自強会である。その発起人張志淵、沈宜性、尹孝定、林珍洙、金相範は趣旨文のなかで、つぎのようにのべている。(144)

「今我が韓国は三千里疆土が無欠であり、二千万民族が自在するので、能く奮励自強し、団体共合すれば、なお富強の前途、国権の回復望みなきにあらず。吸々として奮発すべき時が、今日をおいてあろうか。然るに自強の術を究むるは他ならず、教育を振作し、殖産興業することである。夫れ教育興らざれば民智開けず、産業興らざれば富強ならず。然り、民智を開き、国力を養うの道、教育・産業の発達をおいてありえようか。是れ教育・産業の発達を知ること、ただこれが自強の術である。

そうとはいえ、そもそも此の自強の目的を貫徹せんとすれば、先きに其の国民の精神を培養せざるべからず。檀箕以来四千年(建国伝説における檀君と箕子)、韓国の精神をもって二千万人の脳髄に灌注し、一呼吸一瞬息たりとも自国の精神を忘れざる後、自強の心胆を練るべく、復権の活機を作るべきである。内に其の祖国の精神を養い、外に文明の学術を吸収すること、これが今日の急務である。此の自強会を発起する所以である」。

つまり愛国啓蒙運動における国権回復のための基本戦略は、内に「養其祖国之精神」、外に「吸乎文明之学術」して、教育と産業の振興による自強をはかることである。いいかえるならば国権回復を窮極の目的とする「自強」の二つの柱は、教育と産業であり、旧教育にかわる新教育をうけた青少年の養成と、日本資本に対抗するための民族資本の育成である。いうまでもなく張志淵は独立協会の幹部南宮檍が創刊した『皇城新聞』(一八九八年九月創刊)の主筆として活躍した言論人であり、尹孝定も独立協会の中堅幹部であったし、その他の発起人たちもかつて独立協会運動に参与した人たちであった。

大韓自強会は一九〇五年五月に李儁、梁漢黙らによって創立された憲政研究会の後身であるが、一九〇五年一一月の「保護条約」が、国政改革のための憲政研究から国権回復のための自強運動への転換を余儀なくさせたといえよう。会長を尹致昊とし、発起人五名を含む一〇名からなる評議員と、さらに一〇名からなる幹事員で構成された大韓自強会は、教育の拡張と産業の発達による国権回復をその目的としたが(規則第二条)、しかしその行動は合法団体としておのずから制約をうけた。つまりその行動は「国法範囲と文明軌道の以内」(規則第三条)に制約されたばかりでなく、日本人一名(大垣丈夫)を顧問とした(規則第八条)[145]。

このように合法的範囲内ではあったが、大韓自強会はその機関誌として『大韓自強会月報』(一九〇六年七月に創刊、一九〇七年七月まで通巻一三号)を発行し、大衆のなかに愛国的自強思想の普及につとめた。しかし一九〇七年七月にハーグ密使事件を口実とする国王高宗の強制退位に憤激したソウル市民が、内閣総理李完用邸に放火、親日団体一進会の国民新聞社を襲撃した事件があり、大韓自強会はその煽動団体として解散させられた。この七月には政治活動を規制するための「保安法」および、抗日言論を封殺するための「新聞紙法」が発布されている。

大韓自強会が解散されてのち、その後継団体として一九〇七年一一月に、権東鎮、南宮檍、呂炳鉉、柳瑾、李宇栄、呉世昌、尹孝定、張志淵、鄭雲復、洪弼周の発起によって大韓協会が結成されたが、それは統監府にたいする大垣丈夫の奔走によるものといわれる。

大韓協会は会長南宮檍、副会長呉世昌、総務尹孝定を首脳として、評議員、賛議員、幹事員その他が選出され、大垣丈夫を顧問とした。「保安法」下における合法団体としての大韓協会は、国権回復という政治的大前提を後退させ、「保護政治」下における体制内的な政治、教育、産業の改良団体に変質する可能性をはらむものであった。

そのことは大韓協会の趣旨書および七大綱領のなかに如実に現われている。「乃ちここに一団を組織し、之れを名づけて大韓協会を以てす。其の趣旨は要するに政治、教育、産業を講究するに在る。……頃年五条の約(一九〇五年一一月の第二次日韓協約＝保護条約)に輿情激昂し、最近七条の成(一九〇七年七月の第三次日韓協約＝丁未七条約)に国を挙げて騒乱となり、蔓延すること日に甚だしくして、静まること期し難く、乃ち祖国思想を以て反って祖国を斫傷すること、じつに慨歎に堪えない。夫れ国家の悲運は激昂の能く救うところに非ず、人民の幸福は騒乱の能く致すところに非ず、専ら実力の如何にある。実力とは何ぞや。さきに謂う政治、教育、産業の講究発達のみ」(146)。

つまりここでは明らかに、日本の国権剝奪に対決する民衆の蜂起や反日義兵運動を否定または敵視し、「祖国思想を以て反って祖国を斫傷」するものと断定している。大韓協会の体制内的性格は、その七大綱領にも反映されていて、⑴教育の普及、⑵産業の開発、⑶生命財産の保護、⑷行政制度の改善、⑸官民弊習の矯正、⑹勤勉貯蓄の実行、⑺権利・義務・責任・服従の思想の鼓吹[147]、などである。国権回復という大前提を抜きにしたこれらの鋼領は、日本の「保護政治」に抵触しないばかりか、ある面では望ましいものでもあった。

だからといって大韓協会が、日本の御用団体であったというのではない。『大韓協会月報』(一九〇八年四月に創刊、一九〇九年三月で廃刊となったが、通巻一一号)に掲載された論説や各地の講演活動は、愛国を前提とした教育、産業を強調して啓蒙的役割を果しており、これは当時の親日団体一進会と、その性格をいちじるしく異にするところである。当時の日本官憲も、このことをつぎのように観察している[148]。

「……其曾テ一進会カ百万ト号セシ会員ノ実数モ僅ニ六万ニ満タサルモノタルノミナラス、何レモ下層ノ徒ニシテ、誇張ノ言ノ甚タ大ナリシニ驚カスンハナラス。然レトモ一進会ノ標榜ハ、鮮人ノ最モ嫌厭スル親日ニシテ、且其根拠カ下流輩ニアリシヨリ、中流以上ノ一般鮮人ノ意ニ適セサルヤ明ラカニシテ、止ムヲ得サルモノアリタルヘシ。

反之尹孝定等ハ、国権回復ヲ唱ヘテ大韓協会ヲ興シ、其創立ノ辞トシテ、大韓協会ハ視ルニ韓目、聴クニ韓耳、言フニ韓口、動クニ韓足ヲ以テシ、脳俗ニ大韓魂ヲ裹《つつ》ム者ノ団体ナリ。会員ニアラサル者ハ韓人ニアラス、二千万会員タルノ日ハ悪政府、悪強国何ソ懼レンヤト叫ヒ、又其会報創刊ノ辞トシテハ韓人ノ涙ヲ灑下シ、韓人ノ血ヲ瀝取シテ、韓硯ヲ開キ、韓墨ヲ斫キ、韓紙ヲ展ヘ、韓毫ヲ染メ、三千里ノ韓ノ疆域ヲ絵カキ、四千年ノ韓ノ歴史ヲ記シ、韓ノ国勢ヲ痛ミ、二千万韓民ノ情況ヲ悲ミ、吾レ韓兄、韓弟、韓姉、韓妹トナリ、共ニ永遠ニ韓風、韓露、韓雪中ニ侶伴タルモノハ大韓協会ナリ、以テ大韓魂ヲ発揮セント主張シ、大ニ人心ヲ鼓舞スル処アリ」。

確かに大韓協会の構成員としては抗日あり、また一部に親日もあって一様ではないが、団体としての行動は日本の国権剝奪に真正面から対決する姿勢に欠け、日本統監府の圧力と、それとつうじた顧問大垣丈夫の内応によって、愛国、教育、産業を鼓吹する体制内的な言論のための啓蒙団体の域を超えることはできなかった。それでさえ朝鮮「併合」のための策動が露骨になるにつれ、一九〇八年七月に南宮檍が会長を辞任して金嘉鎮に代わり、親日派がしだいに擡頭するにともなって抗日派と親日派との分化がすすみ、一九〇九年九月に中央指導部の一部では、一進会との提携工作さえ現われるにいたった。これは大韓自強会および大韓協会の顧問として、統監府とのパイプ役を果してきた大垣丈夫の裏面工作によるものであった。[149]

このように大韓協会は体制内的な啓蒙団体として、その運動を制約したが故に、朝鮮「併合」当時まで存続しえたが、したがって国権回復のための開化運動の本流は、大韓自強会とそれにつづく秘密結社新民会によって受け継がれたと見るべきであろう（第六章参照）。

そして開化運動の第三段階にあたる愛国啓蒙運動のなかで、目に見えない民衆の覚醒と精神的風貌の変化もいちじるしいものがあったが、目に見える顕著な成果としては教育救国運動であろう。この教育運動の旗手となったのが、各地域ごとに創立された西友学会（一九〇六年一〇月創立、平安、黄海道）と漢北興学会（一九〇六年一一月創立、咸鏡道）とを合同した西北学会（一九〇八年一月に合同）、湖南学会（一九〇七年七月創立、全羅道）、関東学会（一九〇七年創立、江原道）、畿湖興学会（一九〇八年二月創立、京畿、忠清道）、嶠南学会（一九〇八年三月創立、慶尚道）および青年学友会（一九〇九年八月創立）であろう。学会とは教育団体のことであるが、それは愛国啓蒙による地域民衆の覚醒を促し、そこからエネルギーを動員して、全朝鮮各地に自主的な私立学校を普及させた。これらの学会は一九〇八年一〇月の「学会令」による統制にもかかわらず、政治と教育とを結合させた愛国的啓蒙団体であった（第五章参照）。

しかしここで看過してならないことは、新聞や雑誌による言論、とりわけ新聞が果した役割であろう。一九〇〇年代後半期に愛国抗日の旗じるしをかかげた朝鮮語新聞は、一八九八年以来の『皇城新聞』と『帝国新聞』(純国文紙、一八九八年八月創刊、社長李鐘一)のほかに、『大韓毎日申報』と『万歳報』(一九〇六年六月創刊、社長呉世昌)とがあった。

なかんずく『大韓毎日申報』は、日本の侵略政策にたいするきびしい対決のなかで、実力培養＝自強運動に国権回復の大目標をあたえつづけた新聞である。それは一九〇五年一一月の「保護条約」に反対するたたかいのなかで創刊された。つまり『皇城新聞』がこの条約の顚末をあばき、社長張志淵の論説「是日也放声大哭」を掲載して、事前検閲なしに配布したために、張志淵は逮捕され、新聞は一時停刊となった(『皇城新聞』社長南宮檍、総務羅寿淵は、一九〇〇年には日露による「朝鮮分割説」を暴露し、一九〇二年には朝鮮をめぐる第三次日露協商の侵略性を糾弾したために逮捕され、張志淵が社長となった)。これに代って登場したのが『大韓毎日申報』である。

「『皇城新聞』は、この強圧的条約締結の真相をただちにスクープして、広く報道し、さらに『声をあげて慟哭するのは是れの日であることを、悲しみをもって国民に告げる』との記事を掲げた。社長張志淵は逮捕されて警察に留置され、同社は閉鎖された。日は西におちてたそがれ、いっさいは闇となったかにみえた。

しかしそのなかで『大韓毎日申報』がにわかに光明を放った。梁起鐸とイギリス人ベッセルが論陣を張った。そして小生朴殷植が編集の任にあたり、保護条約締結の顚末を詳細に報道して、伊藤(博文)の奸策を攻撃し、世論を激発し、読者の心をかきたてた(150)」。

『大韓毎日申報』は日露戦争中にイギリスの『デイリー・ニュース』紙特派員として来韓したベッセル(Ernest T. Bethell 漢名—裵説)を社長とし、梁起鐸を総務とする新聞で、朴殷植、申采浩などが論陣を張った。ベッセルを社長としたのは、イギリスは日本の同盟国であり、治外法権が適用されていて、日本官憲の介入を防止するための措置であった。日露戦争のとき従軍記者であったベッセルは、日本軍が西洋人にたいする文明的態度とは違った、朝鮮人にたいする無法と野蛮を怒り、それを糾弾しつづけたイギリス人である。

『大韓毎日申報』は国漢混合文体の日刊紙として出発したが、一九〇七年五月三〇日からは純国文紙、同年八月一日からは英文紙 *The Korea Daily News* を発刊して、それぞれ朝鮮人を編集陣に配置した。

日本統監府は、すでに安達謙蔵が創刊した『漢城新報』(一八九四年一一月創刊)と、菊池謙譲が創刊した『大東新報』(一九〇四年四月創刊)とを買収して『京城日報』(一九〇六年九月創刊)とし、『ジャパン・タイムス』の創立者頭本元貞を招いて『ソウル・プレス』(*The Seoul Press*)を発行して対抗したが、『大韓毎日申報』を圧倒することはできなかった。例えば一九〇八年五月二七日の発行部数をみると、同紙の国漢文版はソウル三九〇〇部、地方四二四三部、純国文版はソウル二五八〇部、地方二〇七〇部、英文版はソウル一二〇部、地方二八〇部、外国六三部、計一万三二五六部となっていて、朝鮮最大の部数を誇った。(151)

日本統監府はカイライ化した李完用政府をして、朝鮮内および朝鮮人経営の新聞統制を目的にした一九〇七年七月の新聞紙法を、一九〇八年四月に改悪させ、その統制範囲を外国からの、および外国人経営の新聞にまで適用させた。この改正新聞法によって配布禁止または押収された国内のベッセルを社長とする『大韓毎日申報』および海外朝鮮人による新聞は、一九〇九年だけで一四一件―二万九四七部に及んだ。その内訳は『大韓毎日申報』一四件―一万六三一四部、『大東共報』(ウラジオストック)五七件―二二三五部、『新韓民報』(サンフランシスコ)三九件―一二一七部、『新韓国報』(ハワイ)三一件―一一八一部となっている。さらに一九一〇年になると『大韓毎日申報』『皇城新聞』『大韓民報』などの国内紙が二六回にわたって七四六二部、アメリカからの『新韓民報』と『新韓国報』とが九八件―二五一二部、ウラジオストックからの『大東共報』が三四件―二七四部、計一五八件―一万二四八部となっている。(152)

ところが日本統監府は、『大韓毎日申報』の息の根をとめるためにあらゆる術策を弄した。つまり日本統監府と日本政府はイギリス政府にはたらきかけて、友邦日本国に敵対するベッセルを一九〇七年一〇月には領事裁判で法的制裁を加えさせ、さらに一九〇八年七月には上海のイギリス領事館の獄舎に留置させた。それから梁起鐸にも追打ちをかけた。

当時日本にたいする韓国政府の借款返済のため、国債一三〇〇万円報償のための全国民的な募金運動がおこった。日本官憲はこの運動を妨害するとともに、その主宰者の一人梁起鐸の募金横領事件をでっちあげ、梁起鐸にたいする一般民の不信をかきたてようとした。そしてベッセルが上海に追放された一九〇八年七月にかれを留置し、裁判にかけた。かれは同年九月に無罪を言い渡されたが、ついに『大韓毎日申報』は再起不能の打撃をうけ、経営者をかえた同紙は「併合」と同時に『毎日申報』として、朝鮮総督府の御用新聞となった。(153)

開化運動の第三段階は、一九一〇年八月の朝鮮「併合」と、それにつづく一九一一年の新民会にたいする「百五人事件」によって(第六章第五節参照)、組織的には終りを告げた。すでにみてきたように、この段階では開化思想がはじめてソウルおよび地方都市、部分的には農村にまで浸透し、上からの愛国啓蒙と下からの民衆の覚醒とが一体となって、政治、教育、産業の自主的近代化のための民衆運動が展開された。もちろんこの段階では、国政改革は第二次的となり、国権回復が運動の第一次的課題となった。(154)

しかし第三段階の開化運動は、日露戦争後における日本の軍事占領のもと、日本統監府とそのカイライ政府によって一歩ごとに弾圧され、踏みにじられて実を結ぶことはできなかった。しかし「併合」後の日本による植民地支配下において、その思想はしだいに内面的に潜在化しながら、朝鮮独立運動の諸潮流と合流していった。

ところが衛正斥邪派による反日義兵運動では、天道教(東学の後身)およびキリスト教を異端として排斥した。もちろん一八九五年一〇月の日本人による閔妃殺害、同一一月の断髪令にたいする反撥を契機として爆発した初期反日義兵運動では、「莠民千百成群、咸称義旅、而甚至東匪余党、換面景従者、居其半」であった。[155] しかし義兵のなかの半数を占める「東匪余党」とは、かれら義兵将＝儒生たちが、東学思想と妥協して東学徒をその傘下にいれたというよりも、甲午農民戦争が弾圧されてのち、土地からはなれて流浪する武装農民がその隊列に合流したとみるべきであろう。[156]

開化運動はこの第三段階に至って、これらの東学組織とも結びついた。天道教（東学の後身、第三代教祖孫秉煕）は開化派の呉世昌（呉慶錫の子息）や権東鎮（甲午改革当時の警務使権瀅鎮の弟）を迎えいれてその幹部とし、かれらをつうじて愛国啓蒙運動に合流している。本来儒教思想から分化した初期開化派、とりわけ甲午改革の推進主体となった改良的開化派は東学を異端視し、東学思想と結合した甲午農民戦争を日本軍と連合して弾圧しながら、「上」からの改革をはかったものである。

このように愛国啓蒙運動にたいする天道教＝東学の合流は、天道教組織への開化思想の浸透によるものであるが、それは同時に天道教にたいする実学思想の浸透をも意味する。一八九八年に創刊された純国文紙『帝国新聞』の李鍾一と張孝根は、「併合」後には天道教に入信して、その出版社普文社の運営にあたっている。ちなみにこの出版社では、かの三・一運動の前夜に、ソウルおよび地方に配布するための独立宣言書を、極秘裡に印刷したところである。孫秉煕の秘書格であった張孝根はその日記のなかで、「昔開化思想、実為今日連独立思想、欲将可復国」（一九一六年五月二日条）、また「興今日昔実学、則莫非為実力養成也」（同月四日条）、さらに「態々思之、則似東学之内修及実学之先進自強主張、此余之常想時局観也」（同月一二日条）などと書いている。[157]

かれは国内に残留した開化派の一部（尹致昊、金允植、朴泳孝、柳赫魯）が、独立運動から身を引いて植民地支配に体制内化する行為を慨嘆しているが、他方においてはこの日記から、三・一運動につながる実学思想→開化思想→民族主義という思想の流れ、実学思想の「自強」と、東学思想の「内修」との思想的結合の過程を、おぼろげながら知ることができよう。

また「併合」後における最初の全人民的な反日蜂起―一九一九年三・一運動を考えるばあい、すでに一九〇〇年代後半期に本来西学＝天主教に反対して登場したはずの東学＝天道教が、キリスト教に接近していたことは注目に値いする。日本官憲の観察はこうである。(158)

「如此天道ハ孫(孫秉熙)ヲ主トシ、現政ニ平カナラサルノ徒ノミニシテ、近時各種学校ヲ興シテ育英ノ事業ニ全力ヲ注キツツアルハ、暫ク鋒□《不明》ヲ包ムモノニシテ、孫ハ往年梁起鐸ノ徒ト密ニ相結ンテ、将来一致ノ行動ニ出ルヲ約シタリトノ説アリ。現ニ宣川天道教学校ノ如キ、学監崔徳潤、会計李龍赫ヲ初メトシ、職員ニハ殆ント耶蘇長老教徒ヲ以テ充テ、毫モ之ヲ疑ハス……

耶・天両教徒(耶蘇《キリスト》教と天道教徒)ハ、一ハ共和国ノ建設、一ハ王位ノ慾望ニアツテ、最後ノ目的元ヨリ氷炭相容レサルノ間ニアリト雖モ、目的遂行ノ方法経路ニ於テハ相距ル遠カラサルヲ以テ、是ニ接近ノ因ヲ致シタルモノトス。耶蘇教徒ノ智ト天道教ノ大ヲ以テセハ、良シヤ烏合ノ衆ト雖モ、国家多事ノ時ニ於テハ、決シテ侮リ得ヘカラサルモノアリ」。

一九一〇年八月の「併合」から一〇年間、武断政治のもとであらゆる言論、出版、集会、結社の自由は全く奪われた。その間教会をつうじて集会の機会をもちえた天道教とキリスト教とが、「耶蘇教徒ノ智ト天道教ノ大」とを結合したことは、三・一運動を大衆的に拡大させる有力な槓杆となった。確かに三・一運動において、三教連合による「民族代表」は(天道教―孫秉熙を筆頭に一五名、キリスト教―一六名、仏教―二名)、自ら逮捕されることによって運動そのものからは脱落したが、かれらが運動の計画と準備によってその発端をつくり、宗派を超えた三教代表の署名によって、それぞれの教徒大衆に至大な影響をあたえたことは否定できない。そして教理の面で相対立する三教が連合しえたことは、天道教、キリスト教、仏教を「宗教的外被」とするその根底に、民族主義という共通の思想的基盤があったからである。

第五節　開化運動の思想史的地位
──衛正斥邪思想・東学思想・開化思想──

以上われわれは近代朝鮮における開化思想が、一八世紀後半期に開花した朝鮮実学の北学派の流れを汲む朴珪寿において、一八七〇年代に「実学」から「開化」への思想的転換があり、それを媒介とする初期開化派の形成、近代朝鮮における開化運動の段階的発展過程についてあらましのべてきた。

近代朝鮮における開化思想は、一九世紀における封建体制の解体過程、それがウェスタン・インパクトによって加速されるなかで、その反映として伝統儒教の両極化の一分流として生まれた。いうならば開化思想は、ウェスタン・インパクトによって加速された封建体制解体期の歴史的現実にたいする「実事求是」の変通思想としてある。

ところが初期開化派はその思想形成過程の相違によって、改良的開化派と変法的開化派とに分化した。両者は同じく、一八世紀における伝統儒教の一分流であった実学思想を母体としながらも、したがって根源的には伝統儒教を母体としながらも、前者は「東道」または「東教」を基本として「西器」または「西法」の受容を考えていたのにたいし、後者は儒教における「虚」の止揚と「実」の拡大によって「西器」および「西法」に到達するものと考えていた。

伝統儒教にたいする両者間の相違は、とりわけ壬午軍乱(一八八二年七月)後の政治活動においても清国にたいする事大か独立か、守旧派にたいする妥協か対決か、内政改革における改良か変法かという亀裂をしだいに深め、君権変法による「上」からのブルジョア改革を意図した甲申政変(一八八四年一二月)においては、変法的開化派だけが独走してしまった。

開化思想を国政レベルで具現するための開化運動は、一八七〇年代の開化派の形成から一九一〇年前後の挫折に至るまで高揚期と雌伏期とを繰り返しながら、人脈的にも思想的にも一貫した継承性をもって深化し発展する歴史過程をたどっている。それをわれわれは三つの段階に分けて、第一段階を「開明的両班少壮派を中心とする開化運動期」、第二段階を「大衆的政治運動としての開化運動期」、第三段階を「国権回復運動としての開化運動期」として、それぞれの段階的特徴と運動内容についてみてきた。

ところが開化派における改良的開化派と変法的開化派との亀裂は、変法的開化派が主導した甲申政変ではもちろん、改良的開化派が主導した甲午改革（一八九四年七月〜九六年二月）でも、ついに解消できなかった。本来改良的開化派と変法的開化派とは、その思想上および運動方法上の性格からして前者は体制内的（自力による権力奪取を否定する意味で体制内的）、後者は反体制的にならざるをえなかった。

しかし一八九〇年代後半期の独立協会運動以来、両者間のこのような亀裂は解消して反体制的変法の立場で一つに合流した。従来体制内的な改良の積みあげによる開化策の推進が、すべて失敗してきたことにたいする教訓から、独立協会運動は守旧派政権に対決する反体制的な変革運動として一体化せざるをえなかった。

このようにして根源的には伝統儒教の一分流として、少数派のものであった開化思想は、しだいに外来的な近代思想を受容し、先進資本主義諸国の経験に学びながら変容をとげ、啓蒙活動をつうじてしだいに大衆的地盤を拡げて、一九〇〇年代後半期には衛正斥邪思想と結合した反日義兵運動と並んで、開化思想と結合した愛国啓蒙運動は、日本による国権剝奪に対決する国権回復運動の二つの主柱となった。

近代朝鮮思想史において、もっとも有力な思想潮流としては衛正斥邪思想がある。本来衛正斥邪思想は近代にはじまるものではなく、五〇〇余年間にわたる李朝儒教そのものの特質を規定した思想といえる（中国や日本のそれとの比較において)。一三九二年における高麗から朝鮮への王朝の交替は、建国理念における崇仏から崇儒への転換を意味するものであった。それ以来李朝五〇〇余年間、正学＝孔・孟・程・朱(その集大成としての朱子学)の「道統」を唯一思想として邪学＝仏教、道教、陸王学、西学(天主教)にたいするきびしい反異端闘争がつづいた。いうならば衛正斥邪思想とは、正学としての朱子学の純潔性、その唯一性を固守するための思想的武器としてあった。李朝儒教の特質をかいつまんでいえば、正統と異端とのきびしい峻別と、反異端闘争による思想的一貫性にあるといえよう。

しかし近代における衛正斥邪思想は李恒老(号―華西、一七九二～一八六八)を源流とするのであるが、その思想的内実は、たんなる反異端イデオロギーにとどまるものではなくなった。つまり「無君無父之邪術」としての天主教にたいする反異端的イデオロギー闘争は、その背後の欧米資本主義列強にたいする反侵略的対決へとエスカレートした。というのは、「……清国における第二次阿片戦争、とりわけ一八六〇年における英仏連合軍の北京侵入、さらには一八六六年のフランス艦隊の武力侵入(ソウルへの水路としての漢江の江口を扼する江華島への)を契機として、衛正斥邪思想は反カトリック的＝反異教的性格にとどまらず、反西欧的＝反侵略的性格をつよくもつにいたった。それは天主教の国内伝播がつねにその背後国の武力侵攻と、不可分に結合していたという歴史的認識からそうであった[159]」。

このような「洋夷」観は、一八七六年二月の江華島条約を転機として、「倭夷」＝日本観にも延長された。かれら衛正斥邪派は、江華島条約を前後して登場する欧化された日本を、交隣国としての江戸期の日本と区別して「洋賊之前導」、したがって「倭洋一体」として認識した(崔益鉉「持斧伏闕斥和議疏」)。それから一八八一年の辛巳斥邪上疏、一八九五年末～九六年半ばに至る初期反日義兵運動、一九〇五年から一九一四年にわたる反日義兵運動など、近代朝鮮における反侵略闘争史上において、衛正斥邪思想と結合した諸運動は、壮絶な血戦の軌跡を残した[160]。これは李朝五〇〇余年間にわたって、その思想的純潔性を守り通してきた伝統儒教にふさわしいさいごの光芒であったといえよう。

一八七〇年代には朝鮮思想界の正統的主流として衛正斥邪思想があり、儒教的教養のなかで育ちながら、それの内在的克服によるごく少数派の思想として開化思想があった。開化思想はその伝播がソウルからしだいに地方都市へ、さらに李朝末期には農村にまで拡散して、近代的な私立学校設立運動として結実した。それに反して衛正斥邪思想はその逆のコース、つまり地方郷村における伝統的な権威と地盤を足場として、都市から浸透する外来資本主義の侵略に対決し、さらに開化思想をも包囲して、それに巻き返しを加えた。それは朝鮮北部より、儒教的伝統がより強固に土着した朝鮮南部において顕著であった。

衛正斥邪思想の鮮明にして非妥協的な反侵略的性格は、伝統社会とその生活をかき乱す新しい闖入者に反撥する地方住民(主として農村と地方旧都)に共感を呼びおこし、一体感を深めた。その意味で衛正斥邪思想は、強烈な反侵略的性格とともに、思想的および風俗的変通を拒否する反開化的性格を兼ね備えていた。

しかし「正」＝儒教的価値観にたいする身命をかけた固守と、「邪」＝異教的価値観にたいする断固たる拒否、これは所詮、世界体制としての資本主義的秩序のなかで、民族的自存を保ちうる道ではない。なぜなら新しい歴史的環境のなかでの民族的自存の道は、伝統思想の閉ざされた固守からではなく、前向きの自己変革のなかでこそ模索すべきものであったからである。いいかえるならば閉ざされた後向きの民族的主体ではなく、開かれた前向きの民族的主体こそ望ましい姿勢であったといえる。[161]

したがって一九〇五年からはじまり、一九〇六年から本格的な武力対決を展開した反日義兵運動のなかで、「一九〇七年八月、朝鮮軍の解散と関連して義兵運動が全国的にひろがり、有力な軍隊出身および平民出身義兵将が登場するにつれて、義兵運動における衛正斥邪思想の影響は次第に稀釈化するにいたった」[162](傍点引用者)ことは、歴史的発展に照応し切れなかった衛正斥邪思想の限界性を示したものといってよい。

近代朝鮮における封建体制解体期は、思想史的にはそれ以前の正学＝朱子学の唯一思想体系が解体し、新しい歴史的変動に照応する思想的多元化の時代とオーバーラップする。衛正斥邪思想と開化思想とが根源的には伝統儒教を母体とする思想潮流であるとするならば、儒教そのものへの異端として西学＝キリスト教の浸透があり、またそれにたいするアンチ・イデオロギーとして登場したのが東学思想である[163]。

一八六〇年に崔済愚によって創始された東学は、天道の一属性にすぎない儒道の倫理、仏道の覚性、仙道の養気の根源にある「無極大源」を究めた教理として、二一字の呪文と簡単な内省的信仰形式によって、代天者(孔子、釈迦、キリストなど)の媒介なしに天人一如となりうる、とする民衆宗教である[164]。その宗旨「人乃ち天」(人乃天)という人民平等思想は、虐げられさげすまれてきた農民層をはじめ賤民層に深い共感をもって迎えいれられた。第一代教祖崔済愚(一八六四)、第二代教祖崔時亨(一八九八)がそれぞれ「左道惑民」の罪をもって処刑されたことから推測できるように(第三代教祖は一九一九年三・一運動宣言の筆頭署名者孫秉煕)、きびしい権力側の弾圧のなかで広汎な平民層のなかに「接」→「包」の秘密組織網を拡げていった。

朝鮮最大の穀倉地帯―湖南地方(全羅道)および湖西地方(忠清道)を中心とする一八九四年の甲午農民戦争において、農民軍の組織形態は、東学の組織形態をそのまま踏襲したばかりでなく、農民軍の結束は東学思想と深く結合することによってより強化された。しかし農民軍の構成は「東学少、而冤民多」であったのである。日本軍と政府軍による大規模な流血の弾圧のために、東学＝天道教は長い間の雌伏を余儀なくされ、ようやく一九一九年の三・一運動においてその主要な一翼をになった。

東学思想は陰陽五行の相生相剋の原理による「無為而化」によって、後天開闢の地上天国の実現をめざした現世主義的な宗教的ユートピア思想であった。たしかに東学思想は農民戦争との思想的結合によって、封建体制の解体を促進はしたが、それに代る新しい社会のビジョンを具体的に開示できない限界性を免れえなかった。世界史において近代化のブルジョア的コースだけではなく、もし農民的コースを仮定しうるならば、朝鮮の甲午農民戦争は中国の太平天国の革命運動とともに、アジア的類型の新社会を創出する歴史的大実験となったであろう。しかしそのいずれも、国内の封建反動と外国の武力干渉によってついえ去った。

世界史的経験は近代化のブルジョア的コースのほか、その他の類型を知るところがない。だとすれば朝鮮における近代化への具体的ビジョンを開示し、世界史的同時性を獲得するための運動としては、開化運動をおいてほかにない。開化思想およびその運動を、いろいろな限界性と脆弱性をもちながらも、朝鮮の自主的近代化の思想的軸として注目する所以である。

(1)　『朝鮮近代史研究』(一九七〇年刊)第二章「開化思想・開化派・甲申政変」、『近代朝鮮の思想』(一九七一年刊)の開化思想にかんする部分、『近代朝鮮の変革思想』(一九七三年刊)第二部第一章「開化派における自由民権思想の形成―一八八〇年代を中心として」、第二章「独立新聞・独立協会・万民共同会―一八九〇年代後半期のブルジョア的変革運動」、第三章「李朝末期の実力培養＝自強運動―国権回復運動と開化思想」、『朝鮮の攘夷と開化』(一九七七年刊)(Ⅱ)の六、(Ⅲ)の八、九などである。

(2)　金綺秀『日東記游』巻二、問答。

(3)　同書巻四、還朝。

(4)　朴泳孝「国政改革にかんする建白書」、拙著『朝鮮近代史研究』巻末史料編(日本評論社、一九七〇)。

(5)　金允植『続陰晴史』巻五、沔陽行遣日記、高宗二十八年(一八九一)辛卯二月条。

(6)　兪吉濬『西遊見聞』第十四編、開化等級。本書は福沢諭吉の『西洋事情』から多くの記事を採取しており、その開化論にも『文明論之概略』の影響が濃い。しかし兪は伝統的「東道」の立場をくずすことなく「西器」に学ぶことを主張しているところが、儒教を野蛮とみる福沢の脱亜思想と大いに異るところである。

(7)　「東道西器」とは中国の「中体西用」、日本の「和魂洋才」と同じ用法である。つまり形而上としての「東道」を固守し、形而下としての「西器」を受容することであり、これを「東道西器」の概念として定立させたのは、韓沽劤「開国当時の危機意識と開化思想」(『韓国史研究』2、一九六八、ソウル)。

一八八三年一月三〇日(旧暦一八八二年一二月二二日)に、尹善学はその上疏のなかで、自分が主張する開化とは「器」を変えることであって、「道」を変えることではないと、つぎのようにのべている。

「君臣・父子・夫婦・朋友・長幼之倫、此得於天而賦於性、通天地・亘万古所不変之理、而在於上而為道也。舟・車・軍・農・器械之便民利国者、形於外而為器也。臣之欲変者、是器也、非道也」(傍点引用者、『日省録』高宗十九年十二月二十二日条)。

(8) 前掲『西遊見聞』、金泳鎬解題(景仁文化社版、一九六九、ソウル)。

(9) 『独立新聞』社説、建陽元年(一八九六)六月三〇日号。

(10) 『皇城新聞』社説、光武二年(一八九八)九月二三日号。

(11) 黄玹「言事疏」(一八九九)『続・近代韓国名論説集』所収、東亜日報『新東亜』付録、一九六七。

(12) 拙著『近代朝鮮の思想』六二頁(紀伊国屋新書、一九七一)。

(13) 朴珪寿『瓛斎集』巻之一、金允植序。

(14) 同書巻之一、「節録瓛斎先生行状草」朴瑄寿所撰、金允植刪補。

(15) 朴珪寿の起草した咨文および答状についての研究として、原田環「朴珪寿と洋擾」(旗田巍先生古稀記念会編『朝鮮歴史論集』(下)所収)。

(16) 前掲「節録瓛斎先生行状草」。

(17) 前掲『瓛斎集』巻之七、「擬黄海道観察使答美国《アメリカ》人照会」。

(18) 同書巻之七、「美国兵船滋擾咨」。

(19) 同書巻之七、咨文にたいする金允植の按文。

(20) 李恒老『華西集』巻十二、「洋禍」。

(21) 金平黙『重菴集』巻之五、「代京畿・江原両道儒生論洋倭情迹仍請絶和疏」丙子(一八七六)正月疏首洪在亀。

いうまでもなく衛正斥邪思想において峻別されている「華」と「夷」とは、地理的概念ではなく文化的概念であり、儒教的「礼義」をその峻別の基準としている。かれらが好んで、朝鮮を「東方礼義之邦」と称する所以である。

このような把握は中国でも同じことで、例えば清国仁宗の勅撰による『全唐文』(巻七六七、陳黯「華心」)には、つぎのように書いている。

「苟以地言之、則有華夷也、以教言、亦有華夷乎。夫華夷者、辨在乎心、辨心在察其趣嚮。有生於中州、而行戻乎礼義、是形華而心夷也。生於夷域而行合乎礼義、是形夷而心華也」(傍点引用者、謝海平『唐代留華外国人生活考述』八頁から引用、台湾商務印書館、中華民国六七年)。

(22) 前掲『瓛斎集』巻之八、書牘「与温卿(朴瑄寿)」。なお朴珪寿における「礼」論の転換をはじめて問題にしたのは前掲「朴珪寿と洋擾」である。

(23) 同書巻之八、書牘「与温卿」(再使燕京時)。

(24)『日省録』高宗壬申十二月二十六日条。

(25) 前掲『華西集』巻三、疏劄「辞同義禁疏」丙寅十月初三日。

(26) 田保橋潔『近代日鮮関係の研究』上巻、一二一〜三頁(朝鮮総督府中枢院、一九四〇)。

(27) 拙稿「江華島事件前後」(『朝鮮の攘夷と開化』、平凡社選書、一九七七)。

(28) 前掲『瓛斎集』巻之十一、書牘「答上大院君」(乙亥正月、日本書契将来、而受之不可之意、有雲閤書、故上答)。

(29) 同書巻之十一、書牘「答上大院君」(甲戌)。

(30) 同書巻之十一、書牘「答上大院君」(乙亥五月)。

(31) 前掲「節録瓛斎先生行状草」。

(32) 金義煥『朝鮮対日交渉史研究』三六七〜八頁(ソウル通文館、一九六六)。

(33)『日省録』高宗乙亥五月十日条。

(34) 姜瑋『古懽堂収草』、李重夏「本伝」。

李朝末期の開化運動史においてオピニオン・リーダーとして活躍した尹孝定は、姜瑋(秋琴)にかんするエピソードとして「京城に客遊し、その交遊するところが当時の著名な文士詩人であり、名宰賢輔であった。また其の宰輔と名士が皆先生として待遇し、席玲の香が絶えなかった」。しかしかれは身分の貴賤によって言葉使いをかえることなく、「奴婢の幼稚者であろうと、富貴の長老者であろうと、人則一也であった」(尹孝定『韓末秘史』一四七頁、ソウル野談社、一九四六)。つまり「以為人、人而已」、「人則一也」という人民平等思想が、その言葉使いにも表現されていたというのである。

(35) 同書補遺、「代申大官上桓斎朴相国(珪寿)」(丙子)。

(36)『日省録』高宗丙子正月二十日条。

(37)『日本外交文書』第九巻、三七〜八頁。

(38) 古筠記念会編纂『金玉均伝』上、四八頁(慶応出版社、一九四四)。
(39) 前掲「節録瓛斎先生行状草」。
(40) 金綺秀『日東記游』巻一、差遣二則。
(41) 同書巻一、商略六則。
(42) 本稿校正中に参照することができた、原田環「朴珪寿の対日開国論」(京都大学人文科学研究所『人文学報』第四六号、一九七九)は、つぎのように適切に表現している。
「このようにしてみると、朝鮮の開国は二段階にわたってなされたといえるであろう。まず対日開国(一八六八〜七六)、つぎに対欧米開国(一八八〇〜八六)。この開国の二段階性ということは、言いかえれば斥和論克服の二段階性ということである。まず洋化した日本(倭洋一体)との斥和論を交隣関係の修復の観点から克服し、次に斥洋論そのものの克服である」。
(43) 李鑪永『日槎集略』「八月三十日四更、復命入侍時」(民族文化推進会『海行摠載』続Ⅺ、ソウル、一九七七)。
(44) 安宗洙『農政新編』(広印社、一八八一)侍講院文学東陽申箕善序。
(45) 丸山真男『日本の思想』九〜一〇頁(岩波新書、一九六一)。
(46) 金義煥「『瓛斎先生集』について」(平木実訳、朝鮮学会『朝鮮学報』第八十六輯、一九七八)では、「したがって朴珪寿の思想を考察するさいには、一八六一年から一八七二年までの時期がもっとも重要であると考える。この時期にかれは実学思想を開化思想に飛躍・発展させていったのである」と、一八六一年の熱河副使から、一八七二年の進賀正使として中国に往来した時期を重視している。
(47) 文一平『湖岩全集』第三巻、二六七〜八頁(ソウル朝光社、一九三九)。
(48) 李光麟「かくれた開化思想家劉大致」(『開化党研究』所収、ソウル一潮閣、一九七三)で、その家系および生涯についてくわしい考証が加えられている。
(49) 古筠記念会編『金玉均伝』上、四九〜五〇頁(慶応出版社、一九四四)。
(50) 李光洙「朴泳孝と遭った話―甲申政変回顧談」(雑誌『東光』一九三一年三月号所載、『李光洙全集』第十七巻所収、ソウル三中堂、一九六二)。
(51) 葛生東介『金玉均』附録の犬養毅の回想、三八〜九頁。
(52) 前掲『金玉均伝』上、五〇頁。
(53) 李光麟「開化僧李東仁」(前掲『開化党研究』所収)はその人物と活動についてのユニークな研究である。私は拙著『朝鮮近代史研究』六九頁で、紳士遊覧団に同行する直前に王宮で行方不明となった理由を「攘夷論者によって暗殺されたとうわさされた」とのべたが、本稿によれば、金弘集の手引きによって政界に進出した李東仁が、しだいに金玉均ら急進派に傾斜していったために、穏健派の金弘集らによって謀殺されたのだろうと、あまりにも意外な事実を論証している。今後検討すべき課題である。

(54)　金玉均『甲申日録』一八八四年十二月一日条。

(55)　李東仁の日本密航と金弘集との出会いについては、前掲『朝鮮近代史研究』五八～六〇頁参照のこと。

(56)　官制改革による統理機務衙門十二司とは、領議政李最応を総理とする事大司(対清外交)、交隣司(対日外交)、軍務司、辺政司、譏訟司、通商司、理用司、器械司、軍物司、船艦司、典選司、語学司であり、各司には経理堂上、主事、副主事があり、典選・語学司にはこのほかに参謀官(李東仁)、参事(卞元圭)を置いた。いうまでもなく開国後の新しい事態に対応するための官制改革である。

(57)　金道泰『徐載弼博士自叙伝』八五頁。本書は本来は一九四八年に解放後の朝鮮にアメリカから来ていたとき、直接徐載弼から聞き取りしたもので、一九七二年にソウル乙酉文庫に一冊本として収められている。

(58)　開化派の形成時期についてはつぎのような説がある。

呉吉宝説——朝鮮民主主義人民共和国の代表的な見解で、開化思想は一八五〇年代に中人出身インテリによって芽生えはじめた。そして開化派は、一八七〇年代初めに金玉均を中心として形成された。その論拠は金玉均『甲申日録』一八八四年十二月一日条の「宮女某氏(年令四十二、身体健大如男子、有膂力可当男子五六人、素以顧大嫂称、別号所以得坤殿、罷時得近侍、自十年以前、趨付吾党、時以密事通報者也)」のくだりの「自十年以前、趨付吾党」から逆算してそのように推定している(社会科学院歴史研究所『歴史科学論文集』(1)所収「朝鮮におけるブルジョア革命運動」第二章、一九七〇)。

李光麟説——開化党が組織されたのは一八七九年である。つまり朴珪寿が世を去ってのち、劉鴻基の指導をうけてからはじめて両班政治を否定するようになり、その目的達成のために組織体をつくった。この年には李東仁を日本に派遣しており、閔泰瑗『甲申政変と金玉均』の原著は一九二五年に刊行された『嗚呼 古筠居士』であるが、そのなかに金玉均が科挙に及第してから(一八七二)、七年目に改革を断行する決心をしたというくだりを論拠としている(前掲『開化党研究』四～五頁)。

李炫熙説——その論拠は李光麟説と変るところがないが、「一八七九年頃から一八八〇年初めにかけて徐々に成立」したとしている(『韓国開化百年史』九三頁(ソウル乙酉文庫、一九七六))。

(59)　青木功一「朝鮮開化思想と福沢諭吉の著作—朴泳孝『上疏』における福沢著作の影響」(朝鮮学会『朝鮮学報』第五十二輯、

一九六九)は、一八八一年初めに朴泳孝が上疏した国政改革のための建白書について、福沢諭吉の三著作—『西洋事情』『学問のすゝめ』『文明論之概略』および、それを媒介とした西洋近代思想の影響を綿密に考証している。またその続篇として、「朴泳孝の民本主義・新民論・民族革命論—『興復上疏』に於ける変法開化論の性格」(1)、(2)(『朝鮮学報』第八十輯、一九七六、第八十二輯、一九七七)がある。

なお「朴泳孝の民本主義・新民論・民族革命」(二)の付論(三)のなかでは、私の氏の説にたいする論評(『近代朝鮮の変革思想』一二七頁、注3)と、私自身の所説にたいする疑問を提起しておられる。そのなかで、拙著『朝鮮近代史研究』(一九七〇年刊)、『近代朝鮮の思想』(一九七一年刊)において、変法的および改良的開化思想をいうが、小野川秀美氏が定義された清末洋務論・変法論のようにすっきり理解しにくいと指摘される。確かに指摘された通りで、小野川氏の『清末政治思想研究』は、管見するところではその分野の最高レベルの名著であって、日本における朝鮮思想史研究の蓄積とキャリアからみて、その水準に達するにはまだ先きの話であろう。変法的および改良的開化思想を分けて考えるのは、あくまでも私自身の仮説であり、問題提起にすぎない。この概念をはっきり定立させるためには、開化派ばかりでなく、開化論策にかんするすべての上疏や言論をトータルに分析検討し、従来の思想史的視点からの思想の内在的継起性を追究する研究から、開化思想そのものの構造、それはあくまで開化運動へのかかわり方と関連する思想構造を研究する段階に前進するのが今後の課題となろう。しかし現在の研究レベルからすれば、思想史的視点からの研究においてさえ、解決しなければならない多くの未解決の問題を残しているのが現状ではなかろうか。

(60) 阿部洋「旧韓末の日本留学—資料的考察」(1)(東京・韓国研究院『韓』第二十九号、一九七四)によれば、甲申政変までの第一期には、一八八一年紳士遊覧団の随員として訪日した兪吉濬、柳定秀が慶応義塾に、尹致昊が同人社に入学したのをはじめ、同年九〜一〇月にかけて第三回修信使趙秉鎬一行の随員張大鏞、申福模、李銀突の三名が陸軍戸山学校に、また一八八三年には金玉均の世話で徐載弼以下四四名が慶応義塾に託され、その後陸軍戸山学校に在籍している。

(61) 拙稿「開化期の国文(ハングル)運動」(平凡社選書『朝鮮の攘夷と開化』所収、一九七七)。

(62) 拙稿「開化派にとっての日本—金玉均の日本亡命とその周辺」(前掲『朝鮮の攘夷と開化』所収)。

(63) 佐藤利男「P・ローエルと近代朝鮮—ある天文学者の知られざる前歴と業績」(季刊『三千里』九号、一九七七年春号)。なお "*Chosŏn, The Land of the Morning Calm*" の著者肩書には, Late foreign secretary and counsellor to the Korean special mission to the United States of America, member of the Asiatic society of Japan. と記されている。

(64) 李光麟「アメリカ留学時代の兪吉濬」(改訂版『韓国開化史研究』ソウル一潮閣、一九七四)。

(65)　梅渓昇『お雇い外国人』一五〇頁(日経新書、一九六五)。
(66)　金允植『雲養集』巻之十一、「渠堂詩鈔序」。
(67)　「斥邪」と「開化」上疏については、拙著『近代朝鮮の思想』第三章第二節参照のこと。
(68)　黄玹『梅泉野録』巻之一上。ここでは『易言』二冊を黄遵憲の著とし、金弘集が伝えたとなっているが、もちろん間違いである。
(69)　李光麟「『易言』と韓国の開化思想」(改訂版『韓国開化史研究』所収、ソウル一潮閣、一九七四年改訂)では、朝鮮で復刻された『易言』再刊本は、時期的にみて金弘集が将来したのが恐らく初刊本(一八七一)であったはずだから、直接上海に著者鄭観応を訪問した魚允中(一八八一)または姜瑋(一八八二)が将来したものであろう、と推定している。
しかし一八八一年紳士遊覧団の朝士李鑢永の前掲『日槎集略』書札録によれば、駐日清国参賛官黄遵憲は光緒七年七月一〇日(新暦一八八一年八月四日)日付の書翰で、『明治史要』一部、『易言』一部、『使東述略』六冊、『日本雑事詩』一部、『海防臆測』一部を寄贈したことをのべている。したがって朝鮮で復刻された『易言』再刊本は、このとき黄遵憲によって寄贈されたものであろう。
(70)　『興亜会報告』第九号(明治一三年〈一八八〇〉八月二四日)によれば、興亜会は議員集会の決議にしたがって、会長伊達宗城の名儀をもって修信使金弘(宏)集を招待する書翰を送っている。
そのなかで伊達宗城は、興亜会規約および報告書数部を添付し、興亜会の主旨をつぎのようにのべている。なお伊達宗城は幕末宇和島藩のさいごの開明的な藩主で、一八四八年蛮社の獄で脱走した蘭学者高野長英を保護し、兵学書を翻訳させて藩士が学ぶようにし、また大村益次郎を招いて艦船の建造や砲台の築造にあたらせ、藩士に兵学や洋学を講義させた人物である。

「……我等三国(日本、清国、朝鮮)雖曰相交、亦使幣往来、止循故実、文字雖同、語言不通、象胥雖設、付之度外。故人忽而不治、以致全洲(亜細亜洲)形勢事情、茫乎靡知。若夫欧羅巴各国、則不然。在上則会盟聘享、在下則通商互市、緩急相救、有無相済、其形勢事情、互相洞暁、相維相制、以成啓歯之勢。此所以彼能日致強盛、雄視宇内也。亜細亜洲之不振、豈不由反斯道乎。

吾儕有慨于此、因創立興亜会、与四方有志之士、共相講習切劘、以研究亜細亜諸国之情勢、与語言文章之学、以教授生徒。今清国人入会者、已有数名、其駐京何公使子莪、亦在会中」。

金弘集はそれに答えて興亜会の主旨に賛同し、「現今中国名士、以至欽使何公(駐日清国公使何如璋のこと)、亦会員、揆以事状、僕亦宜無異同」としながらも、「自念為使价所奉命者、只重修信睦、益敦交好而已、義無外交、形跡有拘、実不得踰越限制……所以未敢躬造末座。親聆緒論、只遣属官、替伸哀悃、当有所諒触也」と、自分に代って属官を派遣するとしている。また『興亜会報』第十七号(明治一四年(一八八一)六月三〇日)によれば、一八八一年には訪日した紳士遊覧団を招待しており、六月二三日午後三時に神田祠畔の開花楼上で開かれた宴席には朝士のうちの洪琴石(英植)、魚一斎(允中)、金薇史(鏞元)、また李元会に代ってその随員沈宜永、その他に処士金世模が参加している。日本側からは延遼官として五辻長仲、水野誠一、通訳として武田邦太郎、中野許太郎のほかに、会員、客員合せて五九名が集まっており、参集会員のなかには中村正直、岸田吟香、重野安繹、赤松則良などの名も見える。記事には「咸集一楼、挙杯酬酢、於是有筆談者、有言笑者、有賦詩者、有演述者、洵盛会韻事也。顧我同人、従来幾開歓筵、而未嘗見三国人物同坐一席、互披胸襟得如是楽焉。此日嘉会、直謂之曰亜細亜興、亦無不可。飲至夜分、各自酔帰」と、大へん盛会であったようである。

(71)　黄玹『梅泉野録』巻之一上——「京師有池錫永者……遊日本、学牛痘、以己卯・庚辰間(一八七九・八〇)、設局京中、延外方遊手教習之、漸次行于八域」。また前掲『湖岩全集』第三巻、七四〜五頁。

(72)　権錫奉「領選使行にかんする一考察」(歴史学会編『歴史学報』第十七・八合輯、ソウル、一九六二)、および彭沢周『明治初期日韓清関係の研究』第五章「日清の対韓文化政策」にくわしい。

(73)　金允植『陰晴史』高宗十九年十月十四日条。天津機器廠南局が領選使一行に寄贈した品目はつぎの通りである。

南局所来拉火手器開単

装自来火器一副二件、螺糸板一塊、卡鉗一箇、装拉火手器二副、鏨子五把、規尺一箇、撞拉火料手器三副六件、洗手鑽頭七箇、螺糸起子一箇、圧火芽手器三副六件、小榔頭一箇、打拉火管模子三副、螺糸板一箇、打拉火辺鉗子二把、湾尺一箇。

南局所来書目　王筱雲 徐仲虎 同送

水師章程十六本、御風二本、汽機必以六本、航海簡法三本、化学鑑原四本、声学三本、汽機新制二本、器象顕真三本、化学続編六本、造火薬法一本、輪船布陣二本、煤薬記一本、化学分原二本、西芸六本、絵地法原一本、防海新編六本、克虜伯礮弾合法五本、開煤要法二本、水師操練三本、計書十九種共七十四本。

南局所来朝鮮匠徒造画各件単

吸水機器木様二套十二件、小汽桶木様一套四件、大小皮帯輪木様二箇、歯輪木様一箇、小零件木様十件。以上木様係本匠金性元手造、并釜鑿応用傢具十六件、随身帯去。

小汽機図様六張、機器各件図様十二張。以上図様、係安煜相・趙台元手画。

(74)　李守孔『李鴻章伝』二二七〜八頁(台湾、学生書局、民国六六年)。

(75) 同書二二五頁。

(76) 原田環「『朝鮮策略』をめぐって—李鴻章と何如璋の朝鮮政策」(季刊『三千里』一九七九年春号)。

(77) 彭沢周『明治初期日韓清関係の研究』二二九〜三〇頁引用の「兪吉濬・尹致昊上書」(吉田家文書)。

(78) 前掲『金玉均伝』上、一四四〜五頁。

(79) 同書一四七頁。

(80) 前掲『甲申日録』一八八四年十二月五日条。

(81) 朴斉炯『近世朝鮮政鑑』上。

「野史氏曰……大院君痛革其弊、可以快絶、然惜其不能尽祛其弊、而用於無用之地、雖然、若非此公之虎威、則不能杜開化、而保頑固、非此公、則他日亦難望変頑固、而進開化也」(傍点引用者)。

この書には丙戌(一八八六)暮春に書いた李樹廷の序がある。かれは日本人宮川という人に求められて序を書くが、これは朴而純(斉炯)の秘蔵の書であるはずなのに、どうして宮川氏の手に落ちたのか分らない、と書いている。李樹廷は一八八二年八月に朴泳孝を正使とする修信使の随員として訪日し、新しい農学を津田仙から学ぶつもりで滞在したが、キリスト教の洗礼をうけ、聖書の研究と翻訳に従事した。李は一八八六年五月に政府から召還されたが、その後消息不明となっている。

(82) 金允植『続陰晴史』附録「追補陰晴史」。

(83) 前掲『朝鮮の攘夷と開化』一八七〜八頁。変法的開化思想と改良的開化思想との分化について、すでに論及したのは、拙著『近代朝鮮の思想』九九頁(紀伊国屋新書、一九七一)。

(84) 徐載弼「回顧甲申政変」、閔泰瑗『甲申政変と金玉均』所収(ソウル国際文化協会、一九四七)。

(85) 小野川秀美『清末政治思想研究』八頁(みすず書房、一九六九)。

(86) 同書八二頁。

(87) 前掲『近代朝鮮の変革思想』二一九〜二〇頁。

(88) 拙稿「開化思想・開化派・甲申政変」(前掲『朝鮮近代史研究』第二章)、「開化派における自由民権思想の形成—一八八〇年代を中心として」(前掲『近代朝鮮の変革思想』第二部第一章)、「独立新聞・独立協会・万民共同会」(同書第二部第二章)、「李朝末期の実力培養＝自強運動」(同書第二部第三章)。

(89) 前掲『近代朝鮮の思想』一四一頁。

(90) 朴宗根「朝鮮における一八九四・五年の金弘集政権(開化派政権)の考察」(歴史学研究会編『歴史学研究』一九七四年十二

月号、一九七五年二月号)。

(91) 金允植『続陰晴史』巻七、高宗三十一年甲午六月条。

(92)『日本外交文書』第二十七巻第一冊、六〇七〜八頁。

(93)『日省録』高宗三十一年六月二五日条によれば、軍国機務処構成は総裁—金弘集、会議員—朴定陽、閔泳達、金允植、金宗漢、趙義淵、李允用、金嘉鎮、安駉寿、鄭敬源、朴準陽、李源兢、金鶴羽、権瀅鎮、兪吉濬、金夏英、李応翼、徐相集となっている。その後若干の変動があり、八月二日に魚允中、李泰容、権在衡を会議員に追加している。

(94) 中国近代史資料叢刊『中日戦争』(1)(上海人民出版社)二八九頁、「総理各国事務衙門奏日本欲与朝鮮修好摺」(光緒元年一二月二一日)—「朝鮮雖隷中国藩服、其本処一切政教、禁令、向由該国自行専主、中国従不与聞、今日本国欲与朝鮮修好、亦当由朝鮮自行主持」(傍点引用者)。

(95) 前掲『朝鮮近代史研究』八二〜三頁参照のこと。

(96) 伊藤博文『秘書類纂・朝鮮交渉資料』上、「郵政総辦洪英植来訪要談略」。

(97) 韓国史料叢書第十九『尹致昊日記』(1)、一八八四年十一月一日条(ソウル探求堂、一九七三)。

(98) 金玉均『甲申日録』前文。

(99) 徐載弼「回顧甲申政変」(閔泰瑗『甲申政変と金玉均』所収、ソウル国際文化協会、一九四七)。

(100) 同「回顧甲申政変」。

(101) 井上角五郎先生伝記編纂会『井上角五郎先生伝』五三頁、一九四三年。

(102) 前掲『甲申日録』十一月二十五日条。

(103) 前掲『徐載弼博士自叙伝』一四九頁。

(104) 前掲『甲申日録』十二月五日条。

(105) 朴泳孝「国政改革にかんする建白書」(前掲『朝鮮近代史研究』巻末史料編所収)。

(106) 前掲『徐載弼博士自叙伝』一五五〜六頁。

(107) 前掲『井上角五郎先生伝』五八〜九頁。

(108) 前掲『徐載弼博士自叙伝』一五五〜六頁。

(109) 前掲『甲申日録』一八八四年十二月一日条によれば、同夜李寅鐘、李奎禎、黄竜沢、李圭完、申重模、林殷明、金鳳均、李殷鐘、尹景純ら行動隊の首脳部が朴泳孝別邸に集って、政変のためのさいごの打合せをおこなっている。そのなかで政変の合図と同時に昌徳宮金虎門警護の配置につき、入闕する守旧派大臣を処断する行動隊の責任者は申福模となっているが、「申福模招集同志壮士(前営兵隊中十三人者、即是臨時赴義者、合為四十三人)」(傍点引用者)となっている。

また、前掲『金玉均伝』上巻、四二〇～一頁によれば、甲申政変に参加した開化派のメンバーはつぎの通りである。

金玉均、朴泳孝、徐光範、徐載弼、徐載昌、申福模、申重模、尹景純、尹景完、柳赫魯、鄭蘭教、李圭完、李殷鐘、林殷明、李寅鐘、李昌奎、李奎禎、李熙禎、李錫伊、李殷石、崔殷童、金鳳均、朴三竜、高永錫、黄竜沢、呉鑑、朴斉絅、尹泳観、李銀乭、宮女李禹石、申興模、崔聖郁、金興竜、李応浩、金昌煕、金奉均、車弘植、南興喆、呉昌模、高興喆、高興宗、崔英植、李允相、辺燧、ここにはどういうわけか開化派の中心人物である洪英植、朴泳教および河応善、李秉虎、申応煕、李建英、鄭鐘振、白楽雲、鄭行徴ら士官学生その他が脱落しているが、もちろん追加すべきである。

(110)　前掲『甲申日録』十一月十六日条。

(111)　拙稿「開化派にとっての日本―金玉均の日本亡命とその周辺」(前掲『朝鮮の攘夷と開化』所収)。

(112)　山辺健太郎『日本の韓国併合』Ⅳ、Ⅴ項目参照のこと(太平出版社、一九六六)。

(113)　前掲「朝鮮におけるブルジョア革命運動」(一九七〇)は、同じく朝鮮民主主義人民共和国社会科学院の共同著作『金玉均』(一九六四年、日本朝鮮研究所訳あり)が、甲申政変を「ブルジョア改革」と規定したのを批判してつぎのようにのべている。

「甲申政変の担当者であった開化派はブルジョア的であり愛国的な課題を解決するために、革命において主たる問題である主権問題を不徹底ではあるが、封建統治者との妥協の方法でなく、暴力的方法つまり武装政変の方法で解決しようとしたし、また実地においてもそのように解決した。これは甲申政変が妥協主義的な改革の性格をもつものではなく、本質的に革命的性格をおびていたことを物語る。このような性格上の特性からみて、甲申政変はブルジョア改革ではなく、ブルジョア革命であったと規定しうるのである」(まえがき、傍点引用者)。

つまりこの叙述によれば、甲申政変をブルジョア革命と規定する基本的指標を、非妥協的な暴力的方法で主権問題を解決したことにおいている。そしてつぎのようにもいう――

「一八八四年ブルジョア革命運動とその後に展開された各種形態の民族運動との間には、継承性をもっている故に一定の共通性がある反面、また差異点もある。そこで共通する点は、これらすべての運動が民族主義思想潮流を基礎として展開されたことであり、差異点は近代朝鮮の革命運動史上、ブルジョア革命は一八八四年甲申政変だけであり、その後に展開されたすべての民族運動は、ブルジョア革命とはなりえなかった」(第五章(2)、傍点引用者)。

このようにしてそれ以後共和国では、すべての通史および教科書においてこの説が定着している。

ここで疑問に思うのは、ほかの問題はさておいて暴力的方法だけについてみても、甲申政変における少数派としての開化派のクーデター的暴力を、大衆的な革命的暴力と同一視しうるだろうか、ということである。じつは甲申政変の失敗は清国軍の武力介入だけでなく、ソウル市民の大衆的な反日蜂起によって、例えば開化派の尹泳観、朴斉絅、呉鑑らが殺害されている。また共和国の世界史叙述がどのようになされているか知らないが、例えば大規模な国内戦争(戊辰戦争)をともなった日本の明治維新、同じく大規模な武装蜂起をともなった中国の辛亥革命も、ブルジョア革命と規定しているだろうか。

(114) 姜万吉「兪吉濬の韓半島中立化論」(史論集『分断時代の歴史認識』所収、ソウル、創作と批評社、一九七八)。

(115) 『高宗実録』巻之三十五、建陽二年三月条。

(116) 『独立新聞』創刊号(一八九六年四月七日)論説。

(117) 前掲『徐載弼博士自叙伝』二四五頁。

(118) 『独立新聞』一八九六年七月四日号。また鄭喬『韓国季年史』巻二、建陽元年七月条によれば、「設独立協会、其規則曰、管掌建設独立門(以本国自主独立、建独立門為万世記念)、及独立公園之事務」となっている。なお一八九六年一〇月一九日現在の独立協会の役員はつぎの通りである(慎鏞廈『独立協会研究』九一頁、ソウル一潮閣、一九七六)。

顧問—徐載弼、会長—安駉寿、委員長—李完用。

委員—金嘉鎮、金宗漢、閔商鎬、李采淵、権在衡、玄興沢、李商在、李根浩、李正在、兪箕煥、朴箕陽、金昇圭。

幹事員—宋憲斌、李建鎬、南宮檍、沈宜碩、鄭顕哲、彭翰周、呉世昌、玄済復、李啓弼、朴承祖、洪禹観、徐彰輔、李根永、文台源、具然韶、朴鎔奎、安寧洙、李鐘夏。

(119) 『大朝鮮独立協会会報』第一号(一八九六年一一月三〇日)、安駉寿「独立協会序」。

(120) 前掲『独立協会研究』八九〜九〇頁。

本書は独立協会と関連する公刊、未刊の史料を縦横に駆使したもっとも緻密な研究である。

(121) 同書二六七頁。

(122) F. A. Mckenzie, *Korea's Fight for Freedom* (1920), p. 68, Philip Jaisohn "The Independence Club". 韓晳曦訳『義兵闘争から三・一運動—朝鮮の自由のための闘い』六一〜二頁(太平出版社、一九七二)。

(123) 前掲『韓国季年史』巻三、光武二年二月条。

(124) 同書巻三、光武二年三月条—「時堤仙《Jaisohn》(徐載弼)、密請鄭喬、議定以韓俄銀行大為関係、俄国《ロシア》士官之雇用限期已満、可設万民共同会于鍾街、而致書于政府及外部、請以解雇度支部顧問戞櫟覺(アレキセーエフ)与軍部教練士官」(傍点引用者)。

(125) 拙稿「開化派における自由民権思想の形成―一八八〇年代を中心として」(前掲『近代朝鮮の変革思想』所収)。
(126) 『独立新聞』一八九八年四月三〇日号。
(127) 国史編纂委員会(ソウル)編による『尹致昊英文日記』(*Yun Chi-Ho's Diary*, 1897-1902)一八九八年三月十八日条によれば *Roberts' Rules of Order* となっているが、前掲『独立協会研究』三六二頁の脚注によれば、これは Henry M. Roberts と Joseph T. Robert 兄弟による *Pocket Manual of Rules of Order for Parliamentary Assemblies* となっている。一九〇〇年に改訂されたこの書 *Primer of Parliamentary Law* は、欧州でも広く普及された会議進行規則解説書ということである。
(128) 前掲『韓国季年史』巻三、光武二年十月条。
(129) 同書巻三、光武二年十月条。
(130) 前掲『近代朝鮮の変革思想』一八七頁。
(131) 『独立新聞』一八九八年七月二七日号の論説は、「下議院というのは人民に政権を与えることである。政権をもつ者は一人であれ数万名であれ、知識と学問があって、ただ自分の権利を知るばかりでなく他人の権利を損傷せず、私事を忘れて公務を先きにし、小さい聡明よりは大きな義理を尊ぶようになって、はじめて民国に有益な政治がおこなわれる」。だからこんにち民度からすれば、「内には学校をいたる所に設けて若い人たちを教育し、外には学徒を欧米各国に派遣して有益な学問を学ばせ、人民の知識が開いて四、五十年進歩したのちに、下議院を考えるのが穏当であろう」とのべている。
(132) 前掲『韓国季年史』巻三、光武二年十月条。
(133) 同書同条および『独立新聞』一八九八年一一月一日号。
(134) 同書光武二年十一月条。
(135) 逮捕された独立協会の中堅幹部一四名はつぎの通りである。
李商在、鄭喬、南宮檍、李建鎬、方漢徳、金斗鉉、尹夏栄、廉仲謨、金亀鉉、韓致愈、劉猛、玄済昶、鄭恒謨、洪正厚。なお尹致昊、崔廷徳、安寧洙は隠身して逮捕されなかった。逮捕された一四名は独立協会と万民共同会の抗議によって、一一月一〇日の裁判で「笞四十」の軽罪で釈放された。
(136) 拙稿「独立新聞・独立協会・万民共同会」(前掲『近代朝鮮の変革思想』所収)、および千寛宇「独立協会の議会開設運動」(田中明訳『韓国史への新視点』所収、学生社、一九七六)。
(137) 文一平『韓米五十年史』二〇八頁(張君三訳、二五一頁、科学情報社、一九七七)。
(138) 安駉寿、尹孝定らの軍事クーデター未遂事件については、拙著『近代朝鮮の変革思想』一七二頁、注(14)参照のこと。

(139) 田口容三「愛国啓蒙運動期の時代認識」(朝鮮史研究会『朝鮮史研究会論文集』第一五集、龍渓書舎、一九七八)も、「啓蒙運動の特徴は、一八九六年、徐載弼を中心に結成された独立協会のそれと基本的に共通するものであった」と分析されている。
(140) 前掲『近代朝鮮の変革思想』二〇八頁。
(141) 同書二一二～七頁。
(142) 『大韓毎日申報』一九〇六年五月三〇日号。
(143) 植手通有「明治啓蒙思想の形成とその脆弱性」(日本の名著『西周、加藤弘之』解説、中央公論社版)。
朝鮮における歴史的概念としての啓蒙思想については、一八世紀後半期の朝鮮実学における北学思想が「そのなかには近代思想に発展しうる豊かな可能性を内包する啓蒙思想としての初期性格をもつもの」(前掲『近代朝鮮の変革思想』五三頁)と、卑見をのべたことがある。なお、同書二〇九頁注(2)参照のこと。
(144) 『大韓自強会月報』第一号および『皇城新聞』一九〇六年四月二日号。
(145) 『大韓自強会月報』第一号。
(146)(147) 『大韓協会月報』第一号。
(148) 警視国友尚謙『不逞事件ニ依テ観タル朝鮮人』一八八～九面。
(149) 李鉉淙「大韓自強会について」(震檀学会『震檀学報』第二九・三〇合併号、一九六六、ソウル)および「大韓協会にかんする研究」(高麗大学校亜細亜問題研究所『亜細亜研究』第三九号、一九七〇年九月)が、それぞれの問題にかんするもっともくわしい研究で、大垣丈夫の役割と策動が詳細に考察されている。
(150) 朴殷植『朝鮮独立運動の血史』Ⅰ、三三頁(姜徳相訳、平凡社東洋文庫)。
(151) 崔埈『韓国新聞史論攷』二三四頁(ソウル一潮閣、一九七六)。
(152) 同書、二三六頁。
(153) ベッセルおよび梁起鐸裁判問題については、拙稿「国権回復のための言論とその受難―『大韓毎日申報』を中心として」(前掲『朝鮮の攘夷と開化』所収)。
(154) 馬淵貞利「近代朝鮮における変革主体・抵抗主体の形成と展開」(歴史学研究会編『歴史学研究』別冊特集―一九七五年度歴史学研究会大会報告―一九七五年一一月、青木書店)は、変革主休・抵抗主体の形成過程を、その経済的基盤との関連で分析を試みた報告である。

そのなかで例えば「一九〇五年を境とした本格的な植民地化段階に入って、開化派の運動はその質を問われることになった。

そして、民権的性格の弱い部分はその改革構想を植民地的再編策のなかへ順応させていき、民権的性格の強い部分は民族的抵抗を強め、その抵抗力強化のために愛国啓蒙運動に力を注いでいった」（一六一頁、傍点引用者）という発想がある。

このような発想は近代日本の政治思想史において、国権を否定的、民権を肯定的にみる一般的発想を、そのまま近代朝鮮思想史に導入したものと思われる。例えばそのことは、つぎのような叙述にもうかがわれる。「ところが、この初期義兵における衛正斥邪派の反侵略性には依然として国権的性格が強く、民族的抵抗とはほど遠いものがあった。たとえばそれは、義兵部隊の身分的編成の固執や国王詔諭による部隊解散などに端的に現われた」（一六二頁、傍点引用者）。

ところが一九〇五年を境とする一九〇〇年代後半期の開化派の運動のなかでその質を問うならば、国権回復を第一次的課題とするこの段階では、むしろ国権的性格の弱い部分、或いはあいまいな部分に親日化への風化があったことは、「大韓協会」の例をみても明らかである。

また初期義兵における衛正斥邪派の反侵略性についても、それが国権的であったから民族的抵抗とはほど遠いものになったのではなく、その抵抗の思想的内実が、氏自身が引用している「君臣之儀、華夷之弁」という儒教的価値観から脱皮しえなかったところにその限界があった。しかしそのような限界にもかかわらず半植民地化の歴史過程では、それをも含めて民族的抵抗でありうる、と見るべきではなかろうか。

一般的にいって近代日本における国権＝天皇制が対外膨脹を指向するばあいのそれと、それによる半植民地化→植民地化の民族的危機のなかでの国権とは、おのずからその性格を異にするものである。近代朝鮮をとりまく歴史的環境は、国権をないがしろにした民権至上主義は許されないばかりか、むしろ危険であった。とりわけ国権が侵害されている一九〇六年以降の状況は、国権を欠落させた民権至上よりは、民権を欠落させた国権至上さえも、より積極的な意味をもつ。一般的にいって近代朝鮮における思想的課題としては、国権と民権とが、その対立ではなく、その統一的結合こそが望まれたのである。

例えば近代朝鮮の開化運動において、民権伸長を政治目標としてもっとも鮮明にかかげたのは独立協会である。ところが一八九八年一〇月二九日の官民共同会における献議六条のなかでは、その第一条に官民共同して「専制皇権」を鞏固にすることをうたい、第六条ではそれと矛盾するような議会設立のための章程の実践を迫っている。しかしここにいう「専制皇権」とは、「同等六洲、平行万国者、陛下之権」という対外的国家主権の象徴としてある。ところが対内的には中枢院（議会）を政府や国王のうえにおいて国政における民意の反映をはかっており、「つまり国家主権が実質的には、中枢院→政府→国王という体系となっている」（拙著『近代朝鮮の変革思想』一九〇頁）。

以上、近代朝鮮思想史を考えるばあい、本質にかかわる問題なので駄足を加えるしだいである。

(155) 黄玹『梅泉野録』巻之二、建陽元年丙申条。

(156) 初期義兵運動については、拙稿「反日義兵運動の歴史的展開」参照(前掲『朝鮮近代史研究』第四章)。

(157) 『張孝根日記』は『新人間』一九七七年四月号(ソウル新人間社)には、その発掘者李炫熙氏の解題と評価が、五・六月合併号から八月号までには一九一六年一月一日から一七年一月三一日までの原文と、同氏による訳注が掲載されている。

(158) 前掲「不逞事件ニ依ッテ観タル朝鮮人」一七七〜八面。

(159) 前掲『近代朝鮮の思想』三四〜五頁。なお、拙稿「李恒老における衛正斥邪思想―ウェスタン・インパクトと鎖国攘夷の論理」(飯沼二郎、姜在彦編『近代朝鮮の社会と思想』、未来社)参照のこと。

(160) 拙稿「反日義兵運動の歴史的展開」(前掲『朝鮮近代史研究』第四章)および「反日義兵運動の思想と行動」(前掲『朝鮮の攘夷と開化』所収)参照のこと。

(161) 崔昌圭『近代韓国政治思想史』(ソウル一潮閣、一九七二)は、管見するところでは韓国ではじめてのトータルな近代朝鮮思想史にかんする本格的な研究書である。この書は衛正斥邪思想を民族的主体性の思想的軸として位置づけている。そのようなモチーフは、本章の基本観点と方法をのべた終章「韓国思想と主体性の論理」のなかで表明されているが、重要と思われるところを、少々長くなるが引用することにしたい。

「まさしくこのような点からしてわが近代史においては、主体性という民族的価値を、何よりも重要な歴史的価値の一つとして認めなければならない。このような価値が前提となるとき、十八世紀以来西勢東漸の現象のなかで、アジア文化圏でさいごまで抵抗しえた韓民族の歴史的エネルギーについて、西欧(そして近代)への拒否という消極的評価をこえて、主体性の危機を克服するための民族的自存意識の成長強化という、積極的価値をはじめて確認できるのである。

まさしくこのような点から、韓国史で西欧と連関するようになる十八世紀以来、歴史の主体性は主として西欧の受容という変化の側面(十九世紀的状況での開化など)からよりは、排外自存というその伝統的歴史エネルギーからより生き生きと発見することのできる理由が鮮明になるのである。

さらに一歩進んでそのような歴史的理由はまた、当時否定的な部外変数を拒否する主体的な自存思想が、おおよそその抵抗力を確保するために一致して歴史意識の再創造という民族史の過去にたいする強調をしなければならなかった一連の事実にたいしても、いっそう実感的に説明しうるのである」(傍点引用者、二三四〜五頁)。

そして「歴史意識の再創造」の脚注のなかで――

「それは斥邪派においてよく現われている。

華西李恒老の思想（一八六〇年代）

重菴金平黙の思想（一八七〇年代）

韓末義兵の思想（一九〇五年代）」

わたくしも一九七一年に、近代朝鮮思想史の「全過程を包括する構造のもとでの通史的研究」（はしがき）として、『近代朝鮮の思想』（紀伊国屋新書）を上梓した。当時は近代朝鮮の思想を総体的に体系化した類書がなかった状況のなかで、暗中模索をしたが、前書に照し合せてみるとき、近代朝鮮思想史のトータルな構想プランと位置づけにおいてかなり見解の相違があることを発見した。衛正斥邪思想にかんするわたくし自身の集中的な検討は、別の機会を期して考えていきたいが、しかし基本的な見方はすでに、前掲『朝鮮近代史研究』所収の「反日義兵運動の歴史的展開」および『近代朝鮮の思想』のなかでのべておいた。なお「開国前夜の朝鮮思想像」（前掲『朝鮮の攘夷と開化』四〇頁）では、つぎのようにのべたことがある。

「ところが本来自主的開国・自主的採西は反侵略と矛盾しないばかりか、両立しうるものであり、むしろ反侵略のためにこそそれが不可欠であったといえる。衛正斥邪思想にたいしてその反侵略的ヴァイタリティーを高く評価しながらも、無条件に寛大になりえない理由は、まさに自主的開国・自主的採西の道をも、『東方礼儀之邦』の中華的清浄を汚辱する端緒とみて、『斥邪』の対象にしたことである。このようにして衛正斥邪思想の対決的、非妥協的リゴリズムが高ずれば高ずるほど、それに正比例して、世界史的発展に自主的かつ柔軟に対応する道もしだいに遠のいていった」。

なお崔昌圭氏は「歴史意識の再創造」を衛正斥邪思想のなかに求めているが、しかし「祖国之精神」をみがきあげるための民族史学および民族語の研究が、すべて申采浩、張志淵、朴殷植、周時経など開化派によって始められており、衛正斥邪派からは儒者流の詩文や経書研究のほか、ついぞ近代的民族意識の形成において決定的意味をもつ国学研究は現われなかったことにも留意する必要がある。朝鮮における近代民族史学の形成については、梶村秀樹「申采浩の歴史学—近代朝鮮史学史論ノート」（『思想』一九六九年三月号）参照のこと。

また本稿校正中に見ることができた洪淳昶「韓末民族意識の成長と採西思想」（『朝鮮学報』第九〇輯、一九七九）は、「しかし韓末における民族の主体性は衛正斥邪思想の歴史的形成過程において成立したものであり、特に勉菴崔益鉉の衛正斥邪論は民族自主意識の発展的存在形態」とし、採西開化思想とは「調和されうる歴史意識」としているが、それがいかに調和されえたかについては、必ずしも論理が明快でない。
(162)　前掲『近代朝鮮の思想』一九六頁。なお崔益鉉の衛正斥邪思想にかんする先駆的研究として旗田巍「近代における朝鮮人の日本観―衛正斥邪論を中心として」（『思想』一九六〇年一〇月号、岩波書店）があり、最近作としは糟谷憲一「甲午改革後の民族運動と崔益鉉」（旗田巍先生古稀記念会編『朝鮮歴史論集』下巻、龍溪書舎、一九七九）がある。

(163)　拙稿「東学＝天道教の思想的性格」（前掲『近代朝鮮の変革思想』第一部第一章）および「封建解体期の甲午農民戦争」（前掲『朝鮮近代史研究』第三章）参照のこと。

(164)　「至気今至　願為大降　侍天主　造化定　永世不忘　万事知」。この思想的意味については、前掲「東学＝天道教の思想的性格」においてのべておいた。

第五章　教育的開化と近代学校の成立

——その思想的・制度的形成過程——

はじめに

朝鮮の鎖国攘夷策が日本の砲艦外交によって破綻し、一八七六年の江華島条約以来、世界資本主義体制に組み込まれていく過程で、朝鮮自体の近代化によってそれへの対応をめざした開化運動は、政治的開化、経済的開化とともに、教育的開化を三本の柱にしていた。近代朝鮮における開化運動史は、政治的および経済的開化については主体的および客観的諸条件の制約のためにいずれも失敗したとはいえ、教育的開化については顕著な遺産を残した。すなわち開化運動のなかで、民間主導によって設立された私立学校が、一九一〇年八月に日本に「併合」されて以来の植民地支配下においても、皇民化＝同化教育にたいする抵抗の拠点たりえたことからも、その遺産がもつ重大な意味に注目しないわけにはいかない。

たしかに近代朝鮮における開化運動は、組織的には一九一一年三月に、「寺内総督暗殺未遂事件」としてその残存勢力の根絶をはかった「百五人事件」によって終りを告げた(1)。しかし開化運動はその最大の遺産として、「併合」前にすでに朝鮮本位の教育的拠点を構築し、植民地支配下のきびしい風雪に耐えて、抵抗の拠点たりえた。

したがって第一には、朝鮮における近代的教育思想の形成、それが大衆のなかに浸透することによって大衆的教育運動に盛りあがる歴史過程を正しく究明し、位置づけることは、朝鮮開化運動史の総体的な把握のために不可欠な課題となる。

李朝末期における朝鮮人民の反侵略的思想潮流は、衛正斥邪思想における武闘路線と、開化思想における文闘路線とをもって主潮とするものであろう。教育史的側面からいえば、植民地的皇民化＝同化教育に反対する抵抗の拠点として、前者の思想が旧式の儒教教育の場としての書堂のなかにその命脈を保ちえたとするならば、後者の思想は近代的教育の場としての私立学校のなかにその命脈を保ちえたということができよう。しかし近代的民族形成における教育の役割を展望するとき、そのいずれがより積極的な意味をもつかは自明のことであろう。

第二に朝鮮における近代的教育の思想的および制度的発展過程を正しく位置づけることは、自主的近代化の欠如による他律的近代化＝植民地化の必然論にたいする反証を提供するものとして重要な意味をもつ。

「併合」以来植民地当局の教育政策の主軸は、その近代化よりも皇民化＝同化を優先していた。だから朝鮮人民の自主的な教育内容が、近代的であれ儒教的であれ、それにおかまいなく抑圧的にならざるをえなかった。かれらは皇民化教育の場を構築し、拡大する一方、朝鮮人民の自主的な教育の場としての私立学校や書堂を「換骨奪胎」することによって、皇民化教育の場に転換させるための政策を一貫して追求せざるをえなかったのである。

朝鮮において近代的学校教育が実施される前の旧教育とは、「その形式は漢文であり、その内容は儒教」であった。[2]このような形式と内容をもった旧教育は、その淵源するところ、遠く三国時代(高句麗、百済、新羅の鼎立時代)にさかのぼる。すなわち高句麗では三七二年に国立の太学を設立して儒教を教え、各地にも扃堂に未婚の子弟たちが集まって、読書や弓射にはげんだ、と記録されている。

それ以来統一新羅、高麗の各時代をへて、一三九二年に李朝が創建されてからは、「崇儒排仏」の建国理念を徹底化するために、儒教的教育体系は中央から各郡県、郷村に至るまで体系的に整備されるに至った。すなわち中央ソウルには最高学府として成均館があり、その下の中等教育機関としてはソウルに四学(四部学堂ともいう。中学、東学、西学、南学)、各地方の中心地に郷校があった。

成均館および四学、郷校はいずれも官学としての性格をもつ教育機関であったが、このほかに私学として中等教育機関としての書院と、初等教育機関としての書堂があった。

書院は一五四三年、慶尚道豊基郡守周世鵬が、高麗末期の朱子学者安裕(安珦ともいう。一二四三〜一三〇六)を奉祀するために白雲洞書院(国王の賜額「紹修書院」)を建立したのを嚆矢とするが、それにならって各地に書院が出現した。国王は私学振興のために一部の書院には親筆の扁額を下賜し(賜額書院)、また書籍、土地、奴婢をあたえるのを常例とした。

本来書院は「先賢尊敬・後進奨学」、つまり先賢の遺徳をしのび、その精神をもって地方士族の子弟を教育する機関として重要な役割を果した。しかしそれが濫設されるにつれて、一部にはいろいろな弊害が生じた。すなわち書院は地方士族の朋党の拠点となって中央および地方官の威令が及ばず、農荘と奴婢をかかえて地方儒生の徒食飲酒の資とする現象さえ生じた。大院君が一八六八年に、六七九ヵ所の書院のうち、四七ヵ所の賜額書院をのこしてすべて撤廃させた理由はここにあった。

しかし私学としての書堂は、もっとも民衆に密着した初等教育機関として重要な役割を果した。七〜八歳から一五〜六歳の少年に千字文→童蒙先習→通鑑→小学→四書三経などを教授し、ソウルでは四学、地方では郷校に入学するための予備教育を施した。ある植民地教育官僚の表現を借りるならば、「書堂は又書房《クルバン》とも呼ばれ、内地の寺子屋に類似し、国家及び公共団体は之に何等保護を加へることをしなかったにも拘らず、不思議にも日韓併合当時に於て尚その数一万を遙かに越えて居った」。[3]

書堂教育は、四学および郷校での修学者の供給源ではあったが、無差別に進学できるわけではない。公費によって維持されている四学および郷校、さらには最高学府としての成均館は士族の子弟のためのものであって、その修学の窮極の目的は科挙試に及第して官職に就くことである。つまり四学および郷校での修学者が生進科(生員科および進士科、小科ともいう)に応試し、その及第者が成均館で修学して文科(大科)に応試する仕組みである。もちろんこれら文官のための生進科および文科のほかにも、科挙試には武科および雑科(実務および技術学)もあったが、文民優位が貫かれていた李朝時代には、文科に比べていちだんと軽んぜられていた。

以上おおまかに旧教育の輪郭をのべたが、[4] 旧教育体系がかなり整備されていた朝鮮では、書堂から成均館に至るまで、公教育であれ私教育であれ、朱子学一尊主義が貫かれていたのであって、しかも技術的な実用の学問は中人階級のものとして、それがこのような教学体系のなかで講じられることはなかった。経学と実学との階層的分離が日本の江戸儒学と大いに異るものの一つである。[5]

確かに日本でも江戸時代には、文化の中心が仏教から儒学に移り、林羅山以来の林家による昌平黌があったが、それにたいする幕府の統制はほとんどないか、あっても極めてゆるやかなものであった。一七九〇年(寛政二年)に老中松平定信が昌平黌において程朱のほかに異学を講ずることを禁じ、九三年に学規を定めたりしたが、幕末には西洋文化への関心がたかまるにつれて、昌平黌そのものが魅力の少ないものとして衰退をまぬかれえなかった。しかし地方の藩学に至っては昌平黌に模しながらも、その教育内容は宋学=程朱学のほかに新古注の折衷学(古注は漢唐の学、新注は宋学)、考証学、陽明学、和学、実学から洋学に至るまで多様であった。このように、日本教学における中央統制のゆるやかさと、学校管理及び教科内容の多様さは、比較的容易に洋学を包み込みながら、近代的内容に移行しうる性格のものであったといえるだろう。

ちなみに江戸期日本における藩校の学科目構成をみればつぎの通りであるが、近代に接近するにつれて教育内容がいかに多様化し、実学的になっていったかを知ることができる（典拠―石川松太郎『藩校と寺子屋』九九頁から。教育社歴史新書）。

江戸期日本の藩校における学科目漸増の傾向と方向

	明和以前（〜一七七二）	安永〜天明（一七七三〜一七八八）	寛政〜享和（一七八九〜一八〇三）	文化〜文政（一八〇四〜一八二九）	天保〜嘉永（一八三〇〜一八五三）	安政〜慶応（一八五四〜一八六七）	明治一〜四（一八六八〜一八七一）	備考
漢学	五四	四五	五六	七三	九四	七八	一六二	易経(2)をふくむ
筆学	七	一三	一七	二一	四〇	四一	一二一	
和学	二	三	六	六	一三	三〇	九二	皇学(5)、国学(3)をふくむ
和漢学				二	一	三	七	皇漢学(4)をふくむ
算術	一	四	九	九	二二	三五	一〇七	
医学		二	七	一	一三	一二	二八	本草学(3)をふくむ
洋学					三	一〇	六八	
西洋語学					一	七	三	英(5)、蘭(5)、魯(1)をふくむ
天文学			四	二	四	三	一	天文暦学(3)、地理(2)、測量(2)をふくむ
音楽	一	二	二	一	五			
故実	二		一		二			
合計	六七	六九	一〇二	一一五	一九八	二一九	五九〇	

この表によれば、藩校の教育内容は初期の漢学中心がしだいにくずれて、一八〇〇年代から和学（国学・皇学を含む）、算術、医学、洋学などが進出し、朱子学一尊の朝鮮の教育内容とはきわめて対照的である。

朝鮮の教学体系における朱子学一尊主義は、儒教内部における他の流派ばかりでなく、とりわけ一九世紀にはいっては西洋の学問や思想にたいするきわめて対決的な思想的性格を規定し、新教育への出発にあたっては、たんなる教育の普及の強調ではなく、それにも増して教育内容を変えることに国民的合意をえなければならなかった。したがって近代的教育の普及程度は、そのまま民衆意識の近代的覚醒と正比例するものであって、いいかえるならば開化思想の大衆把握のバロメーターであったといえるのである。

朝鮮における近代教育の自主的な発展過程は、ほぼ一八八〇年代の草創期、一八九〇年代後半期の形成期、一九〇〇年代後半期の抵抗と展開期に大別して考えることができる。従来一九〇〇年代後半期の抵抗と展開期については、民族解放運動史における愛国啓蒙運動の主要な一つの柱としての教育救国運動として、比較的多く語られてきたと思う。ところが朝鮮近代教育史上において、とりわけ一八九〇年代後半期は、近代教育の制度的および思想的な基本的枠組みが、自主的に据えられた時期であり、その継承性のうえに一九〇〇年代後半期の、国権回復のための教育救国運動が成り立ちえたことに着目したい。

ここでは朝鮮における近代学校の成立過程のなかで、一八九〇年代後半期の形成期について中心的に考察し、さらにその前提としての草創期と、その延長としての抵抗と展開期について言及したい。とりわけ従来の近代教育史研究において欠落していたのは、近代学校の成立過程を支えた思想的側面であって、制度史的に偏重していた嫌いがある。近代学校の成立過程には、その制度的側面と思想的側面との相互依存関係があるのであって、近代的教育思想に支えられることなしに、外来的な教育制度だけが定着するはずはないのである。つまり本稿では朝鮮における近代教育史の草創期および形成期において、その制度的変革とそれを支えた教育思想とは何であったか、を問い直し、さらに一九〇〇年代後半期の教育救国運動に、それがいかに継承されていったかについて考察することにしたい。

第一節　草創期の近代教育

I　近代学校の萌芽的形態

一八九六年に宣教師ギフォード(Daniel L. Gifford)は、ソウル市内の書堂風景をつぎのように描写している。(6)

「このような学校をのぞいてみることにしよう。恐らく十二名位の利口そうな顔をした子どもたちが部屋に足を組んで坐り、かれらの前には漢書をおいている。かれらは上半身を、それぞれの時間と動作によって、或る者は左右に、他の者は前後にはげしくゆさぶり、調子をつけて朗読しながら、割り当てられた日課の学習をする。

このような動きや騒音とは対照的なのが、訓長(school master)の静かな姿である。温突《オンドル》部屋のもっとも暖かい奥に坐り、頭には馬の尾の毛でつくった冠を乗せ、鼻には学者らしい眼鏡をかけ、前には本をおいている。そして手には細長い棒をもっていて、時々かれの大きな音声が、金切り声のおののきに入り交じって、訂正のひと言、ふた言を投げつける。これが普通の書堂である」。

一八九六年の時点においてさえ、都市といわず農村といわず、経書を中心とした旧教育が根強く伝わっていた反面、他方ではしだいに近代教育がそれと併存する形で定着しつつあった。いうならば新旧教育の二重構造(旧教育の比重が圧倒的ではあるが)である。

一八八三年から八六年までの時期は、朝鮮においてようやく近代教育が芽生えてきた草創期といえる。とくに一八八三年に、伝統的な儒教教育の旧殻から脱皮した新しい型の学校が出現したことが注目される。

さいきんの研究によれば、[7] 一八八三年九月二八日(陰暦八月二八日)に徳源(元山)府使兼監理鄭顕奭は、すでに設立した元山学舎の認可を政府に申請している。元山は一八七六年二月の日本との修好条約(江華島条約)によって、一八八〇年に開かれた開港場であるが、日本商人の浸透にたいして住民の抵抗がかなり強かった。そのなかで新教育の必要を痛感した住民たちの強い要請と基金拠出にこたえて、開明的官僚であった鄭顕奭は、官民の協力によって元山学舎を設立したのである。

総設立基金の拠出構成によれば、民間人による拠出が総額六七六五両の九五%にあたる五七〇五両であるが、注目されるのは官僚側の西北経略使魚允中、徳源府使鄭顕奭、承旨鄭憲時がそれぞれ一〇〇両ずつ、合せて三〇〇両を拠出していることである。魚允中はいうまでもなく近代朝鮮政治史、とりわけ開化運動史において見逃すことのできない開化派の大官僚である。鄭顕奭は、魚允中と同じ系譜の開明的官僚であろう。

この学校には、「文士」養成のための文芸班と、「武士」養成のための武芸班があって、入学資格において身分的制約はなく、地域的にも元山社の郷中からであれ他邑からであれ、俊秀聡敏の子弟を入学させるという、いうならば開かれた学校であった。その教授内容は、文芸班では経義、武芸班では兵書という特殊科目があるほかに、「時務」の学として算数、格致から機器、農桑、礦採などを共通科目としている。[8] つまり教授内容の基本は「其先明経学、以立其大本、次習時事、以尽其大用也」(学舎朔試規、傍点引用者)という東道西器的性格のものであった。この学舎は、一八九五年からの学制改革にともなって元山小学校と、中学校の機能をもつ訳学堂に分離された。

ソウルにおいては一八八六年九月に、政府がアメリカ人教師三名を招聘して育英公院を設立しているが、その前身である同文学(英語学校)が、一八八三年九月にすでに設立されている。[9] 英語の学習を主内容とする同文学と育英公院はいうまでもなく、一八八二年五月の朝米修好通商条約を端緒として、欧米諸国との外交および税関業務上の必要による教育的措置であった。先きのギフォードは、そのいきさつと内容を、つぎのように書いている。[10]

「ソウルにおける英語教育は、その淵源が通訳養成のためのハリファックス学校(Mr. T. E. Halifax's School for Interpreters)にある。それは交渉通商事務衙門のなかで、一八八三年から三年間つづいた。生徒数は三五名で、その年齢は一五歳から三〇歳までとなっていた。先きの生徒のなかで一五名はいま、各開港地で重要な地位を占めている事実が立証しているように、大へんりっぱな成果をあげた。

一八八五年の春に、有名な(アメリカ)教育局長であるジョーン・イートン将軍(John Eaton)は、朝鮮国王の要請にしたがって三人の適当な人物を確保するよう、(アメリカ)政府からの指示をうけた。かれらは朝鮮に赴いて英語を教える国立学校(育英公院のこと)に就任すべき人たちである。イートンの選択の眼はニューヨーク市にあるユニオン神学校(Union Theological Seminary)の三人の学生に注がれた。そのうちの二人は卒業間際の、一八八三年にプリンストンを卒業したギルモア牧師(G. W. Gilmore)と、同じ年にオバーリンを卒業したバンカー牧師(D. A. Bunker)であり、そして一八八四年にダートマウスを卒業したハルバート牧師(H. B. Hulbert)であった。

国立学校は一八八六年九月二三日に設立された。それぞれの教師には朝鮮人通訳がいた。実際に西洋の科目に入るやいなや、英語本を教材として教えた。普通の基礎科目に加えて、万国公法(Elements of International Law)と政治経済学を教えた。生徒としてほぼ百名が登録した」。

ここにいう T. E. Halifax's School for Interpreters というのは、一八八三年九月に設立された同文学のことであり、清国北洋大臣李鴻章の斡旋によって一八八二年末に朝鮮政府に招聘され、統理交渉通商事務衙門の協辦(次官)兼総税務司として赴任したドイツ人メルレンドルフ(P. G. von Möllendorf)の提起によって設立された英語学校である。同文学は開明的な官僚金晩植(開化派金允植の従兄)を掌教(責任者)とし、教師としてはイギリス人ハリファックス(朝鮮名ー奚来百士）および、中国人の唐紹威、呉仲賢がいたようである。[11] 同文学からはギフォードも指摘しているように、通訳および税関関係の実務官吏が多数輩出した。とくに南宮檍は一八八七年一一月に、駐劄英、徳（ドイツ）、俄（ロシア）、義（ベルギー）、法（フランス）全権大使趙臣熙のもとで、その参賛官に任命されており、一八九六年から八年までは独立協会の幹部として、また一八九八年には『皇城新聞』を創刊し、その社長として活躍している。

先きにのべたように一八八六年九月には、アメリカ政府にたいする国王高宗の要請によって、アメリカ人教師ギルモア（朝鮮名—吉模）、バンカー（房巨）、ハルバート（轄甫）が派遣され、育英公院を開校するにいたった。それにともなって同文学は廃止された。引用文のなかの教授内容からも推測されるように、育英公院はたんなる通訳養成のための同文学とは異って、英語のほかにも『万国公法』(H. Wheaton 著)および政治経済学が教えられ、開国後の朝鮮政府にとって必要な、国際的視野をもち、英語を話せる高級官吏の養成を目的としていたようである。とくに『万国公法』は一八六五年に米人宣教師丁韙良(W. A. P. Martin)の漢訳本が北京で刊行され、幕末の日本にも伝来した国際法知識の宝庫である。育英公院は左院と右院とからなり、左院には「年少文武」（文武両班の年少者）、右院には「通敏幼学」（幼学は官職に就かない儒生）から精選して入学させることになっていたが、一般民に門戸を開いた学校ではなかった。育英公院は一八九四年には有名無実となり、一八九五年五月の外国語学校官制による英語学校に受け継がれた。同文学および育英公院は、政府主導による一種の洋学校であって、新しい時代が要求する新しい型の実務官吏の養成もさることながら、思想的にも西学即天主教という偏見を打破し、「洋夷」にたいするアレルギーを解消させるうえにおいて、開拓者的役割を果したはずである。

朝鮮におけるキリスト旧教（カトリック）の浸透は、一七八三年の燕行使に随行した李承薫が、八四年二月に北京の北天主堂で洗礼をうけてからのことであるが、開国前にはキリスト旧教としての天主教が浸透して、流血の教難史が綴られた。開国後において布教を目的とする宣教師が公然と入国しえたのは、甲申政変後の一八八五年四月であり、それはキリスト新教(プロテスタント)のアメリカ北長老会(Presbyterian Mission)と北監理会(Methocist Mission)であった。[12]

プロテスタントの布教活動は、「医療と教育」を宣教のための手段とし、はじめは隠然と、しだいに公然となされるに至ったのである。朝鮮における宣教師の「医療と教育」活動を媒介したのは開化派の金玉均である。つまり一八八三年九月に、閔泳翊(閔妃の甥)を首班とする訪米使節団がサンフランシスコに上陸した。[13]そのときバルチモア(Baltimore)のガウチャー大学総長ガウチャー牧師(John F. Goucher)は閔泳翊と親交を結び、在日監理会の代表者マックレイ(Robert S. Maclay)に、朝鮮訪問と布教の必要について勧告した。一八八四年六月に朝鮮を訪問したマックレイは、すでに一八八〇年に訪日したとき親交があった金玉均をつうじて国王に上奏し、朝鮮における医療事業と教育事業にかんする承認をえたのである。[14]

しかし宣教師入国の直接的な機縁は、一八八四年九月に、アメリカ公使館付医者として朝鮮入りした北長老会宣教師アレン(Horace N. Allen)が、同年一二月四日の甲申政変で負傷した閔泳翊の治療に成功し、国王高宗および閔妃の信頼をうけてその侍医となったことにはじまる。

アレンは一八八五年一月二七日に、アメリカ代理公使(公使館付海軍士官)フォーク(G. C. Foulk)をつうじて、朝鮮政府(交渉通商事務督辦金允植)につぎのような病院建設案を提出している。[15]

「去る政変(一八八四年一二月四日の甲申政変―引用者)以来、本人は多くの朝鮮人から銃弾の除去および火器による傷、その他ほかの原因による疾病の治療を要求されました。

本人としては最善をつくしてきました。しかしかれらの多くはわたくしの居所から遠いところに居住しており、また閔泳翊公および負傷した清国兵の治療に時間がとられて、かれらに気を配ることができません。わずかながら、富裕な患者は本人の居所に近い部屋に引越してきて毎日治療をうけていますが、貧しい患者の多くは適当な便法がないので帰すほかありません。一人のアメリカ市民として、本人は朝鮮人のために可能な限りをつくしたいと思います。そしてもし政府がわずかな便宜をわたくしに許してくださるならば、かれらは十分に西洋科学によって治療をうけ、負傷兵も治療をうけるための場所があたえられるでしょう。

それぱかりではなく、若い人たちに西洋の医学と衛生学を教える手段ともなるでしょう。すべてのアメリカの都市には一つまたはそれ以上の病院があります。ソウルには病院がなければならないし、またわずかな費用で病院をもちうるでありましょう。

本人は無報酬で、政府の配慮のもとに病院の運営にあたるつもりです。必要なことといえば、衛生的な地域にある大きな朝鮮家屋一棟と、光熱、助手、看護婦、雑役夫としての労役、食料を買えない貧しい患者のための食糧および薬価ほぼ三〇〇ドルを含めた年間維持費を提供してくださることとです。

もしこの提案が許されるならば、本人は六ヵ月以内にもう一人のアメリカ人医者を呼び寄せて、無報酬でともに働くことを約束します。われわれの生計は、北京、天津、上海、広東そしてほかの中国の諸都市で病院を支えているアメリカ博愛団体から引き出すであろうし、上海と広東の二つの病院は、李鴻章自身が提供したものであります。

もしこの提案が許されるならば、院名は王立病院と呼ぶつもりでありますが、その病院がかれらの苦痛を間違いなく介抱してやるのを見ることは、確かに国王にとっても満足でありましょう。そして国民は疑うことなく国王をますます慕い、かれらを多くの点で向上させるでしょう」。

朝鮮の開化運動史において、甲申政変は失敗したにもかかわらず、それを契機にして西洋医療の真価が王室および政府当局によって認められ、西洋式の医療と医学教育の拠点が設立されるにいたったのである。

アレンの提起によって、一八八五年四月一〇日に、朝鮮最初の洋式病院である広恵院（のちに済衆院と改称）という国立病院が設立された。ここでは医療のほかに朝鮮人助手のための医学教育をおこない、医師アレンやヘロン（J. R. Heron）による実用医学のほかに、同年四月五日、宣教師としては最初に朝鮮入りした北長老会のアンダーウッド（Horace G. Underwood）が物理、化学を教えた。

アンダーウッドは一八八六年春に、孤児を集めて男子校「耶蘇教学堂」（のちの儆新学校）を発足させた。その校長は一八九〇年にはモフェット（S. A. Moffett）に、九三年にはミラー（F. S. Miller）に代っているが、一八九三年の実状はつぎの通りである。(16)

「一八九三年に学校の経営は、いまの校長F・S・ミラーの手にわたった。生徒数は五五名であるが、一日の平均は四〇名である。そのうち八名は学校から衣食が支給されているが、部分的には手仕事によって自活している。平均年齢は一三歳であるが、九歳から一七歳まで分布している。

教師としてはミラーのほかに、朝鮮人の一人の教師と二人の助手から構成されている。週の個々別々の日に補足の講義が、ミラー夫人、ベル氏（Mr. Bell）、ビントン博士（Dr. Vinton）によって提供されている」。

そして教授科目としては、漢文、ハングル（朝鮮文）、バイブルおよび宗教書、自然地理および政治地理、算数、生理学、教会史、音楽、アメリカ公使館付き武官による教練となっている。

また、国立病院の看護員であった北長老会のエラーズ（Annie J. Ellers）嬢は、一八八七年六月に貞信女学校（Girl's School of the Presbyterian Mission（north））を設立して女子教育をはじめた。エラーズがバンカーと結婚してからは、ヘイドン(M. E. Haydon)、ギフォード、ドーティ(S. A. Doty)とその責任者が代っている。この貞信女学校は、つぎにのべる梨花学堂とともに、近代における女子教育の嚆矢をなすものである。

しかし学校教育についていうならば、北監理会は北長老会以上に力量をここに集中させている。北監理会としては、一八八五年五月三日に医療宣教師スクラントン(W. B. Scranton)が最初に朝鮮入りしている。かれは広恵院の医師として迎えられたが、まもなくそれを辞めた。それから二ヵ月おくれてアペンツェラー(Henry G. Appenzeller)が朝鮮入りした。

北監理会系のミッション・スクールは、一八八六年からはじまる。つまり男子校としての培材学堂が、アペンツェラーによって開校されたのは、一八八六年六月であった。そして同年一〇月六日には、二〇名の在籍者のうち一八名が出席している。(17) 一八八七年に国王高宗はこの学校を「培材学堂」として命名し、扁額を賜った。また同年に、ソウル貞洞(外国人居留地)に四〇〇〇ドルの費用をかけて煉瓦建ての校舎を完成した。当時の教師は校長アペンツェラーのほかに、ジョーンズ(G. H. Johns)、オーリンガー(F. Ohlinger)、ノーブル(W. A. Noble)らであった。

また先きのW・B・スクラントンの母M・F・スクラントン夫人は、一八八六年五月に女子生徒を一人むかえて梨花学堂をはじめた。この学校は最初は専信学校(Entire Trust School)となっていたが、八七年に閔妃から「梨花学堂」という命名と扁額をうけたのである。培材学堂と梨花学堂は国王および王妃からそれぞれ命名され、扁額を下賜されることによって、政府公認の学校となったのである。

さきの貞信女学校に先んじて出発した梨花学堂は、男子は「居外而不言内」、女子は「居内而不言外」という内外法のきびしい儒教的しきたりのなかで、女子生徒募集は困難をきわめた。主として孤児や貧困家庭の少女を集めたが、それでも西洋人にたいする偏見や不信が強く、二番目にはいってきた少女のばあいは、スクラントン夫人がその母に

つぎのような誓約書を書かなければならないほどであった。(18)

誓　約　書

スクラントン夫人から朴氏へ

アメリカ耶蘇教宣教師スクラントンは、朝鮮人朴氏とつぎのような契約を結び、これに違反したばあいはいかなる罰、いかなる要求をも受け入れることにする。

わたくしはあなたの娘福順を引き受けて養い、教育させるが、あなたの許可がなければ西洋はもちろん、朝鮮内の十里でさえも、つれ出さないことを誓約する。

一八八六年　月　日

スクラントン

一八八七年に朝鮮に来てから同校の地理と代数の教師としてスクラントン夫人を助け、一八九〇年から九二年まで第二代目の校長となったロートワイラー(L. C. Rothweiler)は、同校の教育目標についてつぎのように述べている。(19)

「しかしわれわれはとくに、彼女らを何のために準備させようとするのか。答えはつぎの通りである。真の家庭を建設し維持する協力者にするために、通学学校(day school)の教師にするために、われわれの寄宿学校(boarding school)の助手にするために、医療事業の看護婦または助手にするために、一言でいうならば彼女らをして朝鮮のその妹たちを助けるのにふさわしくするためにである」。

じじつ当時のきびしいしきたりとしては、女子教育に男性教師を採用することは不可能であった。したがって梨花学堂では一八八九年四月から、国文および漢文の教師として李敬淑という女性を採用している。そのことは医療においても同じことである。北監理会も学校事業のほかに、北長老会と同じく医療事業をはじめた。医療宣教師W・B・

スクラントンは一八八五年九月に病院を開設し、国王から「施病院」の命名をうけた。しかし梨花学堂の女子生徒にたいする治療および健康管理において、男性医師としてのかれは、「男女有別」の内外法のために種々の困難にぶつかった。かれは同年一〇月に、本国から女性医師ハワード(Meta Howard)を招いて婦人病院を開設し、閔妃の命名によって保救女館とした。[20] いうまでもなく朝鮮における最初の婦人病院である。

以上が一八八三年から八六年までの草創期における近代教育の萌芽である。しかしそれらは制度的に体系化された近代教育ではなく、元山学舎を除いては政府による英語通訳を基本とする実務官吏のための学校、宣教会による布教のための学校であった。にもかかわらずそれらの学校は、政府官僚および民衆のなかに、きわめて漸進的ではあるがしだいに「洋夷」としての西洋観を是正し、西洋にたいする思想的閉鎖性を克服して、国際社会に伍していくための精神的素地を切り拓いていく端緒をつくったことはいうまでもない。

II　初期開化派の教育思想

われわれは朝鮮における近代教育の草創期についてみてきたが、開国前における西学(洋学)研究の蓄積がほとんど欠如していたことと関連して、洋学教育が西洋人によって他律的に触発されたことは否定できない。

とりわけ西洋人のなかでもアメリカ宣教師(医療宣教師および教育宣教師)が果した役割が顕著であるが、それはアメリカが西洋諸国のなかで最初の条約締結国であったこともさることながら、朝鮮政府の「連米」的傾向を反映したものといってよいだろう。

一八七六年二月の日本との修好条約後に、朝鮮にたいする日本の独占的進出にたいして、それをいかに牽制するかは焦眉の問題となっていた。一八七九年八月二六日(旧暦七月九日)に清国の北洋大臣李鴻章は、領中枢府事李裕元に密書を送って、朝鮮の外交方針について勧告したことがある。[21] そのなかで李鴻章は「以毒攻毒・以敵制敵之策」として、西洋諸国と条約を締結することが、日本の一方的進出を牽制することであると提言した。とくに西洋の英、徳(ドイツ)、法(フランス)、美(アメリカ)諸邦は、貴国を距ること数万里、かれらが求めるのは通商だけであるとして、侵略の危険がないことをのべている。

また一八八〇年七～九月に日本を訪問した朝鮮修信使金弘集は、帰国と同時に駐日清国参事官黄遵憲の『私擬・朝鮮策略』[22]を国王に提出し、元老会議はそれにかんする意見をあつめて国王に献策している。そのなかで黄遵憲は「防俄(ロシア)之策」として、「親中国・結日本・聯美(米)国、以図自強」を勧告している。とくにかれはアメリカについて、つぎのようにのべている。

「其の国土はもと英国に属していたが、百年前に華盛頓《ワシントン》という者が欧羅巴《ヨーロッパ》人の苛政を受けることを願わず発奮自立して一国を独立させた。是れ以来先王(ワシントン)の遺訓を守って礼儀を以て立国し、他の十地を貪らず、他の人民を貪らず、強いて他人の政事に干渉しない。其の国は中国と立約して十余年来、ささいな隙もなかった」。

たしかに朝鮮における近代教育のさきがけは外的触発によって出発したが、近代教育にたいする内発的志向がなかったわけではない。当時朝鮮には近代学校が成立していなかった状況のなかで、それは開化派による外国留学生派遣という形であらわれている。例えば一八八一年に朴定陽、洪英植、魚允中ら一二名の朝士と、六二名の随員からなる紳士遊覧団が日本の新しい文物制度を視察し、魚允中の随員であった兪吉濬と柳定秀は福沢諭吉の慶応義塾に、尹致昊は中村敬宇の同人社にそれぞれ留学している。[23] また同年に領選使金允植は、学徒(両班子弟)二〇名、工匠(中人階級)一八名からなる留学生を引率して北京に赴き、火薬および弾薬製造法と、それに関連した電機、化学、製図、製練、基礎機械学および外国語を学習させている。[24] さらに一八八三年には金玉均によって徐載弼以下四四名の留学生が慶応義塾に託され、その後かれらは陸軍戸山学校その他で実地研修を受けている。[25]

一八八三年二月五日(旧暦一八八二・一二・二八)に国王は八道四都人民に綸音をもって、両班でも商業に従事すること、農・工・商賈の子弟でも郷校や成均館に入学することを許し、出身の貴賤を論じてはならないことを布告している。[26]このことは当時すでに、開化風潮がしだいに浸透するなかで、職業と教育における封建的身分による規制がくずれ、それを固守することが不可能になったことを反映していることはいうまでもない。しかし綸音の主旨は、仕官のための儒教教育における封建的特権は否定したとしても、教育内容を新しい時代にふさわしく変えることを意味するものではない。

伝統的な儒学教育にたいしてきびしく批判し、その教育内容の改革をつうじて新しい時代にふさわしい人材の養成を主張したのは、朝鮮の近代的改革をめざした開化派によってである。一八八四年一二月四〜六日の甲申政変に失敗して日本に亡命していた朴泳孝は、一八八八年二月二四日(旧暦正月一三日)付けをもって国王に上疏し、国政改革の重要な一環としての教育改革を建白した。

国政改革にかんする朴泳孝の建白書は、[27]総論と八ヵ条にわたる各論から構成されているが、その第六条にあたる「六曰、教民才徳文芸以治本」のなかで、教育、文化および宗教政策にかんして基本的な考え方を披瀝している。もちろんそれは、日本および日本を媒介しての西洋諸国にかんする見聞を素材としており、そのばあいとくに福沢諭吉の『西洋事情』をはじめ、『学問のすゝめ』『文明論之概略』から一定の影響をうけている。[28]

しかし朴泳孝を含めた朝鮮の開化思想は、伝統儒教にたいする姿勢において、「脱亜入欧」の尺度から「文明」と「未開」を区分けし、儒教を「文明の敵」とした福沢諭吉とは、その基本的な思考パターンにおいて異質的である。朝鮮における開化思想の特質を理解するためにも、教育改革にかんする朴泳孝の主張の重要な部分をつぎに訳載したい。

朴泳孝は伝統儒教そのものの否定ではなく、新しい時代に対応できなかったその致命的欠陥は、「格物致知之本意」の欠落にあるとして、つぎのように展開する。

「然るに近世に及んで教化はおとろえ、風俗は頽廃し、格物致知の本意を知らずしてただ文華を玩弄し、尋章摘句を以て要《かなめ》とする。若《も》し四書三経および諸子百家の書を読誦し、能く文章を作れば、愚昧の腐儒と雖もすなわち大学士と称して上大夫に列し、以て民国を誤る。此れがすなわち亜洲諸邦が衰頽した根源である。

若し其の末を棄てて其の本を取り、而して格物窮理の学から平天下の術に至ったならば、則ち当今欧米で盛んな学と同じである。然し授受の道はすでに其の伝を失い、而して窮理格物の如何なるかを知らないから、いかにして之れを教え、学ぶに足ろうか。

故に臣は愚かにもいう。学は東洋と西洋とを問わず、其の実用を先んじて其の文華を後にすべきである、と。夫れ実用は橘の如く、文華は香の如きものである。香は橘に因って生じるが、あに橘が香に因って生じようか。故に其の実を棄てて其の華を取れば、則ち格物窮理、修身治国の学は一時に幷廃して、浮華の風を致す。

臣が古事を考えるに、新羅は慶州に博物館を設けて、堂宇宏暢、其の壮麗を極め、波斯《ペルシャ》、印度、漢唐、日本および本邦の古今の珍奇異宝をならべ、誠に国中の美観であった。壬辰の年（一五九二年秀吉の侵略）に至ってついに灰燼となり、全く痕跡が無い。また民を教えるのに修身、窮理、天文、地理、法律、医薬、算数、音楽などの学を以てし、漢、蒙古、満洲、日本および印度などの諸文語の学に及び、而してのちに諸物を発明した。

然し今日に至っては形影ともに絶え、或いは其の名はあっても其の実はない。此れ皆、政府が文学技術を奨励し、以て窮理発明の路を開くことをせず、反って之れを妨碍するの政治をしたからである。故に已明の理ありと雖も、之れをますます明かにすることができず、反って其の已明の理を失う。惜しむべきことである。

今日の急務は、大いに学校を興して博学達理の士を迎え、以て国人を教え、上は春宮殿下（王子）から庶人の子弟に至るまで、学校に就いて学を受けしめ、以て天地無窮の理を明らかにすれば、則ち文徳才芸が燦然としてふたたび盛んになろう。あに忽《ゆるがせ》にして置くべきことか」。

以上でわかるように朴泳孝の教育思想にみられる特質は、東洋の学問と西洋の学問を対立的にとらえた「脱亜入欧」の論理でもなければ、東洋の道徳と西洋の科学技術を接合させた「東道西器」の論理でもない。

かれの論理によれば、第一には伝統儒教、特殊的には朱子学がとりわけ近世において欠落させてしまった「格物致知之本意」は、西洋の学問における科学精神そのものであって、その欠落によって「已明之理」をものばすことができず、「窮理発明之路」を閉ざしてしまった。それは政府の責任である。

第二には東洋の学問であれ西洋の学問であれ、その本来あるべき姿は「先其実用、而後其文華」であって、東洋の学問もその根本＝実用を正しく発展させたとすれば、西洋で発展した「格物窮理之学」＝自然科学および「修身治国之学」＝人文・社会科学と同じであろう。東洋の学問が、けっして諸科学の発展に矛盾しない歴史的事例として、新羅のばあいをあげている。

第三にかれは、儒教を「文明の敵」として否定するのでなく、むしろそれを肯定しながら、教条としての儒教に反対するのである。つまり伝統儒教が実用の学問たりうるためには、「格物致知」の根本を発展させることによって儒教を瑣末な教条の呪縛から解き放ち、結果的には儒教そのものの変容をつうじて西洋の諸科学と同質の学問に接近しうるという論理である。

さらにかれは宗教問題について、つぎのような見解を披瀝している。

「且つ宗教は人民の依るところにして教化の根本である。故に宗教が衰えれば国も衰え、宗教が盛んになれば国も盛んになる。昔、儒教の盛が漢土の強盛を致し、仏教の盛が印度および東洋諸国の強盛を致し、回々教の盛が西域および土耳古《トルコ》など諸国を強盛にした。今、天主教および耶蘇教の盛が、欧米諸国をもっとも強盛にした。我が朝鮮にもかつて儒仏の教が盛んな時があった。然し近日に至って儒仏ともに廃れ、国勢もしだいに弱くなった。あに寒心嘆息せざらんか。ああ儒教をふたたび熾んにして文徳を修めれば、国勢もまた、之れに因ってふたたび盛んになること期して待つべきであろう。

然しすべての事には時運があり、力を以て挽《ひ》くべきではない。故におよそ宗教は民に任せて信奉を自由にし、政府が干渉すべきではない。古くから宗教上の争論が人心を動揺させ、国を滅ぼし人命を害すること数えきれず、以て鑑とすべきである」。

つまりかれはそれが儒教であれキリスト教であれ、いずれも同じく「教化之本」である。したがっていずれの宗教を信仰するかは人民の自由に任せるべきであって、国家が介入すべきではないと主張している。これは衛正斥邪論者たちが儒教は人類の道であり、キリスト教(西学)は「無君無父之邪術」として禽獣の道であるとする宗教観とは、根本的に異る観点である。かれは儒教も肯定しているが、それはあくまでも「先其実用、而後其文華」の学問であるべきであり、「時運」にしたがって強制してはならない、とした。

先きにわれわれは、一八八五年四月以降、「医療と教育」をテコとしてプロテスタント(キリスト新教)が浸透しはじめたことをのべてきた。しかし政府当局はその「医療と教育」活動は認めたが、宣教活動を公的に認めたわけではない。プロテスタントの宣教師たちは、開国前に教獄事件でその主要な弾圧対象となってきた天主教と区別して「耶蘇教」とし、なしくずし的に宣教活動をしてきたのが実状である。

宣教活動がしだいに表面化するにつれ、朝鮮政府は一八八八年四月に禁教令を発布し、交渉通商事務衙門の督弁(大臣)趙秉式は、欧米諸国公使に禁教を要求したものである。しかしかれらは、一八八六年六月に調印された朝仏修好通商条約第九款二項中の「学習或教誨・語言・文字・格致・律例・技芸者、均得保護相助」(傍点引用者)にある「教誨」が布教権を認めたものであり、それは各国が均霑すべきものとして、朝鮮政府の要求を拒否している。(29)

朴泳孝はつづいて具体的に、教育・文化・宗教政策について、つぎのように建白している。

一、小・中学校を設けて六歳以上の男女をして皆就校受学させること。

一、壮年校を設け、漢文或いは諺文(ハングル)を以て政治、財政、内外法律、歴史、地理および算術、理化学大意などの書を訳して少壮の官人を教え(此れは湖堂*の古事に似て、其の益は必ず大きい)、或いは八道から壮年の士を徴募して之れを教える。其の業成るを待って科挙の試を以て之れを試験し、文官に択用すること。

* 湖堂とは読書堂のことで、李朝時代に国王はここに、若くて俊秀の文臣を集めて学問させた。

一、先きに人民を教えるのに、国史および国語・国文を以てすること。

本国の歴史、文章を教えず、たんに清国の歴史、文章を教える故に、人民は清を以て本となし、之れを重んじ、自国の典故を知らざるに至る。此れ本を捨てて末を取るものというべきである。

一、外国人を雇傭して、人民を教うるに法律、財政、政治、医術、窮理および諸才芸を以てすること。

一、活字を鋳造し、紙を造り、印刷所を多く設けて、以て書籍を豊かにすること。

人は学ぶことを欲するが、書籍がなければ学ぶことができない。臣が日本を羨むところは、紙価が安く、活字が多くて印刷に便であること、而して書籍が豊かで学校が多く、学生が多いことである。

一、博物館を設けて、以て人民の見識を広めること。

一、人民に有識者をして時々集会で世事を演説させることを許し、以て其の固陋を開くこと。
一、盛んに東洋および西洋諸国の語学を興して、以て交親に便ならしむること。
一、規則を定めて、人民に新聞局を設けて新聞を印刷し、販売することを許すこと。
新聞は朝廷の事を評議し、及び官命、官吏の進退、市街の風説、外国の形勢、学芸の盛衰、耕作の豊凶、物価の高低、交易の盛衰、民間の苦楽、死生存亡、異事珍談を公告するものである。凡そ人の耳目を新たにするものは逐一記載し、或いは図画を附し、詳かならざるものはない。このほかにも人びとは之れを頼って凡百の事を広告し、大いに便利である。故に一室に閉居して戸外を見ず、或いは万里異域に居て郷信を得られなくとも、新聞を一見すれば瞭然として世間の情を知り、恰かも其の事物に現に接する如く、故に人民をして見聞を広め、事情を明かにするもの、之れに過ぐるものはない。是れを以て、方今の欧米諸国では、新聞局の多少により、国の文明を較べる尺度にするという。
一、其の宗教を論ずることなく、或いは黙許して不問にし、民の自由に任せるべきであり、堂宇(教会堂)を建築することを許可しなければ、禍乱を惹起すること。

もちろんこのような開化思想の教育分野における適用は、伝統儒教の正統を教条的に受け継ぐ衛正斥邪思想とは鋭く対立するものであることはいうまでもない。例えば一八九五年八月六日(旧暦六月二六日)、李朝末期における代表的な衛正斥邪論者として著名な勉菴・崔益鉉は、封建的「礼」のシンボルとしての衣制の改革に反対した上疏のなかで、「以用夷変夏、降人為獣、為能事、而名之曰開化、此開化二字、容易亡人之国、覆人之家」、つまり「開化」とは、夷狄を用いて中華を変じ、人類を降して禽獣とするものであり、人の国を亡ぼし、人の家を覆すことを容易にするものであると糾弾している。(30)

また先きにものべたことがあるように、兪吉濬は一八八一年には紳士遊覧団に随行して日本の慶応義塾に留学し、一八八三年には派米使節団に随行してダムマー・アカデミーに学んだ。かれは一八八四年一二月四日の甲申政変の報に接して、八五年秋に帰国したところを逮捕され、捕盗大将韓圭卨の私邸に拘禁された。かれは日本およびアメリカ留学中に『西遊見聞』の草稿を書いているが、日本でのそれは紛失し、アメリカでのそれは序文によれば「聞いた者を記し、見た者を写し、また古今の書に披瀝していることを訳出して一帙をなした」にもかかわらず、帰国した当時その殆半を散失してしまった。かれは韓圭卨の林亭で全二〇編にわたるこの著を、一八八九年の晩春に完成している。本書はその奥付によれば、一八九五年に魚允迪、尹致旿の校閲によって日本東京の交詢社で刊行されており、一〇〇〇部を印刷して各界の人士に無料配布したとのことである。[31]

いうまでもなく本書も教育問題について重要な関心を寄せており、第三編のなかの「人民の教育」、第九編のなかの「教育する制度」、第一三編のなかの欧米の「学業する条目」などがそのために割かれている。

かれは「人民の教育」のなかで欧米の教育を概観し、それを要約して「一に曰く道徳の教育であり、二に曰く才芸の教育であり、三に曰く工業の教育である……此れを教育の三大綱という。其の実は正徳・利用・厚生の大趣旨であって、邦国の貧富・強弱・治乱・存亡が其の人民教育の高下有無にかかっている」とのべている。[32]

また「教育する制度」では欧米の教育制度と内容を紹介し、「教誨する道」(知育)のほかに「養生する道」(体育)のこと、家庭教育のこと、教師の待遇、教師と学父兄による学校運営のことなどに言及している。

さらに「学業する条目」では、欧米において流行している諸学問——農学、医学、算学、政治学、法律学、格物学(物理学)、化学、哲学、鉱物学、植物学、動物学、天文学、地理学、人身学、博古学、言語学、兵学、器械学、宗教学についてその概要を紹介し、要するにそれらはいずれも「実用」の学であることを強調している。かれはいう。[33]

「学業にはまた虚名と実状の区別があるが、如何なる学業を虚名というのか。理を究めずして文字だけを是れ尚び、青春から白髪に至るまで詩文をたのしむが、利用する策略と厚生する方法が無いものである。

また実状ある学業とは如何なるものを指すのか。事物の理を窮格して其の性を尽し、昼夜を問わず勤攷して百千万条の実用に其の意を専らにすることである。

然る故に学業の名称は彼我が一般であるが、其の虚実の懸隔には雲泥の相異がある」。

いうまでもなく朝鮮の伝統儒学は「虚状」であったために「利用・厚生」に役立つことがなかったが、西洋の学問が「実状」であるのは、実用にその意を専らにし、その前提としての科学的探究――「事物の理を窮格して其の性を尽」すからである。かれはいう――「国家の最大の根本は実用に在り、人民の最大の実用は、勉学する性癖にかかっている」[34]。

のちにみるように、甲午改革およびその後の独立協会の教育思想を貫く基本は「実学」である。その原型は、すでにみてきたように朴泳孝の建白書や、兪吉濬の『西遊見聞』のなかにあった。しかしそれは、逆臣朴泳孝のそれが国王にたいする上疏であり、自由を拘束されていた兪吉濬のそれは一八九五年に至って、ようやく日本で刊行されたこともあって、かれらの思想が甲午改革以前までは、政策決定に影響をあたえることも、大衆運動のなかに浸透することもなかった。いうならばかれらの思想は、国内の政界からも大衆からも孤立し、甲申政変に生残った先覚者だけの思想であった。

ところが朴泳孝および兪吉濬は、一八九四年七月からの甲午改革を推進した金弘集政府内部において主導的役割を果した人物であるばかりでなく[35]、一八世紀後半期における北学派の巨匠燕岩・朴趾源の孫にあたる朴珪寿(号―瓛斎、一八〇七〜七六)から『燕岩集』の講義をうけたり、外国事情や時局を論じたりして新思想に目覚めた開化派の主要メンバーである。

われわれが注目しなければならないのは、伝統儒教にたいする内在批判の論理を、朴泳孝が「先其実用、而後其文華」に求め、兪吉濬が「利用・厚生」に求めるそれは、時間的へだたりを超えて、一八世紀後半期の実学派のそれと共通していることである。例えば朴趾源が「然而士之学、実兼包農工賈(商)之理……後世農工賈之失業、即士無実学之過也」といい(36)、その高弟朴斉家が「夫利用・厚生、一有不修、則上侵於正徳……今民生日困、財用日窮、士大夫其将袖手而不之救歟(37)」とのべたそれである。そこにわれわれは、一八世紀後半期の実学思想から、一九世紀後半期の開化思想に一貫してつながる思想的継承性をみることができるであろう。

第二節　近代的教育制度の確立

I　甲午改革と教育綱領

甲午改革とは一八九四年(甲午年)七月二七日に、金弘集を総裁とする軍務機務処の成立からはじまって、一八九六年二月一一日に親露派李範晋、李完用らの手引きによって国王高宗がその王子とともにロシア公使館に播遷し、第三次金弘集内閣が倒れるまでの諸改革をいう。

この時期は日清戦争および日清両国間の講和条約(一八九五年四月一七日)、三国干渉(同年四月二三日)とその後のロシアの進出と重なっている。甲午改革の評価については、日本側の政治的介入度との関連で、それを完全に他律的強制によるものとして否定的にみるか、内在的発展の反映とみるか、について見解が分かれる。ここではその問題が主題でないので詳述することは避けるが、まぎれもなく甲午改革は朝鮮における近代的改革への内在的志向を反映するものであり、したがって確かなことは、「近代」というものが朝鮮社会に定着しはじめる劃期となったことである。ただ開化派と守旧派との力関係において開化派の相対的劣勢のために、守旧派からの政権奪取を日本側に依存しなければならなかったことによる制約があった。

金弘集を総裁とする軍国機務処は、それが一八九四年一一月一三日に廃止され、第二次金弘集内閣が登場するまでは、行政府としての議政府(内閣に相当)に超越する立法府として、二〇八件の改革案を議決した。軍国機務処の改革案の性格をみるばあい、その会議員が金弘集と兪吉濬とのコンビを中軸とする穏健な改良的開化派によって構成され

ていたことは、甲午改革の性格を考えるばあい注目すべきことである。(38)

軍国機務処は七月三〇日、近代的改革を推進するための官制改革を断行している。(39)つまり従来君主専制下において不分離であった王室と国政を分離して宮内府と議政府とし、議政府の下には従来伝統的に踏襲されてきた六曹(吏曹、戸曹、礼曹、兵曹、刑曹、工曹)を廃止して、内務衙門(衙門は省に相当)、外務衙門、度支(財政)衙門、法務衙門、学務衙門、工務衙門、軍務衙門、農商衙門の八衙門を置いた。それぞれの衙門には高位職として大臣、協辦、参議が配置されている。

このような官制改革案は、具体的に七月二七日に成立した金弘集政府(第一次金弘集内閣という)から実施された。一二月一七日に第二次金弘集内閣が成立するにおよんで、さらに議政府を内閣と改称し、八衙門を内部(部は省に相当)、外部、度支部、軍部、法部、学部、農商工部の七部とした。

以上の官制改革を教育面からみると、従来外交と教育とを管轄してきた礼曹のかわりに外務衙門(のちの外部)と学部衙門(のちの学部)が設置され、教育行政はもっぱら後者が専担するようになった。つまり儒教的な「礼」の観念では、近代的な外交および教育にすでに対応できなくなったことへの反映である。

学務衙門の機構はつぎのようになっている。総務局、成均館および痒校・書院事務局(先聖・先賢の祠廟および経籍の保存にかんする事務)、専門学務局(中学校・大学校・技芸学校・外国語学校および専門学校にかんする事務)、普通学務局(小学校・師範学校にかんする事務)、編輯局(国文綴字、各国文の繙《はん》訳および教科書編輯にかんする事務)となっていた。

以上でみられるように制度的に近代教育を推進する部署は普通学務局および専門学務局であるが、教育内容を規定する教科書の作成を担当した編輯局は、国文の綴字法(綴字とはハングルの母音と子音との組合せ方法)を統一してそれを教科書に導入し、また各国文献から教材を採取しようとするのである。これは従来書堂で習う『千字文』からはじまって、形式は漢文、内容は儒教といった旧教育に比べて、教育内容の根本的転換を意味する。

また軍国機務処は八月三一日(陰暦七月一二日)に、従来の科挙制に代る銓考局条例を発表した。[40] その条例は八月一二日の議決事項「門閥および班常(両班と常民)の等級を劈破して、貴賤に拘りなく人材を選用すること」[41] を実現するために、普通試験と特別試験とを実施することにした。普通試験では国文、漢文、写字、算術、内国政略、外国事情、内政外事について試験し、これに及第した者が特別試験に応試することになっている。特別試験では官吏として配置さるべき部署に「適用の才器」たるかどうかについて試験する。

つまり銓考局条例によれば、従来の科挙制とちがって、門閥および貴賤に拘わらない人材の登用、試験内容においても開明的な新知識が要求されるにいたったのである。このようにして高麗時代の九五八年以来実施されてきた官吏採用のための科挙制は終焉を告げた。

ちなみに科挙試における文官のための試験科目をみれば、小科としての生員科のばあいは四書の疑と、五経の義であり、進士科のばあいは詩と賦であった。また大科としての文科のばあいは経学(経書の疑義にかんする口頭試問と筆記試験)、詩、賦、表、策となっていた。

一八九五年一月七日に国王高宗は、世子、宗親、臣僚を率いて宗廟の「皇祖列聖之霊」に独立誓告文を奉告したが、そのなかで国政改革の大綱として「洪範十四ヵ条」を宣布している。その第一一条では「国中の聡俊な子弟を広く外国に派遣して学術と技芸を伝習させる」こと、また第一四条では「人を用うるに門閥や地閥に拘りなく、士を求むるに朝野にあまねく及び、以て広く人材を登用する」ことを明示した。[42]

さらに国王高宗は同年二月二日の詔勅において、教育立国の大方針を宣布したのである。そのなかでは新しい世界情勢のなかで、旧教育による「虚名」の学問を捨て、新教育による「実用」の学問のための教育綱領を明らかにしている。その内容の軸をなす部分はつぎの通りである。[43]

「宇内の形勢を環顧するに、富を克くし、強を克くして独立雄視する諸国は、皆その人民の知識を開明せり。知識の開明は教育の善美を以てす。則ち教育は実に国家保存の根本たり。是れを以て朕は君師の位に在って教育する責を自ら担うものなり。教育もまた其の道ありて、先きに虚名と実用とを分別すべく、書を読み、字を習い、古人の糟粕のみを掇拾して、時勢の大局に矇昧なる者は、文章が古今を凌駕すと雖も、一の無用なる書生なり。

今朕は、教育する綱領を示す。虚名を是れ袪《さ》り、実用を是れ崇ぶべし。曰く徳養なり。五倫の礼儀を修め、俗綱を紊乱する勿れ。風教を扶植し、以て人世の秩序を維持し、社会の幸福を増進せよ。曰く体養なり。動作に常あり、勤励を以て主となし惰逸を貪るなく、苦難を避くるなく、爾《なんじ》の筋を固め、爾の骨を健にし、康壮無病の楽を享受せよ。曰く智養なり。物に格《いた》り、知を致し、理を窮め、性を尽して、好悪・是非・長短に自他の区域を立てず、詳しく究め、博く通じて、一己の私を営むことなく、公衆の利益をはかれ。

曰く右の三者は教育する綱紀なり。朕が政府に命じて、学校を広く設け、人材を養成するは、爾臣民の学識を以て国家中興の大功に賛成する為めなり。爾臣民は忠君愛国する心性をもって爾の徳、爾の体、爾の智を養うべし」。

つまり教育立国の詔勅は、教育改革の大方針として徳養・体養・智養の三位一体の教育綱領を明らかにし、政府はそれを受けて新しい学制改革に着手した。このことは経書中心の「私」と「虚」の儒教教育から、新学問による「公」と「実」の近代教育への転換を意味する。

もちろん学制改革においては、制度的に日本のそれをモデルとしたが、にもかかわらずその教育内容を規定するのはこの「教育立国」の詔勅が示した教育綱領であって、そのために甲午改革の一環としての教育改革の意義が損われるものではない。

一八九六年二月に第三次金弘集内閣が倒れてのちも、教育立国の大方針は堅持されたと見るべきであって、一八九九年に国王高宗は、甲午改革の挫折後に再登場してきた守旧派政府を戒めて、「教育の方、五、六年来寸進の効が無い」としながら、「国家が学校を開設して人材を作るのは、将さに知見を広め進益を求むるを以て、開物成業、利用厚生の基本とするためである(44)」と、再び詔書をおろして政府を督励している。

II 新学制による近代学校

一八九五年二月に教育立国の詔勅があって以来、その教育理念を実現するための学制が整備され、はじめて新学制による近代学校が誕生した。一八九五年四月の漢城(ソウル)師範学校官制の発表につづいて、つぎつぎに諸学校の官制および規則を制定した。それを年代順にあげればつぎのようになる。

漢城師範学校官制	一八九五年四月一六日
外国語学校官制	一八九五年五月一〇日
成均館官制	一八九五年七月　二日
小学校令	一八九五年七月一九日
漢城師範学校規則	一八九五年七月二三日
成均館経学科規則	一八九五年八月　九日
小学校規則大綱	一八九五年八月一二日

補助公立小学校規則　一八九六年二月二〇日
医　学　校　官　制　一八九九年三月二四日
中　学　校　官　制　一八九九年四月　四日
商工学校官制　一八九九年六月二四日
外国語学校規則　一九〇〇年六月二七日
農工商学校官制　一九〇四年六月　八日

以上で分ることは政府が近代的教育改革のなかで、もっとも焦眉の問題として小学校による一般国民教育と、そのための師範教育、さらに外国語教育を重視していたことである。これら諸学校にかんする官制および規則は一八九五〜九六年間に集中的に実施されている。その基礎のうえで、一八九九年から中学校をはじめ実業教育および医学教育に及んでいる。

しかし伝統的な儒教教育にたいする一般民衆の執着、さらには国家財政上の制約と教員の不足などが重なって、近代教育の出発は決して順調ではなかった。したがって数少ない近代学校においてさえ、政府はかなり強力な勧学策をとらざるをえなかったように思われる。ここでは小学校を中心に、その実態を垣間みることにしたい。

小学校令(45)によれば満七歳から一五歳までを学齢とし、「児童の身体の発達に鑑み、国民教育の基礎と、其の生活上必要な普通智識と技能を授くるを以て本旨」(第一条)とする。小学校は政府設立の官立、府郡設立の公立、私人設立の私立の三種とするが、その編制および修業年限は、尋常科三ヵ年、高等科二ヵ年ないし三ヵ年とする。

教科目としては尋常科では修身・読書・作文・習字・算術・体操、ばあいによっては体操のかわりに本国地理、本国歴史、図画、外国語の一科ないし数科、女児のためには裁縫を加えることができる。また高等科では修身・読書・

作文・習字・算術・本国地理・本国歴史・外国地理・外国歴史・理科・図画・体操とし、女児には裁縫を加える。ばあいによって外国語一科を加え、外国地理、外国歴史、図画の一科または数科を除くこともできる。

小学校令は開国五〇四年（一八九五）八月一日から、各地方の状況に依りしだいに施行する、となっている。

小学校令による最初の学校として、ソウル市内に四校が設立されたように思われる。というのは一八九五年九月二八日に学部大臣徐光範は、学部告示第四号を発表しているが、それはつぎのようになっている。(46)

「教育は開化の根本である。愛国の心と富強の術はすべて学文から生まれる。惟れ国の文明は学校の盛衰と係わる。いまだ二三府に学校の設立が始まらないが、先ず京城内の壮洞、貞洞、廟洞、桂洞の四ヵ処に小学校を設立して児童を教育しているが、貞洞のほかの三ヵ処は校舎が狭隘なために、壮洞は梅洞の前観象監に、廟洞は恵洞の前恵民署に、桂洞は斎洞にそれぞれ移設し、八歳から一五歳までの学徒を増集している。

其の科程は五倫礼儀から小学、本国の歴史と地志、国文、算術、其の他外国の歴史と地志など、時宜に適した書冊の一切を教授して、虚文を袪《さ》り実用を尚ぶ教育に務めている。夫れ外国の学校規程を念うに、学校に入学しない児童があるばあい、其の父兄を罰する例も、或いは有る。本国では此のような規程をまだ設けていないが、児童の父兄たる者は其の子弟を帯同して本部に来り、入学許可状を受けてから学校に赴き、学業を修むるに懈惰または間断する弊無きを望む」。

つまり恐らく一八九五年八月に、小学校令による最初の小学校として、ソウル市内の壮洞、貞洞、廟洞、桂洞の各小学校が設立されたのを嚆矢とするが、これは日本における最初の近代的小学校が、一八六九年五月に京都に設立され（上京二七番小学所）、同年一二月には京都市内だけでも六四の小学校が設置されたのに比べて、(47) じつに二七年の立ち遅れである。

ソウル市内のこれら小学校は、その後いかに発展したのだろうか。一八九八年(光武二年)七月六日に、『独立新聞』はその論説のなかで、とくに国民教育の基礎としての小学校教育の拡充を主張した論説のなかで、つぎのようにその実状を述べている。(48)

「わが国もこのように脆弱な形勢から免かれ、開明進歩するためには、宮闕を華麗にし、陸海軍を多くするよりも、第一に小学校を多く設けることである。当分の間は高等学校や大学校には金を使わないで、先ず小学校を多く設けて童蒙(児童)を教育すべきである。

漢城内にはいま、九ヵ所の官立小学校に合計八三八名の学徒がいる。一年の経費は合せて一万四四〇〇余円というが、これはないよりはましだが、まだきわめて少ない。われわれの考えでは、学部での事務は、一人の局長と何人かの主事で足りると思われるが、それでも学部を置かなければならないとするならば、その経費を節約して残った金は、すでにあるような小学校をもっと設立するところに使えば、国民のために大きな利益となるだろう」。

この論説によれば、一八九八年七月現在でソウル市内に九つの小学校があり、学徒数は八三八名であった。それらの学校は斎洞、安洞、養士洞、養賢洞、梅洞、貞洞、水下洞、鋳洞の八つの官立小学校と、一つの公立小学校であり、そのうち校洞だけが高等小学校で、他は尋常小学校であった。

なお地方の実状については一九〇六年二月に日本統監府がソウルに設置され、積極的に朝鮮教育に介入する直前の時点で五七ヵ所の公立尋常小学校があり、私立小学校はそれをうわまわっていたと考えられる。公立小学校および私立小学校の実態はほぼ、「而て学部は公立小学校に対して毎校月額一五円乃至二一円五〇銭の補助金を下附するも、教員は大抵一校一人にして単級組織とし、生徒の数、多くも五〇名にして甚だしきは十数名に過ぎず、私立小学校に至りては其数に於て公立小学校よりも遙に多く、漢城府内のみにて約三〇校を算したるも、其大部分は純然たる私塾にして、机さへも備へ付けざるの状態なりき」[49]に近いものであっただろう。

これらの小学校に必要な教員養成のための漢城師範学校(本科二年、速成科六ヵ月)が、新学制による最初の近代学校として、一八九五年四月に設立された。一八九六年二月のD・L・ギフォードの報告によれば、「師範学校は校洞に位置し、一人の日本人教師の管理のもとに組織された。二人の朝鮮人教師が、いまかれらの学習を指導している。教える科目は歴史(朝鮮および世界)、数学初歩、地理、国漢文による作文および漢文古典から成る。師範学校への入学志願者は漢文を読み、書くことができなければならない。そして年齢は一八歳から二五歳の範囲に制限されている……ねらいとしては五〇名の生徒を収容して、国費で食事と宿泊をまかなうことになっている」[50]。

新学制による近代学校が出発した初期において、もっとも活気を帯びたのは外国語学校であったようである。すでにのべたことがあるように、一八八六年九月からは育英公院で英語教育がおこなわれてきたし、また日本語学校も一八九一年からはじまったが、外交活動の範囲の拡大によってより多様な外国語教育が必要となった。外国語学校官制によってソウルには、一八九五年五月に日本語、中国語、英語、ロシア語、フランス語、ドイツ語学校が設立され、それぞれの外国人および朝鮮人教師による外国語および一般教育がおこなわれた[51]。

それぞれの外国語学校は、朝鮮の対外関係の消長によって志願者に変動があり、日露戦争後にロシア語学校は廃止され、「併合」後に外国語学校そのものが廃止されるまで、もっともコンスタントに志願者があったのは英語学校と日本語学校であった。そして英語学校では生徒たちが英語練習会を組織して、週一回の会合では英語だけで演説していたことから、その水準はかなり高かったようである[52]。

朝鮮では李朝初期以来、通訳養成のための外国語教育は司訳院でおこなわれ、外国語も漢語、女真語、日本語に限られていた。つまり朝鮮の対外関係がそれほど狭い範囲に限られていたのである。ところがここではじめて、西洋を含めた国際社会に伍していくための外国語教育体系が確立されたのである。

さらに一八九九年にはいっては、医学校(三年)を設立して内外の各種医術を教授し、中学校(尋常科四年、高等科三年)を設けて普通学を教授し、商工学校(予科一年、本科三年)を設けて農業、商業、工業を教授した(一九〇四年には名実ともに農工商学校と改称)。また一九〇〇年には礦務学校を設けて、礦務実業を教えた。[53]

このほかにも学部管轄外の学校として、一八九五年には法官養成所、一八九七年には郵務学堂および電務学堂がそれぞれ設立されている。とりわけ法官養成所の設立は、一八九六年一月に近代的法典としての『法規類編』を刊行したことと相まって、近代的法治国家への移行のために必要な措置であった。

つぎに学部編輯局は、その間においてどのような教材をつくって諸学校に供給したであろうか。『皇城新聞』によって推測すれば、一八九九年一月現在でつぎのような教材が編輯されていたようである[54]――『公法会通』『万国地誌』『万国歴史』『朝鮮地誌』『朝鮮歴史』『泰西新史』『中日略史』『俄国《ロシア》略史』『種痘新書』『尋常小学』『国民小学読本』『輿載撮要』『万国年契』『地球略論』『近易算術』『簡易四則』『朝鮮地図』『世界地図』『小地球図』などである。

もちろん政府学部による編輯事業だけでは、学校および一般民衆の新知識にたいする需要を充足させることはできない。だから『独立新聞』は論説のなかで、民間会社による出版事業についてつぎのように主張せざるをえなかった。[55]

「外国では本を作る人が国中に数千名もおり、出版会社が数百にも及ぶ。本がそのように多数にのぼっても、毎月新しい本を数百冊もつくって、会社ももうけ、国にも大きく寄与している。朝鮮でもこのような会社ができて、各種の西洋書を国文で翻訳出版すれば、何よりもこの本を読んで農民は農法を学び、商人は商法を学び、工匠は製法を学び、官吏は政治法を学び、医者は高明な医術を学び、生徒は各国の史記、算学、地理、天文学などを学びうるだろう。文明開化するのにこのように意義ある事業はほかになく、実業としてもこのように利益ある事業はない。

有志者たちが集まって一つの会社をつくり、朝鮮語ができ、学問のある西洋人を雇って、このような本を翻訳出版すれば、一年もすれば大きな利益があるばかりでなく、会社は朝鮮のために大きく寄与することになろう」。

第三節　民間人による私学教育

I　民族系私立学校

政府主導による近代教育の成立過程が、その勧学策にもかかわらず盛り上がりが少く、部分的に先細りの現象を免かれえなかった状況のなかで、民間人による私学の発展は注目に値いする。

朝鮮における近代教育の発展は、それが政府次元であれ民間次元であれ、一八八四年一二月の甲申政変失敗後におけるキリスト新教(プロテスタント)の受容と、その宣教師による教育活動に触発されたことは否めない。それから一〇年が経過して一八九五年から、近代教育思想が朝鮮人みずからのものとして、しだいに定着するにいたった。近代朝鮮における初期の私学教育は、いうまでもなく宣教師によるキリスト教系のそれと、開化人士による民族系のそれとに区別される。

朝鮮人みずからの民族系私学教育は、一般的には私立興化学校を嚆矢とし、その設立年代については従来一八九五年とみてきた。[56] しかしそれは、独立協会運動が大衆的な市民運動＝万民共同会として発展した一八九八年と見た方が正しいように思われる。

『皇城新聞』の光武二年(一八九八)一一月四日(旧暦九月二一日)号には、私立興化学校のつぎのような広告が掲載されている[57]――

○(ソウル市)西署新門内興化門前五宮洞契上園洞で、私立興化学校を設立するつもりである。課程は英語、算術、地誌、歴史、作文、討論、体操であり、入学試験は陰暦の一〇日に始まり、開校は同月二二日とする。その後にも入学を願う者があれば許し、昼夜学を設けたい。皆様には本校に来て試験を経てから規則を問うてほしい。国漢文に全く通じないか、保証人がないばあいは本校への来学を許さないから、此れをことごとく知ったうえで期日までに来学されることを望む。

私立興化学校長　閔泳煥
教師　林炳亀　鄭喬　南舜熙

さらに『皇城新聞』は同年末の雑報欄で、つぎのように報道している(58)。

「私立興化学校が開学して数朔に過ぎないのに、昼学員六〇余人と夜学員九〇余人が、規則をきびしく守って進退動作が済々たるばかりでなく、英語、算術、地誌、討論など各学問が日に就き月に進み、刮目すべきものがあるというから、人材がさかんに興ることを目を拭って期待できそうである」。

また一八九九年四月の報道によれば(59)、同校はすでに校舎が狭いために、その拡張のための対策を論議しているのである。同校は一九〇〇年七月現在、尋常科、特別科、量地(測量)科があって、その学生数は一三〇余名となっている(60)。けだし盛況であったというべきであろう。

校長閔泳煥は閔氏一派のなかでは抜んじて開明的な官僚であり、一八九六年五月にはロシアのニコライ二世の戴冠式に特命全権公使として、ヨーロッパ廻りでモスクワを訪問している。一八九八年には朴定陽とコンビになって守旧派趙秉式一派と対決し、独立協会に代表される国政改革のための民意を実現するために努力した。一九〇五年一一月の日本による「保護」条約の強要に反対して自決したことは周知である。

なお興化学校の開学が広告された同じ欄には、私立光興学校のつぎのような広告が掲載されている(61)――

○私立光興学校を(ソウル市)新門外鍮洞前繊営執事庁に移設するが、課程は日語、算術、歴史、地誌、法律、経済、行政学、講演、作文、体操である。入学試験は陰暦本月二〇日から二三日までとし、国漢文の読書と作文である。開学は二四日であるが、その後にも入学希望者は許すから、皆様には期日までに来臨されることを望む。

私立光興学校主　朴礼秉
校長　李建鎬
教師　申海永　魚瑢善　金鎔済　権鳳洙　南舜煕

この文面からみると、興化学校の設立のまえにすでに光興学校があって、後者のばあいはその移設と関連した広告である。しかし一八九八年をさかのぼるものではないであろう。両校ともその校長および教師は、鄭喬、李建鎬、申海永(一八九五年慶応義塾に留学)のように独立協会の指導的活動家をはじめ、そのメンバーかその同調者である。興化学校および光興学校のほかにも、一八九九年にはいって漢城義塾という民族系私立学校の入試広告が掲載されている。(62)

○本塾では学科を拡張して学員を募集しているから入学を願うすべての君子は、陽暦三月晦日内に本塾事務所に来問してほしい。

但し年齢は一五歳から三〇歳まで。

科　目

経書、日語、地理、歴史、算術、作文、物理学、化学、法学、経済学、政治学、国際法

入学試験科目

漢文、読書、国漢文作文

漢城義塾　中署前左巡庁
教師　姜興秀、池承浚、卞河璡
塾長　金宗漢

この漢城義塾はのちに楽英学校と改称した(63)。すなわち一八九九年四月一七日号の『皇城新聞』によれば、つぎのように報道されている(64)。

「先日漢城義塾で評議員たちが塾務を議定し、塾名は旧に依ってなお用いるよう塾長金宗漢氏に勧めたが、当塾事務員が各評議員に通知したところによれば、塾長の言として、学課も改定し、校舎も移設するつもりだから新設というべく、すでにあるものを維新するつもりで楽英学校と改名したから、此のように準定すべきだとのことである」。

さらに私立時務学校(ソウル中署前中学)が一八九九年二月に設立され、同四月に春季入学試験が実施されているが、校長閔泳綺、校監成岐運、教師魚允迪、尹邦鉉、金声鎮、姜興秀となっており、入学資格も漢城義塾と同じである(65)。だとすると民族系私立学校は、独立協会運動が大衆的に高揚した一八九八年から出発しており、その入学資格は師範学校や外国語学校とほぼ同じく、その教育内容は官立のように新しい時代にふさわしい実務官吏を養成するというよりは、博該な新知識をもった近代的インテリの養成を目的とする中等学校ないし専門学校程度のものと思われる。そしてほぼ同じ水準の民族系の私立学校として、ソウルには一九〇一年の洛淵義塾(のちの普光学校)、一九〇二年の牛山学校(のちの懿法学校)、一九〇四年の青年学院、地方には斉修学校(仁川)、漸進学校(平安南道江西)などがあった。

朝鮮教育の近代化過程で、以上のべてきたような官公私立の近代学校が設置され、まだ牢固として根を張っていた儒教教育の一角をつきくずしていったが、そのような教育近代化の主要な一翼をになったのが、キリスト教系私立学校である。

II　キリスト教系私立学校

儒教的価値観が上下を貫いて定着していた朝鮮においては、その周辺国である中国や日本よりもキリスト教の受容は遅れていた。一八八五年にアメリカの北長老会(プレスビテリアン)および北監理会(メソディスト)の宣教師が朝鮮入りし、「医療と教育」をもって民衆のなかへの浸透をはかったことはすでにのべた。

それから一〇年たった一八九五年から、キリスト教とりわけその新教(プロテスタント)の布教は急速に進展した。じじつ一八九五年の信徒数七四六名であったのが、一九〇〇年には一八、〇八一名に飛躍している。北長老会宣教師H・G・アンダーウッドは朝鮮伝道史上における一八九五年から一九〇〇年までの時期を、「第三期、大収穫開始の時期(66)」と規定している。しかもこの時期の教勢の発展は、平壌を中心とするソウルから北部地域において顕著であった。かれはいう(67)——

「中国とソウルの両方から、北部地方に向かってなされた主な種子まきはすでに終っていて、今ここにこの大収穫の初穂がとりいれられた。のみならず、概してこの地方の成果が南部の活動の影をうすくするほど大きかったので、この時期の正式報告書は大部分が全く、北方地区本部の活動報告につきてしまいそうに思えるほどだった」。

朝鮮にはいってきた諸教派がそれぞれ教育活動を重視していたなかで、北長老派および北監理派によるそれは、とりわけ顕著であった。朝鮮における伝道方式は、一八九〇年以来「自主・自立・自給伝道」のネヴィアス方式をとっていたので、キリスト教系諸学校も、基本的にはそのように教徒たちの自力によって建設され、運営された。このようにして「二〇世紀にはいると、前述したような独立自給の地方教会の設立にともなって朝鮮人信徒自身の手になるキリスト教主義学校が、文字どおり全国農村のすみずみにまで普及するに至る(68)」のである。

とりわけ民族系の官公私立学校における初等教育の不振を、地方教会によるキリスト教系学校がカバーしたことは注目に値いする。一九〇二年当時のA・J・ブラウンの報告として伝えるところによれば、北長老派系の初等学校だけでもすでに六三校、生徒数九九三名(男子八四五名、女子一四八名)に達し、その大部分が地方教会による自給学校であった。また北監理派教会の学校も二八校(うち女子校一六校)、その生徒数五六七名(うち女子二八三名)で、二校

キリスト教系私立学校(1885～1904)

設立年代	学校名	教派	所在地
1886	培材学堂	監理派	ソウル
1886	梨花女学堂	〃	〃
1886	儆新学校	長老派	〃
1887	貞信女学校	〃	〃
1894	光成学校	監理派	平壌
1894	崇徳学校	〃	〃
1894	正義女学校	〃	〃
1895	一新女学校	長老派	東萊
1896	正進学校	監理派	平壌
1896	攻玉学校	〃	ソウル
1897	崇実学校	長老派	平壌
1897	信軍学校	監理派	ソウル
1897	永化女学校	〃	仁川
1898	培花女学校	〃	ソウル
1898	盲唖学校	〃	平壌
1898	明信学校	長老派	載寧
1900	平壌神学校	〃	平壌
1903	崇義女学校	〃	〃
1903	楼氏女学校(元山女学校)	監理派	元山
1903	貞明女学校	長老派	木浦
1904	徳明学校	監理派	元山
1904	好寿敦《ホルストン》女学校	〃	開城
1904	進誠女学校	長老派	元山
1904	懿昌学校	監理派	海州

(男女各一校)のほかはすべて初等学校であった。[69]

これら地方教会の初等学校を土台として、ミッション・スクールはしだいにその上級レベルの学校に押しあげられていったが、一八八五年から一九〇四年までのそれをあげれば前掲した表の通りである。[70]

この表で注目されることは、ミッション・スクール二四校のうち、少なくとも一九〇四年までの時期には朝鮮半島の東南端の東萊と、西南端の木浦のほかは、二二校がソウルから北部地域に集中していることである。しかも二四校のうち、平壌に八校、ソウルに七校、元山に三校と、それぞれ布教の拠点都市に集中していることが分る。しかも重要なことは女子校の比重がきわめて高く、全二四校のうち一一校が女子校となっており、地方都市においても東萊、仁川、木浦などでは、優先的に女子校を設立している。女子校を重視した宣教師たちの動機がどうであれ、男尊女卑の弊風を打破し、女性の近代的覚醒をうながすうえにおいて、キリスト教系学校が果した先駆的役割は決定的である。さきのアンダーウッドは、女子教育を重視するにいたった動機を、つぎのようにのべている。[71]

「二〇年以上も前に、朝鮮人を改宗させるために宣教師が用いているさまざまな方法をみて、ある朝鮮人が次のような示唆を敢えてした。それは、母親をキリスト者にすれば、国民全部をキリスト者にすることが出来るから、先ず女性を改宗させるために主要な努力を払うべきである、と。そこで宣教師たちはこれらのさまざまな方法で、教養ある母親をまことのキリスト者に訓練することに力を入れ、全国民をキリストに導こうと努力しているのである」。

これらのミッション・スクールのなかで、すでに培材学堂のばあいは“Pai Chai College”と宣教師たちがいっているように、かなり高等な教育がおこなわれていた。一八九六年の報告によれば、学科構成およびその教授内容はつぎのようになっている。[72]

「学科はつぎのように、漢文科、英語科、神学科に分けられている。生徒数としては英語科に一〇六名、漢文科に六〇名いる。神学科にはアペンツェラーの担任のもとで、去る学期に六名が出席した。漢文科生徒の平均年齢は一二歳であり、英語科生徒のそれは一八歳である。英語科での科目は(英語の)読み方、文法、作文、綴字法、歴史、算数、化学および物理の初歩である。漢文科では際限のない漢文古典、シェフィールドの『万国史』(Sheffield, "Universal History")、ほかに諺文(国文)で一定の宗教書を教えた。礼拝堂への参加は義務的である」。

さらに一八九八年の報告によれば[73]、同校には三年間の予科コース(Preparatory Course)があって、第一年度には読み方、書き方および綴字法を、第二年度には地理、算数、作文を、第三年度には歴史、代数、図画、生理学、聖書を教えた。それから大学コース(Regular College Course)に進んだ。当時の教員構成は二人の外国人教師と二人の朝鮮人助手、三人の朝鮮人漢文教師がいた。

朝鮮政府学部は、一八九五年三月に培材学堂と協定を結んで、一九〇二年二月まで官費学生を派遣したが[74]、どの程度の学生数が派遣されたかは知る手立てがない。これは一八九五年に、政府が福沢諭吉をつうじて一一四名の官費留学生を日本に派遣した、その国内版というべきもので、対日留学生も財政上の理由で、一九〇三年一月に召還している[75]。まさに甲午改革以後、それを内実あらしめるには、政府各機関および教育分野において新しい型の人材が要求されたにもかかわらず、財政不足と国内教育改革の立ち遅れによる人材不足が、諸改革の大きなネックとならざるをえなかった。

さらに注目されるのは、培材学堂内に生徒たちの自主的課外活動団体として、協成会が設立されたことである。これが設立されたのは一八九七年(光武元年)初めと思われるが[76]、ここでは学校の枠をこえて入会を呼びかけ、国家的および社会的諸問題をとりあげて、毎週一回の討論会や講演会を催している。かの甲申政変後にアメリカに亡命してから、一八九六年元旦に帰国して『独立新聞』を創刊し、独立協会の顧問であった徐載弼(西洋名 Philip Jaisohn)は、ここで週一回の連続講演をおこなっているが、一八九八年の宣教師側の報告によれば、「非常に高く評価された連続講演が、去る二年間のいちじるしい特色である。それは長い外国生活をして、外部世界に関心をもたせるような諸問題に精通している朝鮮生れの朝鮮人によってなされた」(77)。

ともあれこの協成会の討論会は、独立協会における討論会の原型というべきものであって、「独立協会の討論会は、培材学堂の協成会の方式を社会的に一般化したものであり、それはさらに、後にみるように国家的規模で発展させて、議院設立にかんする万民共同会の政治要求となった」(78)。

つぎに女学校の例をあげてみたい。培材学堂と同じく、北監理派によって設立された梨花学堂について、一八九六年の実状をつぎのように伝えている(79)。

「現在の教師陣は、一八九三年以来責任者となっているペイン嬢と、彼女に協力しているフライ嬢によって構成されている。朝鮮人助手としては一人の婦人と、三人の生徒助教がいる。このほかに毎週の何日かは、バンカー夫人が裁縫や刺繡を教えており、ハルバート夫人も声楽を教えている。生徒数は寄宿生が四七名、通学生が三名である。平均年齢は一二歳であるが、最年少八歳から最年長一七歳までとなっていて、英語と諺文(朝鮮語)が、知識を伝える教授用語となっている。初級英文科では英語で教え、一定の西洋科目と宗教書は、諺文で教えているが、英語は選択科目で、ほぼ生徒の三分の一に教えている。校内の生計は面白い。以上のべた朝鮮および外国式の裁縫と刺繡に加えて、全生徒の服は年長生徒によって作られ、手入れされている。

それから学校では、教室によって八つの班を分け、それぞれ二週間に一回ずつ交替する班長および副班長の指導のもとに、部屋や教室を掃除し、賄いを助ける。班長はいろいろなばあい、部屋でおこるすべてのことに責任をもつ。学校ビルの収容能力は、すでに狭隘にすぎる。秋には漢文科を開く予定であり、近い将来に器楽も教えるつもりである。学校の目的は完全なキリスト教育を施し、より良き朝鮮婦人にすることにある」。

キリスト新教の諸教派による教育活動のなかで、北監理派がもっとも活潑で、北長老派がそれに次ぐが、カトリック系の学校もないわけではなかった。例えば一八八八年に江原道原州からソウル竜山に移したラテン語学校がそれで、一八九六年現在の生徒数は二三名である。四年ないし五年のラテン語科では、ラテン語のほかにも算数、地理、歴史、理科、音楽を教え、それから一年間の哲学科に進級する。ここでの教授科目は形而上学、論理学、倫理学および神学である。それからさらに三年間の神学科に進級するが、ここでは教理神学(dogmatics)、倫理学(moral theology)、聖書研究および教会儀式の訓練がおこなわれた。また全課程をつうじて漢文古典を教授している[80]。この学校の目的は聖職者養成にあったから、キリスト教系諸学校のなかでは、純粋に神学校としての性格のものであった。

このようにキリスト系私立学校は、官公私立を問わず民族系諸学校のなかでの初等教育の不振をカバーし、またそれらの諸学校には欠落していた女子教育および盲啞児にたいする特殊教育の分野にまでその教育活動をひろげていった。しかしその教育理念は基本的には、キリスト教徒の子女たちを伝統的な儒教主義教育から切り離し、キリスト主義によって教育することであった。アンダーウッドはいう――「このように朝鮮でおし進められている小学校、高等学校、大学を総合的に併設しようと計画されている教育制度は、キリスト教徒とその子弟の教育を、第一の目的としているのである。もちろんそれ以外のものも入学をこばまれることはないが、宣教団の目的としているところはあくまでも教徒の子弟の教育である[81]」。

にもかかわらず当時の教会は、もっとも「民族主義的色彩の濃い教会」であったという。ミッション・スクールのばあいも同じことで、例えば培材学堂における協成会の討論内容は、ことごとくが当面する国家的および社会的諸問題であって、[82] 宗教上の問題は見られない。一八九六年一一月二一日、独立協会は独立の象徴としての独立門の定礎式をおこなっているが、これに参加した培材学堂合唱団は、「朝鮮歌」「独立歌」「進歩歌」を歌っている。生徒たちのこのような政治的現実参与は、宣教師たちの本来の理念とはかけはなれたものであったはずである。おのずから宣教師と学父兄との間には、子女教育にたいする考え方においてある一定の距離があったといえる。つまり「当時の宣教師たちの大半はファンダメンタリスト(根本主義者)で、聖書無謬を信ずる極めて保守的な神学に立つ敬虔主義者であり、宗教と政治を分離し、ただ福音のみを伝えようと志す人びとであった。状況がかれらをして社会に参与せしめたのである。[83]」

以上のべたように、欧米人による学校設立はミッション・スクールでないものはないが、日本語の普及を主要目的にした日本人による学校経営もないわけではない。ちなみにそれをあげれば、一九〇〇年現在つぎの通りである。[84]

校名	学科	設立者
京城学堂	普通学・日本語	海外教育会
城津学堂	同	東亜同文会
平壌日語学校	同	同
木浦日語学校	同	同会木浦支部
公州学堂	同	海外教育会
釜山開成学校	日本語及実業	個人
韓南学堂	普通学・日本語	同
安城学校	同	同

光州実業学校　実業　東本願寺

ともあれ一八九〇年代後半期は、甲午改革とその後の余波をうけて、遅ればせながら近代学校が朝鮮に定着した時期だといえる。そして新しい教育にたいする民衆の覚醒を掘り起すのに大きな役割を果したのが、独立協会による啓蒙活動である。つぎにわれわれは、独立協会の教育思想を検討することにしたい。

第四節　独立協会の教育思想

I　「実学」を軸とした教育思想

一八九六年二月に、日本公使三浦梧楼の主謀による一八九五年一〇月の閔妃殺害におびえた国王高宗は、景福宮を脱出してロシア公使館に播遷することによって、甲午改革の持続は困難となった。しかし一八九六年七月二日に結成された独立協会は、民意を代表して万民共同会を催し、政府に改革の推進を要求して圧力をかけた。

したがって独立協会の教育思想は、基本的には甲午改革におけるそれの継承であり、さらにそれを深化させたものとみるべきであろう。そして独立協会のそのような教育思想を代弁したのが、その構成員によって創刊された『独立新聞』(創刊者—徐載弼、一八九六年四月七日)であり、『皇城新聞』(創刊者—南宮檍、羅寿淵、一八九八年九月五日)である。[85]

では甲午改革における教育思想の軸をなすのは何であろうか。先きにあげた教育立国の詔勅に見られるように、それは「虚名と実用の区別を先立」させ、「虚名を是れ祛《さ》り、実用を是れ崇ぶ」ことである。このような精神は、各学校官制および規則のなかにも貫徹されている。

例えば一八九五年八月一二日の小学校教則大綱には、その第一条のなかで「智識と技能を確実にして実用に適《かな》うを要する故に、日常生活に必要な事項を選んで教授し、反復練習して、応用自在であるように務むること」(傍点引用者、以下同じ)としており、また一八九九年四月四日の中学校官制ではその第一条で、「中学校は、実業に就こうとする人民に、正徳・利用・厚生の中等普通教育を教授する処と定む」となっている。また一八九九年六月二四日の商工学校官制では、その第一条で「商工学校は商業と工業に必要な実学を教育する処と定む」となっている。

つまり甲午改革における教育思想の軸をなすものは、「実用」、「正徳・利用・厚生」、「実学」であり、いうまでもなくそれは、すでに一八世紀を中心としてその前後期に定立した実学思想の近代的変容とみるべきであろう。そしてここにいう「実学」とは、商業、工業、農業および日常生活に直結するような知識と技能をいうのである。

ところが「虚名を是れ祛《さ》り」といっても、歴史上における朝鮮人民の愛国的伝統および学問的遺産をすべて否定するものではない。一八九八年二月に、平安南道公立小学校にあたえた学部訓令によれば[86]、かつて朝鮮史上の文学、政治が世界に冠たることを強調して、「若し其の人物の秀傑をあげれば、則ち乙支文徳は孤軍をもって隋帝二百万衆を殲滅し、李舜臣は軽舸数百をもって秀吉の狼貪の師を破り、此のほかにも崔致遠の如き高尚、黄喜の如き経済、李斉賢、姜邯賛、金庾信の如き賢、鄭夢周、成三問の如き忠、三学士(一六三七年清の再侵入のとき、強硬な斥和を唱えて刑せられた洪翼漢、尹集、呉達済)、林敬《ママ》(慶)業(明と連合して清を討とうとした将軍)諸公の如き義は、すべて天下の英豪であり、之れを世界万国に求めても稀れである」。

にもかかわらず国勢衰退して甲午日中戦争後においては国をあげて大乱におちいっているが、「然してじつに富強の道は国政を整頓することに係わり、国政の整頓は、学校より急なものはなく、またもっとも実心より実学を倣うことに在る。各西(洋)国とともに並駕斉驅して、万世不抜の基を建て、五洲独立の業を立てることを期する、此れが諸生の責任ではないのか……蓋し本部教導の職は、すべて発達進歩のために人をして知見を開かせ、其の文章の浮華、虚飾の外套については勧勉しないばかりか、まさに之れを禁じて戒め、以て実事求是することによって国家をして弱を転じて強ならしめ、民習をして詐を回して淳に返らせしめよ」。

『独立新聞』であれ『皇城新聞』であれ、旧教育を批判し、新教育の必要を再三にわたって強調していることはいうまでもないが、その論理の展開において、後者がより儒教的であるほかは、新教育の内実を「実学」として把握していることは共通している。例えば『独立新聞』は工業の振興策を強調しながら、つぎのようにのべている。(87)

「西洋各国が富強であるのは何のためであり、大韓国が貧弱であるのは何のためであろうか。西洋各国は実学を崇んで、文明の機械を新しく発明してから、国の勢いが大いに伸び、世界で先進的な国となったが、大韓国はただ虚学だけを崇んだために、西洋各国に立ち遅れてしまった……

およそ工業というのは、人間が生きていくために緊要なありとあらゆるもの、また人間生活に応じた千態万相が、すべて工業によって変化しないものがないから、国を富強にするためには、政府はどうしても虚学をなくして実学を崇び、人民に工業を興すよう教えることが、第一の方策であると信ずる」。

しかしかれらがいう「実学」とは、たんなる実用的技術にとどまるものではない。『独立新聞』は紙上をつうじて生物学の連載講座をおえてのち、「実用」ある学問を発展させるための基礎として物事の「実相」を詳細に観察する科学精神を強調し、「だから学問をする目的は、何事につけてもささいなことを見逃すことなく、あますところなく詳細に見て、実相を知ろうとするのが主義である」とのべている。(88)つまり「実学」とは、事物の「実相」の探究から「実用」の技術を引きだそうとするものである。同じ趣旨のことを、『皇城新聞』は「格物」(物に格《いた》る)という儒教的論理をもって、つぎのように展開している。(89)

「およそ格物というのは、玩物すること、考物することとは異る。玩物するとは物中の趣を楽しむことであり、考物するとは物中の名を識ることである。ところが格物するとは、物の原を会悟し、物の性に通達し、物の用を排置することである……

現今において泰西の格致家たちは日に日に物の至理を講究して輪船(汽船)、鉄車(汽車)、電機、寒暖計、顕微鏡など諸般の透格がしだいに奥妙に入って発明しているのに、我が大韓は格物はさておいて、玩物や考物さえも知らないから、一国に貯えられている万物がありのままの素材としてある。此れは人の智慧が足らないからでなく、懶逸な習性が心労する勇気をそぐからである。ああ金と玉が至宝であるというが、雕琢して成器せざれば至宝となることがない。我が国の積物は、何時その気質を変化するだろうか」。

つまり同紙によれば、新しい学問とはヨーロッパの自然科学（泰西格致家）にならって「物の至理」を究め、国中に素材としてある資源を加工して成器させること、いいかえれば学問を発明と生産に結びつけることである。これは従来の朝鮮儒教における「物理」を「道理」に従属させ、包括してしまった窮理から、「物理」そのものを解き放ち、それにたいする客観的窮理をつうじて、「物」そのものを加工して変える発明の道を切り拓こうとする論理である。
同紙はさらに、儒教に執着して西洋の新学問を有害視する傾向を批判して、つぎのようにいう(90)。

「おおよそ人の識見が広からず、規模が狭小なる者を、極言すれば井戸のなかの蛙《かわず》というが、大韓人の学問あるという者は、此れの如き類である。其の一生をかけて誦習したものを考えてみれば、経書と史冊のほかは別に知る無きにもかかわらず、常にいうことが人生の智慧と才識がその中にことごとく備わっている、と。そしてその他の天文学、地理学、農学、商学、工学、医学、化学、算学などの書は、西人の学として無用のものとする。此れは他でもなく、里門を出でずして郷国を守株する識見である。どうして天下に読んではならない書があり、学んではならない法があろうか。他国の風俗、教化、民情を知ってのちに、自己がかつて学んだものを相互比較すれば、本国の長短と他国の長短とが、昭然として分るようになるから、その長を取り、短を棄て、おのずから一家を成すようになれば、己れの幸いであるばかりでなく、一国の幸いとなるであろう」。

このように『独立新聞』であれ『皇城新聞』であれ、それによって代表される独立協会の教育思想は、その基本を

「実学」においていることが分る。それは『独立協会会報』創刊号に寄せた序の主張と揆を一にするものである。会長安駉寿は、その序でいう(91)。

「縉紳を為す者(官僚)はもっぱら老少南北(四色党派)の党論をなし、章甫を為す者(儒生)はもっぱら心性理気の論戦をなし、挙業を為す者(科挙試に応ずる者)はもっぱら詩賦表策の技套をなし、権衡を為す者(銓衡官)はもっぱら門閥の高下を天秤にかける。胎中の鉄も治して鎔すべくも無く、骨中の油も薬で抜くべくも無く(鉄や油に象徴される天然資源の利用)、虚文だけははなはだ多く、積弊はますます甚しく、礼義に藉りて泰平と為し、樸陋に甘んじて自ら高く、利用厚生、富国強兵の実事求是に至っては、左に之れ揮《ふる》い、外に之れを閣《かく》(とどめる)して、ついには仆跌(倒れ、つまずく)して今日の大難蜀道に至る。夫れ我が同胞の血気を為す者、いずくんぞ寒心慟哭せずにいられようか」。

そして「利用厚生・富国強兵之実事求是」の学として農学、医学、兵学、数学、化学、気学、重学、天文学、地理学、器械学、格致学、政治学などをあげ、これらの学問の浅近な内容から高遠な内容への「浸入漸開之旨」を説いている。「実学」の内容をなす学問とは、ほぼこのようなものとみてよいだろう。

II　国文・国史による朝鮮本位の教育

独立協会の教育思想において、国文(ハングル)と国史による朝鮮本位の教育の強調は、或いは当り前のことであって、ことさら指摘するまでもないことと思われるかも知れない。しかし従来の旧教育が、『千字文』からはじまる漢文の経書と史書(中国)とを基本にしており、それが事大主義の温床であったことを想起するならば、国文と国史による朝鮮本位の教育の強調、その教材作成のための研究がもつことの意味は、きわめて重大であるといわざるをえない。

これを抜きにした近代教育の強調は、没主体的な新しい形の事大主義を再生産するはずである。
一般的にいって、ヨーロッパにおいても近代以前の教育は、ラテン語やラテン文字、それによって古典を学ぶことを基本にしていたわけで、それへの批判からうまれた近代教育が国民国家の形成にふさわしく自国のことばおよび歴史を基本にするにいたったいきさつがある。独立協会が近代的な民族国家の形成を志向し、その担い手としての人材養成のための教育において、国文および国史による朝鮮本位の教育を強調したことは、その思想の合法則性を意味する。

例えば朝鮮における近代教育の歴史過程においては、一九〇〇年代後半期の展開期において、一九〇六年二月にはじまる日本統監府の強権的な教育干渉と教育救国運動との対立と葛藤は、焦点的には教育における朝鮮本位を骨抜きにしようとした統監府側と、それを固守しようとした運動側との対立であり、たたかいであった。

先きに独立協会の教育思想を代弁したのが『独立新聞』と『皇城新聞』であるとのべたが、しかし両紙の論調は、大同的には独立協会の基本精神において一致しながら、小異的には多少の断層がある。[92] 教育論においても、前者が旧教育からの脱皮を徹底化しているのにたいして、後者では新旧折衷的な「東道西器」を基調としている。これは国文にたいする姿勢について見ても、『独立新聞』では徹底して純国文を使用しているのにたいし、『皇城新聞』は国文と漢文の折衷的な国漢混合文を使用していることに象徴されている。

このような両紙間の断層は、とどのつまり教育と啓蒙の主たる対象をどの階層においているか、という姿勢と関連する。例えば『独立新聞』はその創刊辞のなかで、「すべて国文で書いたのは男女、上下、貴賤の別なく、みんなが読めるようにするためである」[93]としているが、いうまでもなくその啓蒙の重点が、従来学問や教育の機会をあたえられなかった非エリートとしての「女」「下」「賤」の広汎な平民大衆におかれていることはいうまでもない。同紙は一八九九年五月、独立協会を一八九八年末に暴力的に解散させてのち、しだいに反動化してゆく政府が公式文書における漢文専用を策動していることを批判して、つぎのようにのべている(94)。

「各国はそれぞれ方言(国語)がちがうばかりでなく、それぞれの国文がある故に、いかなる国の人といえども先きに自国語を知ったうえで他国語を学び、自国文に通じてのちに他国文を学ぶのが人間の常であり、事理にかなったことである。

大韓地方は清国と隣接しており、またかかわることがきわめて多いために、幾千年来漢文を崇んできた。ところが大韓国にいたって世宗大王(李朝第四代目の国王、在位一四一九〜五〇)が、世界各国にはいずれも国文があるのに大韓だけがないのを憐憫に思い、とくに訓民正音(ハングル)を制定して民間に広布したのは、たとえ郷曲(村里)にいる女子や下隷輩までもみんなが知り、目覚めさせるためであった。後世に臣民たる者、当然その聖意を奉じて国文を尊重しなければならないのに、どうして大韓ではそれからこのかた漢文だけを尊重して自国文を等閑視したのか、ここではそれを十分語ることはできない」。

これにたいして『皇城新聞』は国漢文混用の理由について、つぎのようにのべている(95)。

「大皇帝陛下には甲午中興(一八九四〜五年の甲午改革)のときに際会して、自主独立の基礎を確定され、一新更張のための政令を頒布するにあたって、特に箕聖が遺伝された文字と、先王が創造した文字を並行しようとされた……現今本社では新聞を拡張するにあたって、国漢文を交用するのは、もっぱら大皇帝陛下の聖勅を遵奉するを本意とし、それに次ぐに古文と今文を幷伝しようとするのであり、さらにはすべての君子たちが供覧されるのに便利なようにするためである」。

ここにいう「箕聖」とは、紀元前一二世紀の殷の三仁の一人として、孔子がたたえた箕子が、朝鮮に東来して建国し、教化したという儒者好みの建国伝説に由来しており、その文字＝漢文と、先王（世宗）が創造した国文とを混用するというのである。そしてその主たる対象は、すでに漢文に馴れてしまったエリートとしての君子＝知識階級であり、その開明化に焦点をおいている。

『独立新聞』は具体的に国文による教育の必要を、つぎのように主張している(96)。

「朝鮮は他国人にたいして誇るべきものがいくらもないようだが……朝鮮でとりわけ思慮深く、学問的によくできているのは、朝鮮国文である。

朝鮮人は大体において頑固であり、良いものであっても他国に学ぶことを好まず、朝鮮のものだけを固守するのを好むのに、文字についてだけはりっぱな朝鮮文字を捨て清国の文字を躍気になって学び、それを使うことを崇ぶから不思議なことである。

朝鮮の文字が清国の文字より劣るならば、たとえ自国の文字であろうとそれを捨て他国の文字を崇ぶのが進歩であるかも知れないが、百倍もすぐれている国文を捨てて、むずかしく際限のない清国の文字を学び、それを崇ぶから、大変おかしく、慨嘆すべきことである」。

さらに主張はつづく――

「今いわゆる学問をしたという人が国文を崇ばない理由は、漢文を学んだから、それをもって他人に学問のあるところを見せびらかすためには、もし国文をもって本や文籍を作り、全国民が学問を身につければ、自分の影がうすくなるだろうからであろう。また漢文を学んで国文より漢文をよく知っているからであろう。こういう人が国中に幾人いるであろうか。一握りの漢文を能くする者たちが、漢文を知っていることをよいことにして権利を独り占めし、その他の全国民を圧制しようとする風俗から出たものであるから、どうしてこういう連中が国文を崇ぶだろうか。

しかし国家というのは何人かのためのものではなく、全国人民のためのものである。全国人民がすべて学問があり、知識があるようになってはじめて、他国人からも尊敬され、自主独立を守り、士・農・工・商(身分としてのそれでなく、職業としてのそれ―引用者)も発展するものである。

いま我が国でなすべき第一の急先務は教育であるが、教育において他国の文字やことばを学んでのちに学問を教えようとするならば、教育する人が何人もいないだろう。だから各種の学問書を国文で翻訳して教えてこそ、男女や貧富の別なく学ぶことができる。漢文を学んでのちに、漢文をもって他の学問を学ぼうとするならば、二〇余年はかかるはずだから、そのようになしうる人が何人いるだろうか」。

まさしく『独立新聞』が主張するように、朝鮮人の日常的な言語生活から遊離したエリート言語としての漢文を学び、それからのち各種の学問にはいるのに「二〇余年」もかかるとするならば、それだけの期間、肉体労働から自由でありうる階層がいくばくあるだろうか。『独立新聞』のこのような主張はあたかも、近代黎明期のヨーロッパにおいて、エリート言語としてのラテン語のくびきのなかでさげすまれてきた俗語を、それぞれの民族語として復権させていった経路によく似ている。そして『独立新聞』は、国文で各種の学術書を翻訳するために、政府学部に二つの問題を提起している。その一つは、国文による玉篇(辞典)をつくって、文法および綴字法(母音と子音の組合せ法則)を定めることである。その二つは、『独立新聞』のように、句節を区切ることによって、読み書きに便利なようにすることである。このような提起がいかに先駆的であったかは、ようやくにして朝鮮語学会がハングル綴字法の統一案を制定したのが一九三三年であり、一九二九年からはじまった朝鮮語辞典のための活動は、一九四二年一〇月の朝鮮語学会事件において日本警察の弾圧をうけ、中断せざるをえなかったことを想起すれば分る。(97)

以上でわかるように『独立新聞』は、封建期における非エリート言語としての「諺文《オンムン》」を「国文」として定着させたばかりでなく、純国文による教育を強調したことは、たんなる読み書きにおける表現技巧上の問題ではなく、徹底した四民平等主義、それを基礎とした近代国家の建設を志向している平民本位の民族主義思想に根ざしているのである。

さらに『独立新聞』は国史教育によって民族の自主的発展のための民衆の誇りとエネルギーを引き出すことを強調してやまない。同紙はいう(98)――「本国の史記をくわしく知らないから、大韓の人でありながら自国人をさげすみ、大韓人をもってしては中興の大業をなしえないと見る向きがある。しかし大韓の史記を見れば大韓人のなかにも英知があり、りっぱな人物がないのではない。ただ大韓人をさげすむだけでは勇猛と武勇がそがれて、困難に立ち向って大業をなしとげることをためらうようになる。そのようになったのは他でもなく、数百年間にわたって漢、唐、明の史記だけを読んで、義気と勇猛と血気が涸れてしまったから、ただ筆先だけで大声をあげ、何事をなすにも、大韓の史記をもって考えるのでなく、漢、唐、明の史実をもって考えるようになってしまった。このような考え方は清国人のものであって、大韓人のものではない」。

同紙はさらにつづけていう。

「われわれが望むのは、大韓の人民が大韓の史記のなかから有名な忠臣や烈士たちをくわしく学び、かれらの如く勇猛心をもって事業をすれば、大韓も世界から尊敬されるであろう。大韓の史記にも、有名な忠臣として忠武公李舜臣、趙重峰(趙憲、号―重峰、秀吉軍の侵略に抗戦して殉節した儒者であり、義兵将)、林慶業などの諸氏がいる。その事蹟に学び、その事業と勇猛を見倣うならば、大韓も中興する日があるであろう……朝野を問わずに、思慮の深い人たちはわれわれの意見をおろそかにしないで、人民教育においては大韓史記のなかの勇猛であり忠誠心の強い将相たちを、漢、唐、明の有名な将相たちよりももっと尊敬し、それに見倣うようにすべきである」。

かれらはけっして国粋主義的に国史教育を強調しているのではなく、外国史を知り、外国事情を知ることを再三にわたって強調しながら、民族的活力の源泉としての国史教育を強調しているのである。つまり他国語に優先して国語を、他国史に優先して国史を、というのがその主張である。さらにかれらは外国事情に優先して本国事情を知るように教育すべきだと主張する。(99)

「朝鮮人は自分の国がどの位大きく、人口がどの位あり、財産がどの位あり、耕地の広さ、出生と死亡、全国の地形などをくわしく知らないでいる。外国の学問もすべきだが、朝鮮人は先ず自国の事情から学ぶのが当然である。朝鮮の人口数は知らないのに他国のそれは知っている人がたまにいるが、これを比喩すれば、村民の家族、兄弟、生計のことは知っていながら、自分の家族、子女、兄弟を知らないのと同じで、村民の状態やその家族を知ることも必要だが、我が家のことから知ることによってはじめて自家の生計もしっかりたてることができるし、他人からもしっかりした人間として扱われるだろう。

政府内部(内務省に相当)は各観察使(道長官)と各郡守に訓令して、戸数、人口、土地の実態をくわしく報告させて成冊し、各学校で学ぶようにすることを望む」。

朝鮮における近代教育の歴史のなかで、民族を主体とする教育思想は、一八九〇年代後半期における『独立新聞』によってその基本的枠組みが確立したのである。したがって一九〇〇年代後半期の教育救国運動は、日本統監府による教育介入に対決して、すでに思想的に確立した民族的主体性を教育のなかに貫徹するのが基本課題であったのである。そして一八九〇年代後半期における朝鮮の国文、国史および朝鮮事情研究にかんする教育上の要求が、独立協会運動に直接または間接的に参与した思想家および学者のなかから、近代的方法による朝鮮学=国学研究者を輩出させた動因であることを忘れてはならないであろう。

III　童蒙(児童)教育と女子教育

われわれは先きに、『独立新聞』と『皇城新聞』とはいずれも、「実学」を軸とした近代教育を主張することにおいて一致しながら、前者は経書を中心とした旧教育からの脱皮を徹底化しているのにたいし、後者では新旧折衷的な「東道西器」を基調としていることをのべた。さらに両紙間の差異をもっとも顕著にしているのは、女性教育にたいする姿勢である。『独立新聞』がその創刊号から純国文を使った目的の一つが、すでにのべたように男女を同じ啓蒙の対象にしていたことからも分る。

『独立新聞』はそれが創刊された一八九六年四月当初から女性教育の必要を説いているが、例えば同年九月五日の論説では、若い人たちにたいする教育が文明開化のかなめであることを強調しながら、つぎのように書いている(100)。

「朝鮮政府がもっとも緊急にやらなければならぬことは、男児も教育しなければならないが、女児を教育することを考えなければならない。

朝鮮では女児ははじめから人間として扱わずして教育をしないが、これは全人口の半ばを捨てるのと同じだ。何と惜しいことではないか。

学部では男児も教えなければならないが、かわいそうな朝鮮の娘たちのためにいくつかの女学校を建てて教育すれば、何年もたたないうちに捨てていた人口の半ばが有為の人間になるから、国家経済のためにも大きな利益となる。また賤しまれ、虐待をうけていた女性に、男性が自ら進んで同等権をあたえることであるから、どうして義理にあい、男としてやりがいのあることと、いえないだろうか。

われわれは賤しまれ、貧しく、無学な人たちの味方である。朝鮮の女性たちがこのように男から賤視されることをくやしく思い、いつまでも女性側にたって男たちとたたかうつもりであるから、朝鮮の才覚ある女性たちは堂々と権利をうばわれることなく、できるだけ学問を学んで男たちと同等になり、男たちができないことをやってのけるようにしてほしいと思う」。

一八九八年九月一日、この日は近代朝鮮女性史において、女性側から社会に向けて発言した最初の日である。しかもその最初の発言は、男女間における教育の機会均等の要求である。同日ソウル北村(上流階級の居住地区)の李召史と金召史(召史とは寡婦の自称)の名儀をもって、女学校設立にかんする通文を発表したのである。この通文は「およそ物が極まれば変じ、法が極まれば必ず変わるのが、古今の常理である」という変通＝改革の必然をのべてのち、つぎのようにのべている。[101]

「すでに先んじて文明開化した国をみれば、男女は一般である。かれらは幼い時から学校に通って種々の学問を学び、耳目を広めてのちに男性と夫婦の義を結び、生涯を共にしながらも、その男性から少しも圧制をうけることなく、かえって丁重な扱いをうけるのは他でもない。その才能と権利と信義が男性と同じだからである。何とうるわしいことではないか。

悲しいかな！　前日をふりかえれば男性が威力によって女性をおさえ、旧説に便乗して、女子は内に居て外を語るな(居内而不言外)とか、酒食をつくるだけでよい(有酒食是矣)とか、いう。どうして身体、手足、耳目が男子と異らないのに、深い閨房にこもってただ酒と飯だけをつくりえようか。

いま旧規を廃して新式を施行している折柄、われわれも旧を革めて新に従い(革旧従新)、他国のように女学校を設立して、女児に各種の知識、規則、処世の道を教えて、将来男女が人間一般となるようにしたい」。

そして女学校設立の推進団体として讃揚会(順成会)を結成し、それにたいする男性側の後援団体(責任者尹致昊)まで組織した。以上のべた通文にたいする反応として、『皇城新聞』は「あまりにもおどろくべく、新奇であるから」、論説の代りにその全文を掲載しているのにたいし、(102)『独立新聞』はその全文を掲載したばかりでなく、「あまりにもうれしく、それを賀する意味で」、論説をかかげている。そのなかで同紙は、国民教育の基礎としてとくに童蒙(児童)教育と女子教育の重要性を強調して、つぎのようにのべている。(103)

「人民の教育を普及させ、知識を培養するためには、童蒙教育と女人教育が緊急である。というのは第一に、人は幼い時に学ぶのが、成長してから学ぶより容易であり、かつ早い。全国の子どもたちをよく教えておけば、全国人民がすべて教育されることになるから前途遼遠だといわずに、政府と人民がすみやかに小学校を到るところに拡張して、教育の基礎をきずきあげるべきである。日本や他の開化した国をみれば、例外なしに小学校に大きな力量と金銭を費しているが、もしこれが有益でないならば、どうしてこのようなことをするだろうか。

古くからいかなる国の史記をみても、女性教育をかえりみない国は無智であり、脆弱であり、ついには亡びてしまうが、女性教育に力をいれている国がしだいに興隆するのは、欧米諸国をみても分ることである。

人間が世に生まれてから知慧がつきはじめる頃は、母のもとで育つために、その母の知識と学問の有無が、子女の教育に大きくかかわることになる。もし女性教育が盛んであれば、各人が知識ある母の教育をうけるだろうから、成人してのちにどうして聡明な人にならないだろうか」。

従来『内訓』や『女四書』による封建的な女性教育は、才智ある女性よりも(むしろそれを薄幸の原因と考えた)、貞順な女性を理想像としていた。ところが『独立新聞』は、女性の知的水準を引きあげることによって男女平等を実現するばかりでなく、子女にたいする家庭教育の担い手として、女性教育を重要視している。そして甲午改革以来の近代教育において、欠落していた女性のための教育を強調するとともに、児童教育と女性教育とを国民教育の基礎として位置づけているのである。そして女性側から教育の機会均等への声があがると、それを支持し、激励し、盛りたてる役割を果した。

その後讃揚会は国王に上疏して、一八九八年一〇月一一日、国費による官立女学校の設立を直訴した。国王は肯定的にこの上疏に批答をおろし、政府学部にたいして具体的な措置をとるように命じた。一八九九年にはいって学部は女学校設立のための予算を計上するとともに、女学校規則の作成にかかっていた。ところが一九〇〇年一月二三日に、この議案を審議した議政府会議は、反対多数で否決してしまったのである(可―四、否―六)[104]。一八九八年末に独立協会が解散されてから、しだいに反動化していた政府内部の動向を反映したものであった。まさに女性側から女性教育を訴えた一八九八年九〜一〇月頃は、独立協会の主導による万民共同会が、政府にたいして議院の設立をはじめとする国政改革を要求して、大衆的市民運動として高揚した時期であった。この街頭活動に讃揚会(順成会)が参加したことは注目すべきである[105]。

われわれは先きにミッション・スクールにおける女性教育について言及した。李朝末期において、それが長老派であれ監理派であれ、キリスト新教の最大の功績は女性教育の分野を切り拓き、「居内而不言外」を強要されていた女性を、奥深い閨房のなかから公的な社会に引きだし、しだいに男尊女卑の弊風を打破する端緒をつくったことであろう。朝鮮の女性運動の先駆者の多くが、ミッション・スクールの出身者であったことは、決して偶然ではない。民間主導による民族系女学校の設立は、一九〇六年六月に二八〇余名の会員をもって女子教育会を結成し、同時に養閨義塾を開校したのが、その嚆矢である。

しかし当時期における女子教育への要求は、あくまでも男女の教育機会均等へのそれであって、男女共学へのそれではなかった。「男女七歳不同席」の儒教的しきたりによるものである。一九〇〇年一〇月に、日本政府から朝鮮政府の要請による学部顧問として幣原坦が任命され、日露戦争前までは新学問を教える一教師として朝鮮で教育事業に従事している。そのかれが恐らく、養閨義塾の開校式での回想であろう。つぎのようにのべている。(106)

「たまたま京城に女学校が開かれるというので、その案内を受けたから、大いに喜んで行って見た。門を入ると幕が引かれてあって、男の席と女の席とは、截然と区別してある。式が始まると、女の席の方から、開校の辞が述べられる。無論女の清い声である。校長の言葉であるのであろう。次には、男席の方からの祝辞がある。それから又、女の方の祝辞があるというように、幕の両側からの掛け合いであるが、どんな麗人が話しているのやら、又女生徒は幾人ばかり集まっているのやら、影も形も見えない。唯意外に思ったのは、男子の席からの祝辞は、『これまでの女子は、男子に圧迫せられていたが、これからの女子は男子から独立しなければならぬ』というようなのが多く、又女子の側からも、可なり辛辣な金切声が聞こえたことである」。

IV　経済的開化と実業教育

独立協会は、先きにものべたように小異的にはその思想において多少の断層はあるにしても、大同的には「実学」を軸とした教育思想であることをのべた。「実学」教育とは結局、国の富強に直結する「実業」のための教育といってもよい。従来の経史を中心とする旧教育は基本的には科挙試のためのものであって、まさしく「実業」につながらない教育という意味で虚学であったのである。実業教育は従来の旧教育には欠落していた新しい分野として、経済的開化のために不可欠のものであることはいうまでもない。なぜなら近代化の基礎は産業の近代化にあり、そのために科学技術的停滞の克服、職業にたいする封建的貴賤観念の打破がなされなければならないからである。

一八九九年初めに、甲午改革後の改革事業が遅々として進まないばかりか、とりわけ前年末に独立協会が解散させられて以来、政府がしだいに反動化の傾向を強めていく状況のなかで、『皇城新聞』は「我が国が甲午以後に変法を思うこと久しいにもかかわらず、今に至るまで能く変法しえなかったのは、其の本が正しからず、其の源が清からざる故である」として、人材登用を「実学」した者のなかから求めるべきであると、つぎのように主張している。(107)

「今のために計るに、その民を離れる者はことごとく去らしめてその民を能く治めうる者を用い、上は観察使(道地方長官)から下は郡守に至るまで民事に能く心を尽しうる者を択んで官に居らしめるべきである。そして其の所管内に各学校を設けさせて、俊秀の子弟に本国学と外国学を均しく教え、実力践行せしめて三、四年後に、其の優秀なる者を選抜して京学校に昇進させ、京学校では工芸に錬達させてのちに、その能力にしたがって需用すべきである。

かくの如くにすれば、人びとが自愛し、人びとが自彊し、一邑の事を一〇邑が効い《なら》、一〇邑の事を一〇〇邑が効い、一〇〇邑の事を一府が効い、一府の事を一三府が効うであろうから、かくの如くにすれば貧弱を変じて富強にならざると、どうしていえようか……今日民に教えるべきを論ずれば、武備と格致と製造と農商と医礦と算術などの学問であり、それぞれ其の専門の学を試し、目で見て取るならば、人材採用を誤ることはないであろう。かくの如くにして一〇年を専ら務めれば、人材が日に多くなり国勢が日に張るはずなのに、どうして因循して歳月を過しながら人材も養育せず、需用の乏しきだけを歎くのだろうか」。

つまりここでいう「其の本を正し、其の源を清める」とは、政治を民衆に近づけ、地方の各学校から中央の京学校への課程をつうじて「工芸」に錬達した実用的人材を養成して登用することであるが、その教えるべき学問とは、武備、格致、製造、農商、医礦、算術などである、というのである。

しかしこれは政府の幹部政策にかんする提言であるが、例えば『独立新聞』は、民間産業の近代化＝経済的開化のための方策を再三にわたって提起している。それは政府が外国人教師を招聘して「勧工場」(ばあいによっては工匠学校とものべている)(108)を設立することであるが、「勧工場とは、政府が大きく学校を建て、人民を募集して各種の工業を教える処」、つまり工業学校のことである。同紙はつぎのように主張する。(109)

「しかし政府は人民が食べていけるようにしてやってこそ、人民が政府を愛するようにもなり、国中に財富が増えて、人民の住居、衣服、飲食がしだいによくなる。どのようにすれば人民が食べていけるようになるだろうか。そのためには一つの策しかないが、それは各人がそれぞれの技能をもち、自分の才能を生かして働いてこそ、その人が自主独立した人間ともなり、また国内に各種の匠色(製造業)が興って、外国品を買わなくとも各種の製品を国内で生産して消費するようになり、また外国に輸出するようにもなる。これら前後の利害を考えれば、国内に匠色が多くなるようにするのが、もっとも大事なことである。

朝鮮としては、ただ学徒を外国に送って学ぶようにするだけでは十分とはいえない。というのは第一には財政上の困難があり、第二には留学生がその国の風俗、ことば、各種の作法を知ってのち、五、六年間に何かを体得するようになるが、そのようになしうる人が朝鮮に幾人いるだろうか。

だからわれわれの考えとしては、政府は何をさしおいても年間一〇万円ずつを予算に計上して一つの勧工場を設け、外国人教師を招いて差し当り木工、机や椅子の製法、鉄工、製紙法、ガラス製法、紡織法、皮革製法、果樹栽培法、農耕法、牧畜法、衣服、靴、帽子の製法を教えるようにすれば、三年もたてば国中に第一級の技術者が数百名となり、この人たちがまた他の人たちを養成すれば、何年ならずして朝鮮の民衆も、どのようにすれば働いて食べていけるかを知るようになろうから、朝鮮の官人としてこれほどやりがいのある事業はなく、富国強兵策のなかでも、これほど重要な事業はない」。

しかし『独立新聞』は、工業だけを興すことが経済近代化のための唯一の方策とはみていない。むしろ朝鮮の風土と伝統を踏まえて、農業を優先させた工業の扶植を考えており、その農業も自給自足的な米作中心の農業から、多角的な商業的農業の発展を主張している。同紙はつぎのように主張する。[110]

「国によって地形と気候が違い、それにしたがって生財する方法も異る。イギリスのような国は国土が狭く人口が多いために、生財の法として農業よりは製造業に力を入れて、それを外国に輸出して世界一の富強国となった。またアメリカのような国は、国土が広く気候がよいから、農業に力を入れてそれを外国に輸出し、世界一の富強国となった。もちろんイギリスにも農民がおらないわけではなく、アメリカにも工業がないわけではない。しかしおおよそのところ、イギリスでは工業製品をもって大きな利益をあげ、アメリカでは農産物をもって大きな利益をあげている。

朝鮮は土地が広く、気候も世界中で上々であり、いろいろな作物がよくできる。全国の可耕地の一〇〇分の七二は未耕のままとなっており、人口に比べて国土が広いのに、よい山地と原野を利用することを知らない。このような土地をもっていても利益をあげられないのに、どうして国が富強となり、人民の心が自主独立しえようか。朝鮮では当面しては、イギリスのように製造業に力を入れられない理由として、第一には製造にかんする学問がなく、第二には大きな資本がなく、第三にはつくった製品が外国品と競合できないことである。

だから朝鮮でもっとも有利なことは農業に力を入れることであるが、それは第一に土地が肥沃であり、第二に耕地が多く、第三に地価が安く、第四に多くの資本がなくともやれる、第五には製造にかんする学問より学び易い、ということである。

農業というのは穀物だけを作ることではなく、牛、羊、馬、鶏の飼育、樹木、果樹の栽培もすべて農業である。

じっさい利益の多い農業は、穀物を作るよりも牛の飼育、林業、棉作、煙草および果樹の栽培などであり、これらは朝鮮でもやるのにそうむずかしいことではない」。

このようにして同紙は、「生財する人」が「食財する人」を上廻るようにすること、そのために朝鮮の現状としては、農業が重要であることを強調している。しかし経済的開化＝近代化のためには、士農工商にたいする職業的な貴賤観念を打破することが不可欠となる。つまり士農工商をそれぞれ独立した職能として定立させ、垂直的な上下関係ではなく、水平的な補完関係においてそれらが把握されなければならない。とりわけ朝鮮では、儒教的な農本主義を打破して、工業および商業にたいする蔑視観を克服すること、つまり職業観の変革が必要であった。『皇城新聞』は一八九八年一一月に、商工学校を設立することを督促した国王の詔勅を支持して論説をかかげているが、そのなかで、「学而居位」する者としての士、「闢土殖穀」する者としての農、「依巧成器」する者としての工、「通財販貨」する者としての商が、均しく興ってこそ国は富強でありうるとしながら、士農を貴しとし、工商を賤しとする従来の弊風（貴士農賤工商之所致）を是正して、「使民先趣於工商二者之為急務」を強調しなければならなかったのである。(11)

第五節　教育救国運動への転回

I　朝鮮教育の日本化過程――「忠良化」か「順良化」か

われわれは以上において、朝鮮における近代教育の自主的発展過程を一八九〇年代後半期の形成期を中心として考察し、さらにさかのぼってその前提過程としての一八八〇年代の草創期についても、垣間みてきた。そのなかでわれわれは、一八九〇年代後半期にいたっては、近代学校が成立し、さらに発展するための思想的および制度的な基本的枠組みが据えられたこと、いろいろな隘路はあったが、それがしだいに大衆のなかに定着しつつあったことを確認しえたと思う。

それに次ぐ一九〇〇年代後半期の抵抗と展開期は、朝鮮教育にたいする日本の教育介入との対決のなかで、侵食された国権を回復するための教育救国運動が、広汎な大衆みずからの運動として展開されたことに特徴があろう。そしてこのような教育運動は、その思想軸を「実学」にとどめるわけにはいかなかった。なぜなら主権抜きの「実学」は、たんなる近代主義におちいるばかりでなく、新しい外来支配者のための実務者養成、もっと端的にいえば新しい主人のための奴隷教育にすぎないからである。したがってこの時期の教育思想は、「愛国」をその軸としなければならなかった。つまり朝鮮における近代教育思想は、それぞれの歴史的背景によって、その軸を「実学」から「愛国」へ転回せざるをえなかった。

さらに注目されるのは、従来は政府主導の近代教育であれ、一部先覚者による私学教育であれ、それらは基本的には上からの啓発によるものであって、大衆みずからの運動とはなりえなかった。ただキリスト教系学校が量的および質的に前者を圧倒しえたのは、かの「自主・自立・自給伝道」のネヴィアス方式によって、民衆のなかに潜在するバイタリティーを掘り起したからである。

一九〇〇年代後半期の教育救国運動は、大衆的な愛国啓蒙運動と結合することによって、前段階における近代教育の隘路となっていた財政上の問題および旧教育への執着を、民衆みずからによって爆発的に解決することができた。また教師の問題も、一八九〇年代後半期における日本留学生および近代教育の成果として、不十分ながらも基本的には解決することができた。

以下では朝鮮教育の日本化過程と教育救国運動の輪郭だけをのべて本章の結びとしたい。先ず一九〇四年二月に日露戦争が勃発してのち、朝鮮教育にたいする日本の介入過程をあらましのべればつぎの通りである。

〇一九〇四年八月の日韓協約によって顧問政治がはじまり、目賀田種太郎は朝鮮政府の財政顧問となり、幣原坦は学部参与官として従来の学制の改正をはじめた。

〇一九〇六年二月に日本統監府が設置され、幣原に代って三土忠造が学部参与官となり、主として教科書編纂にあたった。また俵孫一は統監府書記官として朝鮮政府の学部に入り、学制の改正にあたった。

〇一九〇七年七月の日韓新協約によって次官政治がはじまり、朝鮮政府の各部に日本人次官が配置されるにともなって俵孫一は学部次官として、教育行政の実権を掌握した。

「斯くて制度の統一、学校の増設を図ると共に、内容を充実せしめんが為め各官公立学校に日本人教員を招聘し、高等程度の学校に於ては学監と称し、初等程度の学校に於ては教監と称へ、学校の首脳として生徒の教養に当らしむるに至つた。これ日本人が半島教育に真に手を染めることとなつた初めであつて、併合後の半島教育に対し実に根本的基礎を築いたものと謂ふべきである」[112]。

つまり日本統監府の主導による「新学制」は、甲午改革以来の教育改革の成果を否定したうえで、日本化教育のための「根本的基礎」を築いたもので、このときからこの「新学制」によって、朝鮮政府学部次官俵孫一のもとに、官公立の「高等程度の学校」（従来の中学校および実業学校）の学監、「初等程度の学校」（小学校を普通学校に改称）の教監にそれぞれ日本人教員を配置し、教育行政から教育現場に至るまでその実権を日本人が掌握するにいたったのである。要するに「中等程度ノ学校ニ在リテハ一校数名、普通学校ニ在リテハ概ネ一名宛ノ日本人教師ヲ配置シ、前者ニアリテハ中一名ヲ学監ト称シ、後者ニアリテハ教監ト称ヘ、校長ノ位地ハ概シテ韓人ニ之ヲ委ヌルモ、此等ノ日本人教員ハ、校長及他ノ職員ヲ輔導シテ経営及教授ノ衝ニ当リ、事実上ニ於ケル学校ノ首脳トシテ、新教育ノ運用ヲ其ノ双肩ニ負フノ観アリ、其任ヤ固ヨリ軽カラス」[113]（傍点引用者）の状況で、形式はともかく、実質的に教育主権はすでに日本人の手中に掌握されていた。

当然のことながら教育内容においても、朝鮮本位の教育を骨抜きにして日本化する対策がとられた。すでに一九〇四年から朝鮮の学制改正に着手した幣原坦は、五つの方針をたててそれに当っているが、その三は「漸次日本語を普及せしめる」とし、つぎのように説明している[114]。

「三、東西の長所を打つて一丸とした日本の文化を、そのまま何の労苦もなく、韓国に取り入れるのは極めて有利であるが、それには、日本の言葉を知るのが捷径で、教科書の如きも、日本仮名の所を諺文に改めると、直ぐにそのまま韓国のものとなる」。

このようにして普通学校（初等）および高等学校（中等）では（それぞれ修業年限四年）、日本語が前者では朝鮮語と同じく毎週六時間、後者では朝鮮語と漢文を合せた時間数と同じく毎週六時間とした。そして普通学校では地理と歴史を廃止して、それは朝鮮語および日本語読本のなかで教えるとしている。

一九〇六年二月以来、朝鮮政府は形骸化し、その実権が日本統監府によって掌握されて以来、日本銀行からの朝鮮政府の借款五〇〇万円のうち、五〇万円を割いて「新学制」による官公立校の整備と拡充がおこなわれた。そして一九一〇年の「併合」前における官公立普通学校は、官立一（漢城師範学校附属校）、公立五九、准公立（補助指定の私立校）四一、計一〇一校となっている。[115] なお同時期における朝鮮内日本人小学校は一二〇校であった（朝鮮総督府編『大正五年最近朝鮮事情要覧』三九九頁）。ちなみに一九〇九年現在の朝鮮在住日本人は一二六、一六八名である。

公立普通学校は、「新学制」によるものを甲種公立普通学校とし、一八九五年以来のものを乙種公立普通学校として区分けされ、前者には校舎、運営費、人件費などの全額国庫負担によって「模範教育」を施したのにたいし、後者にたいしては一ヵ月一五円以内の補助を支給するにとどめた。つまり教育の近代化が目的ではなく、その日本化こそが目的だからである。このような官公立校を、ソウルはじめ各道の観察府所在地および交通の要地に設立して、日本化教育を拡大するためのモデル校にした。また財政難におちいっている私立校および乙種公立校のなかで、政府が派遣した日本人教師一名、朝鮮人教師一名ないし二名の人件費を政府が負担して准公立校とし、受入れ校は政府派遣の教師を「訓導兼教監」としてその監理を受けなければならない。

この期に、従来の師範学校、中学校、外国語学校、農工商学校、医学校を高等教育機関として再整備したが、「学部は高等教育機関即ち現在の中等教育機関をして更に上級学校に進むの予備階梯たる弊習に陥らしめない様に、事実上終結の教育機関たらしむる様に方針をとったのであった」[116]（傍点引用者）。

「併合」後においてさえ、朝鮮人子弟にして中等教育を受ける機会はきわめて制限されていた。それでさえ基本的には完結的実業教育であって、植民地的愚民化教育の大きな特徴の一つになっている。一九一〇年四月現在における

官公立高等諸学校一覧表（一九一〇年四月末現在）

校名	位置	学科	修業年限	生徒数
官立 成均館	ソウル	漢籍	三年	三〇
同 法学校	同	法律	本科三年 予科一年	一五四
同 漢城師範学校	同	教員養成	本科三年 速成科一年	三〇二
同 漢城高等学校	同	高等普通	四年	二三二
同 平壌高等学校	平壌	同	三年	一三四
同 漢城外国語学校	ソウル	各種外国語	各部三年 日語速成科一年	五三八
同 仁川実業学校	仁川	商業	三年	一六〇
同 漢城高等女学校	ソウル	女子高等普通	本科三年 予科二年	二二四
公立 釜山実業学校	釜山	商業	三年	八七
同 大邱農林学校	大邱	農林業及測量	本科二年 速成科一年	本科五〇 速成科三一
道立 平壌農学校	平壌	同	本科二年 速成科一年	本科五〇 速成科三一
公立 全州農林学校	全州	同	二年	五〇
道立 咸興農業学校	咸興	同	同	未詳
公立 晋州実業学校	晋州	同	三年	同
公立 光州農林学校	光州	同	本科三年 速成科一年	同
公立 春川農業学校	春川	農林業	二年	二七
公立 群山普通学校併設 群山実業学校	群山	同	同	四〇

公立定州実業学校	定州	同	同	未詳
公立済州農林学校	済州	同	三年	同

備考　生徒数未詳とあるのは当時開校準備もしくは開校してまもないため等の理由により学部に報告されてないもの。高橋浜吉『朝鮮教育史考』二三〇～三一頁により作成。

学部管轄下の官公立高等（じつは中等）諸学校は右の通りである。

このほかにも従来の医学校は大韓医院（院長日本人）付属医学校とし、従来の農商工学校は、これを解体した京城工業伝習所と水原農林学校を農工商部の管轄下におき、商業科は日本財閥大倉喜八郎の設立による善隣商業学校とした。この善隣商業学校は私立ではあるが、政府は校地、校舎とともに毎年補助金を支給した。また各種中等学校のなかで、例外的な普通中学校としての漢城高等学校には商業科目を加え、平壌高等学校には農業科目を加えて、実質的には「実科的中等学校[117]」にしたのである。つまりその名称如何を問わず、すべての高等諸学校を中等の「終結の教育機関」たらしめたのである。

このような考え方は日本に留学していた朝鮮人学生にたいしても同様であって、例えば一九〇五年一一月の第二次日韓協約＝「保護条約」当時、東京府立第一中校長勝浦鞆雄が『報知新聞』に、朝鮮人に高等教育は必要ないと発言したため、同校の朝鮮人留学生が同盟休校をし、崔麟、李承瑾、柳承欽らが退校処分になっている。同校には一九〇四年一〇月に、韓国皇室特派留学生五〇名が特別促成科に入学していた[118]。時あたかも日本文部省が、いわゆる「清国留学生取締規則」を公布したために、清国留学生たちが反撥していた時期である。ちなみに朝鮮人にたいする高等教育無用論は、「併合」後の一九一一年八月の第一次教育令にも大学設置禁止条項として反映され、そのために旧韓国政府によってすでに認可されていたミッション系の崇実学校（平壌）および梨花学堂（ソウル）併設の大学科は、一九一五年の専門学校規則によって、ようやく専門学校となった。

当時朝鮮教育にたいする日本統監府の介入方針は朝鮮人に高等教育は不必要とすることのほかにも、政治と教育との分離によって、国家の運命はどうあれ、実業本位の没主体的な人間を養成する教育に矮小化させることに基本をおいていた。それを合理化するための論理は、一八九〇年代後半期において強調された「実学」思想の再唱である。例えば一九〇八年(隆熙二年)七月二八日に、曾禰荒助副統監(統監は伊藤博文)は官公立普通学校教監を集めた席上での訓示のなかで、五つの問題について言及している。(119)

そのなかでもっとも強調したことは「第一には教育と政論、教育と宗教、是等は何れも混同しないやうに致したい……大体察した所では、韓国で一番遺憾とすることは、政治上の論議に馳せ過ぎて、利用厚生の途を疎かにして居ることである」とし、結論的には「要するに韓国の教育は将来どうしたならば宜しいかと言へば、自分は成るべく虚を捨てて実を取ると云ふことに帰著せなければならぬと思ふ」。

つまり韓国政府学部の日本人次官の主導による「新学制」における「学部ノ大体ノ方針ハ……学制ヲ単純ニシ、課程ヲ簡易ニシテ、専ラ実用ニ適セシムルニ在リ、即チ整理ノ基礎ヲ普通教育ニ置キ、其終業年限ヲ四個年ニ短縮シ、進ンテ高等教育(日本ニ於ケル中等教育)ヲ受ケントスル者ハ、直ニ同程度ノ諸学校ニ連絡スルヲ得セシメ、三年若クハ四年ノ終業年限ヲ終ヘ、通シテ七、八年ノ後、高等教育終了者トシテ之レヲ社会ノ実務ニ従事セシムルヲ得ルコトトセリ」(120)(傍点引用者)。

いうまでもないことであるが、同じ「実学」の強調でも、それが朝鮮のための近代化につながるか、日本のための植民地化につながるかは、教育主体としての主権の性格によって規定される。日本統監府の実質的な主導において進められた「実学」だけの教育が、植民地支配の補助者養成につながることは必然であって、したがってこの期における教育救国運動の思想は、反侵略的な「愛国」を軸とし、近代化のための「実学」を従としなければならなかった。

しかし朝鮮植民地化の一翼をになって活動した日本官僚のなかにも、朝鮮民族の日本化＝同化は到底不可能とし、同化(ジャパニゼーション)による「忠良化」よりは、「順良化」にとどまるべきだ、とする主張もあった。例えば東大文科史学科出身で、「併合」前には、俵孫一の下で韓国政府学部書記官および外国語学校長を務め、「併合」後には朝鮮総督府書記官および学務課長を務めた隈本繁吉は、[121] その「教化意見書」[122] のなかで、歴史的視点からそのような主張をしている。かれはまず、同化(ジャパニゼーション)の意義をつぎのように規定する。

「最モ厳正ナル意義ニ於ケル朝鮮民族ノ同化(ジャパニゼーション)トハ、彼等ヲシテ日本民族ノ言語・風俗・習慣等ヲ採用模倣セシメ、更ニ進ミテ日本民族ノ忠君愛国ノ精神(忠義心)ヲ体得セシムルコトヲ云フナリ。サレバ、単ニ其言語・風俗・習俗等ノ外的方面ガ或ハ採用セラレ、或ハ模倣セラレタリトテ、決シテ同化(ジャパナイズ)セラレタルモノト云フベカラズシテ、同化ノ本髄ハ寧ロ其内的方面タル精神ニアルコトヲ知ラザルベカラズ」。

かれは日本民族の同化力について、日本人官僚や学者たちが考えていたような勇み足に一定の限定をあたえ、さらに朝鮮民族の歴史的形成過程を考慮しながら、同化＝「忠良化」の徒労に帰するであろう所以をのべているが、その立論を少し長くなるが、引用することにしたい。

「第一、朝鮮民族ハ同化(ジャパニゼーション)ニ必要ナル特殊ノ要素ヲ欠ク。朝鮮民族ヲシテ日本民族ニ同化セシメント欲セバ、単ニ其言語・風俗・習慣等ノ外的模倣ニ止ラズシテ、日本民族ノ特徴タル忠義心ヲ体得セシムルコトヲ要ス。此忠義心タルヤ既ニ述ベタルガ如ク、我皇室ハ吾等ノ大宗家タル事実ニ淵源スルモノニシテ、説明訓諭等ヲ待チテ後始メテ啓発セラルルモノニアラザルナリ。朝鮮民族ハ我皇室ニ対シテカヽル特殊ノ関係ナキヲ以テ、彼等ヲシテ此美妙ナル忠義心ヲ体得セシムルコトハ全ク不可能ナルベシ。

第二、朝鮮民族ハ不完全ナガラモ三千年来国家ヲ成セル民族ナリ。彼等ハ古来完全ナル独立国家ヲ成セシコトナク、殆ド常ニ大国ニ附庸ノ位置ニ立チタリト雖、彼等ノ宗主国ハ所謂不治ヲ以テ治之ノ政策ヲ採リ、単ニ其正朔ヲ奉ゼシメ或ハ定期ニ朝貢セシムルニ過ギザリシヲ以テ、朝鮮民族ハ相当ノ自尊心ヲ以テ其制度文物ヲ発展セシメ、以テ彼等ノ民族精神ヲ醸成シ得タリシナリ。

教育ノ効果ヲシテ最モ顕著ナラシメンタメニハ、教育者ト被教育者トノ智徳ノ懸隔ノナルベク大ナランコトヲ要シ、且被教育者ノ十分ナル陶冶性ヲ有スルコトヲ要ス。同化ノ効果ヲ収メンニモ亦殆ド同様ノ事情ヲ要スルモノナリ。然ルニ、朝鮮民族ハ、タトヘ遅々タリシトハ云ヘ三千年来ノ発達ヲナセシモノニシテ、其言語・風俗・習慣ハ確立セラレ且其民族精神ハ既ニ形成セラレ居ルヲ以テ、日本民族ヨリノ感化影響ヲ受ケテ之ト同化セントスル陶冶性ハ頗ル乏シト云フベク、又朝鮮民族ノ文化モ相当ニ発展シ居レバ、日本民族ガ与フル感化影響ヨリ過大効果〈ノ生ジ得ベキコト〉ヲ期待シ難カルベシ。

第三、彼等ハ朝鮮民族ナリトノ明確ナル自覚心ヲ有ス。彼等ノ排日的演説ニ或ハ排日的歌詞ニ表ルル所ニ徴スルニ、「三千里ノ江山」「二千万ノ同胞」ナル語ハ殆ド彼等ノ常套語トナリ居レルガ如シ。此民族的自覚心ハ、日本民族ノ同化的感化ニ最モ大ナル障害トナルモノナリ。

第四、朝鮮民族ハ千二百万以上ノ大衆ナリ。日本民族ノ同化力ノ強キコトハ既ニ述ベタルガ如シト雖、ソハ大数ノ日本民族中ニ投シ来レル極少数ノ日本民族ニ過キザレバ、其ガ及ス感化影響ヲ移植シ得タリトスルモ尚十ノ一ニ足ラズ。日本民族ニシテ確乎タル民族的自負心ヲ有スルニアラザレバ却リテ朝鮮民族ニ化セラルルノ惧ナシトセザルナリ。

以上ハ諸多ノ障害中ニツキテ其主ナルモノヲ挙ゲシニ止レドモ、是等ハ皆、英仏諸国ガ植民地民族ニ対シテ曾テ遭遇セザリシ全ク別種ニシテ然カモ有力ナル妨碍トナルモノタルコトヲ観ルベシ。是ニ由リテ、朝鮮民族ヲシテ日本民族ニ真ニ同化(ジャパナイズ)セシムルコトノ至難事タルコト明ナルベシ。

世人、稍モスレバ、政治ト教育トノ力ヲ過大視スルモノアリ。適当ナル政治ト教育トノ施設ニヨリテハ、朝鮮民族ヲシテ或ハ次第ニ其言語・風俗・習慣等ヲ変改セシムルコトヲ得ベク、或ハ帝国ノ善政ト我皇ノ仁徳トヲ或程度マデ感知セシムルコトヲ得ベキモ、前ニ挙ゲタル第一、第四等ノ事実ハ、到底如何トモスベカラザルベク、彼等ノ智識ノ進歩スルニ従ッテ民族的自覚心ハ却リテ愈明確トナルベク、結局全然日本民族ト同様ノ忠義心即忠君愛国ノ情ヲ心ノ奥底ニ鞏ク培養セシムルコト得(?能)ハザルベシ」。

ではかれがいう「順良化」とは何であろうか。それはつぎのような内容をもつものである。

「交通機関ヲ完成シ、殖産興業ノ盛大ヲ企図シ、各個人ニハソレゾレ生業ノ方途ヲ指示スル等、政治上諸般ノ施設経営ニヨリテ其生活ノ経済的基礎ヲ確立セシメ、以テ彼等ノ生命財産ノ安固ヲ保障シ、各人ヲシテ自労ニヨリテ安穏ニ自活ヲ得ルノ方途ヲ与ヘナバ、彼等ハ帝国ノ善政ヲ歓迎謳歌スルニ至ルベク、自然帝国ニ信頼スルノ情ヲ生ズルニ至ルベシ。而シテ、一面ニ適当ナル教育上ノ施設ニヨリテ前述政治上ノ経営ト相並ビテ大ニ日本語ヲ普及セシムルト共ニ、彼等ノ徳性ノ涵養ニ力メ、生業ニ関スル知識ト技能トヲ啓発習得セシメ、以テ日本民族直接ノ指導感化ト相待タバ如何ニ偏固ナル彼等ト雖終ニハ能ク帝国ニ帰服スルノ心情ヲ懐抱スルニ至ルベシ。果シテ此ノ如クバ、彼等ハ終ニハ化シテ帝国ノ順良ナル臣民トナルニ至ルベシ。コレ余ノ朝鮮民族ハ忠良化スルコトハ難キモ順良化ハ期シ得ベク、此方面ニツキテノ教化作業ハ決シテ徒労ニ終ラザルベシト信ズル所以ナリ。サレバ、余ハ朝鮮民族教化ノ帰趨ヲ「順良化」ニ求メンコトヲ希望スルモノナリ」(傍点引用者)。

そしてこの「順良化」のための教育方針としては、「今後日本帝国ノ統治ニ対シテ最モ障碍ヲナスモノハ、恐クハ此民族的自覚心ニアラン」とする状況判断に即して、「当分主トシテ初等教育及職業教育ノミニテ足ルコト」としている。

「教化意見書」は「明治四十三年九月八日」となっていて、同年八月二九日の「併合」の直後に、新設された朝鮮総督府の教育方針にたいする参考意見として提出したものであろう。しかし一九一一年八月二三日に公布された朝鮮教育令は、第一章の綱領のなかで、教育の本義として「教育ニ関スル勅語ノ旨趣ニ基キ忠良ナル国民ヲ育成」すること(第二条)とし[123]、その公布を前にした同年七月一日の各道長官会議の席上、朝鮮総督寺内正毅は「今後朝鮮ノ教育ハ専ラ有用ノ知識ト穏健ナル徳性トヲ養成シ、帝国臣民タルヘキ資質品性ヲ具ヘシムルヲ以テ主眼ト為ササルヘカラス」と訓示している[124]。つまり総督府の基本方針は「順良化」を退けて、同化＝「忠良化」を採択したのである。

たしかに「順良化」の方針も可能とは思われないが、しかし隈本意見書が「忠良化」の不可能な所以をのべたその視点は、「併合」を前後して日本の権威ある東洋史学者たちまでが、「日韓同祖・同根論」から朝鮮人の同化＝日本化を楽観視し(同時にそれは日本民族の同化力にたいする過大評価)、「併合」を本来あるべき姿に回帰したと謳歌していたその朝鮮史観(今日もある歴史主体としての朝鮮不在の附庸国史観)に比べれば、問題をよりきびしく受け止めていたことは確かである。

II　国権回復のための教育救国運動

もちろん官公立校を中心とする日本統監府の教育方針は、朝鮮人側から「韓国人の日本化」のための教育として糾弾されたことはいうまでもない。当然のことながら朝鮮人民は、多様な国権回復運動の一つの柱として、しかもきわめて重要な柱として教育運動を位置づけた。そして自主的な私立学校の設立が、一九〇五年頃から個人さらには地方別の学会(教育団体)によって活潑に推進された。

『皇城新聞』は一九〇五年にすでに、自主的な私学教育の活況をつぎのように報道し、鼓舞する論説をのせている。[125]

「近日、国内の志ある紳士の多くが、概然として変化の理を省悟し、私的に学校を創設して子弟を募集し、教育を振興するをもって熱心に義務と為している。此れまことに我が韓二千万国民の一筋の生機である。吾が輩は同情の感に堪えずここに其の知るところをあげて述べたいと思う。

基督教の青年会は、すでに久しい前から教育を大いに興し、李容復、尹徳栄諸氏は法学校を設け、李容翊、申海永諸氏は普成専門学校を設け、厳柱益、金孝益諸氏は養正義塾を設け、李東輝氏は江華に育英学校を設け、李一雨氏は大邱に時務学堂を設けた。其の他にも一塾一堂の設立者は枚挙に暇がなく、近くはまた学部参与官幣原坦氏が、将さに五署内(ソウル市内の)に小学校を増設して経営するというから、けだし公私を問わず、校塾の漸を逐うての拡張は、すなわち我が韓が勃興する基礎である」。

おおむね一九〇五年の私立学校は、個人的な貴族や実力者に負うものであり、それだけに一定の限界を超えることはできなかった。民衆のなかに愛国的開化思想が浸透し、教育運動が大衆自身のものとして発展しはじめたのは一九〇六年頃からであろう。つまりこの時から教育運動は、先覚者による個人的な運動から、集団的な運動に転換したといえる。このような集団的教育運動の先駆をなしたのが、一九〇六年一〇月に平安道および黄海道の有志によって結成された西友学会(会長鄭雲復、副会長金明濬)である。朴殷植ら発起人は、西友学会の趣旨書のなかでつぎのように述べている。[126]

「すべての物は孤(立)すれば危くなり、群(集)すれば強くなり、合せれば成り、離れれば敗れるのが、固然の理である。

いわんや今の世界では、生存競争は天演であり、優勝劣敗は公例であるといわれる故に、社会の団体如何によって文野(文明と野蛮)が別れ、存亡が決まる。

今日われわれがかくの如き劇烈な風潮につき当って、大は国家、小は身家の自保自全の策を究めるには、我が同胞青年の教育を開導勉励して人才を養成し、衆智を啓発するのがすなわち、是れ国権を恢復し、人権を伸張する基礎となる」。

くりかえすまでもなく、西友学会は国権回復と人権伸張の基礎を、青年の教育と衆知の啓発においており、これは一八九〇年後半期の独立協会運動を継承しながら、それを青年教育と大衆啓蒙によってさらに大衆的地盤を広めるという性格のものであった。

しかし西友学会は、けっして地方セクト的な団体ではない。同趣旨書は朝鮮の現状が「やや開けたる者は、なお小部分に属し、いまだ開けざる者が多数を占める」ため、これを「起点処」として、「明日は三南(慶尚道、全羅道、忠清道)に学会が起り、また明日は東北(咸鏡道)に学会が起って、百脈が一気からなり、衆流が一源からなって全国大団体が成立することは、われわれの一大希望」であるとしている。

西友学会はその機関紙『西友学会月報』(創刊号一九〇六年一二月一日)を発刊すると同時に、翌年一月にはそのソウル本部に師範速成科夜学校として西友学校を開設している。これはいうまでもなく、平安道および黄海道における自主学校設立にともなって、多量に必要とする師範教育機関であるが、入学資格者は二五歳から四〇歳までの品行端正な者で、教授科目は算術、地誌、歴史、法律、物理学、教育学、英語、日語、作文となっている。[127]

この西友学会にならって一九〇六年一一月には漢北興学会(咸鏡道)、一九〇七年七月には湖南学会(全羅道)および関東学会（江原道）、一九〇八年二月には畿湖興学会（京畿道、忠清道）、同年三月には嶠南教育会（慶尚道）などがつづいている。

さらに西友学会と漢北興学会は、一九〇八年一月に合同して西北学会と称し、諸学会のなかでも他の追随を許さぬほど活潑な教育運動を展開した。その趣旨書は、つぎのようにのべている。[128]

「時に西道の人士が概然として奮発し、文明進歩の思想と教育拡張の目的で西友学会を創立したし、つづいて北道人士が同一思想と同一目的で漢北学会を組成したが、その思想が同じく、その目的が同じであるに由り、今日に至っては銅鐘相応じ、磁針相引いて合せて一となり、会は西北学会とし、校は西北協成学校と命名した。

此れは我が韓の社会程度からして最先端の発達した機関である故、全国人士がみな竦然として改観して曰く、今日の文明の域に先登の旗を立てた者は西北人士である、と。此れにおいて吾が輩らの責任は甚大であり、兢惕（戒めつつしむ）をいよいよ極めなければならない」。

西道（平安道、黄海道）および北道（咸鏡道）は、李朝五〇〇年間、つねに人材登用において差別されてきた地域である。この地域が集団的な教育運動の「起点処」となり、「先登之旗」となったことに、特に注目する必要がある。

日本統監府の教育方針に対決するこのような教育運動にたいして、官憲側が傍観するはずはないのである。それが一九〇八年八月の私立学校令であり、学会令である。さらに私立学校における教科書統制のための図書検定規程であり（一九〇九年五月）、その財源を断つための地方費法の実施（同年一〇月）である。

ここでそれぞれの法令をくわしく解説する余裕はないが、要するにそれらが意図する最大の眼目を、「政治と教育との混同」を断ち切って、国家や民族の運命がどうであれ、侵略者に忠順な「実用人物」を養成することにおいていることはいうまでもない。当時日本官憲側は、このような教育運動についてつぎのように認識していた[129]――

「光武九、十年（明治三十八、九年）の頃、即ち日露戦争の後よりして教育熱頓に勃興し、各地競うて私立学校を設立し、特に平安南北道、黄海道の如きは基督教の宣布普く、従つて基督教学校の多きと共に一般私立学校も亦盛にして、平安北道宣川の如きは一郡に百を数ふるの状況であつた。

然るに此等私立学校は名を学校に藉るも実際は毫も其の実無く、徒らに青年子弟を集めて遊戯調練を事とし、政治と教育とを混同して不良なる教科書を使用し、不穏の思想を注入し、以て学生生徒の前途を誤らしむるもの頗る多く、加之是等学校は維持困難のため、学校財産の争奪、寄附金の強制、雑税の徴収等各種の弊害続発し、学校の増加と共に益々其の繁を極むるに至つたのであつて、若しそれ自然の成行に放任せんか教育上頗る憂慮すべきものがあつた」。

当時の私立学校では、それが宗教系であろうとなかろうと、愛国精神を基調とする教育であったし、また一九〇七年八月の朝鮮軍解散にともなって、その大部分が武器をとって義兵運動に合流する一方、一部はこれら私立学校の体育教師として、生徒を独立闘士として鍛えあげるために、スパルタ式の体操と教練をさかんにおこなっていた。官憲側の意図は、この「弊害」を防止するためのものである。

にもかかわらず私立学校令によって認可された学校数だけでも次頁の表の通りであって、同時期における官公立校を圧倒していたことはいうまでもない。

この表で注目されるのは、朝鮮の首都ソウルをひかえている京畿道は別として、一般私立学校は黄海道、平安南道、平安北道、咸鏡南道が圧倒的に多く、また宗教学校（ほとんどがキリスト教系）は黄海道、平安南道、平安北道が圧倒的に多いことである。平安南道の平壌、平安北道の宣川はキリスト教布教の拠点的役割をはたしてきた都市であり、黄海道は中国東北部の牧丹を中心として朝鮮国内への布教と福音書の朝鮮語訳に努力していたロス（John Ross）から洗礼をうけた徐相崙が、一八八五年に長淵郡松川に朝鮮最初のプロテスタント教会を設立した地域である。

私立認可校の校種別および地方別表（一九一〇年五月現在）

地方別＼校種別	普通学校	高等学校	実業学校	各種学校	宗教学校	計
漢城府（ソウル）	一	一	二	六六	二四	九四
京畿道	｜	｜	｜	一三六	六四	二〇〇
忠清南道	二	｜	｜	七三	一六	九一
忠清北道	｜	｜	｜	四一	七	四八
慶尚南道	三	｜	一	八二	一八	一〇四
慶尚北道	三	｜	｜	七二	七五	一五〇
全羅南道	一	｜	｜	三一	四	三六
全羅北道	四	｜	｜	四二	三一	七七
江原道	｜	｜	｜	三七	六	四三
黄海道	｜	｜	｜	一〇四	一八二	二八六
平安南道	｜	｜	｜	一八九	二五四	四四三
平安北道	｜	｜	一	二七九	一二一	四〇一
咸鏡南道	二	一	｜	一九四	二一	二一八
咸鏡北道	｜	｜	三	五六	｜	五九
計	一六	二	七	一、四〇二	八二三	二、二五〇

高橋浜吉『朝鮮教育史考』三〇九～一〇頁

「併合」後の一九一二年一月二〇日に、朝鮮総督寺内正毅は各道内務部長会議席上での訓示のなかで、つぎのようにのべたことがある。(130)

「此ノ宣教師ノ学校若シクハ此ノ系統ニ属スル朝鮮人ノ経営シテ居ル私立学校ハ、最モ監督ノ必要ガアル。夫等ニ付テハ教育令ニモ相当ナ制裁ヲ定メテアルガ、従来ノ行懸上一概ニ直チニ処分スル事ハ出来ナイ。故ニ実際ノ状況ニ依ツテ相当監督シテ行ク事ハ一向差支ハナイ。初メニ放擲シテ置イテ後デ不都合ヲ見ルヤウナ事ノナイヤウ、予メ注意シナケレバナラヌ。従来是等宣教師ノ経営ニ係リ、若シクハ其ノ系統ノ私立学校ノ最モ多イ平安南北道、黄海道ノ如キ、常ニ注意ヲ怠ラヌヤウニシナケレバナラヌ……可成他地方ニハ、一郡一校ト云フコトニ普通学校ヲ増シツツアルガ、此ノ地方ニハ夫レ以上ニ尚増シテ行キタイ考ヘデアル。地方デハ支弁ガ出来ナイト云フ事モアラバ、之ハ後カラ攻究スルガ、縦令政府ガ幾等カノ費用ヲ他ノ方カラ減ジテ此ノ地方ニ廻ハシテモ、其ノ処置ヲ執ラネバナラヌト思フ。地方デモ特別ニ其ノ辺ノ措置ヲ能ク考ヘテ行カネバナラヌ」。

いうまでもなく統監府が設立されて以来、その教育方針は自主的な私立校の拡充と発展を阻止し、それに代うるに官公立校をもってすることであった。だから私立校の設立が盛んな地域ほど、それに対抗して官公立校の拡充を促進した一面がある。つまり「他地方ニハ、一郡一校ト云フコトニ普通学校ヲ増シツツアルガ、此ノ地方(平安南北道、黄海道)ニハ夫レ以上ニ尚増シテ行キタイ考ヘデアル」というのが、そのことである。

一般私立学校および宗教系私立学校を合せた二、二五〇校は、先きにみたように官公立校(官立一、公立五九、准公立四一、計一〇一校——「併合」直前現在)を圧倒する数字であるが、しかしそれが、当時の私立学校のすべてではない。つまり「私立学校の設立は私立学校令に依り学部大臣の認可を要するも、学校の維持困難にして基礎確実ならざるが為め未だ進んで請はざるものあり、或は規模小にして認可を請ふを要せずと誤解するものあり、又猶学部の方針を疑ひ不安の中に認可請願を躊躇するものある等、全国を通じて未だ認可を申請せざるもの其の数尚尠からざるが如し」[131]、というのが実態であった。

私立認可校二、二五〇校のなかに占める宗教学校（主としてキリスト教系）八二三校も、教育救国運動の枠内にはいるものであって、当時における朝鮮人民の思想動向からして、もしキリスト主義を政治から切り離そうとしたならば、日本統監府による官公立校と同じ運命をたどったであろう。むしろキリスト教系学校が隆盛した一因は、西洋人宣教師の名義によるそれが治外法権下にあったために、日本官憲による教育介入を防止しうる抵抗の拠点たりうると見たからである。

とりわけキリスト教系学校で注目されるのは、小学校から大学（平壌崇実学校大学科）まで備わっていて、「二〇世紀初頭に至って朝鮮におけるキリスト教教育は大きな展開をみせ、初等教育は朝鮮人クリスチャンあるいは地方教会が自立的に設立経営して、宣教会の監督は間接的にうけるにとどまり、一方宣教会は初等教育部門から手を引いて専ら中・高等教育機関の経営に精力を集中するというように分化的発展をとげ、学部報告書の言葉を借りれば、キリスト教勢力は『教育ノ内容ハ不完全ヲ免カレサルモ系統アル教育機関ヲ備フルノ情況』を示すに至った[132]」ことである。

ともあれ一九一〇年八月二二日の「併合」後、日本による植民地教育は「朝鮮人を日本臣民として育て上げること」であったが、その前段階の一九〇〇年代後半期は、日本側の文献にしばしばみられるような日本による朝鮮近代教育の「創制」期ではなかった。むしろこの時期は、すでに一八九〇年代後半期に制度的および思想的に、近代教育の自主的発展のための基本的枠組みができあがったそれを、強権的に換骨奪胎していった植民地教育の『創制』期であり、「併合」後における本格的な皇民化＝同化教育へ橋渡しをするための過渡期であった。

したがって一九〇〇年代後半期の教育救国運動は、朝鮮教育にたいする日本の介入に対決して、民衆的次元においてその自主的発展を固守する運動であったし、その結実が「併合」後における民族教育の橋頭堡となったのである。

（1）拙稿「李朝末期の実力培養＝自強運動」（『近代朝鮮の変革思想』第二部第三章、日本評論社、一九七三）。

(2) 呉天錫『韓国新教育史』一八頁、ソウル現代教育叢書出版社、一九六四年。
(3) 大野謙一『朝鮮教育問題管見』三頁、朝鮮教育会、一九三六年。
(4) くわしくは、渡部学他『朝鮮教育史』(『世界教育史大系』五、講談社、一九七五)参照のこと。
(5) 阿部吉雄『日本朱子学と朝鮮』第二章第二節(東京大学出版会、一九六五)。
(6) Daniel L. Gifford, *Education in the Capital of Korea* (I) (*Korean Repository*, July, 1896, p. 281).
(7) 慎鏞廈「わが国最初の近代学校の設立について」(韓国史研究会『韓国史研究』第一〇号、一九七四、九、ソウル)。
(8) 慎鏞廈、前掲論文が『徳源府啓録』第一冊から引用した一八八三年八月二八日条によれば、つぎのようになっている——
「文士、則先教経義、武士、則先教兵書、後並教以時務之緊要者、自算数格致、至於各様機器、与農蚕礦採等事」。
(9) 李光麟「育英公院の設置とその変遷」(改訂・増補版『韓国開化史研究』所収、ソウル一潮閣、一九七四)は、育英公院およびその前身である同文学についてくわしい考証がなされている。
(10) Daniel L. Gifford, *ibid.* (I) (*op. cit.*, pp. 284-5).
(11) H・N・アレン著、桜井義之訳『朝鮮近代外交史年表』(淡路書房新社、一九六一)一八八三年一〇月一日条によれば、「英国人ハリファックス(T. E. Hallifax)はメーレンドルフによって、二ヵ月前に開校された英語学校の教師に任命された。同時にアメリカで教育をうけた中国人留学生『同』(S. Y. Tong)も教師として着任した」(三七〜八頁)となっている。このS. Y. Tongは「同」ではなく、唐紹威のことである。
なお、同文学教金晩植の従弟金允植はその著『陰晴史』下、高宗二〇年(一八八三)十一月二十一日条に、「又設同文学、置掌教一人、諫洞従兄主為之、抄択年少聡明者、開学堂于外衙門(即通商衙門)、中原人呉仲賢・唐紹威両生、教習洋語」(傍点引用者)となっている。

メルレンドルフ夫人 Rosaliee von Möllendorf, *P. G. von MÖllendorf — Ein Lebensbild* (Leipzig, 1930) の高柄翊訳(『週刊朝鮮』一九七一年一月三一日号、ソウル)には、つぎのようなくだりがある。

「夫はアメリカで教育をうけた若い中国人六名を、朝鮮での税関のために引き渡してくれるよう総督(李鴻章)にお願いした。一一月一九日(一八八二)に六名が来た。ところがそのうちの三名は冬季休暇のために帰郷することを願った。他の三名が朝鮮に同行したが、そのなかには若くて誠実な唐紹儀《ママ》がいた。夫は唐を海関に、ついには外交部門に配置したが、かれは夫を大へん尊敬し、親しくして、さいごまで献身的であった」。

朝鮮に同行した中国人三名のなかに、唐紹威のほかに呉仲賢がはいっていたことはまちがいないであろう。

(12) 拙稿「儒教のなかのキリスト教問題」(『朝鮮の攘夷と開化』所収、平凡社選書、一九七七)参照のこと。
(13) 閔泳翊を正使とする訪米使節団には、副使洪英植、従事官徐光範、随員には辺燧(樹)、兪吉濬など開化派の主要人物が参加している。兪吉濬はアメリカにとどまってダムマー・アカデミー(Dammer Academy)に留学し、アメリカの著名な生物学者であり進化論の支持者であったエドワード・モース(Edward Morse)に師事した。
使節団一行は四〇余日にわたってアメリカの各都市、公共機関および各種工場を視察し、二隊に分れて閔泳翊一行は大西洋航路からヨーロッパ廻りで、洪英植一行は太平洋航路から、同年一二月に帰国した。

帰国後閔泳翊は開化派との対立を深め、一八八四年一二月四日の甲申政変では開化派の第一の政敵として刺傷をうけたのである。

なお第一次訪米使節団にかんしては、好論文 Harold J. Noble, *The Korea mission to the United States in 1883* (*Transactions of the Korea Branch of the Royal Asiatic Society*, Vol. XVIII, 1929)がある。
(14) 白楽濬『韓国改新教史―一八三二～一九一〇』第三章に、そのいきさつがくわしい。なお、本書は朝鮮におけるプロテスタント教史の古典的名著で、本来の英語版 *The History of Protestant Mission in Korea 1832–1910* を、一九七一年に延世大学校出版部で国文版として刊行している。
(15) 『旧韓国外交文書』第一〇巻(美案I)一一二～三頁、高麗大学校附設亜細亜問題研究所。
(16) Daniel L. Gifford, *ibid.* (II) (*op. cit.*, p. 308).
(17) 白楽濬、前掲書、一三六頁に引用された M. E. North Report for 1885 に依る。
(18) 鄭忠良『梨花八十年史』四四頁(梨花女子大学校、一九六七)。
(19) L. C. Rothweiler, *What shall we teach in our girls' schools?* (*Korean Repository*, March, 1892, p. 89).
(20) 鄭忠良『梨花八十年史』四七頁(梨花女子大学校、一九六七)。
(21) 『高宗実録』巻十六、七月九日条。
(22) 「修信使日記」巻二、韓国史料叢書 第九『修信使記録』所収(国史編纂委員会、ソウル)。
(23) 拙稿「開化思想・開化派・甲申政変」(『朝鮮近代史研究』所収、日本評論社、一九七〇)。
(24) 権錫奉「領選使行にかんする一考察」(歴史学会編『歴史学報』第一七・一八号合併号、一九六二)。
(25) 阿部洋「旧韓末の日本留学」I(『韓』第二九号、東京・韓国研究院、一九七四)。
(26) 『高宗実録』巻十九、十二月二十八日条。

(27)　『日本外交文書』第二一巻、所収。
(28)　青木功一「朝鮮開化思想と福沢諭吉の著作―朴泳孝『上疏』における福沢著作の影響」(『朝鮮学報』第五二輯、一九六九)および、同「朴泳孝の民本主義・新民論・民族革命論(1)」(同第八〇輯、一九七六)。
(29)　拙稿「儒教のなかのキリスト教問題」(『朝鮮の攘夷と開化』所収、平凡社選書、一九七七)。
(30)　『勉菴集』巻之四、「請討逆復衣制疏」。
(31)　金泳鎬『西遊見聞』解題(景仁文化社影印本、一九六九、ソウル)。
(32)　兪吉濬『西遊見聞』一〇七頁。
(33)　同書、三四七頁。
(34)　同書、三五七〜八頁。
(35)　朴泳孝は一八九四年七月から甲午改革がはじまると亡命地日本から帰国し、同年一二月から内務大臣として、急進的開化派を代表した。ところが九五年七月、国王にたいする守旧派の誣告により謀逆犯人として逮捕令がでたために再び日本に亡命した。兪吉濬は甲午改革の初期から金弘集と一体となって、穏健的開化派として甲午改革の立案に参加し、内閣総書(書記官長)、内務大臣などを歴任している。一八九六年二月、国王高宗がロシア公使館に播遷して金弘集内閣が倒れると、日本に亡命した。
(36)　『燕岩集』巻之十六、別集『課農小抄』「諸家総論」。
(37)　『北学議』自序。
(38)　軍国機務処の会議員一七名(のちに若干の変動がある)はつぎの通りである。
金弘集を総裁として、会議員は朴定陽、閔泳達、金允植、金宗漢、趙羲淵、李允用、金嘉鎮、安駉寿、鄭敬源、朴準陽、李源兢、金鶴羽、権瀅鎮、兪吉濬、金夏英、李応翼、徐相集であり、のちに魚允中、李泰容、権在衡が追加されている。

なお、筆者は開化派を変法的開化派と改良的開化派に分け、「ともあれ甲申政変が変法的開化思想の反映であるならば、甲午改革は改良的開化思想の反映である」とみている(『近代朝鮮の思想』一四一頁、紀伊国屋新書、一九七一)。
(39)　『日省録』高宗甲午六月二十八日条。
(40)　同書、高宗甲午七月十二日条。
(41)　同書、高宗甲午六月二十八日条。
(42)　同書、高宗甲午十二月十二日条。

(43) 同書、高宗乙未二月二日条。
(44)『増補文献備考』巻二百九、学校考八。
(45)『官報』第一一九号(『旧韓国官報』(3)、所収)。
(46)『官報』第一七五号(同書(3)、所収)。
(47) 唐沢富太郎『近代日本教育史』二二頁、誠文堂新光社、一九六八年。
(48)『独立新聞』光武二年(一八九八)七月六日(『独立新聞論説集(一八九六、四〜一八九九、一二)』所収、以下同じ、ソウル松斎文化財団、一九七六)。
(49) 福田東作『韓国併合記念史』六七九〜八〇頁(大日本実業協会、一九一一)および『京城府史』第二巻、九九頁(京城府、一九三六)。
なお、恒屋盛服『朝鮮開化史』(東京・博文館、一九〇一)によれば、韓国政府学部は一八九六年(建陽元年)に、漢城府(ソウル)、各観察府所在地(各道の行政中心地)をはじめ、つぎの各地を指定して公立小学校を設置している(三六九頁)。
開城府　江華府　仁川港　釜山港　元山港　慶興港　済州牧　楊州郡　坡州郡　清州郡　洪州郡　林川郡　南原郡　順天郡
霊光郡　慶州郡　安東郡　安岳郡　義州郡　江界郡　成川郡　原州郡　江陵郡　北青郡
(50) D. L. Gifford, *Education in the Capital of Korea* (I) (*Korean Repository*, July 1896, p. 283).
(51) 李光麟「旧韓末の官立外国語学校」(改訂版『韓国開化史研究』所収、ソウル一潮閣、一九七四年版)および前掲 D. L. Gifford, *Education in the Capital of Korea*(I)によれば、日語学校の日本人教師は岡倉由三郎、長島巌三郎、田中玄黄、朝鮮人教師は玄櫶、崔在益、朴永武、柳済達、その仁川支校には日本人教師—岩崎厚太郎、朝鮮人教師—李根浩、崔鼎夏、徐丙協。英語学校の外国人教師は T. E. Hallifax, W. du F. Hutchison, R. Frampton, 朝鮮人教師は安鳴護、尹泰憲、金佑行、鄭一範。法語(フランス語)学校の外国人教師は E. Martel, 朝鮮人教師は李能和、安于商、金漢箕で、李能和は、同校の第一回卒業生で、卒業前に成績優秀のため教師に任命されている。同氏には『朝鮮基督教及外交史』、『朝鮮仏教通史』をはじめ、多くの著作がある。
また、俄語(ロシア語)学校の外国人教師は N. Birukoff, 朝鮮人教師には韓亀鎬、郭光義。漢語(中国語)学校の外国人教師は胡文煒、杜房域、朝鮮人教師は呉圭信、柳光烈、李命七、崔永年。徳語(ドイツ語)学校の外国人教師は J. Bollighn, 朝鮮人教師は秦秀、崔泰卿、柳琬となっている。

なお、教授科目にはそれぞれの外国語のほかに修身、国語、漢文、数学、朝鮮および外国の歴史と地理、理科(博物、生理、物理、化学)、体操などがあった。一九一一年に朝鮮総督府によって廃校となった。

なお、『皇城新聞』(光武三年五月一日)の別報によれば、各外国語学校は一八九九年四月二九日、合同大運動会を挙行している。前訓錬院の会場には内外国縉士および同夫人らが壇上に並び、ソウル市内の男女が人垣をつくるなかで、学部大臣閔丙奭を総督、学部協辦閔泳瓚を副総督、金珏鉉、韓治臣(W. du F. Hutchison)、馬太乙(E. Martel)、米柳羔葡(N. Birukoff)、長島巌三郎、胡文煒、奚来白土(T. E. Hallifax)を事務長として進行している。

競技種目は投鉄球(砲丸投げ)、跑二百歩(二百メートル競走)、広跳(走り幅跳び)、角觝(相撲)、跑四百四十歩(四四〇メートル競走)、高跳(高跳び)、拉縄子(綱引き)、馳驢子(騎馬競走)などである。おそらくこれは、朝鮮近代教育史上最初の運動会であろう。きわめて初歩的ではあるが、近代スポーツが学校体操のなかで始まり、政府学部は会場への入場券を一枚二〇銭で発売している。

(52)『皇城新聞』光武二年(一八九八)一一月五日、雑報(ソウル韓国文化開発社版、以下同じ)。
(53)『増補文献備考』巻二百九、学校考八。
(54)『皇城新聞』光武三年(一八九九)一月一四日、論説。

なお、他の文献によれば、一八九六年および九七年に学部で発刊した教科書はつぎの通りである。

教科書名(1897年)	冊　数
泰西新史攬要	漢文　二冊
〃　〃	国文　二冊
公法会通	三冊
東輿地図	
朝鮮歴史	
朝鮮略史	
朝鮮地誌	
輿載撮要	
地璆略論	
万国地誌	
万国略史　上・下	
士民必知　漢文	
夙恵記略	
牖蒙彙編	
尋常小学	三冊
国民小学読本	
小学読本	
西礼須知	
近易算術　上・下	
簡易四則算術	
小地球図　着色	
国文 小地球図 着色	(2)

(ソウル)『韓国史』第20巻, 214

に紹介された教科書一覧.
介された教科書一覧.

教科書名(1896年)	冊　　数
万国地誌	
万国略史	
朝鮮歴代史略	漢文　三冊
朝鮮歴史	三冊
国民小学読本	
朝鮮略史	
朝鮮地誌	
小学読本	
牖蒙彙編	
夙恵記略	
輿載撮要	
地璆略論	
東輿地図	
近易算術　上・下	
簡易四則算術	
新訂 尋常小学	三冊
	(1)

〔備考〕　典拠は国史編纂委員会
頁，白淳在「教科書編纂」.
(1)は『尋常小学』巻1の巻末
(2)は『泰西新史』の巻末に紹

(55)『独立新聞』一八九六年六月二日。
(56)前掲『韓国新教育史』一一〇頁および孫仁銖『韓国近代教育史』(近世大学校出版部、一九七五年版)二九頁。
(57)『皇城新聞』光武二年(一八九八)一一月三日、広告。
(58)同紙、光武二年一二月二七日、雑報。
(59)同紙、光武三年四月三日、雑報。
(60)同紙、光武四年七月一三日、雑報。
(61)同紙、光武二年一一月三日、広告。
(62)同紙、光武三年三月二九日、広告。
(63)前掲『韓国新教育史』一一一頁および『韓国近代教育史』三〇頁では、いずれも乙未義塾がのちに楽英義塾に改称したとなっているが、根拠がはっきりしない。
(64)『皇城新聞』光武三年四月一七日、雑報。
(65)同紙、光武三年四月六日、広告。
(66)H・G・アンダーウッド『朝鮮の呼び声—朝鮮プロテスタント開教の記録』(韓晳曦訳、未来社、一九七六)一四七頁。原著は *The Call of Korea*, 1908 である。

(67)　同書、一四七〜八頁。
(68)　阿部洋「併合直前の朝鮮におけるキリスト教主義学校」(『教育史学会紀要』第一六集、講談社、一九七三)。
(69)　阿部洋「朝鮮のミッションスクール」(前掲『朝鮮教育史』三四七頁)。
(70)　前掲『韓国近代教育史』二四頁、「キリスト教系私立学校」表から作成。
(71)　前掲『朝鮮の呼び声』一二一頁。
(72)　D. L. Gifford, *ibid.* (II) (*The Korean Repository*, August 1896, pp. 310–311).
(73)　Editorial Department, *Our School* (*The Korean Repository*, October 1898, p. 389).
(74)　D. L. Gifford, *ibid.* (II) (*op. cit.*, p. 310).
(75)　平田賢一「明治期の朝鮮人留学生—大韓興学会を中心に」(季刊『三千里』一九七八年春号)。
(76)　光武二年(一八九八年)一月一日に創刊された『協成会会報』論説のなかに、「われわれが設会してから一周年になるが、いままで大きく進展したものは、その間いくらか鍛練されたと、いえなくもない。設会するときはわずか十余人で発起したが、いまは会員が二百余名になっている」。
(77)　Editorial Department, *ibid.* (*op. cit.*, p. 389).
(78)　拙著『近代朝鮮の変革思想』一六九頁、日本評論社、一九七三年。
(79)　D. L. Gifford, *ibid.* (II) (*op. cit.*, pp. 309–310).
(80)　D. L. Gifford, *ibid.* (II) (*op. cit.*, pp. 306–307).
(81)　前掲『朝鮮の呼び声』一一六頁。
(82)　培材学堂協成会の討論題目はつぎの通りである(前掲『韓国新教育史』一一五〜六頁)。
○国文と漢文を混用することについて。
○妻、姉妹、娘を各種学問をもって教育することについて。
○男女の交りを禁ずることについて。
○奴婢を良民にすることについて。
○会員たちは二〇歳以内に結婚しないことについて。
○わが国の升《ます》と尺を規格化することについて。
○国民として二〇歳になる者は、いっせいに兵役に服務することについて。

○各処に公園を設けて人民を養生させることについて。
○風呂場を設置して、体を清潔にすることについて。
○士農工商学校を設立して人民を教育することについて。
○墓地を風水説によって求めるのでなく、家ごとに適当な場所を買って使うことについて。
○物品を売買するばあい、駆け引きをしないことについて。
○各種文字を横書きすることについて。
○わが国でも上下議院の設立が、政治的に急先務であることについて。

(83) 韓晳曦、前掲『朝鮮の呼び声』訳者あとがき。
(84) 前掲『朝鮮開化史』三七〇〜七一頁。
(85) 拙著『朝鮮の攘夷と開化』(平凡社選書、一九七七)第三部第九章、参照のこと。
(86) 『皇城新聞』光武二年(一八九八)一一月四日、別報。
(87) 『独立新聞』光武二年(一八九八)六月一四日、論説。
(88) 同紙、建陽二年(一八九七)七月二四日、論説。
(89) 『皇城新聞』光武三年(一八九九)四月三日、論説。
(90) 同紙、光武二年(一八九八)九月一五日、論説。
(91) 安駉寿「独立協会序」(『大朝鮮独立協会会報』創刊号、一八九六年一一月三〇日)。
(92) 慎鏞廈『独立協会研究』(ソウル一潮閣、一九七六)では、独立協会の各派の構成を分析して(一〇五頁)、①西欧市民思想の影響を大きくうけた流れ、②改新儒学的伝統を背景にした東道西器派から発展した国内思想の成長の流れ、③民衆の直接的代表、④開化派武官、の四つに分類している。『独立新聞』を創刊し、その社長であった徐載弼、かれが守旧派趙秉式一派によってアメリカに追放されてのち、その後を受け継いだ尹致昊は①の流れに属し、『皇城新聞』を創刊したその社長南宮檍、総務員羅寿淵、一九〇三年三月この両者が逮捕されたために代って社長となった張志淵は②の流れに属する。
(93) 『独立新聞』建陽元年(一八九六)四月七日、創刊辞。
(94) 同紙、光武三年(一八九九)五月二〇日、論説。
(95) 『皇城新聞』光武二年(一八九八)九月五日、創刊辞。
(96) 『独立新聞』建陽二年(一八九七)八月五日、論説。

(97) 前掲『朝鮮の攘夷と開化』第三部第八章。
(98) 『独立新聞』光武二年(一八九八)三月八日、論説。
(99) 同紙、建陽元年(一八九六)五月三〇日、論説。
(100) 『独立新聞』建陽元年(一八九六)九月五日、論説。
(101) 『独立新聞』光武二年(一八九八)九月九日号および、『皇城新聞』光武二年九月八日号。両紙の通文は、部分的に若干表現が違っているが、ここでは前者の掲載文に依拠した。
(102) 『皇城新聞』光武二年(一八九八)九月八日。
(103) 『独立新聞』光武二年(一八九八)九月一三日、論説。
(104) 朴容玉『韓国近代女性史』六〇～六六頁、ソウル正音社、一九七五年。
(105) 鄭喬『韓国季年史』巻三、光武二年十月条。一八九八年一〇月二九日ソウル鍾路街でおこなわれた政府側と万民共同会との官民共同会が開かれ、国政改革にかんする献議六条を可決している。この会議によって従来国王の諮問機関にすぎなかった中枢院を立法府として改革し、一一月五日には中枢院におくり込むための議官二五名を独立協会から選出することになっていた。ところが国王はその前日の一一月四日、独立協会の幹部を逮捕し、その解散を命じた。先きの官民共同会には民間側から「紳士・各協会・順成会婦人・各学校学徒・廛人(商人)・盲人・僧徒・宰設軍(白丁)皆依請帖来到」(傍点引用者)、つまり女性教育団体「順成会」も独立協会からの招請状をうけて参加している。くわしくは拙著『近代朝鮮の変革思想』(日本評論社、一九七三)第二部第二章「独立新聞・独立協会・万民共同会」参照のこと。
(106) 幣原坦『文化の建設―幣原坦六十年回想記』三三頁(吉川弘文館、一九五三)。
(107) 『皇城新聞』光武三年(一八九九)一月九日、論説。
(108) 『独立新聞』光武三年(一八九九)五月二二日、「開港するのが急務ではない」という論説のなかで、外国人教師を招いて工匠学校を設立して工業を発展させ、それにともなって商業を発展させるのが第一の急務であると、主張している。
(109) 同紙、建陽元年(一八九六)九月一五日、論説。
(110) 同紙、建陽二年(一八九七)六月一日、論説。
(111) 『皇城新聞』光武二年(一八九八)一一月一九日。
(112) 高橋浜吉『朝鮮教育史考』一二三～四頁(京城、帝国地方行政学会朝鮮本部、一九二七)。
(113) 韓国学部編『韓国教育』九頁、隆熙三年(一九〇九)。

(114) 前掲『文化の建設─幣原坦六十年回想記』二八〜九頁。
(115) 前掲『朝鮮教育史考』一九三〜四頁。
(116) 同書、二二七頁。
(117) 同書、二四五頁。
(118) 平田賢一「明治期の朝鮮人留学生─大韓興学会を中心に」(季刊『三千里』第一三号、一九七八年春号、所収)。
(119) 前掲『朝鮮教育史考』一三九〜四四頁。
(120) 前掲『韓国教育』三頁。
(121) 渡部学「隈本繁吉文書『教化意見書』解題」(『韓』第三四号、韓国研究院、東京)。
(122) 『韓』第三四号所収、一二一〜三二頁。
(123) 朝鮮総督府内研究会編『朝鮮法規提要』二〇三頁(京城、日韓書房、一九一三)。
(124) 前掲『朝鮮教育史考』三五六〜七頁。
(125) 『皇城新聞』一九〇五年(光武九年)三月二四日、論説。
(126) 『西友学会月報』(第一号)一九〇六年一二月一日号。なお、西友学会の発起人は朴殷植、金秉燾、申錫厦、張応亮、金允五、金秉一、金達河、金錫桓、金明濬、郭允基、金基柱、金有鐸となっている。
(127) 同紙広告。なお、『西友』第一四号(一九〇八年一月一日)によれば、西友学校の校長─姜華錫、校監─金基東、副校監─李達元となっている。
(128) 『西北学会月報』一九〇八年二月一日号。
(129) 前掲『朝鮮教育史考』二九八〜九頁。
(130) 同書、三六四頁。
(131) 同書、三〇八頁。
(132) 阿部洋「併合直前の朝鮮におけるキリスト教主義学校」(『教育史学紀要』第一六集、講談社、一九七三)。

第六章　新民会の活動と百五人事件
——李朝末期の国権回復運動と開化思想——

第一節　朝鮮「併合」と辛亥革命

日本による朝鮮「併合」が一九一〇年八月、辛亥革命への烽火となった武漢の武装蜂起が一九一一年一〇月、この二つの事変によって両国いずれも封建王朝は崩れた。しかしそれは、朝鮮では植民地化に、中国では中華民国の成立に、それぞれつながっていった。

東アジアに派生したこの二つの事変の間に、直接的な関連があるかどうかを実証することはいささか困難をともなうが、少なくとも間接的には、迫りくる辛亥革命に対処するために、朝鮮問題の決着をいそぐ日本側の動きがあったし、他方では日本による朝鮮「併合」が、中国の志ある識者たちに危機感を深め、国政改革の早期実現を痛感させたことは確かである。

日露戦争後において日本は、第二次日韓協約＝「保護条約」にもとづいて、一九〇六年二月から統監政治を布いた。それから「併合」にいたるまで、朝鮮統監は伊藤博文、曾禰荒助、寺内正毅と、三回替った。しかしその間一貫して朝鮮「併合」の促進のために、一方では李容九、宋秉畯らのカイライ団体一進会を操縦しながら、他方では日本の朝野にはたらきかけて、「併合」を促進してきたのが、他でもなく黒竜会主幹内田良平であった。(1)

日本の支配層は、一八七六年の江華島条約以来、日清、日露戦争の宣戦詔勅にいたるまで、一貫して朝鮮の「独立」をうたいあげてきた。したがって「独立」→「保護」→「併合」の朝鮮にたいする侵略行為は、当然列国からの抗議に直面することが予想された。初代の朝鮮統監伊藤博文が、その顧問として内田良平を必要とした理由はここにあったのである。内田は「……韓国より合邦を提議せしめるにおいては、列国をして異議をはさむ余地なからしむのみならず、もつて聖徳を発揚せしむるに足るものありとの見解を抱き、じらい四年間寝食を忘れて韓人を導き、やうやくこれを実現し得べき大勢(2)」をつくるべく策動したのである。

アジア主義者内田良平は、つねに朝鮮問題を中国問題との関連においてとらえ、日本政府の対アジア政策決定に圧力をかけた。彼は杉山茂丸らと一体となって、列強との外交関係を考慮する伊藤博文の漸進主義、朝鮮人民の反抗に動揺をつづける曾禰荒助の優柔不断に反対し、日本支配層内部の武断派に属する山県有朋(枢密院議長)、桂太郎(総理大臣)、寺内正毅(陸軍大臣)らと内通しながら、中国における革命情勢の高揚と関連して、朝鮮「併合」の早期実現を主張しつづけた。

内田はつぎのように書いている。「著者が斯の如く日韓併合を急いだ所以は、支那革命の機運既に熟し、数年を待たずして勃発すべき形勢にあるを以て、支那革命に先立ち合邦せざるに於ては、韓国の人心支那革命の影響を被り、如何なる変化を生ずべきか測るべからざるものあるのみならず、満蒙独立の経綸も行ふ可からざることとなるべき憂ひがあつた(3)」と。

一九一〇年六月、日本政府は寺内正毅を陸相兼任のまま朝鮮統監に任命し、「併合」の完成をいそいだ。寺内は朝鮮駐箚軍参謀長であった明石元二郎を、憲兵司令官兼警務総長に任命して憲兵警察制度を布き、統監政治下においてすでに形骸化していた朝鮮の主権を、根こそぎ奪取したのである。それにつづいて内田ら大陸浪人グループは、「滅満興漢」の革命派の主張から予想しうる満洲族と漢族間の矛盾にくさびを打ちこみ、一挙に「満蒙独立の経綸」(切取り)を策謀した。しかし革命派が「滅満興漢」に代る「五族共和」の旗幟をかかげることによって、このような策謀は挫折した。内田は何はばかることなく、その不満をつぎのように吐露している。

「……革命の成就するや、孫文等は、当初より革命の大義名分とせる滅満興漢の主張を変じて、遽かに五族共和を唱導し、孫が日本にて作り置きたる晴天白日の国旗は之れを採用せずして、新たに五色の国旗を制定するに至つた。是れ革命人等が隴を得て蜀を望むに至りたる現象にして、彼等は依然滅満興漢を継続するに於ては、満洲、蒙古並に西蔵を失ふこととなるので、曩の満洲譲与の言質の如きは全然忘れ去りたるものの如く、茲に五族共和を唱ふるに至つたものであるが、我が政府者としては、支那革命後に於ける人心の変化を考慮し国命の転換を機会として、其の際に満洲問題の根本的解決を為さねばならぬのであつた。然るに惜哉、西園寺内閣は、無為無方針を以て政権を維持するの外何物もなく、且つ時恰も明治天皇の崩御に遭遇し、天与の好機を逸し去りて、禍根を後来に胎すこととなつたのである(4)」。

しかし「満蒙独立」(切取り策)が、けっしてアジア主義者内田良平の無責任なたわごとでなかったことは、一九二七年七月に、田中義一内閣が「対支政策綱領」を確立するための東方会議において、「満蒙分離政策」を内外に表明したことによってはっきりした。

朝鮮の亡国の歴史は、中国の一部の識者たちによって、自国の運命との関連において深刻に受けとめられた。ここで特筆したいのは、中国人の日本留学生潘宗礼(字は子仁、号は英伯)の、朝鮮仁川沖における投身自殺である。潘は四二歳にして日本に留学した順天府通州人である。彼は日本政府による「清国留学生取締規則」に抗議して帰国途中、一九〇五年一一月の「保護条約」に抗議した閔泳煥の憤死を知り、その遺書に接して痛哭し、「十四条意見書」を清国政府に伝達してくれることを托して投身自殺した。その遺書の概要は、「立憲政治を速行し、国是を定めよという主意のもので、そのなかには断髪改装しようとの条件もあり、議論がはなはだしく過激に流れず、条理が分明であった」。彼の遺書は同行者の俞少卿、董玉卿らによって政府当局に伝達されたもようである。(5)

潘宗礼の死が、清末の立憲運動にどのように作用したかは定かでない。しかしたとえばほぼ同じ時期に、絶命書を遺して東京大森の海岸に身を投じた陳天華のばあいは、心ある歴史家たちによってその死の意味が真剣に問われているのに、(6)潘のばあいは彼を知る具体的な手がかりもなく、忘却の彼方に追いやられてしまったような気がしてならない。(7)

日本による朝鮮「併合」が、中国の言論のなかにいかに反映されたかは、すでに今村与志雄氏のユニークな論稿「日韓合併と中国の日本観」(8)のなかで、くわしく解明されている。今村氏も指摘しているように、意外なことに章炳麟ら革命派の『民報』に、アメリカ在住の日本人佐藤興一郎の投書によって、関東義兵将李麟栄の名義による檄文二篇が、投書欄に「朝鮮人之露布」(露布は檄文のこと)と題して掲載されたほか、朝鮮問題に関する目立った論調はみられない。というよりは、きわめて第三者的である。この檄文は一九〇七年末、江原道で義兵活動をはじめた関東(江原道の異称)義兵将李麟栄が、日本侵略者の牙城と化したソウル進攻計画に先立ち、海外同胞および各国領事館に伝達したアピールである。(9)

少なくとも朝鮮問題に限定してみるかぎり、中国革命派の姿勢はあいまいであるばかりでなく、章炳麟らは黒竜会と深いつながりがあり、内田良平らに「満洲譲与の言質」ばかりでなく、その朝鮮「併合」計画およびその後における一進会員の満洲移民計画にたいして、暗黙の諒解をあたえたふしがある。そして黒竜会を媒介とした中国の革命派と朝鮮の売国集団――一進会との奇妙な取り合わせがある。つまり「黒竜会のインテリ分子権藤(成卿)のところに、一進会の李容九、宋秉畯、中国革命同盟会の黄興、宋教仁、章炳麟(太炎)、孫文らが時事を談じにあつまるのは当然のなりゆきであり、明治三十九年からの数年間、赤坂仲ノ町の権藤邸は、さながら黒竜会に関係ある韓国人、中国人の梁山伯の観を呈する」(10)。

たしかに中国革命派の思想における漢族中心の民族主義(種族革命)には、満蒙および朝鮮問題をあいまいにした側面があって、これらの地域にたいする日本進出の尖兵たろうとした黒竜会や、内田良平を顧問とする一進会との無原則的な妥協があったことを否定することはできないだろう。

それに比べて立憲派の梁啓超は、ベトナム問題とともに、朝鮮問題に関して並々ならぬ関心を示している。たとえば「朝鮮亡国史略」「朝鮮滅亡之原因」「日本併呑朝鮮記」「朝鮮対於我国関係之変遷」などにおいて、外交史からみた朝鮮亡国の歴史過程および朝鮮滅亡の内因について、かなり正確な分析をおこなって清朝政府に警鐘を打ち鳴らしている(11)。主として朝鮮亡国の外交史的過程を分析した「朝鮮亡国史略」については、今村氏がくわしく言及しているので省略し、ここでは朝鮮亡国の内因を分析した「朝鮮滅亡之原因」について、かいつまんで紹介してみたい。

梁啓超は朝鮮滅亡の原因として、三つの問題に焦点をしぼり、旧王朝体制を止揚しえなかったことによる諸弊害をあげて、「是れ故、朝鮮を亡ぼしたのは朝鮮であり、日本に非ず」と結論している。では朝鮮を滅亡にみちびいた原因とは何か。

その最大の原因は宮廷にあるという。つまり立憲国においては、君主は政治上の責任がなく、悪をなすことができない。だから君主の賢不肖は一国の政治にかかわることがない。しかし専制国ではこれと異なって、国家の運命が全的に宮廷とかかわる。そして朝鮮では近代五〇年間において、国王(高宗)、大院君、閔妃《びんき》(高宗の王妃閔氏)間における三つ巴の争いによって国政が混乱し国家の元気が喪失したことを指摘し、だから「韓之亡、実韓皇之亡也」と断言している。

つぎに彼は、朝鮮社会における両班の弊害について、きびしい指摘をしている。彼の言によれば、朝鮮においてはいわゆる「両班」なるものが国中の政治上、社会上、生計上の勢力を壟断し、両班にあらざれば官吏になることあたわず、学業に従事することあたわず、私有財産を安固にすることあたわず、要するに朝鮮国中に自由意思をもった独立人格者がおるとするならば両班のみであって、しかして「両班則万悪之藪也」と、指摘している。けだし朝鮮社会においては、陰険にして無恥なる者が優勝の数に常居し、貞潔にして自愛する者が劣敗の数に常居しているが、その人の悪をなすは天性によるというよりは、社会現象として、なかばそのように強いられているというのである。

最後に以上のような宮廷および社会状況を反映した、朝鮮政治の紛乱と腐敗の具体例を列挙し、要するにそれは「厲精図乱、発憤自我、而已矣」と結論している。

以上にのべた朝鮮亡国の内因分析は、いうまでもなく分析そのものに目的があるのではなく、行間の随所に「我が国は如何」という警句を挿入しながら、自国にむけての警世の書となっていることはいうまでもない。たしかに日本の侵略過程を外交史的に分析した「朝鮮亡国史略」にしても、朝鮮滅亡の内因を分析した「朝鮮滅亡之原因」にしても、比較的確実な知見をもって、その限りにおいてはかなり正確である。しかしそれにも重大な欠落がある。というのは、とくに一九〇五年以来、国権回復をめざす朝鮮人民の持続的にして熾烈な闘争の実態が、ほとんど把握されていないことである。ただ一九〇四年に、日本公使林権助の支援をうけた長森藤吉郎という者が、荒蕪地(全耕地面積のほぼ半分)開拓権を朝鮮政府に秘密交渉中、輔安会をはじめとする朝鮮人民の反対によって挫折したこと、安重根が伊藤博文を射殺したことについてふれているだけである。だから以上の分析は絶望的な挽歌におわっている。

伝統的に「唇歯」の関係にある中国の識者のなかでさえ、一九〇六年から一四年までの長期にわたる苛烈な対日国権防衛戦争ともいうべき反日義兵運動[12]をはじめとする国権回復運動が十分把握されていなかったことは、朝鮮における日本官憲の報道管制と取材拒否がいかに苛酷なものであったかを裏書きするものであろう。

ただ一件だけの例外がある。外国人記者仲間では「黄色い記者」といわれた親日的イギリス人記者（デイリー・メイル紙）F・A・マッケンジーが、日露戦争に従軍したとき朝鮮人民の闘争にふれ、日本軍警の妨害をけって強引に義兵活動地域の一部を踏査して、『朝鮮の悲劇』*The Tragedy of Korea*, 1908 という著書をだしているが、そのなかで彼は、日本の侵略政策と道義的頽廃を告発するとともに、義兵運動の一端を報道したことである。矢内原忠雄は一高在学中の一九一一年に、たまたまこの本を読んだことが、植民地政策とりわけ朝鮮問題に関心をもつようになったはじまりだということである[13]。

ところが朝鮮にたいする日本の侵略過程と、朝鮮亡国の原因を比較的確実に分析し、そのなかから立憲改革の重要性を強調した梁啓超の変法自強思想は、西洋の天賦人権論、社会契約論、社会進化論的近代思想とともに李朝末期の愛国啓蒙運動に深い影響をあたえた[14]。もちろん西洋のこのような近代思想は、断片的にはすでに一八八〇年代から開化思想に強い影響をあたえているが、とりわけ兪吉濬の『西遊見聞』および『独立新聞』、それにつづく梁啓超の『飲氷室文集』によって、朝鮮の啓蒙思想家のなかに深く根をおろした感が深い。

しかし一九〇〇年代後半期において国権回復と内政変法を当面の課題としていた朝鮮啓蒙思想家たちの強い関心は、西洋の近代思想そのものよりは、その論理の導入によって構築された梁啓超の変法自強思想にあったようである。つまり梁啓超の『伊太利《イタリア》建国三傑伝』が、一九〇七年に張志淵の校閲、申采浩の訳述によって出刊され、また『飲氷室文集』が広く国内に流布していたばかりでなく、そのなかの「談叢」の一部その他を集めて『飲氷室自由書』という書名で、全恒基によって翻訳、出刊されている。また申采浩は、一八一四年のウィーン会議後、オーストリアの影響のもとに四分五裂になっていたイタリアを、反オーストリア闘争をつうじて統一をなしとげた加富爾《カヴール》、瑪志尼《マッツィーニ》、加里波的《ガリバルディ》の「伊太利建国三傑」にならって、外国の侵略から朝鮮の国権を守った朝鮮史上の三傑として乙支文徳(隋の三〇〇万軍を撃退した高句麗の将軍)、崔都統(瑩)(高麗末期の将軍)、李舜臣(豊臣秀吉の水軍を破った李朝中期の将軍)の伝記を書いている。じつに朝鮮における民族史学は、英雄伝記によって幕を開いたといってよく、この時期は「愛国的英雄礼賛の時代」[15]ともいえそうである。

そればかりではない。のちにのべるように新民会の教育救国運動の拠点となった大成学校(平壌)では、漢文科の教科書として『飲氷室文集』が採用されたばかりでなく、[16]大成学校の分身としての五山学校(平安北道)でも、その創立者李昇薫は生徒たちとともに、修身および歴史の教師であった呂準から、兪吉濬の『西遊見聞』とともに、『飲氷室文集』の講義を聞き、深く傾倒していた。[17]

のちに見るように、当時在日本朝鮮人留学生たちは愛国啓蒙運動の一翼をにない、日本においても中国、インド、ベトナム留学生たちとさかんに交流した。したがって例えば、一九〇五年から一九〇七年にかけての、梁啓超の『新民叢報』と、革命同盟会の『民報』との間に展開された擁満改革か排満革命かをめぐる大論戦を、かれらが知らないはずはない。にもかかわらず朝鮮の愛国啓蒙運動が、中国の革命派にほとんど関心を示したことはなく、梁啓超の思想に共感を示した理由は何であろうか。当時の朝鮮における運動の緊急にして第一の課題は、日本の侵略から国権を防衛し、それに併行して立憲君主制を実現することであった。

したがって梁啓超が、帝国主義の侵略性にたいする革命派の認識の欠如を批判し、革命による内乱が列強帝国主義による中国の「瓜分」＝分割の危険を招くと強調した保皇・改革主義の思想パターンこそが、異民族王朝支配下の内部矛盾としての反満→共和政の主張よりは、朝鮮の当面した反日→国権回復→内政改革という現実に照して共感を呼ぶに値いするものであったといえる。つまり「瓜分論」をめぐる両派の主張のなかで、「まず梁啓超の帝国主義にたいする認識は、国際情勢にたいする冷静な現状分析をふまえた、鋭くまた説得力のあるものであった。それにくらべて革命派のそれは、あまりにも理想主義的、楽観的であって、帝国主義侵略の本質を認識する志向性が非常に弱いといわねばならない[18]」。

とりわけ中国革命派の黒竜会および日本アジア主義者との癒着については、朝鮮の留学生たちはある種の嫌悪感さえ感じていたはずである。その象徴的な事例として一九〇七年に章炳麟、張継、劉光漢ら在日中国人革命家が中心となって、アジア諸民族の革命的連帯という理念をかかげた亜洲和親会が結成された。しかし朝鮮人留学生たちは「日本人が出席するならばわれわれは参加しない」と、それへの参加を拒否した[19]。

ところで先きに朝鮮にたいする日本侵略にたいして、清国革命派の章炳麟らと、立憲派の梁啓超らとの姿勢の相違をみてきた。ところが革命派のなかにもその少数派であり、亜洲和親会の創立者の一人であるアナーキスト劉師培は、朝鮮認識において先きの両者をしのいでいたことが注目される。その「亜洲現勢論」によれば、かれは「朝鮮人某君」との交わりをつうじて抵抗者側から朝鮮の現状をより的確に把握しており、朝鮮人民の抵抗を、「弱種」としてのアジア諸民族の解放運動のなかで位置づけ、「強種」としての日本内部の反体制的な「民党」との連帯を強調している[20]。

しかしこういう視点は、当時期におけるアジア三国の思想戦線の状況からみて、具体的に運動と結びつくにはかなり距離のある早生児的思想というほかはなく、「中国人が明確に、朝鮮人に共感をもって、日本の朝鮮支配への批判を表明するのは、一般的に言えば、中国自身が日本の二一ヵ条要求、山東の強奪を経験し、またロシア革命と他方パリ講和会議への幻滅によって『近代世界』をトータルに批判、否定する方向に進む過程においてであった[21]」といえよう。

第二節　国権回復運動と新民会

新民会は一九〇七年二月、国権回復をめざす秘密結社として、平壌を中心に組織された。[22]

新民会の名称の由来については記すところがないが、その創立者安昌浩やオピニオン・リーダーとしての申采浩、張志淵たちの思想傾向から推して、恐らく梁啓超が各人の「自新」から「維新」の道を説いた「新民説」から採ったものであろう。[23] 当時の朝鮮の状況をかえりみれば、一九〇五年一一月、日露戦争で勝利をおさめた日本は、その圧倒的な武力を背景にして、朝鮮政府に「保護条約」を強要した。いうまでもなく「保護」は、「併合」を予定した過渡的便法であって、そのための条件をととのえるために用意周到にも、一方では朝鮮政府から外交権を剝奪して国際的に孤立させ、他方では統監府をおいて朝鮮政府をその統制下においた。

李朝末期における国権回復運動は、持続的に反日義兵運動による武闘路線と愛国啓蒙運動による文闘路線とが二つの主潮をなしていた。[24] 愛国啓蒙運動は、一八八四年の甲申政変にいたるまでの開化派の活動、一八九四〜九五年の甲午改革、一八九〇年代後半期における独立協会運動とともに、近代朝鮮におけるブルジョア的開化運動の一形態である。新民会は思想的にも人脈的にも、近代開化運動史の系譜に属する。

義兵運動はその後半期において軍人および平民出身の義兵将が進出したが、前半期においては儒生および旧官僚が先導的役割を果し、その指導思想は「華」(正)をまもり、「夷」(邪)を斥けるという名分論的「衛正斥邪」思想であった。これに反して愛国啓蒙運動は、その主唱者が直接的または間接的に新思想の影響をうけた新しい型の知識層であった。したがって二つの運動は、その指導思想および運動の性格において一定の特色をもち、大局的見地からおおまかにいえば、義兵運動が地方郷村的で、かつ儒教主義的であるとするならば、愛国啓蒙運動は都市市民的で、かつ共和主義的であったといいうる。

李朝末期における新思想の浸透は、ソウルをはじめとする主要都市を例外として、一般的には儒教的伝統の弱い北部地方、とりわけ西北地方（平安南北道）において敏感な反応を示した。西北地方は義兵運動のもっとも弱い地域であった反面に、愛国啓蒙運動のもっとも活潑な地域であった。昔から平安道は「商旅之区」といわれ、湾商（義州商人）、柳商（平壌商人）など大商業資本が発達した地域であり、咸鏡道は「弓馬之郷」といわれ、武勇の気風が旺盛な地域である。

一八世紀の著名な実学者李重煥（一六九〇〜一七五二）は、その著書のなかでつぎのように書いている。「太祖（李成桂）（括弧内は引用者、以下同じ）は将帥として王氏（高麗王朝）から王位を譲り受けたが、彼を輔佐した功臣にもまた、西北地方の猛将が多かった。しかし国権を得てからは、命をくだして西北人は大官に用いないようにした。だから平安、咸鏡の両道は、（李朝創建から）三百年来、顕官がなく、科挙に及第しても官職は県令に過ぎず、たまに台諫（司憲府または司諫院の官員）または侍従の候補にのぼることもあったが、しかしまたまれである」(25)。また彼は、平安道地方の商業の発展に言及して、「ただ平壌と安州の二邑は大都会をなし、市《いち》には中国商品が多い。商賈は中国への使臣にしたがって往来するごとに、非常な利益をえて、富豪が多い」(26)。いうまでもなく平安道は、ソウルから中国の北京にいたる京義街道の沿線で、さきの湾商、柳商は、開城の松商とともに、この街道を中心として国内商業および対清貿易に活躍した大商業資本である。

一八九〇年代後半期におけるソウル中心の独立協会運動が挫折して以来、一九〇五年以後における愛国啓蒙運動の中心が西北地方に移ったのは、それなりに歴史的根拠をもつものというべきである。平安道を中心とする北部地方は以上のべたように、南部地方に比べて平民的気風が濃厚で、したがって儒教的基準からみて異端視された新思想さえも、比較的スムーズに浸透しやすい素地があった。

一つの象徴的な事例としてキリスト教をあげよう。キリスト旧教(カトリック)の朝鮮への浸透は、一八世紀末以来、執拗に試みられたが、断乎たる排撃にあって長い間ほとんど布教の足場をきずきあげることができなかった。ところが甲申政変があった翌年の一八八五年頃から、主としてアメリカ人宣教師たちによって、キリスト新教(プロテスタント)の布教事業がおこなわれた。それは政府公認によるものではなく、黙認によるなしくずし的な布教であった。

ところがこれにたいして、朝鮮の北部と南部では、異なった反応を示したことが報告されている。つまり「北部地方では彼ら(宣教師)のメッセージにたいして熱烈な反応があったが、南部地方ではベアード(William M. Baird)の言によれば、民衆が福音伝道とすべての外国勢力に反対する先入見を持っていたようである。彼の言によれば、たとえ公々然たる反対はしなかったにせよ、民衆が彼の意図を知ってからのちも、彼を訪ねてくる者は少なかったという。ところが北部地方の平壌では、モーフェット(S. A. Moffett)牧師の言によれば、彼が仮住いの宿所としていた舎廊(客間)は、夜となく昼となく訪問客でにぎわったということである(27)」。

近代朝鮮における開化運動は、朝鮮の資本主義的発展をめざす国政改革運動として、一八九〇年代後半期に最高潮に達した。つまり独立協会は一八九八年に街頭に進出し、万民共同会という大衆運動によって、対外的には国権の擁護、対内的には民権の伸長から、さらに進んで議会設立運動にまで発展した(28)。しかしこれは、旧王朝体制を固執する政府側の封建的反動攻勢のまえについえ去ったが、ほぼ時期を同じくする中国の戊戌変法運動に比べて、その大衆的性格において一歩前進した運動形態であった。

ところが「保護条約」後における開化運動は、日本の国権剝奪に反対して国権回復を前面にかかげ、愛国啓蒙運動の形態をとるようになった。愛国啓蒙運動は、時機到来を待って国権回復を実現するために、実力養成が先決であると強調し、当面はそのための青少年教育、民族産業の育成、各種団体による団結、とりわけ封建的儒教教育にかわる新式教育のための学校設立を、広汎な大衆運動として展開した。

このように独立協会運動と愛国啓蒙運動は、同じく開化運動の系譜に属するが、それぞれの歴史的背景にしたがって、運動内容の重点が国政改革から国権回復へと変っている。このいずれにたいしても、もっとも敏感に反応したのが朝鮮北部、とりわけ平安南北道である。さきにのべた独立協会運動は、地域的にはほとんどソウルに限定された運動であったが、一部の地方都市たとえば平壌、大邱、義州、宣川、江界、北青、木浦、仁川にそれぞれ独立協会支会がうまれた。そのなかでその半分を占める平壌、義州、宣川、江界が平安南北道に属する。

独立協会の幹部の一人である南宮檍が創刊した『皇城新聞』は、一八九九年四月七日の雑報欄のなかで、「去旧従新」という見出しでつぎのような記事をのせている。

「長連郡の民人たちが、積年にわたって官長による法外の圧迫を受けたことに痛憤し、法規類編と大明律と大典会通を購入して、昼夜これを読んでいるが、法に拠って抗拒する計だという。

また三和府民たちは、従前の詩曰、賦曰の学堂を廃止し、千余金を集めて上京し、算術、歴史、地誌、小学読本などの書籍を購入したという。

われわれはこの民人たちの苛を厭い、実を践むを賞讃するものであるが、挽近において西道人民がこのような驚くべきことをいろいろ実行していることからみて、わが国一三道の先覚者は、おそらく西北人であるようだ」。

ここにいう長連郡は黄海道のそれであり、三和府とは平安南道のそれである。すでに一八九〇年後半期に、これらの西北地方ではかなり民権思想と新教育思想が浸透し、散発的ながら記事にのべたような「去旧従新」の現象がおこっているのである。

また李朝末期における愛国啓蒙運動のなかで、そのもっとも重要な柱が教育運動であった。そのためにソウルに本部をおく各地方単位の教育団体が続出した。たとえば漢北興学会(咸鏡道)、西友学会(平安道)、畿湖興学会(京畿・忠清道)、関東学会(江原道)、嶠南学会(慶尚道)、湖南学会(全羅道)などが啓蒙思想家たちによって設立され、儒教教育に代る新式教育のための自主的私立学校を各地に創設し、またそのための師範教育に従事した。もちろんそのなかには、「儒道為体、新学問為用[29]」、つまり儒道を体とし、新学問を用とする新旧折衷の教育を標榜した大東学会(会長申箕善)のようなものもあったが、実質的には国民的教育運動の次元からは、かけはなれたものであった。

各地における新式教育振興のための学会は、当時の歴史的条件のなかで合法活動を保つためにそのような名称をつかったが、「学校経営と並行して月報、雑誌等を刊行し、または巡回演説によって国民精神を鼓吹し、完全独立のために尽力した。だからその名称は学会であったが、その実は政治運動が教育運動と結合し、国権を恢復することを連帯目的としていた政治団体であったといいうる[30]」。これらの学会のなかでもっとも先駆的でかつ活潑な活動を展開したのが、一九〇八年一月に、漢北興学会と西友学会を合同した西北学会である。つまり「九月(一九〇六年)関西人(平安道人)がソウルに西友学会を建て、それに継いで関北人(咸鏡道人)が漢北興学会を建てた。畿湖、両南(嶠南、湖南)から関東に及ぶまで相次いで起ちあがり、ソウルに本会を設け、地方に支会を設けた。このとき学校および団体が国中に満ちた。学校は関西がもっとも盛んで、竜川一郡だけでも二〇余区に至った。しかし官立、公立は、皆日本の鈐制を聴いて自由活動ができなかった。ただ私立だけはやや拘束がなかったが、財力不足のために仆れるものが相ついだ[31]」。

たとえば一九〇九年末現在の学校数をみれば、官立、公立および准公立(政府派遣の教員をうけいれ、その人件費を国庫で負担する学校。財力不足におちいった私立学校をこのような手段で准公立とし、しだいに公立化して政府の統制下に包摂した)を除いて、新式教育のための自主的私立学校二二五〇校のうち平安南北道だけで八四三校、それに黄海道の二八六校、咸鏡南道の二一八校を加えれば、これだけでじつに一三四七校に達する。

一般に北部地方では、新式教育の普及が急速であるのに比べて、南部地方ではそれに反撥する傾向が強く、依然として旧来の漢文書塾による儒教教育が支配的であったことは否めない。

このことを象徴する一つの事例がある。一九〇六年三月、当時の慶尚北道観察使(地方長官)申泰休は、その管轄地域に「興学訓令」をおろして、漢文書塾を禁止して学校設立を奨励し、父兄たちに、就学していないか適齢を過ぎた子弟たちの入学を義務づけた。当時朝鮮の言論界において、『皇城新聞』は『大韓毎日申報』とともに、愛国的、開化的論陣を張っていた新聞の双璧をなすものであったが、その『皇城新聞』はこのことを特筆大書して報道し、その訓令の内容を五日間にわたって連載した[32]。ところが地元においてはどのような反応を示したか。この訓令は「聖学」を廃して「邪学」を強制するものとして士民が憤激し、義兵に参加する者が続出した[33]。

ともあれ李朝末期における国権回復運動の二つの主潮をなした反日義兵運動と愛国啓蒙運動は、その拠ってたつところの思想的性格の相違によって、「併合」に至るまでの時点においては一つの流れに合流することはできなかった。一九一一年に、平安南北道一帯において、「寺内総督暗殺陰謀」なる事実無根の口実をもうけて、新民会組織の潰滅をねらった百五人事件において、その弾圧の中心的役割を果したのが朝鮮総督府警視国友尚謙である。その彼が、「縦令独立回復ノ目的同一ナリトスルモ、西北人カ共和政治ヲ熱望スルニ反シ、南方人ハ王者ノ存在ヲ必要トシ、思想初メヨリ一致セス。若シ仮リニ一致回復ノ目的ヲ達シ得タリトスルモ、国家ノ組織ニ際シ、忽チ衝突瓦解ニ陥ルヘシ[34]」と書いたのは、西北人と南方人の思想的相違を極端化したきらいはあるが、事実の一端をつかんだものとみてよい。

新民会は本来、海外同胞との連繋をたもちながら、地方的障壁をこえた全国組織をめざしたが、その組織的地盤が主として平安南北道および黄海道におかれたのは、以上のべてきたような歴史的背景を反映したものである。

当時の愛国啓蒙運動は、一九〇六年四月に創立した大韓自強会(会長尹致昊)、それが衆心煽動の口実で解散されてのちは、その後身の大韓協会(初代会長南宮檍、第二代会長金嘉鎮)を軸とする各種学会、実業団体、その他群小団体によって出版活動、大衆講演、学校設立運動など多様な活動を展開したが、それらはいずれも合法的運動としての制約をまぬかれることはできなかった。つまり日本のカイライ化した李完用政府(すでに一九〇四年八月以来、朝鮮政府の各部署には日本人顧問が配置されたが、さらに一九〇七年七月の第三次日韓協約によって、内閣各部の次官以下枢要な部署に日本人官吏が配置された)は、一九〇七年七月には「保安法」および「新聞紙法」(一九〇八年四月にさらに改悪)、同八月には「私立学校令」および「学会令」を発布して、愛国啓蒙運動にたいして一歩ごとに法的規制を強化した。そしてこれら法令による規制目的は、愛国啓蒙運動の諸活動から、国権回復という政治的性格を去勢するところにおかれていた。

新民会はほかでもなく、合法舞台における自主教育および民族産業の拡大と近代化のための諸活動を、国権回復のための実力養成という共通の政治目標に帰一させるための非合法的な政治結社であった。この政治目標が「保安法」に抵触する非合法の部分であった故に、新民会は秘密結社として存立するほかはなかった。

第三節　秘密結社としての新民会

Ⅰ　安昌浩の在米活動と実力培養の論理

新民会を組織した中心人物は、安昌浩である。彼は一八七九年一一月、大同江下流のトロン島の農家に生れ、号を島山といった。彼と開化運動とのかかわりあいは、一八九〇年代後半期の独立協会運動であった。一八九八年に独立協会は、ソウル市民による万民共同会を開いて、政府に国政改革をせまった。これに歩調を合せて、平壌では万民共同会発起会が、快哉亭に数百名の群衆を集めてひらかれた。ここで安昌浩は一大演説をおこない、雄弁家としてその名声を博した。

彼は、学ぶことがすべての力の源泉であることを痛感し、一九〇二年に苦学のためアメリカに向って仁川を出発した。アメリカ大陸への朝鮮人移民の歴史は、すでに一八八〇年代に甲申政変の失敗によって開化派の一部がここに亡命し、徐載弼、兪吉濬、尹致昊らが留学したことのほか、まだつまびらかな研究はないが、日本官憲側の文献には、つぎのような記録が見えている。

「韓国人カ移民トシテ海外ニ渡航シタルハ、明治三十五年(一九〇二)米国人某ノ周旋ニ依リ、男約八千人、女約四百人、布哇《ハワイ》ニ移住シタルヲ嚆矢トス。次テ墨国《メキシコ》人某ノ斡旋ニ依リ、同国ユカタン州麻耕地従業ノ目的ヲ以テ、韓人一千三百名同州ニ渡往シタルモ、言語不通ノ為雇者被雇者間ニ誤解ヲ生シ、且雇主ノ待遇契約ニ反ストシテ、屢紛擾ヲ醸シタリ(35)」。

ここにいう「米国人某」とはアメリカ人デシュラー(D. W. Deshler)のことであり、かれの移民取扱開発会社および日本人大庭寛一のメキシコ殖民会社によって、一九〇二年以来相当数の移民労働者が、ハワイおよびメキシコをはじめとするアメリカ西海岸の各港に積み出され、農場主に売り渡された。朝鮮政府の出先機関による何らの保護もなかった状況のなかで、彼らの惨状は目をおおうばかりであった。だからハワイ移住民は朝鮮政府の外部に打電して、各国例にしたがって領事を派遣し、移住民を保護するよう訴えた。しかし朝鮮政府は財政窮乏を口実として、日本のハワイ領事斎藤幹に兼管を委託したが、朝鮮移住民はこれを拒否した。「また大庭寛一は、わが民の窮迫につけこんで瞞して誘い、男婦数千を搭載してメキシコに入り、奴婢として販売した。メキシコ人は彼らを農役に駆りたて、牛馬のごとく虐使したため、ほぼ転徙または死亡し尽した。游学生申泰圭、黄溶性、安鼎洙、朴和重らはサンフランシスコから政府に書をおくり、早期刷還を要請した。しかし政府はこれを惘れむのみで、何らの計策もたてなかった(36)」。

苦学の目的をもってサンフランシスコに渡った安昌浩は、当時その近辺各地で中国移住民相手の人参行商か、労働者として延命していた同胞の惨状を黙視できず、その啓蒙と生活改善に専心する決意をした。アメリカに同行した李剛、金成武、鄭在寛らは、労働をして彼の生活を支えた。彼らはその後も、アメリカおよびシベリア沿海州において、安昌浩と気脈を通じて独立運動をつづけた。

安昌浩が最初にやったことは、本国政府から完全に棄民化されていたアメリカ移住民の自治団体をつくり、生活擁護運動を展開することであった。そのために彼は、つぎのような対策を講じた。

「同胞の信頼をうるようになってから、島山が最初に同胞たちに提議したのは、人参行商の区域を公平に定め、一ヵ月ごとにお互いに区域を交換することと、人参の売価を協定して、相互間の競争によって価格を低落させるような弊害をなくすことであった……

第二には労働力の供給に関することで、韓人の労働力を統合供給する機関をつくり、そこでアメリカ人の労働力注文をうけ、韓人の労働力を供給することによって、労働者たちの最低賃金を保障し、また失職をなくすようにすることであった[37]」。

アメリカにおいて朝鮮人による政治結社が出現するのは、日露戦争のなかばからであり、日本による国権剝奪の意図がはっきりしてからであった。つまり一九〇五年にアメリカ本土においては、安昌浩、鄭在寛、崔有渉らによる共立協会ができて、『共立新報』を発行し、また安鼎洙、張景らによる大同保国会ができて、『大同公報』を発行した。さらにハワイにおいても、一九〇七年に合成協会ができて、『合成新報』を発行した。

一九〇九年二月に、これらの団体を統合して、「本会ノ目的ハ、教育ト実業ヲ振興シ、自由平等ヲ提唱シ、同胞ノ栄誉ヲ増進シ、祖国ノ独立ヲ恢復スルニ在リ[38]」(総則第二条)とする大韓国民会が結成され、サンフランシスコを本拠としてカリフォルニア州、メキシコ、ハワイ等に散在する朝鮮移住民を網羅した。そして新聞としては『共立新報』を『新韓民報』に、『合成新報』を『新韓国報』に改称して発行をつづけた。これらの新聞は、ウラジオストックで発行していた『大東共報』(社長崔才亨)とともに、海外在留朝鮮人の新聞として、国内の『大韓毎日申報』(社長英人ベッセル、編輯梁起鐸、論説委員申采浩)と内外呼応しながら、日本の侵略策動を糾弾し、独立思想を鼓吹した。これらの海外新聞は、国内に秘密の配布網と通信網をもっていたが、表Iでみられるように、国内の『大韓毎日申報』とともにしばしば警察当局による押収処分をうけた。

押収された新聞の記事内容をみれば、つぎのとおりである。

(1)国権回復に名を藉り日本の保護に反対し、陰に陽に反旗を掲けんことを鼓吹するもの。
(2)日本の保護を目して韓国を併合するものと誣ひ、一般韓民の反感を起さしむるもの。

表Ⅰ　朝鮮内の新聞押収表(1909年1〜12月)

発行所	新聞名	押収件数	押収部数
ソウル	大韓毎日申報	14	16,314
ウラジオストック	大東共報	57	2,235
サンフランシスコ	新韓民報(1)(共立新報)	39	1,217
ハワイ	新韓国報(2)(合成新報)	31	1,181
計		141	20,947

(1) 共立新報は1905年11月22日に創刊され，1909年2月10日に新韓民報に改題.
(2) 合成新報は1907年10月17日に創刊され，1909年3月1日に新韓国報に改題.
典拠—国史編纂委員会『韓国独立運動史』I，336〜7頁(ソウル，1965年).

(3)無根の流説を伝て人心を惑乱せしめ、若しくは事を誇大に吹聴して国民を憤激せしめて、官の施設を妨け社会の秩序を攪乱するもの。
(4)国権回復には国民の共同一致を要すとなし、団体の組織を奨励するもの。
(5)国権回復には国民の文明開化を要すとなし、新教育の普及を唱導するもの。
(6)浦塩《ウラジオストック》地方を以て、韓国人国権回復団体の根拠地となすへきことを鼓吹するもの。
(7)暗殺者を義士と称し、此思想の鼓吹に努むるもの。
(8)暴徒(義兵)を目して国家に忠なるものとし、之に声援を与ふるもの。[39]

押収対象となった記事には、日本の侵略策動を暴露した内容はもちろん、民族の団結を強調し、新教育や文明開化を唱導する内容までが含まれていて、いかに苛酷な言論弾圧であったかを知ることができる。

とくに注目されるのは、一九〇九年の時点において、(6)にみられるように国外に独立運動の根拠地を設定する問題が提起されたことである。当時国内における国権回復運動は、義兵運動および愛国啓蒙運動のいずれを問わず、きわめて困難な状況にあった。それにともなって豆満江の対岸に当る満洲間島省およびシベリア沿海州への朝鮮人の移住が急増し、国内からの亡命者をむかえて国権回復運動の根拠地づくりがはじまった。アメリカの国民会結成に連動して、シベリア沿海州でも国民会を結成した。一九〇九年八月、小村外相にたいする朝鮮政況報告書のなかで、曾禰荒助統監はつぎのようにのべている。「本年(一九〇九)二月桑港(サンフランシスコ)、布哇(ハワイ)、浦港(ウラジオストック)在留者一団トナリ、国民会ヲ組織シ、更ニ会中ニ青年会ヲ設ケテ、韓国内ニ会員勧誘ヲ試ミ居レリ。而シテ其ノ最モ注意スヘキハ浦港ト本国ト土壌相接シ、且土地広キヲ以テ、連リニ該地ニ移住ヲ慫慂シ、将来浦港方面ヲ以テ、国権恢復運動ノ根拠地ト為サントスルノ状況アルコトナリトス(40)」。

すでにのべたように大韓国民会は、はじめアメリカで結成されたが、その活動の中心がしだいにウラジオストックを中心としたシベリア沿海州に及び、ここを国内運動に呼応するための強固な根拠地にしたことは、『新韓民報』(一九一二年一月一日)の新年社説からも知ることができる。

「……夫吾カ民族ハ善良ナル檀君(建国神話における朝鮮の始祖)ノ子孫ニシテ、半島ノ民族ナリ。己レノ疆土ヲ恢復スルハ、公理上当然ノコトニシテ、同胞ノ幸福ヲ図ルハ、正大ナル事業ナリ。千載一遇ノ機会ニ乗シテ熱血ヲ灑キ、全力ヲ尽サント欲スル者ノ宜シク準備スヘキ新年ニシテ、四千二百四十五年(檀君紀元)ハ、吾カ民族ノ新紀元ナリ。禍ヲ転シテ幸トナシ、悲ヲ転シテ楽トナシ、日月明朗、半島ノ江山再ヒ錦繍ヲ飾ルハ、即チ今年ナリ。海外同胞亦豊饒ニシテ、特ニ露領在留者ノ団結ハ、金城湯池トモ称スヘキモノナルヲ信ス。我大韓民族ノ前途ヲ寿ク此新春ニ際シ、切ニ吾同胞ノ奮躍ヲ禱ル(41)」。

この社説にいうところの「特ニ露領在留者ノ団結ハ、金城湯池」が、それである。後年における日本軍のシベリア出兵は、ロシア十月革命にたいする反革命的武力干渉であったと同時に、他の一面ではこの朝鮮独立運動の根拠地をつぶす目的があったことを見逃してはならない。

ともあれ話は先に進んでしまったが、安昌浩はサンフランシスコで共立協会を結成すると、それを鄭在寛らに委託し、一九〇七年二月に帰国して活動舞台を国内に移した。彼は帰国の途中、東京で日本亡命中の兪吉濬、朴泳孝を訪問する一方、日本留学生団体である太極学会の幹部たちと懇談し(会長張膺震、総務金志侃)、その主催による学生集会で、国家の運命と時局対策に関する講演をおこなった。当時平安道、黄海道出身留学生からなる太極学会(一九〇六年九月一五日創立)は、雑誌『太極学報』を発行して留学生間ばかりでなく国内の諸機関にも配布し、愛国啓蒙運動の一翼をになっていた。すでに朝鮮からは、一八八一年に福沢諭吉の慶応義塾に兪吉濬、柳定秀が、中村敬宇の同人社に尹致昊が留学したのを嚆矢として、金玉均ら開化派によって一八八四年一二月の甲申政変に至るまで、五〇名の留学生が派遣された。政変後留学生派遣が中断されていたが、一八九五年には、甲午改革にともなう新しい人材を養成するために、一一四名の政府派遣留学生が慶応義塾に迎え入れられた。かれらは大朝鮮人日本留学生親睦会を結成し、『親睦会会報』(第一号は一八九五年一〇月)を発行したが、これが朝鮮人留学生団体のはじまりである。[42]

日本を経由して帰国した安昌浩は、ソウル円覚社での演説会を皮切りに、連日巡回講演をおこなったが、彼の雄弁は、いたく聴衆たちを感動させたといわれる。「彼が同胞に訴えた主旨は一貫していた。すなわちいま世界は民族競争の時代である。国家の独立なくしては民族も、個人もありえないこと、国民各自が覚醒して大きな力を発揮しなければ祖国の独立は維持できないこと、そして大きな力を発揮する道は国民各自がそれぞれ奮発修養し、道徳的にいつわりのない誠実な人格をもち、知識的および技術的に有能な人材となり、そのような個人が国家千年の大計のために強固に団結することである、というものであった[43]」。

つまり彼の主張は、祖国独立のためには国民各自の「務実力行」によっていっさいの虚飾を排除し、まず実力を培養することである。つまりその実力とは、国民各自を道徳的、知識的、技術的に啓発し、それを団結することである。

実力培養の具体策としては、「生聚」(民をそだて財をあつむ)と「教育」の二つの課題を遂行することである。「生聚」と「教育」とは、『春秋』左氏伝の「伍子胥曰、越十年生聚、而十年教訓」に由来するものと思われる。すなわち中国の春秋時代の末期、呉の国に敗れた越の国がそれぞれ一〇年間の「生聚」と「教訓」によって実力を養い、ついに呉を滅ぼして覇者となった故事にならった用語である。

彼のこのような漸進論にたいして、国家の存亡が目前にあるのに、実力培養運動は百年河清を待つようなものだ、急進論者はこのように反論した。急進論者の主張は、政権を掌握して庶政を革新し、一挙に独立の実をあげよ、というものであった。しかし彼は、一八八四年の甲申政変、一八九〇年代後半期の独立協会運動は、いずれもその急進論のために失敗した。もし甲申政変以来二〇年間、または独立協会創立以来一〇年間、教育、産業、団結による実力培養運動をしてきたとすれば、こんにちの危機から国家を救いうる実力ができていたはずだ、と反論した。だから実力培養こそ独立達成の捷径だというのである。

朝鮮に日本の統監府が設置された一九〇六年から、一九一〇年の「併合」にいたるまでの五年間に限定してみるならば、当時の彼我間の勢力関係からして、急進論の主張は心情的観望が先走って、きわめて現実性のうすいものといわざるをえない。だからといって国権回復をかちとるほどの実力培養が、五年間という短期間のうちにできるものとも思われない。

しかし独立運動の長期的展望からみるならば、李朝末期の時点において国権回復のための主体力量を培養し、温存して、決定的時機にそなえたことは、それなりの積極的な意義をもっていたといえよう。たとえば一九一九年の三・一運動において、学校がその拠点としての役割をはたしたことがその証左である。「機会と実力」という論題のもとに、『大韓毎日申報』(一九一〇年一月一三日)はつぎのように主張している。

「われわれに機会がなくて成功できないのか、実力がなくて成功できないのか。曰く、機会がなくとも成功しがたいが、実力がなくとも成功しがたい。しかしすべからく実力が先行すべきである。

なぜか。いかに機会があっても、実力がなければ成功できないだろうし、またあるいは、偶然に成功したとしても、これはほんとの成功とはいえないからである……

またかつて清日天津条約(44)のとき、この韓国は一矢を遣わず、一銭を費やさずして、いながら清国の羈絆を脱却し、独立の徽号を帯有するにいたったが、これはまたとない千載一遇の機会ではなかったか。しかしこのとき、韓国にはただ機会だけがあって実力がなかったために、偶然な一時的成功におわり、畢竟するところ今日の状態をつくってしまった。これはつまり、実力のない成功は、真の成功でないことを示したものである……

ゆえに実力さえあれば機会のないのは憂うるに足らないが、これと反対に、機会に当っていかに実力を求めようとしても得られるものでないから、ゆえに実力がなければ、機会が来ても喜ぶに足らない。

だからわれわれは、日に月に実力を伸長させ、実力準備をもって生命とすべきである。はたしてこの準備さえあれば、機会を得ることは難事ではない。もししからざれば、天がいかに好機会をあたえ、人がいかに好機会を遺しても、これは無用の長物にすぎない。ああ世の成功を希望する者たちよ！　機会がないのを憂うるよりは、すべからく実力のないのを憂うるべきである」。

この論説は国権回復における「機会と実力」の問題に関して、愛国啓蒙運動の代表的な主張を代弁したものであって、安昌浩のさきの主張も、このような文脈のなかでみるべきである。

II　新民会の目的と組織実態

新民会が結成されたのは、一九〇七年二月である。その会長には「保護条約」ののち外部協辦の官職を退いて、開城でキリスト教南監理教派系の韓英書院を経営していた尹致昊がなり、副会長には新民会の実質的な推進者であった安昌浩がなった(45)。新民会の中心人物のなかにはこの他にも、朴殷植、申采浩、張志淵、梁起鐸のような言論人、李東輝、李甲、柳東説、盧伯麟のような青年将校、李鐘浩、李昇薫のような財産家、また全徳基、安泰国、李東寧、金九、梁濬明、李会栄、柳東作、朱鎮洙、崔光玉、曹成煥、金東元、李徳煥など、新教育および新文化運動に従事していた多彩な人材があつまった。

新民会はつぎのような四つの目的をかかげた。(1)国民に民族意識と独立思想を鼓吹すること、(2)同志を発見して団結し、国民運動の力量を蓄積すること、(3)教育機関を各地に設置し、青少年教育を振興すること、(4)各種の商工業機関をつくり、団体の財政と国民の富力を増進すること、などである(46)。

新民会は秘密結社として、その組織には細心の注意をはらっていた。つまり「新民会は秘密結社であって、各道に一人ずつ責任者がおり、その下に郡責任者がいて、縦に連絡し、横からはお互いに同志が誰であるかを知らぬようになっていた。そしてその入会手続きはきわめてきびしく、『信じられる人』『愛国献身する決意のある人』『団結の信義に服従する人』などの資格をもって人物を選び、入会させるのであって、志願者を受け入れるものではなかった。だから会が組織されて数年が過ぎても、その家族や友人でさえ新民会員であることを知らなかった。『秘密を厳守すること』を、新民会員たちは工夫した(47)」。

このような組織実態に関連して、さきの総督府警視国友尚謙はつぎのように書いている。

「朝鮮ニ於ケル新民会ノ最モ盛大ナルハ、黄海、平安、咸鏡南北五道ニシテ、之ニ次クヲ京畿、全羅、慶尚南北道トス。就中平安南道最モ盛ンナリ。之レ該地出身ノ安昌浩、崔光玉等カ全力ヲ尽シタルニ基因ス。張膺震ノ言ニ依レハ、平安南道ノ現在会員三万六千ヲ超ユト云フ。以テ其根底ノ深キヲ知ルヘシ。会員ハ土地ノ富豪、名望者、或ハ学生ノ間ニ募リ、首領等互ニ気脈ヲ通シテ其撰択ニハ頗ル細心ノ注意ヲ払ヒ、容易ニ入会ヲ許容セス。各首領ハ常ニ会員ノ募集ニ注意シ、会員ノ推薦アルモ長キハ年余、短キモ数月間其行動ヲ看守シ、意思ノ堅固ヲ認ムルニアラスンハ入会セシメス。而モ其入会ノ決定ハ、首領自ラ面会シテ国家思想ノ厚薄ヲ問答シ、更ニ胆力ノ試験トシテ一事ヲ為サシメ、之ニ合格シテ入会ヲ許スモノナリ。然レトモ尚容易ニ新民会ノ存在ヲ告ケス、只タ国権回復ヲ目的トスル表面ノ会名ヲ告知スルニ過キス。新民会及其内容ヲ知ルニハ意思ノ強弱、胆力ノ如何ニヨツテ定マルモノニシテ、人ニ依リ異ルト雖モ、其早キ者ニシテ入会後一年ヲ要スヘシト云フ。此故ニ今次事件各被告モ、概ネ頑迷能ク首領ノ命ヲ固守シ、何レモ多少ノ異彩アリ。彼レ兇徒輩カ其為人ヲ見ルニ巧ナル、真ニ感嘆セサルヲ得サルナリ(48)」。

新民会の組織体系は総本部の下に監督部(一道に一個所)――総監所(五郡に一個所)――司監所(一郡に一個所)――班(会員六〇名ごとに正班長、一〇名ごとに副班長、五名ごとに班)となっていた。百五人事件において日本官憲が探知しえたのは、平壌総監所が平壌、祥原、中和、鎮南浦、咸従、粛川、順安、江西、江東、三登、順川の一一郡司監所を、また宣川総監所が宣川、義州、竜川、鉄山、定州、嘉山、亀城、郭山の八郡司監所を管轄していた事実だけである。つまり新民会活動の中心が、平安南道においては平壌、平安北道においては宣川であったことがわかる。

このようにして新民会は、愛国啓蒙運動の精鋭分子を結集して、各様の活動を国権回復という政治目的に帰一させたが、その会員は記録によって異なるが、ほぼ八〇〇名であったと思われる(49)。

新民会はその周囲に、各種名称をもった合法的な外郭団体、さきの引用文にある「表面ノ会名」をもった団体をつくり、愛国的青年、学生、教師、実業家たちを網羅した。そのなかでもっとも有力にして普遍的な団体は、ソウルに本部をおく青年学友会で、この他にも少年同志会、少年勉学会、少年練学会、青年同志会、同済会、同窓会または同門会、教育会、殖産会、勧奨会、実業会、商務同事、協成同事などが各学校および地域につくられた。

いま尹致昊（韓英書院長）、張膺震（大成学校総教師）、崔南善（雑誌『少年』主筆）、崔光玉（養実中学校長）、車利錫（大成学校教師）、安泰国（同前）、蔡弼近（同前）、李昇薫（五山学校長）、李東寧（青年学院教師）、金道煕（儆新中学校教師）、朴重華（普成中学校長）、全徳基（攻玉学校長）らの発起によって、一九〇九年八月に発表した青年学友会趣旨書の主要部分をかかげれば、つぎのとおりである。

「……目下文明のはげしい潮流が、閉戸の頑夢を打ち起し、千里に笈を負うて前途をさがし求める者、もとより多いが、ただ腐敗した旧俗を改革し、真実の気風をやしなうには、学術技能だけでその功を収め、言論文章だけでその功を奏することはできない。かならず有志の青年たちが一大精神団を組織して心力を一致し、知識を交換して実践に勉め、前進を策して険と夷を共に視、苦と楽を分ちあい、流俗の狂瀾をふせぎ、前途の幸福を求めて、維新の青年によって維新の基をさがし求めるべきである。だから本会を確立すべく、趣旨書をわが青年界に発布するのである。これわが有志の青年たちよ！」(50)

みられるように青年学友会は、学術技能の練磨、言論文章による愛国の叫びにとどまらず、団結し、知識と実践を結合させ、維新の基礎を切り拓くために艱難辛苦を共にしようとする先覚的青年の組織として出発した。そしてソウル新文館から発行した雑誌『少年』を、その機関誌とした。

おしなべていえることは、新民会もその一翼をになった愛国啓蒙運動は、反侵略的、反封建的ブルジョア改革運動であり、それは一九〇〇年代後半期の歴史的条件のなかで国権回復運動の形態とならざるをえなかった。そのような愛国啓蒙運動の総体的発展と、その運動の都市から農村への浸透のなかで、従来儒教的呪縛のなかで萎縮されていた退嬰的な気風がしだいに克服されて、社会および精神的風貌に一大転換がおこりつつあった。さきの国友尚謙は、「新学問ハ独立思想養成ノ最良手段トシテ、今ヤ鮮人ノ上下ヲ支配スル思潮」となった時代的雰囲気を、つぎのように認めている。

「……然リト雖モ第一次(安岳事件)及今次ノ事件(百五人事件)ニ依リ、又一般ノ思想ヨリ察スルニ、独立思想ハ既ニ鮮人ノ脳裡ニ深刻シ、牢トシテ動スヘカラサルモノアリ。鮮人カ最近数年間、所謂国家ノ岌業ニ際会スルヤ、其開化ノ迅速ナルコト、恐クハ明治二十年間ニ吸収シタル文明ヲ、鮮人ハ僅々数年間ニ会得セルモノ、如ク、現今ノ鮮人ヲ六、七年前ノ鮮人ト比スルニ全然形貌ヲ一変シ、京城市街ノ面目カ毫モ旧慣ヲ止メサルニ至リタル変化ヨリモ、遙ニ速カナルモノアルコトハ之ヲ公言スルニ躊躇セス……

夫レ如斯人心ノ変化既ニ甚シク、恰モ怒濤ノ澎湃タルニ彷彿シ、青年ノ脳裡ヲ支配スルモノハ総テ独立思想ニアラサルナク、斯クテ更ニ数年ヲ推移セハ、内鮮ノ溝渠益々其大ヲ加フルノミニシテ恢復改善スヘカラサルニ至ルヘシ。而シテ此新思想ハ新学問ニ養成セラレ、若クハ殆ント学文ナク耶蘇教ニヨツテ養成セラレタル徒輩ニ多ク、彼ノ書房(書堂のこと)ニ於ケル旧学問ヲ以テ養成セラレタル徒ニ少ナキノミナラス、斯ル旧時ノ両班儒生カ益々此圏中ヨリ遠カルコトハ前表ニヨツテ看取シ得ヘク、新学問カ鮮人ヲ荼毒スルコトノ猛烈ナルコト、豈恐レサルヘケンヤ。而シテ新学問ハ独立思想養成ノ最良手段トシテ、今ヤ鮮人ノ上下ヲ支配スル思潮ト為リ、直ニ之ヲ抑制シ得サルカ如シト雖モ、現今鮮人ノ放縦思潮ノ滔々トシテ止マル処ヲ知ラサルノ観アルハ、未タ以テ大勢トシテ目スヘカラサルモノアツテ存ス」(51)。

日本官憲は殊のほか、李朝末期の弊政とその停滞性を強調することによって、日本による他律的近代化の必然を説く反証とするが、しかし民衆の潜在的バイタリティーによる「下」からの近代化を極度におそれ、とりわけ教育救国運動による「新学問ヵ鮮人ヲ茶毒スルコトノ猛烈ナルコト」に敵意をむきだしにしていることを、この文面はよく示している。日露戦争後から朝鮮「併合」にいたるまでの五年間、朝鮮の占領をつづけてきた日本の軍隊、憲兵、警察は、本国からの増援をうけながら、主として義兵運動の弾圧にその力を集中した。「併合」後における植民地支配権力の鉾先は、義兵の残存勢力にたいする弾圧をつづけながら、新学問、新思想による朝鮮人民の秘密結社および海外運動に鋭い監視の眼を向け、弾圧の主力をここに集中しはじめた。統監府にかわって総督府が設置されると、憲兵隊司令官兼警務総長明石元二郎は総督直属の警務総監部を設置して、その幕僚山形中佐のもとに村井大尉、国友警視を幹部とする高等警察課(高等警察係、諜報係)をその中心に据え、これを憲兵警察制度の中枢にした。

第四節　新民会の活動──「生聚」と「教育」

I　「生聚」と「教育」の拠点づくり

すでにのべてきたように、新民会はそれ自体としては非合法的な秘密結社であるが、会員たちは愛国啓蒙運動の趣旨にかなった合法的な諸活動を展開した。たとえば梁起鐸、林蚩正、安泰国らが『大韓毎日申報』を運営し、李昇薫が五山学校（平北、定州）を、李鐘浩が五星学校（後に協成学校に改名、ソウル）をそれぞれ私財を投じて経営するなど、また多くの会員たちが各学会の幹部、学校の教師として活動した。

しかし新民会がその創立目的を実現するために、直接的に経営した合法的事業は、平壌の大成学校、平壌馬山洞磁器会社、平壌、ソウル、大邱の太極書館などであった。つまり教育、出版、実業の事業体を創設し、これをモデルとして各地に普及させる意図をもっていた。

大成学校は一九〇八年に、呉熙源（平北、鉄山）五〇〇〇円、金鎮厚（平壌）三〇〇〇円、呉致殷（平北、宣川）二〇〇〇円の寄付金を基金として創設され[52]、名儀上の校長は尹致昊であるが、実質的には代理校長安昌浩が校主となり、東京高師出身の張膺震が校務を主宰した。大成学校は民族運動の人材、国民教育の師範養成を目的とする純民族系の私学で、当時の私学のなかでもっともすぐれた学校の一つであった。

朝鮮における近代教育の形成過程については、すでに前章「教育的開化と近代学校の成立」でのべたように、一八八〇年代の草創期、一八九〇年代後半期の形成期を経て、民衆主導による教育救国運動として国民的規模において展開しはじめたのは、一九〇五年以来のことである。日露戦争当時、宮廷財政調達を担当し、日本の経済侵略に対抗する財政策に敏腕を振ってきた内蔵院卿李容翊は、親露派の巨頭として日本視察を強要され、一〇ヵ月目に帰国を許された。従来、彼は国王の側近としてその財政調達のため、人民収奪の元凶として糾弾の的となったこともあるが、日本での見聞を通じて悟るところがあり、教育文化振興にその私財を還元させようとした。そして多くの図書や印刷機械を購入してきて、一九〇五年九月に普成学校、普成館(出版社)、普成社(印刷所)を、ソウルに設立した。普成学校には小学校、中学校、専門学校の各課程をそなえ、体系ある教育をはじめた。普成学校(現高麗大学校の前身)の運営については、一八九五年に政府派遣学生として慶応義塾に留学した申海永に任せた。

李容翊はその後ロシアに脱出したが、一九〇六年にウラジオストックで暗殺され、その臨終における遺疏では「広く学校を建て、人材を教育し、以て国権を回復すべし」[53]とのべている。新民会員李鐘浩はその孫に当る。

李容翊による普成学校設立以来、私立学校は雨後の筍のようにソウルをはじめ各地に続出した。それは日本統監府の統制のもとにそのカイライと化した李完用政府の官公立学校に対抗するものであった。つまり著名な義兵将柳麟錫が指摘したように、「保護条約」が「売国之皮膚」であるならば、統監府の統制による教育は「売国之骨髄」であったからである。

愛国啓蒙運動の一環として自主的な教育運動が広汎に民衆をとらえ、民族精神を基調とした新学問が青少年の思想形成に大きな影響をあたえるようになると、李完用政府(学部次官は日本人俵孫一)は一九〇八年九月、私立学校令を発布してその設立許可基準および教科書検閲を規定して統制しようとした。『大韓毎日申報』(一九〇九年三月一六日)は、「国家を滅亡させる学部」という論説のなかで、教科書検定をつぎのように痛烈に批判した。

「彼れ(学部)は検定の方面を政治的、社会的、教育的三部に分けたが、政治的方面で曰く、偏狭な憂国心を鼓吹すべからずと、社会的方面で曰く、現時韓人の思想を変転させるべからずと、教育的方面で曰く、国家義務などを論述すべからずと。

ああ偏狭な憂国心が不可なれば、広大な憂国心は何なのか。憂国心を鼓吹するのが不可なれば、亡国心を鼓吹すべきなのか。彼れは韓国を滅亡させるための学部だから、どうして韓国の亡びざるを許しえようか。彼れはすでに、韓国の亡びざるを許さないゆえに、韓人の憂国心を許さないのであり、彼れはすでに韓人の憂国心を許さないゆえに、教科書に憂国心を鼓吹するを許さないのだ。

また現時における韓人の思想を変転させるべからずというが、しからば現時における韓人の腐敗劣蔑な思想だけを培養させ、一歩も前進できないようにすべきか。彼れはすでに韓国を滅亡させるための学部だから、どうして韓人の思想啓発を希望しえようか。ただこれ豚犬的、奴隷的の思想で外国人にでもつかえ、滅亡をみずから促し、茫々たる魔窟のなかに滅びつくして、始めて快しとするのであろう。

また国家義務などを論述すべからずというが、国家思想を知らせずして教育が何の用をなし、国民義務を知らせずして教育が何の用をなしえようか。国家思想と国民義務を論述するのが不可なれば、無国無民の遊牧時代的状態でも論述すべきなのか。そもそも彼れがいう韓人は無国人だから、国家と義務を知るのが不必要とでもいうのか。ああ彼れすでに、韓国を滅亡させるための学部だから、どうして韓人をして国家思想と国民義務を知らさせえようか。ただこれ外国の属民にし、外人の奴隷にでもするのがその目的なのである(54)」。

李朝末期の教育運動のなかでうまれた私立学校には、純民族系と宗教系(ほとんど耶蘇教系)があり、一九〇九年末現在の私立学校二二五〇校のうち、宗教系が八二三校にのぼっている。ちなみに官公立校は八一校にすぎなかった。これら宗教系学校のなかには、純宗教系もあるが、大部分が教育にたいする官憲の干渉を排除するために、治外法権が適用される外国人宣教師の管理下におかれていたものが多い。だから宣教師が私立学校令を受け入れたとき、それに反撥する親たちの抗議の声が各地であがった。

このような私立学校の全般状況のなかで、純民族系の大成学校は、民族運動および教育運動の中堅幹部の養成を目的とし、官憲の干渉にたいしては教師、生徒、民衆が一体となって反対しながら、一九一二年に廃校になるまでその自主性を固守した。例えば「併合」を目前にした一九〇九年一月、伊藤博文は国王純宗（在位一九〇七〜一〇）に陪従して、民心懐柔のためにソウルから平壌、義州へと巡幸したことがある。当時官憲側は太極旗と日章旗とを交叉掲揚するように命令したが、大成学校は日章旗の掲揚を拒否した。そのために廃校処分問題が起ったが、ついに実行できなかった。

けっきょく大成学校は一九一二年に、後述する百五人事件のために学校運営が不可能となり、第一回卒業生一九名をもって廃校となり、在校生は国内および海外に四散した。その卒業生の一人金鎣植の回顧談によって、学生生活の一端をうかがうことにしたい[55]。

「一九〇七年に大成学校設立の報が世に伝わると、これを声援し支持する声は全朝鮮にひびきわたり、入学志願者は潮のように集まって、いくばくもなく五、六百名の青年が集まった（当時多くの学生たちは入学試験の結果、ほとんどが予備班に編入され、一学年は五〇名にすぎなかった。校長には尹致昊氏を推戴し、安島山は自ら代理校長となり、別に師範科と農科を附設した）。

中学生とはいっても、当時の大成学校の生徒たちは二〇歳、三〇歳の青年有志たちで、口を開けばすべて憂□（国）概世の嘆息であり、行動のすべては民衆の指導者をもって自負した。

当時の学校課程は、今の中等学校（旧制中等学校）よりも高く、四年課程は専門学校の三年程度と等しく、また数学もきわめて水準が高く、学校設備も中等学校としては類例がないほど完備していた。そればかりでなく、この学校は前記の通り『愛□《(国)》精神』を鼓吹することを目的とした学校であったから、毎日の厳粛な朝会では、□□《(愛国)》歌を高唱してのち、『愛□《(国)》』にかんする訓話があり、学生たちはこれを聖話として服膺した。

また体操時間をもっとも尊重し、当時の体操教師は元来軍隊の士官として志の高い鉄血の人鄭仁穆氏(今は故人)で、全く軍隊式に学生を教錬した。雪がつもった厳寒の日にも曠野で体操をさせ、鉄をも溶かす酷暑の日にも太陽に曝されながら戦術講話を聞かされた。ときには夜間に非常召集して険山渓谷で胆力を鍛え、月下の氷江で『壮なるかな、わが学徒、兵式行進が』の歌をうたいながら、粛々たる行進をして活気づけた……

また学生たちの間では同門会を組織して自治活動をおこなったが、同門会のなかには講論部、音楽部、運動部、検察部、社交部などがあって各部の設備が完備していて、京城(ソウル)と平壌の蹴球対抗試合はこのときからはじまり、西洋人との野球試合も平壌が嚆矢であった。また学校内に軍楽隊を設けたのもこれがはじめてであり、その器具も完備していた。講論部の集会日には悲憤慷慨の弁説を吐き、検察部は体操教師の指導下にあって、気風の取締りを厳格におこなった」。

みられるように大成学校はその教育水準が高く、しかも規律が厳格で、革命家および武官養成所の感があった。したがって日本官憲がこの学校をつぶすためにあらゆる機会を利用したことはいうまでもない。

朝鮮が開国して以来、日本をはじめとする外国商人とその商品の進出に対抗して、民族産業を守り、それを発展させることは、朝鮮の資本主義的発展および国権回復のための運動において、重要なその一環をなすものであった。そのために零細資本を集めて会社組織にして、外国資本とりわけ日本資本に対抗する主張が早くから提起されていた。たとえば開化派によって創刊された朝鮮最初の近代的新聞『漢城旬報』(漢文)は、「会社説」(一八八三年十月二一日)という無署名論説(金玉均の執筆といわれる)をかかげて、西洋における近代産業の発展が会社組織に負うところが多いことを指摘し、朝鮮は古来から「独買・独換」の商法しか知らず、「衆人之会議会辦」する会社運営の方法を知らないために、商務が振わず、国勢が衰えたとのべている。そして会社にたいする国家的保護が必要であるとし、つぎのように強調している。

「これは西洋諸国だけが可能なことではない。こんにちわが国の国王や閣臣たちも、時勢を考慮し、時機を深く研究して方策をはかり、時機が動けば実行にうつし、愚論にまどわされず、外人の欺瞞を被らなければ、われわれもまた、その舟を火輪をもってし、その車を鉄路をもってし、その郵便を電線をもってし、その街路をガス燈をもってすることができる。

そうすれば富強となり、進んでは列強と競争することも、退いてはみずからを守ることも可能である」(56)。

その後会社組織による民族資本育成の試みは、ソウルをはじめ元山、釜山、仁川などの主要な開港場の商人のなかで、または運輸業、銀行業、鉱山業分野でなされたが、一部の銀行業を除いていずれも政府の無為無策と外国商品および資本のまえに、その持続的発展は困難であった。

新民会はその資金源確保と民族産業のモデルとして、一九〇八年に平壌馬山洞に磁器会社をつくり、このような会社組織を全国に普及させる意図をもっていた。磁器会社は株主をつのって資金を集め、李昇薫が社長となってその経営にあたった。

もともと平壌近郊には歴史ある磁鉱があって、一時一進会の経営するところとなったが、それが中断されてのち、日本人の手中にはいる憂いがあった。ここに磁器会社を設立して、「回天ノ事業ニハ工業ノ普及発達モ亦、要素ノ一ナルヲ以テ之ヲ経営シ、一ハ日本ノ占領ヲ禦キ、二ハ新民会員ヲシテ工業ノ必要ナルコトヲ知得セシメ、三ハ利潤ヲ蓄積シテ国権回復ノ資金ヲ準備[57]」することを目的としていた。つまり磁器会社をもって、自主的工業立国の主旨を啓発するためのモデルにしたわけである。

職工中には、各地における新民会責任者が推薦した研修生をおいて、陶磁器製造法を教授したばかりでなく、国権回復運動における民族工業振興の重要性をおしえた。また一部の研修生は、日本の愛知県東春日井郡瀬戸町にあった陶器学校に留学させた。ここはいうまでもなく、瀬戸焼の中心地である。

この研修生たちの意識状況を知るために、その一例として、承基成という研修生の作文をみることにしよう。

「嗚呼工業ノ趣旨ハ国家ヲ富強スルニアリ。工業盛ンニシテ国富ミ、工業独立セハ国独立ス。工業列強ニ勝レハ、国又列強ニ勝ル。工業地球ニ勝レハ、国地球ニ勝ル。我大韓青年、工業ヲ盛ンニシテ、彼欧州ト比肩スル一雄邦タルコトヲ希望ス。百千事業、何者カ国ノ為ニアラサルハナシ。世界列国ノ盛衰興亡、皆工業ノ盛衰ニ係ル。故ニ余ハ、工業ノ趣旨ハ国家ヲ富強スルニアリ、我カ学フ処ハ、国権ヲ回復スルニアリ[58]」。

さらに新民会は、愛国啓蒙のための出版物普及と学校の教科書需要にこたえるために、平壌、ソウル、大邱に太極書館を創設した。太極書館は李昇薫がその館主となり、事務主任には安泰国、事務には李徳煥がいて実質的な運営にあたった。とりわけ平壌の太極書館は、平安南北道における教育運動の一つの中心をなしていた定州、宣川にそれぞれ総支店をおいた。太極書館は書籍販売から出版事業に前進することを意図していたが、出版事業だけは朝鮮「併合」のために実現できなかった。

新民会の傍系ではあるが、青年学友会の新文館だけは、雑誌『少年』とともに、活潑な出版事業をおこなっており、「国主漢従」つまり国文を主とし、漢文をもってそれをおきなう新文体運動のさきがけとなった。

このように新民会は、その合法活動として平壌を中心に、大成学校、磁器会社、太極書館を設立し、それをモデルとして全国的に普及することによって、国権回復のための「生聚」と「教育」の二大目的を実現しようとした。

国内における新民会活動の延長として、一九〇九年春に、新民会員の一部が満洲に移住し、活動をはじめた。つまりソウル士大夫の名門といわれた李哲栄、李始栄、李会栄ら六兄弟の一族をはじめ、李東寧、金東三、李相竜らが合流してそれぞれの私財を処分し、奉天省柳河県三源堡鄒家街に移住した。彼らは国内からの移住民を集めてそこの荒蕪地を開拓し、「生聚」として耕学社(初代社長李哲栄)を、「教育」として新興講習所(初代校長李東寧)を設立して、独立運動の根拠地にした。

日本官憲はこの新興講習所を、日本に独立戦争をいどむための武官学校として、一九一一年の百五人事件の口実としたが、看板は講習所となっていた。

一九一二年秋に満洲に移住する朝鮮人が増加するにつれて、耕学社を扶民団(初代団長許赫)とし、その中心を通化県哈泥河に移した。それにともなって新興講習所もここに移すべく、生徒たちの手によって工事をはじめ、新興武官学校(校長呂準、校監尹琦燮)として一九一三年五月に完成した。この落成式の模様をある参加者(後に武官学校教官)は、つぎのように回想している。

「この年の一九一三年五月、その間われわれが熱望していた校舎落成式があった。そして新興講習所という名称も新興武官学校に昇格させ、われわれの感激はじつに大きいものがあった。これはわが民族の一大慶事であり、独立運動の一歩前進であった。落成式は教職員、生徒、扶民団幹部そして多数の僑胞たちが参集したなかで、厳粛にとりおこなわれた。これによって通化県哈泥河はわが独立軍の武官養成の大本営として、救国革命の策源地としてその面目をそなえるようになった。

落成式祝賀宴では、李石栄先生が大きな豚一匹を寄附された。簡素な祝賀宴ではあったが、わたしたちの胸は高鳴った。とりわけこの宴席では、金東三先生の鶏の鳴き声と、尹琦燮先生の尻振りダンスが名物であった。脂肪分に飢えていた学生たちは、この豚肉を食べて下痢をおこし、数日間苦しんだものも多かった(59)」。

新興武官学校の卒業生は(本科四年制、速成班三ヵ月)新興学友団を組織し、満洲一帯における朝鮮人学校の教員および独立軍の中堅として活躍した。また扶民団は三・一運動後の一九一九年一一月に西路軍政署(督弁李相竜)に発展し、一九二〇年代の独立軍運動の主要な拠点の一つとなった。

以上、新民会の活動についてのべてきたが、つぎに新民会と民族資本との関係について考えてみたい。つまり五山学校校主、磁器会社社長、太極書館館主を兼ねた李昇薫と、大成学校設立基金の半分を負担した呉熙源は、いずれも平安道屈指の民族資本家である。本来李昇薫は、平安北道定州の生れであるが、幼少の頃つまり一八六九年に、納清亭の鍮器工場に就職し、しだいに自立して一代の間に巨万の富を蓄積した資本家である。朝鮮での生活体験をもっている人はだれでもわかることだが、中流以上の家庭では日常什器として真鍮製の鍮器が多く使われる。平安北道納清亭は、京畿道の安城とともに、古来から鍮器生産の二大中心であった。したがってここ納清亭は、鍮器製造業を中心として、咸鏡南道の甲山銅山から原料を納入する商人、鍮器を買い入れて朝鮮北部の各地に行商する商人、またそれと関連した商業および手工業の一つの中心ともなった。

「納清亭というところは、ソウルから義州に通ずる京義街道の重要地点で、その当時は交通の中心としてかなり発展したし、とくにここはわが国の工業都市として有名であり、京畿道安城とともに鍮器製造工業の中心地であった。定州邑からは東四〇里(日本里で四里)の地点にあり、西北方には延峰、猫頭山などの高い山があって、そこから流れる河川が市街の中央を貫流し、それこそ山明水麗の別天地であった。納清亭の鍮器は平安道ではもちろん、黄海道、咸鏡道にも販路をもっていて、いわば西北道の各家庭には、かならず納清亭鍮器がそなえられていた」[60]。

納清亭での鍮器の製造と販売からはじめた李昇薫の企業活動は、平壌、鎮南浦に支店をおいて平安南北道および黄海道一帯に市場圏をほぼ独占し、ソウル、仁川にまで商業網をひろげて、石油や洋薬まで扱うようになった。

ところが日清戦争後、それ以前には日本商人のライバルとなっていた清国商人を圧倒して、各分野にわたる日本商人の進出があり、鉄道、鉱山をはじめとする各種利権が諸外国に売り渡される状況のなかで、李昇薫の企業活動にも不安材料が増してきた。かれは外国商品の浸透にたいする対抗策として、「関西資門」論をいだきつづけてきた。それは外国の商人および商社に対抗して、個別資本を集めて関西財閥(関西は平安道)をつくることであった。同じ方式で関北財閥(咸鏡道)、湖南財閥(全羅道)、嶺南財閥(慶尚道)をつくって、それぞれ地の利をえた企業活動をおこない、民族財閥相互間に連携して、外国資本の浸透を排除することであった[61]。

しかし一九〇〇年代にはいって度重なる失敗のために、実業から手を引くところにまでいたった。その意味で彼は、形成期にある民族資本が、外国資本の流入によって当面しなければならなかった象徴的な運命をたどったともいえる。

このときに彼は安昌浩の影響をうけて私財を整理し、新旧学問に通じていた呂準をソウルから迎えいれて新学問のための五山学校を経営した。また彼は会社組織による新しい経営方法の導入によって、磁器会社をはじめた。一九〇〇年代には大量の日本陶磁器が朝鮮市場に登場し、鍮器を駆逐しつつあったのである。

李昇薫の個人の力によって設立した五山学校は、大成学校の分身であった。平安北道定州地方の名望ある儒者白彛行が校長、その弟子朴基璿が漢文教師兼庶務となって学校経営に当ったが、学校教育の中心をなしたのは先きにのべた呂準と、体操教師の徐進淳であった。新旧学問につうじた呂準は、とりわけ梁啓超の『飲氷室文集』や李相卨の『憲法大義』の愛読者であり、学校では修身、歴史、地理、算術、代数、国家学、法学通論、漢文、憲法大意などを独りで担当した。李昇薫は呂準を師として『西遊見聞』、『飲氷室文集』や新思想を学び、その講義も聴講した。かれのほかに全羅道長城出身の徐進淳は、陸軍錬成学校の出身でここに赴任し、生徒たちに体操や教錬を教えた。[62]

李昇薫が幼少の頃、納清亭において就職した先は、鍮器製造とその卸売によって納清亭第一の富豪となった林逸権の事業所であった。李昇薫が独立して自営をはじめたのは、鉄山に居住する呉熙淳の資金援助によるものであった。大成学校設立基金の半分を負担したさきの呉熙源は、この呉熙淳の一族である。李昇薫と呉熙源はいずれも、のちにのべる百五人事件に連坐している。

平安南北道には納清亭を中心とした産業資本のほかに、中国に通ずる京義街道（ソウル―義州）沿線都市には、湾商、柳商、松商（開城商人）など対清貿易および国内市場で活躍した多くの商業資本家がいた。これが新民会活動の資金源になった。新民会は近代朝鮮における開化運動のなかで、もっとも顕著に民族資本と密着した組織であったといいうるのである。

II　朝鮮「併合」と新民会の対応

一九〇五年以来、朝鮮の国家主権を蚕食しつづけてきた日本は、一九〇九年四月に、伊藤、桂、小村の三巨頭会談において「併合」の具体案を作成し、七月に勅裁をうけた。外務省政務局長倉知鉄吉はこの会談の覚書のなかで、「併合」の意味についてつぎのように書いている。

「当時我官民間ニ韓国併合ノ論少カラザリシモ、併合ノ思想未ダ充分明確ナラズ、或ハ日韓両国対等ニテ合一スルガ如キ思想アリ、又或ハ墺匈国ノ如キ種類ノ国家ヲ作ルノ意味ニ解スルモノアリ。従テ文字モ亦合邦或ハ合併等ノ字ヲ用イタリシガ、自分ハ韓国ガ全然廃滅ニ帰シテ帝国ノ領土ノ一部トナルノ意ヲ明ラカニスルト同時ニ、其語調ノ余リ過激ナラザル文字ヲ選ム方得策ト認メ、併合ナル文字ヲ前記文書ニ用イタリ。之コリ以後公文書ハ常ニ併合ナル文字ヲ用ユルコトトナレリ(63)」。

彼によれば、「併合」の思想は「韓国ガ全然廃滅ニ帰シテ帝国ノ領土ノ一部」にすることであるが、過激な表現を避けるために「併合」という用語を使うようにしたと書いている。

一九一〇年六月、寺内正毅は陸軍大臣兼任のまま、第三代目の統監に就任した。彼は朝鮮政府から警察権を剝奪して、憲兵司令官明石元二郎を警務総長に兼任させ、憲兵警察制度を布いた。言論、出版、集会、結社のひとかけらさえ完全に抹殺し、外国との交通をすべて遮断し、愛国者たちの一挙手一投足にいたるまで監視網を張りめぐらしたなかで、八月二二日に李完用内閣との間に「併合」条約を締結し、八月二九日に公表した。

「併合」を前後して、新民会はどのように対応したか。新民会は国内残留者と海外亡命者にわかれてそれぞれ活動することにした。

金九の回想によれば国内残留者は、ソウル梁起鐸の名儀で秘密会議を招集し、梁起鐸、李東寧、安泰国、朱鎮洙、李昇薫、金道煕、金九がこの会議に参加している。会議はつぎのことを決定した。

「日本がソウルに総督府をおいたからには、われわれもソウルに都督府をおき、各道に総監という代表をおいて国の命脈を保ちながら政治をおこなうこと、満洲への移民計画をたて、また武官学校を創設して独立運動に必要な将校を養成すること、さらに各道代表として黄海道に金九、平安南道に安泰国、平安北道に李昇薫、江原道に朱鎮洙、京畿道に梁起鐸を選出した。これらの代表はさっそく各担当地域にかえって黄海道、平安南道、平安北道はそれぞれ一五万円、江原道は一〇万円、京畿道は二〇万円を、一五日以内に調達することを決定した(64)」。

つまり新民会の国内残留者は、新しい事態に対処する活動方向を、教育、産業、団結による実力養成から、独立戦争にそなえての満洲移民計画と武官養成に転換したのである。ことばをかえていえば彼らは、民族主義者による独立軍運動の一翼をになない、そのために国内における満洲への移民募集と資金調達を重要な任務として提起したのである。さきにのべたように、新民会の一部はすでに奉天省柳河県三源堡鄒家街に移住して荒蕪地を開拓し、海外独立基地の設営に着手しているが、新興講習所はまだ武官学校としての内実をそなえていなかった。

他方海外亡命者は、中国山東省青島に集合して、世称青島会議がひらかれ、安昌浩、李東輝をはじめ柳東説、李甲、中采浩、李鐘浩、金志侃、曹成煥、李剛、朴英魯、金羲善らが参加した。しかしこの会議では、李東輝を代表とする急進論と、安昌浩を代表とする漸進論とが対立し、日程をのばしながら会議をつづけたが、ついに決裂するにいたった。両者の主張はつぎのようである。

「急進というのは、西北間島(東満洲および南満洲)およびロシア領にいる同胞の財力と人力を糾合して、ただちに日本にたいする武力的独立運動をおこそうというもので、李東輝がこの主張の代表者であった。

漸進論というのは、実力を持たずに事を挙げるのは卵をもって石を撃つようなもので、成功する見通しがないばかりか、(1)在外同胞の経済力と人命を消耗し、(2)国内同胞にたいする敵の警戒と圧迫を強めて、文化と経済の向上を阻止するようになる。だから差し当り西北間島、ロシア領、アメリカ洲に在留する同胞の産業を振興させ、教育を普及し、好機が到来したときに大きな力を発揮できるような準備工作をすべきだというのであり、これはいうまでもなく島山(安昌浩)の主張であった[65]」。

会議では急進論がしだいに優勢となり、運動資金の調達を担当した李鐘浩も、急進論を支持するにいたって、漸進論は孤立した。李甲は急進論の立場にたちながらも、新民会内部の決裂を避けるために努力したが、無駄であった。新民会の国内残留者たちもすでにみたように、満洲を中心とする武力的独立運動に呼応すべく方向を転換していた。

結局「併合」という新しい事態に、いかに対処するかの論争、つまり独立軍養成による武力闘争か、「生聚」と「教育」による実力養成の継続か、という論争が決裂するにおよんで、それ以来海外亡命者たちは、新民会としての統一行動がとれなくなった。そしてそれぞれ満洲、中国本土、ロシア沿海州、アメリカに散って活動をつづけたが、安昌浩流の「文治派」と、李東輝流の「武断派」の対立は、民族主義陣営内において長く尾を引くにいたった。

李東輝は本来軍人出身で、一九〇七年八月の朝鮮軍解散当時、陸軍参領(少佐)として水原鎮衛隊江華分遣隊の大隊長の地位にいた。軍隊解散に反対して蜂起した江華島分遣隊のうち、彼の部下であった池弘允、延基羽らは義兵運動に参加して、京畿道、黄海道一帯で中堅的役割をはたしたが、咸鏡南道端川郡出身であった彼は、李儁らと漢北興学会を創立し、さらに西友学会と合同して西北学会になってからも、教育運動で重要な役割をはたした。咸鏡南北道における新式学校の普及において、李東輝は李鐘浩とともに、もっともはなばなしい活動家であり、先駆者であった。

青島会議における意見の対立は、あるいは本来軍人出身の李東輝と、西欧的教養を身につけた安昌浩の体質の差に、その一因があったかもしれない。

青島会議が決裂してのち、李東輝は東満洲の間島地方を舞台に、間島国民会会長具春先らとともに、一九一四年に武官学校を羅子溝に設立し、独立軍養成に情熱をかたむけた。しかし彼は、日本官憲の追求をのがれて、一九一五年にはロシア領沿海州に活動舞台をうつした。一九一七年のロシア十月革命に呼応して、彼は朴鎮淳らとともに、一九一八年にハバロフスクで韓人社会党をつくり、連ソ的独立運動の方向をめざしたが、彼自身の生涯は民族主義者として終始した。他方安昌浩は渡米し、そこで労働しながら大韓国民会および興士団運動に従事した。彼はあきらかに、連米的独立運動の方向をめざした。

独立運動をめぐる両者の路線上の対立は、三・一運動のさなかで創立した上海臨時政府の内部にそのまま持ち込まれて(国務総理―李東輝、労働局総弁―安昌浩)、民族主義運動内部の思想的統一を妨げたばかりでなく、国内運動からはみでた運動の限界性をしめすものでもあった。

李東輝を代表とする急進論と、安昌浩を代表とする漸進論との論争についていうならば、「併合」後における歴史的条件のなかで、苛酷な植民地支配下における実力培養の可能性はきわめてうすいばかりでなく、漸進論は運動そのものを消極的な後退へとおいやる危険性を多分に内包していた。歴史的事実は一九一九年三・一独立運動があってのち、一九二〇年代の民立大学設置運動や、朝鮮物産奨励運動の結末が、そのことをよく示している。

つまり民立大学設置運動は、三・一独立運動による日本植民地政策の部分的譲歩を利用して、一九二二年一一月に、李商在、李昇薫、曹晩植、許憲その他多くの人士たちによってはじまった。そして各地方に期成会地方部をおいて大衆的募金運動を展開するのである。しかし朝鮮総督府はそれを先取りして京城帝国大学を設置し(二四年に予科、二六年に法文学部と医学部を開設)、その運動を挫折させた。

また民族産業を擁護・育成するために、一九二二年七月に平壌で朝鮮物産奨励会が結成され、二三年一月にソウルにその中央本部が創立されてから、「われわれの暮しは、われわれの物で」というスローガンをかかげて、民族産業擁護運動は全国的に拡大した。しかし結果としては何らの成果をうることなく、一九四〇年に解散した。これらの運動はいずれも、李朝末期における実力培養運動の理念から出発していたことはいうまでもない。

かつては新民会のオピニオン・リーダーの一人であったし、「併合」後亡命して一九二〇年代後半期には無政府主義となった(一九二六年に東方無政府主義者連盟に加入)申采浩は、一九二三年に義烈団のために書いた革命宣言のなかで、独立運動としての「外交論」や「準備論」を痛烈に批判した。義烈団(団長金元鳳)は中国本土を中心にはげしいテロ活動をおこなって、日本官憲を戦慄させた独立運動結社である。

かれは「外交論」についてつぎのように批判している——「それでもなお、国が亡びてのち海外に亡命した某々の志士たちの思想は、何よりも『外交』がその第一章第一条であり、国内人民の独立運動を煽動する方法も『未来の日米戦争・日露戦争などの機会』が、ほとんど千篇一律の文章となっており、さいきんの三・一運動でも一般人士の『平和会議・国際連盟』にかんするゆきすぎた宣伝が、かえって二〇〇〇万民衆の奮勇前進の意気を打ち消す媒介となるばかりであった」。

また「準備論」についても、「強盗日本が政治、経済の両側面から束縛して、経済が日を追うて破綻し、生産機関がすべて剝奪され、衣食の方便さえ断絶されていくこのときに、何をもって？どのように？実業を発展させ？教育を拡張し？とりわけどこで？どのくらい？軍人を養成し？たとえ養成されたとしても日本の戦闘力の一〇〇分の一にでも対抗しうるのか？　じつに一場の夢物語にすぎない」。

つまり申采浩は上海臨時政府内部における「外交論」はもちろん、「準備論」における李東輝流の独立軍養成も、安昌浩流の実力養成も、すべて幻想にすぎないと否定している。かれは従来の諸運動を総括してつぎのようにのべている。

「われわれの従来の経過についてのべれば、甲申政変(一八八四)は特殊勢力が特殊勢力とたたかった宮中一時の活劇にすぎず、庚戌年(一九一〇)前後の義兵は、忠君愛国の大義をもって激起した読書階級の思想であり、安重根(伊藤博文を射殺)、李在明(李完用を刺殺未遂)など烈士の暴力的行動は熱烈ではあったが、その背後に民衆的力量の基礎がなかったし、三・一運動の万歳の声は、民衆的一致の意気をよく表わしたが、暴力的中心をもつことができなかった。『民衆・暴力』の両者のうち、その一つでも欠ければ、たとえ轟烈壮快な挙動であっても、また雷電の如くに収束してしまう」[66]。

しだいに無政府主義に傾いていたかれの論調には、「民衆」を語りながらじつは暴力(暗殺・破壊・暴動)至上主義が色濃いが、しかし植民地支配下における「準備論」に内包された危険性の一端を指摘して余りある、というべきであろう。申采浩におけるこのような直接行動主義が、かれをして上海臨時政府を遠ざけて義烈団に接近させ、さらには無政府主義にはしらせた思想的動因であろう。

このように新民会は「併合」後の対処策をめぐって路線上の分化があり、一九一二年の百五人事件を契機としてその歴史的使命はおわったといえる。そして路線的に分化されたそれぞれのグループは、新しい運動体のなかにそれぞれ吸収されていった。それは巨大な植民地主義権力に立ち向う運動の困難さ、複雑さを象徴するほかの何物でもなかったのである。

第五節　百五人事件とその経緯

I　百五人事件の前哨――「安岳事件」

憲兵司令官明石元二郎が、一九一〇年七月に警務総長を兼任してから、一九一九年の三・一運動にいたる一〇年間の植民地支配は、憲兵警察制度による武断政治として特徴づけられる。彼は警務総長兼任と同時に、配下にたいする訓示のなかでとくに高等警察に注意を喚起し、つぎのようにのべている。

「……大勢ヨリ察スルニ、今日ハ既ニ暴徒蜂起(義兵運動)ノ時期ヲ経過セリ。勿論再ビ蜂起スルコトナキヲ保シ難シト雖モ、予ノ察スル所ニ於テ将来ノ危険ハ、人民ノ文明ニ進ムニ随ツテ起ルベキ無政府主義、社会主義等ニ類スル危険ナリトス……而シテ其不平分子ノ暴徒トシテ現レタル活動ヲ為スモノハ、之レ却テ制シ易シ。其制シ難キモノハ危険ナル秘密結社ノ発生ナリトス」(67)。

明石の訓示は、顕在化した義兵運動への弾圧作戦がすでに峠を越し、しだいに治安対策の主要方向を、潜在化した秘密結社の摘発におくことをほのめかしている。新民会にたいする百五人事件、その前哨としての黄海道安岳事件は、すでに彼らの日程表のなかに準備されていたといってよい。ここでは安岳事件について、垣間みておきたい。

黄海道は一九〇七年の朝鮮軍解散以来、儒生出身の義兵将李鎮竜、平民出身の義兵将金秀敏らがひきいるそれぞれの部隊によって、激烈な義兵闘争が展開された地域である。とりわけ李鎮竜部隊はその闘争の持続性において抜群であり、その勢力は「併合」の時点においても衰えることがなかった(68)。そのために日本軍警は、一個旅団(旅団長中村少将)の兵力をここに集中させて、一九一一年九月下旬から一一月初旬までの四〇日間にわたる掃蕩作戦をおこなっている。つまり「逐次捜索網ヲ内線ニ収縮シツ、行動シ、主要地域ノ捜索ハ数回之ヲ反覆シ、昼夜ノ別ナク捜索警戒ヲ厳ニシテ暴徒ノ脱逸ヲ予防シ、最終ノ掃蕩地区ニ圧迫シテ暴徒二百五十名ヲ捕ヘタルモ、遂ニ首魁ヲ逸シタリ(69)」。

一九一一年一〇月、李鎮竜は満洲に脱出して独立軍による再挙をはかっていたが失敗し、平壌刑務所で処刑された。その後を継いで韓貞万(解散兵)、金貞安(猟師)らは、一九一四年にいたるまで黄海道一帯での義兵活動をつづけたのである。

黄海道ではこのような義兵活動のほかに、新民会およびその外郭団体である勉学会によって、活潑な愛国啓蒙活動が展開された。そしてその中心が安岳であったのである。

黄海道における愛国啓蒙運動で、オルガナイザーとしての役割をはたしたのは崔光玉である。彼は平壌の崇実中学校を卒業してのち日本に留学したが、肺病のために中途退学して帰国し、新民会の幹部の一人としてその活動に従事した。

崔光玉の指導のもとに一九〇六年末、金庸済、崔明植らを中心に、林沢権を会長とする勉学会が発足した。勉学会はその事業として勉学書館を設立し、崔光玉の『大韓文典』、日本書を訳した『教育学』を出版して、それとの交換にソウルの太極書館および普成中学校に備置していた数千冊の新書籍を仕入れて、黄海道各地に続出する学校の図書需要にこたえた。

勉学書館からの利益を基金として、勉学会は安岳の楊山小学校において、毎年夏季師範講習所を開設し、教育運動の中堅幹部を養成した。また春季連合運動会を組織して生徒たちを勇気づけると同時に、大衆啓蒙をはかったが、日本官憲の弾圧によって一九〇九年からおこなうことができなくなった。にもかかわらず教育運動は黄海道全般を風靡し、たとえば一九〇九年の第三回夏季師範講習会には、一ヵ月間の講座に七〇〇余名が参加したというから、その熱気のほどがうかがわれる。

さらに一九〇八年には、盧伯麟、宋鐘昊、張義沢、金九らが中心になって、海西教育総会を創立した。その目的は「すでに講習(夏季師範講習会)をうけた受講生全員はもちろんのこと、その他の知名人士を網羅して、各処に散在している教育諸機関と有機的に連絡、統一し、一歩進んで黄海道一帯の教育普及の迅速化を刺戟、促進しようとするものであった。具体的には、まず各単位面(面は日本の村に当る)に小学校を一校ずつ設立するのが、当面の目標となっていた(70)」。

黄海道ではこのような教育運動のほかに、愛国啓蒙運動の二つの柱の一つである民族産業振興のためのモデル工場として、機械を購入して小規模の紡績工場と煙草工場を建設した。

各地における小学校の続出は、おのずから中学校の建設を必要とした。一九〇九年に金鴻亮を中心として楊山中学校を発足させ、さらに彼とその結盟者たちが全財産を処分して、沙里院近郊の楡洞に、教育と農村振興のセンターとして中学校の新校舎とその周辺に理想的な模範農村を建設すべく工事に着手したが、安岳事件によるその推進者たちの検挙によって挫折した。

このように黄海道における愛国啓蒙の諸活動は、安岳を中心として展開されたわけで、「当時の安岳は、じつに黄海道新文化運動の中心地(71)」だったのである。いうまでもなく総督府警察による安岳事件のでっちあげは、このような愛国啓蒙運動にたいする政治弾圧なのである。

安岳事件は一九一〇年一二月、安明根の逮捕に端を発した。安明根は伊藤博文をハルビンの駅頭で射殺した安重根の従弟で、安重根にたいして日本官憲は「兇漢」呼ばわりをしたが、朝鮮人民には愛国義士として尊敬の的となっていた。安明根逮捕の口実は、黄海道の富豪にたいする独立運動のための資金工作である。独立運動の内容については、間島における武官学校設立、義兵募集による再挙計画、黄海道における反日蜂起など、文献によってまちまちであり、定かではない。

金九はその回想のなかで、安明根から黄海道における反日蜂起のための資金工作について相談をうけたといい、それにたいして金九は、新民会国内残留組の既定方針から、つぎのように説得している。

「私は明根の手を握り、その計画を放棄するように説得した。旅順で彼の従兄が処刑されたことをおもえば(安重根は旅順刑務所で処刑された)、他人とちがって激憤するのも当然ではある。しかし国家の独立はそのような一時的な雪辱によってなるものではなく、広く同志を集め、同胞たちを啓蒙して実力を養成してのち、大きい闘争のための準備をしなければならないと話した。そして西間島に移民をすることと、義気ある多くの青年たちをそこに移住させて、人材を養成するのが急務である所以を説明した。私の話を聞いた彼は、それもそうだとうなずきはしたが、自分の考えとあわないことに不満を残したまま分れた[72]」。

このように安明根の資金工作は、黄海道における愛国啓蒙運動、とくにその教育運動とは無関係であった。安明根自身、逮捕されてから七〇余日間、あらゆる拷問および懐柔とたたかいながら、他人との関連を完全に否定した。

しかしそのようなことは、おかまいなしであった。虎視眈々として愛国啓蒙運動、とりわけ教育運動の自主的発展にたいする弾圧をねらっていた日本官憲は、安岳を中心として一六〇余名の要視察者を逮捕し、悪辣な拷問の末、「内乱未遂・謀殺未遂・強盗および強盗未遂罪」をでっちあげて、一八名を裁判に回附した。また他の四〇余名にたいしては居住制限をした。

一八名にたいする判決の結果は、安明根が終身刑、金九、金鴻亮、韓淳稷、裵敬鎮、李承吉、朴万俊(欠席判決)、元行燮(欠席判決、後自首)が十五年刑、都行権が十年刑、金庸済、崔明植、楊星鎮、金益潤が七年刑、崔益亨、高奉守、朴衡秉、張倫根、韓貞教が五年刑となっている。しかしこの事件によっても、新民会の組織はまだ日本官憲に探知されなかった。

安岳事件は一瀉千里の勢いで判決に持ちこまれ、日本官憲の無法なでっちあげを暴露する公判闘争もおこなわれなかった。崔明植はその理由について、つぎのように反省している。

「……この事件が日本人による最初の捏造事件であったため、彼らの裁判というものにたいして、また法廷における反対闘争の効果および方法にたいして、われわれはまったく無知であったために、記録に残るような抗弁ができなかったこと、他方ではそれが完全に虚構捏造された事件であるにもかかわらず、彼らの残忍無道な強圧のため、一種の諦めによって、われわれはただ従っただけであった[73]」。

安岳事件は、日本官憲にとって犯罪事実なるものがあろうとなかろうと、すでに明石元二郎が警務総長に就任した当初から予定していた事件であり、愛国啓蒙運動にたいするこの政治弾圧は、当然平安南北道に延びていく性質のものであった。だから新民会にたいする百五人事件は、件名はちがうが、安岳事件と連続する政治弾圧である。

ところが安岳事件の発端となった安明根の逮捕は、じつは明石元二郎とカトリック宣教師との結託によるものであった。つまり「日韓併合の前後、わが第五列が明石元二郎将軍を中心にスクラムを組んで日韓外交戦の表裏に隠現出没、奔放自在の活躍もまた、日韓外交秘史の圧巻であった」といわれるが、当時プロテスタントの教勢拡大にたいするカトリック宣教師の反撥があった。

「兇徒安重根の従弟に安明根なるものが、郷里の黄海道信川郡斗羅面清鶏里で同志を募り、約一〇万円の軍資金を調達していた。この清鶏里にはフランス教会堂があって、この神父ウィルヘルム僧正が、ふとこの陰謀に気づいた。彼としては安重根事件で日本官憲から痛くもない腹を疑われている矢先、ふたたびこんな事件が突発してはと、今後を心配したあげく、ミューテル大僧正に相談を持ちかけたが、このことは大僧正からただちに将軍のもとに報ぜられ、疾風迅雷的な検挙となって、郡内はもとより安岳、海州、載寧から四、五百名の連累者が数珠つなぎになった。早急にこの大陰謀を察知し事を未然に防ぎえたのも、まったく明石将軍が本場仕込みの流暢なフランス語で、大僧正の心を堅く摑んでいたからである(74)」。

李朝末期に朝鮮のキリスト教は、朝鮮の国権回復運動に同情を示し、学校や慈善施設によって急速にその教勢を拡大した。しかし「併合」を前後してその一部には、積極的に日本官憲と結托して反侵略的抵抗を鎮めるための「教化」的役割を果すとともに、その弾圧に手をかす傾向さえ現われたことは注目に値する。

II　新民会の百五人事件

安岳事件につづいて、一九一一年九月から翌年の三月にいたるまで大検挙がおこなわれ、六〇〇余名が逮捕された。そのうち拷問による死亡者(四名が死亡、三名が発狂)、審理過程での無罪釈放者を除いて、一二八名が起訴されたが、一審で有罪判決をうけたものが一〇五名に達する。そこでこの事件を、世称百五人事件という。

百五人事件によって、国内における新民会の残存勢力は根こそぎにされ、大成学校、平壌磁器会社、太極書館も、すべて閉鎖された。この事件には、逮捕者のなかに多くのキリスト教徒がふくまれており、残虐な拷問による「自白」強要の事実が、宣教師たちを通じて外国新聞に報道され、国際的にも波紋をまきおこした。武断政治下における日本官憲のこのような人権弾圧の実態は、一九一九年三・一運動によっていよいよ国際的に知れわたるようになり、かつて日本による朝鮮の「保護」および「併合」を支持してきた米英両国内部でも、対日非難の声が人民のなかでたかまった。レーニンは日本の武断政治を特徴づけてつぎのようにのべている。「日本は、あらゆる最新の技術的発明とアジア的拷問とを結びつけた前代未聞の残虐なやり方で朝鮮を略奪しているが……ここではツァーリズムのあらゆる方式、あらゆる最新の技術的進歩と、純アジア的拷問制度、前代未聞の残虐性との結合がある」(75)。

一九〇六年以来、朝鮮を完全に国際的に孤立させたなかで、義兵活動をはじめとする国権回復運動にたいして、野放図な虐殺と弾圧をほしいままにしてきた日本官憲も、外国での波紋におどろき、結果的には事件そのものをうやむやにして結末をつけざるをえなかったのである。

百五人事件がいかにでっちあげられていったか、この事件を担当した国友尚謙の手稿からみることにしよう。つまり彼によれば、一九一〇年一二月、寺内総督が平安南北道を巡視したとき、暗殺計画があったとの風聞なるものを根拠として、一九一一年九月に平安北道宣川郡納清亭居住の李範允(二〇歳)を逮捕するが、つぎのような方法で事件の発端をつくる。

「然レトモ此以外ノ事実ニ至ツテハ更ニ得ル処ナキヲ以テ、断然訊問ニ着手スルコトニ決シ、九月四日人ヲ派シテ李ヲ郭山ニ招キ、知名ノ不平者ト相対セシメタルニ、李ハ容易ニ之ヲ信シテ、暗殺ニ一臂ノ力ヲ添ヘラレンコトヲ懇請シテ止マス。

是ニ於テ斯ル計画ハ偏在セル一地方ニ於テハ、目的ヲ達シ能ハサルヲ説キ、傍ラ又一人アリ、多年不平ノ志ヲ抱キ、独立戦争資金蓄積ノ意ヲ以テ、金鉱採掘中ニテ、今将ニ同志糾合中ニ属ス。肝胆相照セハ同志タラシムルニ吝ナラサルノ意アルコトヲ示シ、結局京城ニ出テ相共ニ図ランコトヲ以テシ、談合十数日ヲ費シ、九月十五日京城ニ同伴シタリ。

其途中ニ於ケル李範允ノ言動ハ、徹頭徹尾内地人(日本人)ノ横暴ヲ罵リ、国家ノ独立ヲ図ルノ急務ナルコトアリタリ」(76)。

以上の手稿によって、われわれはつぎのことを知ることができる。第一には、「知名ノ不平者」という二人のスパイを使ったこと、おそらくこのスパイは安岳事件での脅迫と拷問による転向者であろう。第二には、日本警察はこのスパイをオトリに使って李範允に憂国の至情を吐露させ、寺内総督暗殺計画なるものをほのめかしてそれに誘いこんだこと、じつは百五人事件は、すでに一九一〇年一二月に暗殺計画があって、未遂におわったとなっているが、ここではこれから先、そのような計画があるからといって加担するようにすすめたことである。そして第三には、そのような暗殺計画は、辺地ではやれないということで、ソウルにおびきだし、逮捕させたことである。以上のようなでっちあげは、少なくとも法が支配する文明社会では、想像もつかないような卑劣なやり方であった。

そして高等警察は李範允に峻烈な拷問を加えて、羅昇奎より『ジャンヌ・ダーク伝』を借読したこと、彼の同郷の先輩に信聖中学(宣川)の日語教師林冏燁がいることをつきとめ、逮捕した。このようにしていもづる式に大検挙をおこない、完全な拷問による「自白」によって事件を捏造していったのである。その過程で新民会の存在を、はじめて探知した。

「寺内総督暗殺未遂事件」なるこの百五人事件は、その罪名をつぎのように構成するにいたった。

「……併合に際し男爵の栄爵を授かりたる尹致昊を会長とし、(新民会の)本拠を米国加州サクラメント国民新聞社内に置き、国権の回復を以て目的とするものにして、支那西北間島蜂密山、露領浦塩、米国加州及び布哇《ハワイ》に武官学校を設けて青年を教育し、他日日本が外国と隙あるに乗じ、独立戦争を起さんとするにあり。

されど、斯る方法は、所謂百年の長計にして、以て当代の民心を帰せしむる所以にあらずと考へ、続々帝国要路の顕官を暗殺し、民心を動かし、以て鮮人の帝国に服従するものにあらざるを諸外国に示し、其同調を買はんとしたものである。斯くて先づ寺内総督の暗殺を企て、其機を窺ひつゝあつたが、併合後の十二月二十八九日頃、平北道宣川に巡歴あるを機とし、計画を実行せんとせしも、さて愈々其場になると、一人の挺身犠牲たらんとするものなく、事は全く画餅に終つた(77)」。

ここにいう「暗殺計画」なるものが完全な捏造であることはすでにのべたが、日本官憲が意図したこの事件の真の目的は、黄海道の安岳事件につづいて、またそこでの公判闘争がなかったことに味をしめて、平安南北道での団結による新教育、新文化、民族産業の自主的・反侵略的発展を阻止することであった。

表II　起訴者の学問の新旧および年齢別

修学別＼年齢別	二〇歳以下	二一～二五歳	二六～三〇歳	三一～三五歳	三六～四〇歳	四一～四五歳	四六～五〇歳	五一～五五歳	五六～六〇歳	計
漢学	1	2	10	13	14	3	7	2	1	53
小学	5	3	2							10
中学	14	17	17	4						52
日語学校			1							1
崇実大学				1						1
神学校				1		3				4
法学校				1						1
医学			1							1
士官学校				1						1
高等師範学校				1						1
早稲田大学			1							1
日本大学			1							1
米国大学							1			1
計	20	22	33	22	14	6	8	2	1	128

備考　国友尚謙『不逞事件ニ依ツテ観タル朝鮮人』(秘)第122～3面による．

この事件において一二八名が第一審に起訴されたが、表IIはその学歴および年齢別構成である。ここで注目されるのは、一二八名のうち五三名が旧漢学をしたほか、大多数が新学問をしたこと、そして二〇歳以下の小学生および中学生が、二〇名も含まれていたことである。当時朝鮮では、小学校といっても年齢制限がなく、幼少の頃に漢学をして、一定の年齢に達してから新学問にはいるばあいが多

表Ⅲ　起訴者の修学地および年齢別

修学地別＼年齢別	二〇歳以下	二一〜二五歳	二六〜三〇歳	三一〜三五歳	三六〜四〇歳	四一〜四五歳	四六〜五〇歳	五一〜五五歳	五六〜六〇歳	計
ソウル	2		3	1			1			7
平壌	1	4	10	5	2	3				25
宣川	14	14	5	2	1					36
雲山			1							1
載寧				1	1					2
楊市			1							1
居村	3	4	10	11	10	3	6	2	1	50
東京			3	2						5
米国							1			1
計	20	22	33	22	14	6	8	2	1	128

備考　国友尚謙，前掲手稿，123 面.

かった。それにしても、二〇歳以下の未成年者が二〇名も起訴されたことは、おどろくべきことである。

さらに表Ⅲは、起訴者の修学地および年齢別であるが、六名の外国留学（アメリカは尹致昊）のほかは国内修学である。この一二二名の国内修学者のうち、居村の五〇名（ほぼ漢学）をのぞいて、大多数が宣川、平壌、ソウルで新学問をしている。とくに宣川、平壌での修学者が多いことは（六一名）、百五人事件が平安南北道に集中した事件であることとも関連するが、ともあれ宣川、平壌はこの地方におけるキリスト教布教の中心であったばかりでなく、新教育・新文化運動の中心でもあった。このことは反日義兵運動が伝統的に儒教色の強い地域を中心として展開されていたこととは対照的に、愛国啓蒙運動がキリスト教の布教と深く関連していたことの証左となろう。

百五人事件と関連して、独立思想の淵叢となっている学校として、日本官憲は京畿道の韓英学院（開城）、黄海道の楊山中学校（安岳）、平安南道の大成学校（平壌）、日新学校（同）、崇実中学校（同）、平安北道の嘉明学校（定州納清亭）、新安学校（定州）、興襄学校（郭山）、永昌学校（同）、信聖中学校（宣川）、大明学校（同）、普成中学校（竜川郡楊市）、養実中学校（義州）を指摘している。

このなかで純民族系の学校は大成および日新学校で、その他は耶蘇系かそれに準ずるもの(日本の干渉排除のために名儀人だけ外国人宣教師)となっているが、とりわけ「大成学校ハ安昌浩ノ設立スル処ニシテ、尹致昊其校長タリ。而シテ設立者安昌浩逃亡後ハ、張膺震経営ノ任ニ当リテ今日ニ及フ。蓋シ大成学校ノ設立ハ新民会カ同会各地設立ノ模範学校タラシメント企テタル事業ノ一ニシテ、所謂武官学校ノ組織ナリトス。之ヲ以テ校内ニ充溢スルモノハ排日思想、現今ノ所謂独立思想ナリトス[78]」。

日本官憲は当然のことながら、一二八名のうち日本に留学した五名に注目しており、日本留学生の思想動向が彼らが期待していたのとは反対の方向にはしっていることについて、つぎのように注意を喚起させている。

「……即チ尹致昊ハ同人社(「明六社」同人中村正直の経営)ニ、柳東説ハ士官学校ニ、張膺震ハ高等師範学校ニ、林冏燁ハ日本大学ニ、崔容化ハ早稲田大学ニ学ヒ、特ニ柳、崔ノ如キハ官費留学ヲ命セラレタルモノナリ。而モ此輩ハ兇徒中ノ首魁ニ属シ、国語(日本語)及外国語ヲ知ルモノハ、知ラサルモノヨリ却ツテ不良ノ結果ニ陥リ、所謂文明ノ教育ハ恰モ不穏思想ノ養成タルノ観ナクンハアラス[79]」。

先きにのべておいた一八九五年からの対日留学生派遣は、一九〇三年二月に朝鮮政府が財政上の理由で官費留学生を召還して以来、一時中断していた。ところが日露戦争中の一九〇四年一〇月に韓国皇室特派留学生五〇名が派遣されてからは、私費留学生をも含めてしだいにその数を増した。そして一九〇九年一月一〇日には、従来分立していた留学生団体――大韓学会、太極学会、共修会、研学会および、そのいずれにも属さない個人をも網羅して大韓興学会を創立した。この留学生団体は海外朝鮮人の排日的不穏団体の一つとして目されていたため、一九一〇年八月の「併合」と同時に解散されるが、その機関誌『大韓興学報』(一～一三号、一九〇九年三月二〇日～一九一〇年五月二〇日)は一九一〇年二月現在の調査によれば、二〇〇〇部を発行して、そのうち五〇〇部は東京留学生に、一五〇〇部は朝鮮本国の各団体および海外朝鮮人に配布されている。[80] 当時の在日留学生は官費、私費合せてほぼ七〇〇名前後と推測されるが、かれらは直接愛国啓蒙運動の一翼をになったばかりでなく、植民地支配期にはその多くが民族主義および社会主義陣営の政治家、学者、文学者、言論人として活躍している。

ところが注目されることは、他のアジア諸国、とりわけ中国人留学生に比べてみるとき、朝鮮人留学生と在野日本人の学者および思想家たちとの交流は皆無にひとしく、きびしい断絶を知ることができる。おそらくそれは、中国人留学生の主要関心が反満改革にあったのにたいして、朝鮮留学生のそれは反日的国権回復にあったことと関連するのであろう。

当時における朝鮮人留学生の動向は、このことをしめしている。つまり「……然ルニ日韓関係ノ確立スルニ及ンテ(一九〇五年の「保護」条約)、此等多数ノ鮮人青年ハ失望ノ余リ、志ヲ同フスル支那、印度、安南等ノ留学生ト好ヲ結ヒ、頻リニ亡国ヲ嘆シテ回復ヲ誓ヒ、是ニ所謂排日思想トナリ、梁啓超カ安南ヲ記述シテ帝国ノ対鮮政策ヲ罵リタル越南亡国史ノ愛読トナリ、更ニ『ワシントン』『ナポレオン』『ガルバルジー』『マッチニー』『ジャンヌ・ダーク』等ノ建国者、愛国者ノ伝記ノ発兌ト為リ、再転シテ独立思想ニ変化シタルモノナリ」[81]。

みられるように朝鮮留学生たちは主として、中国、インド、ベトナムの留学生たちと交流しながら、各国の建国者および愛国者の伝記類を愛読したところに、当時における彼らの思想傾向が反映されている。そしてこれらの伝記類はいずれも、朝鮮国内において出版されているが、日本官憲によって「不穏文書」とされ、押収の対象になっていた。亜洲和親会にたいする朝鮮人留学生の不参加の事情については、すでにのべた通りである(三八九頁)。

ともあれ百五人事件は一九一二年三月に起訴され、六月に京城地方法院において第一回公判があり、一〇月に判決があった。その内訳は、起訴者一二八名に対して一〇五名に有罪判決があり、尹致昊以下六名に一〇年刑、玉観彬以下一八名に七年刑、李基煥以下三九名に六年刑、呉大泳以下四二名に五年刑を言い渡した。

彼らはただちに上告して公判闘争を準備した。しだいにこの事件を捏造するための拷問の具体的内容がアメリカ人宣教師を通じて外国に知られるようになると、一九一三年七月、京城覆審法院での第二次判決では、一〇五名のうち、尹致昊に六年刑、梁起鐸、林蚩正、李昇薫、安泰国、玉観彬の五名に四年刑、他の九九名には無罪を言い渡した。しかも一九一五年二月には、六名の有罪判決者にたいしても特赦して、懐柔策をとったのである。

いわゆる「寺内正毅総督暗殺陰謀事件」として裁判に持ちこまれた第一次判決では、一〇五人にたいして刑期通算じつに六三〇年を言い渡したのにたいし、第二次判決ではどうしてこのような変化がおこったのだろうか。その間の事情を日本側の文献はつぎのように説明している(82)。

「以上ハ本事件ノ主体ニシテ其間ニ何等異常ヲ認メザルモ、明治四十五年(一九一二)六月二十八日ニ本件ノ第一審公判開廷セラルルヤ、僅々数名ヲ除クノ外百二十二人ノ被告全部ガ、異口同音ニ警務総監部内ノ拷問云々ヲ絶叫セシタメ、俄ニ世界ノ注目ヲ牽クニ至レリ。加之警務総監部ニ於ケル被告ノ自白ニ由リテ、平壌、宣川等ニ於テ布教ニ従事セル米国宣教師ノ殆ンド全部ガ本件ト緻密ナル関係ヲ有スル事ト判定セラレシタメ、殊ニ米国ノ言論界ニ非常ナル刺戟ヲ与ヘ、インデペンデント、アウト・ルック、リテラリー・ダイゼスト、ニューヨーク・ヘラルド等ノ如キ有名ナル新聞雑誌ハ、他ニ勝リテ本件ノ成リ行ニ注目シ、本件ヲ以テ日本ガ司法権ノ独立ト言フ点ニ於テモ果シテ世界ノ文明国中ニ列シ得ルヤ否ヤヲ試スニ足ルベキ試金石ナリト称スルニ至レリ。然ルニ第一審廷ノ審判方法ハ不幸ニシテ乱暴ヲ極メ、被告等ヨリ申請セシ数十人ノ証人喚問ハ、只定州停車場駅長喚問ノ外ハ悉ク拒絶セラレシタメ、被告ハ勿論本件ニ注目セシ内外人ハ、此法廷ト警務総監部トノ間ニ何等カノ密約アルニアラザルカト疑フニ至レリ。而シテ弁護士ヨリ判事忌避申請ガ一顧ニ及バズシテ採用セラレザリシ事及、最後ニ百二十二人中百五人ノ多数ガ十年、七年、六年、五年等ノ重刑ニ処セラレタル事ハ、上述ノ疑念ヲシテ弥々益々深カラシメタリ」(傍点引用者)。

すなわち第一次から第二次判決に至るこのような変化は、アメリカの言論界が「日本ガ司法権ノ独立ト言フ点ニ於テモ果シテ世界ノ文明国中ニ列シ得ルヤ否ヤヲ試スニ足ルベキ試金石」として注目し、「此法廷ト警務総監部トノ間ニ何等カノ密約アル」政治裁判として疑われたことによる。ここには日本の二つの顔、反日義兵運動弾圧のなかでもさらけだした朝鮮人に向けた非文明の顔と、日露戦争においてさえ示した欧米人に向けた文明の顔とがある。百五人事件ははしなくも、朝鮮人民のまえに日本の道義的頽廃を、もう一度暴露する結果となった。植民地支配下の朝鮮独立運動の一つの流れとして、植民地支配の苛酷な実態と民族独立にたいする朝鮮人民の意思を欧米諸国に訴える外交的方法があった。しばしばこのような外交的方法を他力本願的、事大主義的と評する向きもあるが、むしろ日本軍国主義のこのような本質を見抜いたうえでの有効な一方法であったと見るのが正しいであろう。

総督府警視国友尚謙はその手稿において、この事件に関連した朝鮮人の民族性について、ありとあらゆる罵詈雑言を総動員して歪曲、中傷、誹謗を並べながら、じつにつぎのようにいってのけるのである。

「……輓近鮮人思想ノ急変ヲ見テハ、真ニ寒心ニ堪ヘサルモノアリテ存ス。蓋シ鮮人ヲ統フルノ方策ハ、秋霜烈日一毫モ仮借スル処ナク、先ツ其初メハ討伐ニアリ、討伐シテ而シテ後ニ威圧アリ、威圧シテ而シテ後ニ綏撫アリ、綏撫シテ而シテ後ニ鮮土初メテ平安ナルヘシ。

然レトモ是ニ所謂討伐及威圧トハ、剣戟銃槍ヲ用ユルノ謂ニアラスシテ、精神上ノ討伐威圧ヲ指スモノナリ。従ツテ其綏撫ト云フモ、単ニ徳ヲ施シ、心ヲ治ムルノ謂ニアラス。威ヲ以テ徳ヲ布クノ意ナルコトヲ謬ラサルヲ要ス。

今ノ所謂同化ノ如キ、云フヘクシテ行フヘカラサル遠キ未来ニ属シ、今ハ只鮮人精神上ノ討伐ト内地人(日本人)移植ニ専ラナルノ時代ニシテ、内地人百万ヲ越エテ初メテ、夫レ威圧綏撫ヲ以テ同化ヲ唱フル時期タルヘシ」。(83)

彼のいうところの、いわゆる討伐→威圧による「精神上ノ討伐」が、植民地支配初期の武断政治の論理であるが、はたして一〇年間にわたる武断政治の総決算は、一九一九年三月、全国的にまきおこった壮大な反日的人民蜂起であった。朝鮮社会の深層にすでに独立思想が定着した状況のなかで、それがいかに強圧的な支配方法であれ、その深部をきりくずす力とはならなかった。この三・一独立運動による武断政治の破算は、朝鮮民族性にたいするかれら流の理解が、全くの誤算であったことを示すものでもあった。

百五人事件によって、新民会の組織そのものは根こそぎにされたが、それが播いた種子まで踏みにじることはできなかった。彼らにとって成果があったとするならば、大成学校、磁器会社、太極書館をつぶしたほか、近代朝鮮における開化運動の一時期を代表した尹致昊が、独立運動の放棄を誓約したことであった。李光洙はかれが出獄した当時のことを回想して、つぎのように書いている――「大邱監獄から出てから、氏はソウル鐘路青年会館で『五十而覚』という一場の講演をおこなった。わたしはこの講演を直接聞けなかったが、『軽挙妄動はわれわれにとって何らの利益にもならない。朝鮮を救うのはただ力だけであり、力は青年たちが道徳的に、また知識的に修養することによってうまれるものであり、その後も教育と産業の発展のためにひたすら努力することによってうまれるものである』、このような要旨のことをのべたという。これが当時きわめて政治的に興奮し、急進的傾向をもっていた青年たちに、大きな不満をあたえたのである。氏にたいする期待が大きかっただけに、青年たちの失望も大きかった」。(84)植民地支配下における「実力培養」がいかに幻想的であったかについては、すでにのべた。

彼は一八九八年には独立協会会長、一九〇六年には大韓自強会会長、一九〇七年からは新民会会長として一定の役割をはたした。しかし一九一五年の特赦から、彼はこの活動に終止符をうち、植民地支配の末期には親日派にまで転落した。かれもまた、帝国主義権力に抗し切れずに挫折した悲劇の人である。

第六節　結語にかえて――「併合」の意味

「併合」後日本は、「天皇ニ直隷」する総督政治を布いた。すでにのべたように総督府は、その出発点において安岳事件、百五人事件による弾圧によって、教育および産業の自主的発展をめざした愛国啓蒙運動の絶滅をはかった。さらに一九一四年には、国内における義兵運動にたいする掃蕩作戦がおわると同時に、独立義軍府にたいする弾圧によって、義兵運動の国内残存勢力の絶滅をはかった。「深刻ナル国権恢復ノ思念ヨリ出テタルモノト認メラル」(85)独立義軍府は、一九〇六年六月、老儒崔益鉉を推戴して、全羅北道淳昌に挙兵した林炳鑽を中央巡撫総将とした秘密結社で、かつて義兵運動に参加した前歴のある南部朝鮮各地の儒生たちを網羅していた(86)。

では愛国啓蒙運動の文闘路線と義兵運動の武闘路線、この二つの潮流はこれらの弾圧によって絶滅し、再起不能に挫折したであろうか。しかしそれは、つぎのような発展経路をたどって前進したとみるべきであろう。「それが一九一〇年以降においては、日本軍国主義との民族的矛盾がいっそう尖鋭化した条件のなかで、従来の二つの潮流間の思想的な相互浸透と、闘争形態における相互接近(独立軍運動)がしだいに進展し、民族主義を指導思想とするブルジョア民族運動に合流したのである(87)」。一九一〇年代に東満洲(間島省)を拠点として準備してきた独立軍運動は、一九一九年の三・一運動に呼応して、一九二〇年六月の間島省汪清県鳳梧洞戦闘、同一〇月の和竜県青山里戦闘を契機に、武装闘争への発展を目指したが、シベリア出兵軍の一部と羅南第十九師団の兵力による日本軍の攻勢によって、失敗におわった。

愛国啓蒙運動の重要な一翼をにない、それを国権回復という政治目標に結合していった新民会も、百五人事件によって組織そのものとしてはなくなったが、民族独立運動をたたかい抜くための実力養成という、その歴史的課題を遂行したとみるべきであろう。

われわれは新民会の活動および百五人事件を中心として、「併合」の前後期における朝鮮人民の動向をみてきたわけであるが、ほぼつぎの三つのことを結論的にいいうるとおもう。

第一にいえることは、新民会は近代朝鮮のブルジョア的発展をめざした開化運動の系譜に属するということである。その開化運動は、一八九〇年代後半期までは封建的特権層の守旧策に反対して、国政改革を主要課題としていたが、一九〇〇年代後半期には日本の主権蚕食に反対して、国権回復を主要課題とするようになった。新民会は、「生聚」と「教育」を二つの柱として国権回復のための実力養成をめざした政治結社である。

朝鮮の植民地化が、自主的なブルジョア的発展の能力欠如のために不可避であったとする主張は、長いあいだ日本における朝鮮史学界、若干のニュアンスはちがうが、マルクス史学においてさえ支配的であった。典型的な一つの事例として、たとえば「旧来の朝鮮は、恰も倒れんとする朽木の状態にありながら、自らの力を以てしては遂にこれを倒すべくもなかったのであって、これを倒して近代社会を建設する力は専ら外的な力に俟たなければならなかったのである」(88)というような主張である。

すでに本稿の範囲内でも知りうるように、日本は朝鮮の自生的な「近代社会を建設する力」を阻止し、それを絶滅に追いこむことによって植民地化を完成した。

第二には、日本は武力的「討伐」によって朝鮮の植民地化を完成したが、ついに「精神上ノ討伐」はなしえなかった。つまり武力的には勝利したが、道義的には日本にたいする朝鮮ばかりでなくアジア人民の不信感を増幅させた。このことの認識は大切である。というのはこのことのなかにすでに、朝鮮における日本の植民地支配の破綻が準備されているからである。

李朝末期の陽明学者で、著名な啓蒙思想家朴殷植は、「併合」と同時に海外に亡命したが、一九一五年には『韓国痛史』を、三・一運動後の一九二〇年には『韓国独立運動之血史』を、それぞれ上海で刊行している。彼は『痛史』のなかで「けだし国教、国学、国語、国文、国史は魂に属し、銭穀、卒乗、城池、船艦、器械は魄に属するものである。魂というものは、魄にしたがって生死するものではない。だから国教、国史が亡びなければ、その国は亡びるものではない。ああ韓国は魄は死したが、いわゆる魂は存しているや、否や」(結論)とのべた。彼は世界の史実から、「魂強之国」はたとえ「魄強之国」から一時征服されても、けっして滅びることはないという信念から、朝鮮の「痛史」(亡国史)のなかからなおかつ、「魂強之国」たる所以を検証しようとしたのである。[89]

彼は『血史』を書きおえながら、かならず『光復史』(光復＝解放)を書ける日のくることを確信して、その論拠を朝鮮が「魂強之国」たるところに求めた。

「言葉はわが朝鮮の言葉であり、風俗は朝鮮の風俗であり、歌曲はわが国の歌曲であり、礼はわが国の礼であり、衣食はわが国の衣食であり、おしなべてわが民族性は、他民族と劃然とした区別をもっている。このような諸種の生成発展を綜合して、わが民族魂は強固となった。わが民族魂は、けっして他民族がよく同化しうるものではないのである」。[90]

伊藤博文をはじめその配下の者たちが、頑固な老儒としてでこずった義兵将崔益鉉は、一九〇六年の起兵において日本政府に書をおくった。そこで彼は、日本が江華島条約以来、朝鮮の「独立」を云々しながらそれを踏みにじった「棄信背義」による一六罪をあげて、欧米の侵略に対処してアジア三国は連帯すべきである。それなのに「同室相讐」することは、アジアばかりでなく欧米との矛盾による日本みずからの滅亡の道であるから、日本は「守信明義」して一六罪を悔い改め、対等な国交を回復することを勧告した。(91) 世界の大勢に通じ、アジアの先覚者を自任した日本支配層のなかに、誰一人としてこの一老儒ほどの的確な見識をもつ者がいただろうか。彼は日本軍にとらえられて対馬に幽閉されたが、敵国の粟を食わずとして餓死した。「餓死する事は極めて小なり、失節する事は極めて大なり」(程子の言)の儒者的節義に殉じたのである。

孫文は第一次世界大戦当時、日本がドイツに宣戦したのは、国家の権利を犠牲にして、イギリスとの条約上の信義を重んじたからだといったある日本友人に、つぎのように反論している。

「日本は中国とも馬関条約(一八九五年、日清戦争のあと下関でむすんだ講和条約)をむすんでいるではないか。その条約のもっとも重要な条件は、朝鮮の独立を要求することではなかったか。それにもかかわらず、なぜ日本は、イギリスにたいしては国家の権利を犠牲にしてまで条約を履行できるのに、中国にたいしては信義をまもらず、馬関条約を履行しないのか。朝鮮の独立は日本のほうからだした要求で、しかも武力による脅迫で出来あがったものだ。それを、いまや前言を実行せず、平然としている。それでどこに信義があるというのか。はやい話が、日本がイギリスにたいしては条約の履行を主張し、中国にたいしては条約の履行を主張しないのは、イギリスが強く、中国が弱いからである。日本がヨーロッパ大戦に加わったのは、強権がこわかったからで、なにも信義をまもったからではあるまい(92)」。

そして孫文はつぎのように断言する。「中国が強大であった数千年間、朝鮮はずっと存在した。日本が強大となったわずか二十年間、朝鮮はほろぼされた。このことから、日本の信義が中国におよばないことがわかろう。中国のいう信義とは、外国よりもはるかに進んだものである」。

日本が朝鮮侵略過程においてあばかれたのはその道義的頽廃であり、信義を無視した物理的暴力への過信であり、早晩それは、国際的孤立をまねき、ひいては植民地支配の破綻にまで発展することは、火を観るより明らかであった。

第三には「併合」後においてさえ、朝鮮人民の精神的高揚は、日本の武断的統治をもってしても、抹殺できないほど根深いものであったことである。そもそも武断政治そのものが朝鮮人の「民族性」にたいする、つまり強力のまえには没主体的に威服されてきた民族であるという歪曲された認識による支配方法であった。このような理解は、明治期における日本の東洋史学が、朝鮮民族はその歴史あって以来、他律的に周辺大国に従属され、左右されてきたとする史観に根ざすものであった。だから一九一九年の全国的な人民蜂起のまえで「彼ら(警官と憲兵)は平生良民にたいして極めて勇敢に取締りや干渉を励行するくせに、一旦かくの如き大事変にのぞんでは逡巡して案外勇気がない……役人の威力と云ふものも、一朝多数民が結束して無抵抗主義の反抗を続ける際は、如何ともすべからざることを現実に暴露」[93]する狼狽ぶりをさらけだしたのである。

「併合」と同時に、朝鮮国内では朝鮮人民の声を反映するようなすべての言論機関が閉鎖され、朝鮮総督府の機関紙として『京城日報』(日本文)、『毎日申報』(朝鮮文)、『ソウル・プレス』(英文)だけが、対内および対外的に総督政治を美化する宣伝にこれつとめた。しかし海外朝鮮人による各種新聞は、国内に秘密情報網をもちながら、国内人民の真の声を海外同胞および国際的に反映させる活動をつづけた。

新民会と密接な関係にあった在米朝鮮人による大韓国民会の機関紙『新韓民報』は、一九一一年を送りながら、一二月二五日の論説でつぎのように書いている。

「……本紙ガ禿筆ヲ揮フテ国家ト民族ヲ代表シ、国家ノ崩壊ヲ弔ヒ、同胞ノ団結ヲ祝シ、哀痛愉快ノ言ヲ発シテヨリ既ニ五六星霜、玆ニ実地上ヨリ観察スルニ、過去一年間ニ於テ吾歴史ニ光彩ヲ添ヘタルモノ幾何ソヤ。其海陸軍ヲ拡張シ、内治外交ヲ発展シタルニアラサルモ、昨年ノ今日ハ国権堕落シタルノ初ナリ、民族ノ精神騒乱シ、意気沮喪シタリシカ、今年ノ今日ハ思想活潑、行動正確、毫モ亡国人ノ可憐ナル状態ナキハ、正ニ慶賀スヘキ事ナリ。

無形ノ政府ハ予メ行動ヲ為シ、浦塩《ウラジオストツク》方面ノ地方会(国民会の)、亦刮目スヘキモノアリ。当地在留同胞ハ、実業上ノ実力ヲ得、自治ノ制完全ニ行ハレツ、アリ。

嗚呼個人団体共ニ斯ノ如シ。之ヲ以テ吾大事ヲ為サンニハ、歳月如何ニ流ル、如シト雖モ、復タ何ヲカ憂ヘン。将来ノ光明ニ向ツテ大ナル準備ヲ為シ、以テ新年新春ヲ迎フヘキナリ」(94)。

つまり「併合」によって朝鮮人民は窒息してしまったのではない。「併合」を起点としてその抵抗戦線は海外に拡散して拠点をつくり、内外相呼応して思想活潑、行動正確に、しかも慎重に動いていたのである。してみると三・一運動は、すでにこのような確固たる素地としたたかな底流があって、そのうえにロシア十月革命、第一次大戦後の被圧迫民族の自決運動、高宗の不審な急死(日本による毒殺説)による反日感情などの外的要因に触発され、国内外が相呼応して起ちあがった反日蜂起なのである。そしてそれは、民族解放運動の新しい段階への出発点でもあった。

われわれはさいごに、朝鮮「併合」とほぼ前後して、日本の初期社会主義者幸徳秋水らにたいする「大逆事件」があったことを想起せざるをえない。一九〇八年の赤旗事件につづく「大逆事件」は、他民族にたいする侵略と、自国民にたいする社会主義取締りとが、表裏一体であったことを示している。ちなみに一九二三年九月の関東大震災のとき、朝鮮人と日本社会主義者および無政府主義者は、同類の「危険分子」として虐殺の対象になったことを想起する必要がある。他民族を支配する民族も、けっして自由ではない。

さらに注目したいのは、一九一〇年一二月の公判開始から、翌年一月の判決および死刑執行に至る日本の「大逆事件」と、一九一二年六月第一回公判開始から一〇月の判決に至る朝鮮の「寺内総督暗殺陰謀事件」とは、類似性をもった政治裁判であったことである。

「大逆事件」にショックをうけた石川啄木は一九一〇年八月に、つぎのように書いている(95)。

「かくて今や我々青年は、この自滅の状態から脱出する為に、遂にその『敵』の存在を意識しなければならぬ時期に到達しているのである。それは我々の希望や乃至その他の理由によるのではない、実に必至である。我々は一斉に起って先ずこの時代閉塞の現状に宣戦しなければならぬ」。

一九一〇年――それは日本、朝鮮、中国それぞれに、一九一八年の日本の米騒動、一九一九年の朝鮮の三・一運動、中国の五・四運動につながっていく、東アジア世界の新しい時代の幕明けの予兆としてあった、といえないだろうか。

(1) 拙稿「大陸浪人におけるアジア主義と朝鮮問題」(『朝鮮近代史研究』日本評論社、一九七〇)。
(2) 内田良平『日本之亜細亜』二八二頁、黒竜会、一九三二年。
(3)(4) 同書、三四七〜八頁。
(5) 『大韓毎日申報』一九〇六年六月二二日号。
(6) 里井彦七郎「陳天華の政治思想」(『東洋史研究』第一七巻第三号)、島田虔次『中国革命の先駆者たち』(筑摩書房、一九六五)所収の「ある革命家の遺書」および「陳天華『獅子吼』」。
(7) 小野信爾「辛亥革命と革命宣伝」(小野川秀美・島田虔次編『辛亥革命の研究』所収、筑摩書房、一九七八)によれば、一九一一年に瀋陽で、地元の一同盟会員による戯曲「潘公投海」が上演されている(同書五九頁)。氏の教示によれば、恐らく潘宗礼は立憲派に属していたために、革命派の陳天華のように宣伝されることが少なかったであろう、ということであった。
(8) 今村与志雄『歴史と文学の諸相―朝鮮・ヴェトナム・中国』所収、勁草書房、一九七六)。
(9) 前掲『朝鮮近代史研究』二七七〜八頁。なお、小野川秀美編『民報索引』下(京都大学人文科学研究所、一九七二)によれば、「朝鮮人之露布」は『民報』二一号一〇八頁に掲載。
(10) 滝沢修『権藤成卿』三八頁、紀伊国屋新書、一九七一年。当書によれば「日韓合邦期の権藤成卿は、紫山川崎三郎とともに、東京で情報の整理収集、建白書および密奏の起草など、黒竜会の出版、宣伝活動に従事していた」(三七頁)人物である。
なお、一九〇六年一二月、黒竜会主幹内田良平が武田範之をともなって渡韓する前夜の歓送会には、黒竜会の面々とともに章炳麟も参加して盛会であったようだ(五七頁)。内田良平と一進会との関係について、くわしくは、前掲「大陸浪人におけるアジア主義と朝鮮問題」参照のこと。

(11) 梁啓超『飲氷室全集』専集第四冊に所収。

(12) 拙稿「反日義兵運動の歴史的展開」(前掲『朝鮮近代史研究』所収)。

(13) 幼方直吉「矢内原忠雄と朝鮮」(岩波『思想』一九六五年九月号)。

(14) 申一澈「申采浩の自強論的国史像—清末の厳復・梁啓超の変法自強論の西欧受容と関連して」(韓国思想研究会『韓国思想』第一〇輯、一九七二)、および、田口容三「愛国啓蒙運動期の時代認識」(『朝鮮史研究会論文集』一五集、龍渓書舎、一九七八)。

(15) 前掲「愛国啓蒙運動期の時代認識」。

(16) 朱耀翰編著『安島山全書』上篇、八七頁、ソウル三中堂、一九六三年。

(17) 金基錫『南岡李昇薫』一二二〜三頁、ソウル世運文化社、一九七〇年。

(18) 寺広映雄「革命瓜分論の形成をめぐって—保皇・革命両派の対立」(前掲『辛亥革命の研究』一〇三頁)。

(19) 梶村秀樹「亜洲和親会をめぐって」下(雑誌『アジアの胎動』第二号、一九七七年七・八月号)。

(20) 小島晋治『アジアからみた近代日本』4「中国人の最初の日本帝国主義批判—劉師培『亜洲現勢論』—」(亜紀書房、一九七八)。なお、森時彦「民族主義と無政府主義—国学の徒劉師培の革命論」(前掲『辛亥革命の研究』所収)は、劉師培の思想系譜とその輪郭を綿密に考察している。

(21) 同書、八〇頁。

(22) 新民会が結成された時期については、例えば前掲『南岡李昇薫』八〇頁によれば、一九〇七年九月となっているが、ここでは百五人事件関連者の陳述に依拠した朝鮮総督府警視国友尚謙の『不逞事件ニ依ッテ観タル朝鮮人』(秘)の記録に依った。

(23) 梁啓超の「新民説」は一九〇二年正月から一九〇四年五月にかけて『新民叢報』に連載された梁啓超の代表的論文の一つで、その内容と思想的性格については、小野川秀美『清末政治思想研究』第七章(みすず書房、一九六九)にくわしい分析がある。

なお、梁啓超は「新民説」の「論新民為今日中国第一急務」のなかで、「『新民』云者、非新者一人、而新之者又一人也、則在吾民之各自新而已。孟子曰……『子力行之、亦以新子之国』。自新之謂也、新民之謂也」。つまり「新民」とは、『孟子』滕文公上篇の「詩経に『周は旧《ふる》き邦《くに》と雖も、其の命《めい》は惟れ新たなり』と云えるは、文王の謂《こと》なり。子《し》、力《つと》めて之れを行えば、亦た以て子《し》の国を新たにせん」にいう「維新」のことであり、新民会がその期待される新民像として各自の「務実力行《かい》」を強調したのも、これに由来するものであろう。

(24)　拙著『近代朝鮮の思想』第六章(紀伊国屋新書、一九七一)。
(25)　李重煥『択里志』八道総論、咸鏡道条。
(26)　同書、平安道条。
(27)　Roy E. Shearer『韓国教会成長史』五〇頁(李ソングイク訳、大韓基督教書会、一九六六)。
(28)　拙稿「独立新聞・独立協会・万民共同会」(『近代朝鮮の変革思想』所収、日本評論社、一九七三)。
(29)　金允植『続陰晴史』巻十二、隆熙元年(一九〇七)十二月二十七日条。
(30)　柳子厚『李儁先生伝』一二三～四頁(東邦文化社、ソウル、一九四七)。
(31)　黄玹『梅泉野録』巻之五、光武十年(一九〇六)九月条。
(32)　趙容万他『日帝下の文化運動史』三三頁(亜細亜問題研究所、ソウル、一九七〇)。
(33)　前掲『梅泉野録』巻之五、光武十年(一九〇六)二月条。
(34)　国友尚謙『不逞事件ニ依ッテ観タル朝鮮人』(秘)一九六面。以下、『国友手稿』と表記。
(35)　朝鮮総督府『朝鮮の保護及併合』一九一七年(金正明編『日韓外交資料集成』8、巌南堂書店、一三二頁)。
(36)　前掲『梅泉野録』巻之五、光武九年(一九〇五)二月条。
(37)　『島山安昌浩』島山紀念事業会、ソウル、一九四七年、二九頁。
(38)　前掲『日韓外交資料集成』8、二七八頁。
(39)　金正明編『朝鮮独立運動』I、原書房、一一〇頁。
(40)　『日本外交文書』第四二巻第一冊、一八四～五頁。
(41)　前掲『国友手稿』三二～三面。
(42)　平田賢一「明治期の朝鮮人留学生―大韓興学会を中心に」(季刊『三千里』一三号、一九七八年春号、三千里社)。
(43)　前掲『島山安昌浩』三七頁。
(44)　一八八四年一二月、開化派による甲申政変ののち、一八八五年に日清間に天津条約が結ばれ、朝鮮からの日清両軍の撤兵、出兵時における相互間の通告を規定した。それから日清戦争にいたるまでのほぼ一〇年間、朝鮮に外国軍隊はなかった。しかし開化派を排除した守旧派は、開化派残存勢力の摘発と根絶にうつつを抜かし、一〇年間を無為無策ですごした。一八八二年の壬午軍乱のとき清兵が出動し、日本軍が駐留して以来、一九一〇年の「併合」に至るまで、朝鮮に外国軍がなかったのはこの一〇年間だけである。

(45) 前掲『安島山全書』上篇、七六頁によれば、中央機関として総監督―梁起鐸、総書記―李東寧、財務―全徳基となっている。また議決機関として議事院があって各道の人事を決定した。安昌浩は執行員として主として新入会員を審査した。本稿では『国友手稿』に依拠した。
(46) 前掲『島山安昌浩』四五頁。
(47) 同書、四五～六頁。
(48) 前掲『国友手稿』五七～八面。
(49) 百五人事件取調べの責任者国友尚謙によれば、国内の新民会と海外の国民会を同一団体とみて、朝鮮一〇万、または一二万、北米およびメキシコ八〇〇〇、ハワイ四〇〇〇、西シベリア、満洲方面八万、合計二〇万、または二二万名とみている。しかしこれは誇張で、前掲『安島山全書』上篇(七六頁)には三〇〇名程度、金九の自叙伝『白凡逸志』(一九五頁)には四〇〇余名、朴殷植の『朝鮮独立運動の血史』Ⅰ、七四頁(姜徳相訳、平凡社東洋文庫)には八〇〇名となっている。
(50) 『大韓毎日申報』一九〇九年八月一七日号(前掲『抜萃録』)。
(51) 前掲『国友手稿』一二四面。
(52) 前掲『大韓毎日申報抜萃録』一七八頁。ただし『国友手稿』によれば李鐘浩一万円、呉熙源、金鎮厚各五〇〇〇円となっている。
(53) 前掲『梅泉野録』巻之五、光武十一年(一九〇七)正月条。
(54) 『大韓毎日申報』一九〇九年三月一六日号(前掲『抜萃録』)。
(55) 金瀅植「平壌大成学校と安昌浩」(『三千里』一九三二年一月号)、前掲『安島山全書』上篇、八八～九一頁に転載。
(56) 『漢城旬報』一八八三年十月二一日(ソウル大学校出版部、復刻本)。
(57) 前掲『国友手稿』五五面。
(58) 同手稿、一一三面。
(59) 元義常「新興武官学校」(『新東亜』一九六九年六月号、東亜日報社)。
(60) 金道泰『南岡李昇薫』四二～三頁(ソウル、一九五〇)。
(61) 前掲『南岡李昇薫』四五～六頁。
(62) 同書、一一五～七頁。
(63) 小森徳治『明石元二郎』上、一九二八年、三〇五頁。

(64)　金九『白凡逸志』一九五〜六頁(ソウル、一九四七)。
(65)　前掲『島山安昌浩』九三〜四頁。
(66)　申采浩「朝鮮革命宣言」(一九二三年一月)(丹斎申采浩全集編纂委員会『丹斎申采浩全集』下巻所収、ソウル乙酉文化社、一九七二)。なお、梶村秀樹「申采浩の歴史学―近代朝鮮史学史論ノート」(『思想』一九六九年三月号)参照のこと。
(67)　前掲『明石元二郎』上、四五二頁。
(68)　拙稿「反日義兵運動の歴史的展開」(前掲『朝鮮近代史研究』)。
(69)　朝鮮駐劄軍司令部『朝鮮暴徒討伐誌』一九一三年、一七六頁。
(70)　兢虚伝記編纂委員会『安岳事件と三・一運動と私―兢虚崔明植先生略伝と自叙』ソウル、一九七〇年、二三頁。
(71)　同書、二四頁。
(72)　前掲『白凡逸志』一九八頁。
(73)　前掲『安岳事件と三・一運動と私』四七頁。
(74)　大阪毎日新聞東京日日新聞京城支局編『老開拓士が贈る半島裏面史』二五二頁。
(75)　大月書店版『レーニン全集』三一巻、四五〇頁(原著、四一五頁)。
(76)　前掲『国友手稿』七面。
(77)　前掲『明石元二郎』上、四七六頁。
(78)　前掲『国友手稿』一二六〜八面。
(79)　同手稿、一二六〜八面。
(80)　前掲「明治期の朝鮮人留学生―大韓興学会を中心に」によれば、例えば『興学報』第六号に掲載されたその配布先の一部をあげれば平安道(一〇八)、咸鏡道(一一〇)、黄海道(六〇)、京畿道(五九)、全羅道(三九)、慶尚道(一六)、忠清道(一五)、江原道(八)となっており、朝鮮北部との交流が強いことを指摘している。これは当時における在日留学生の出身地をある程度反映したものと考えられる。
(81)　前掲『国友手稿』二一六面。
(82)　ヂャパン・クロニクル記者有馬義隆編『朝鮮総督暗殺陰謀事件』三〇頁、福音館、一九一三年。なお、研究としては鶴本幸子「所謂『寺内総督暗殺未遂事件』について」(前掲『朝鮮史研究会論文集』第一〇集、一九七三)。
(83)　前掲『国友手稿』二一七面。

(84)　李光洙「節度ある人・尹致昊」、雑誌『東光』一九二七年二月号所載(『李光洙全集』第一七巻所収、ソウル三中堂、一九六三)。
(85)　慶北警察局編『高等警察要史』一七七頁。
(86)　前掲『朝鮮近代史研究』三〇五〜六頁。
(87)　前掲『近代朝鮮の思想』二二八頁。
(88)　鈴木武雄『朝鮮の経済』日本評論社、一九四二年、六〇頁。
(89)　朴殷植『韓国痛史』一九一五年、三〇〇〜一頁(朴魯庚訳、達城印刷株式会社)。
(90)　前掲『朝鮮独立運動之血史』I、四頁。
(91)　崔益鉉「致日本政府大臣書」(前掲『朝鮮近代史研究』巻末史料編)。
(92)　孫文『三民主義』上、一二二頁(安藤彦太郎訳、岩波文庫)。
(93)　釈尾東邦『朝鮮併合史』八七七〜八頁、一九二六年。
(94)　前掲『国友手稿』四七〜八面。
(95)　石川啄木「時代閉塞の現状」(岩波文庫『時代閉塞の現状・食うべき詩・他十編』所収)。

追記——本稿校正中に慎鏞廈「新民会の創建とその国権恢復運動」上、下(『韓国学報』第八輯(一九七七)、第九輯(一九七七)、一志社、ソウル)を見る機会をえた。これによれば、新民会の創立は一九〇七年四月と推定されている。本稿では朝鮮総督府警察の文献により同年二月としたが、安昌浩のアメリカからの帰国がこの二月であって早すぎるようである。なお、本章注(22)にみるように九月説もあって、現時点ではその創立時期を確定できない。

なお、新しい知見としてえたのは、新民会創立の構想が一九〇六年末から一九〇七年初めにかけて、アメリカのカリフォルニア州で安昌浩、李剛、林俊基らによって作成されており、安昌浩はその「大韓新民会趣旨書」および「大韓新民会通用章程」を持って帰国したことである。

■岩波オンデマンドブックス■

朝鮮の開化思想

1980年3月25日　第1刷発行
2001年9月25日　第2刷発行
2015年2月10日　オンデマンド版発行

著　者　姜《かん》在《じぇ》彦《おん》

発行者　岡本　厚

発行所　株式会社 岩波書店
〒101-8002 東京都千代田区一ツ橋2-5-5
電話案内 03-5210 4000
http://www.iwanami.co.jp/

印刷／製本・法令印刷

ISBN 978-4-00-730176-6　　Printed in Japan

人名索引

○本書所出の人名を朝鮮人・日本人・中国人・西洋人に分けて収録した.
○配列は原則として五十音順であるが，朝鮮人・中国人については，同一漢字をまとめ，同音異字を画数順に配列してあるので，厳密には五十音順とはやや異なる.
○朝鮮人・中国人の人名には日本語読みとともに，原音に近いと思われる読みをカタカナで示しておいた.
○朝鮮人の号，西洋人の漢名等についてはすべて→で原名を示し，原名の箇所に所出のページ数を一括した.

1 朝 鮮 人

ア

安于商(あんうしょう，アン・ウサン) 373
安驥永(あんきえい，アン・ギヨン) 208
安珦(あんきょう，アン・ヒャン，別名—裕，号—晦軒) 6, 7, 59, 285
安駉寿(あんけいじゅ，アン・ギョンス) 123, 131, 232, 234-5, 274, 276, 277, 336, 372, 377
安在鴻(あんざいこう，アン・ジェホン) 44, 63
安重根(あんじゅうこん，アン・ジュングン) 386, 425, 429-32
安昌浩(あんしょうこう，アン・チャンホ，号—島山) 390, 397-9, 402, 404, 405, 410, 413, 419, 422-5, 437, 450-4
安宗洙(あんそうしゅ，アン・ジョンス，号—起亭) 192, 193, 268
安泰国(あんたいこく，アン・テグク) 405, 407, 410, 416, 421, 439
安鼎洙(あんていしゅ，アン・ジョンス) 398, 399
安鼎福(あんていふく，アン・ジョンボク，号—順庵) 46-8, 64, 80, 126, 153-5, 157, 161, 167
安寧洙(あんねいしゅ，アン・ニョンス) 239, 276, 277
安秉玿(あんへいたい，アン・ビョンテ) 67
安明根(あんめいこん，アン・ミョングン) 429-31
安鳴護(あんめいご，アン・ミョンホ) 373

イ

為堂(いどう，ウィダン) →鄭寅普
彝斎(いさい，イジェ) →権敦仁
乙支文徳(いっしぶんとく，ウルジ・ムンドク) 333, 388
尹泳観(いんえいかん，ユン・ヨングワン) 275, 276
尹夏栄(いんかえい，ユン・ハヨン)

277
尹琦燮(いんきしょう，ユン・ギソプ) 417, 418
尹景完(いんけいかん，ユン・ギョンワン) 275
尹景純(いんけいじゅん，ユン・ギョンスン) 274, 275
尹鑴(いんけい，ユン・ヒュ，号―白湖) 19, 21-25, 60, 81
尹光普(いんこうふ，ユン・グヮンボ) 161
尹孝定(いんこうてい，ユン・ヒョジョン) 234, 245, 246, 249-52, 267, 277
尹持忠(いんじちゅう，ユン・ジチュン) 82, 160, 161
尹滋承(いんじしょう，ユン・ジャスン) 189, 190
尹滋悳(いんじとく，ユン・ジャドク) 206
尹錫禹(いんしゃくう，ユン・ソグ) 217
尹集(いんしゅう，ユン・ジプ) 333
尹拯(いんじょう，ユン・ジュン，号―明斎) 22
尹宣挙(いんせんきょ，ユン・ソンゴ，号―美村) 22
尹善学(いんぜんがく，ユン・ソンハク) 266
尹善道(いんぜんどう，ユン・ソンド) 23
尹泰憲(いんたいけん，ユン・テホン) 373
尹泰駿(いんたいしゅん，ユン・テジュン) 112, 218, 221, 224
尹致賢(いんちけん，ユン・チヒョン) 191
尹致旿(いんちご，ユン・チオ) 306
尹致昊(いんちこう，ユン・チホ) 205, 208, 220, 221, 234-8, 240, 242, 244, 245, 250, 257, 270, 273, 277, 299, 344, 377, 396, 397, 402, 405, 407, 410, 413, 434, 436-9, 441, 454
尹東奎(いんとうけい，ユン・ドンギュ) 48
尹徳栄(いんとくえい，ユン・ドギョン) 363
尹邦鉉(いんほうげん，ユン・バンヒョン) 323
尹雄烈(いんゆうれつ，ユン・ウンニョル) 205, 236
尹容善(いんようぜん，ユン・ヨンソン) 239, 240
尹瑢均(いんようきん，ユン・ヨンギュン) 63

ウ

禹倬(うたく，ウ・タク) 6
禹禎圭(うていけい，ウ・ジョンギュ) 55, 67
芸楣(うんび，ウンミ) →閔泳翊
雲養(うんよう，ウニャン) →金允植

エ

英祖(えいそ，ヨンジョ) 22, 44, 54, 57, 160
亦梅(えきばい，ヨンメ) →呉慶錫
燕巌(えんがん，ヨナム) →朴趾源
延基羽(えんきう，ヨン・ギウ) 423

オ

於于堂(おうどう，オウダン) →柳寅夢
王建(おうけん，ワンゴン，高麗太祖) 3

カ

花潭(かたん，ホワダム) →徐敬徳
河応善(かおうぜん，ハ・ウンソン) 275

河浜(かひん，ハビン) →慎後聃
霞谷(かこく，ハゴク) →鄭斉斗
晦軒(かいけん，ホェホン) →安珦
郭允基(かくいんき，クワク・ユンギ) 379
轄治臣 →ハチスン
轄甫 →ハルバート
寒暄堂(かんけんどう，ハン・フォンダン) →金宏弼
韓永愚(かんえいぐ，ハン・ヨンウ) 59
韓栄国(かんえいこく，ハン・ヨングク) 66
韓亀鎬(かんきこう，ハン・グィホ) 373
韓圭卨(かんけいせつ，ハン・ギュソル) 203, 240, 306
韓圭稷(かんけいしょく，ハン・ギュジク) 112, 221, 224
韓元震(かんげんしん，ハン・ウォンジン，号—南塘) 28
韓淳稷(かんじゅんしょく，ハン・スンジク) 430
韓皙曦(かんせきぎ，ハン・ソクキ) 276, 375, 377
韓致愈(かんちゆ，ハン・チユ) 277
韓貞教(かんていきょう，ハン・ジョンギョ) 431
韓貞万(かんていまん，ハン・ジョンマン) 428
韓百謙(かんひゃくけん，ハン・ベクキョム，号—久庵) 64
韓沽劤(かんゆうきん，ハン・ウグン) 265

キ

箕子(きし，キジャ) 250, 338
奇正鎮(きせいちん，キ・ジョンジン，号—蘆沙) 18, 178
奇大升(きだいしょう，キ・デスン，号—高峰，字—明彦) 14, 16, 18
起亭(きてい，キジョン) →安宗洙
義天(ぎてん，ウィチョン，大覚国師) 6
嶷厳(ぎげん，オェオム) →李東
吉永洙(きつえいしゅ，キル・ヨンス) 240
吉再(きつさい，キル・ジェ，号—冶隠) 6, 11, 12
吉模 →ギルモア
久庵(きゅうあん，クアム) →韓百謙
牛渓(ぎゅうけい，ウゲェ) →成渾
居柒夫(きょしつふ，コ・チルブ) 2
許赫(きょかく，ホ・ヒョク) 417
許筠(きょきん，ホ・ギュン，号—蛟山) 152, 154, 167
許憲(きょけん，ホ・ホン) 424
許積(きょせき，ホ・ジョク) 22
許穆(きょぼく，ホ・モク) 22, 23
榘堂(きょどう，クダン) →兪吉濬
魚允中(ぎょいんちゅう，オ・ユンジュン) 191, 196, 201-3, 205, 206, 208, 210, 215, 217, 219, 271, 272, 274, 290, 299, 372
魚允迪(ぎょいんてき，オ・ユンジョク) 306, 323
魚瑢善(ぎょようぜん，オ・ヨンソン) 322
姜瑋(きょうい，カン・ウィ，号—秋琴・古懽堂) 116, 117, 125, 130, 131, 189, 190, 201, 205, 231, 267, 271
姜華錫(きょうかしゃく，カン・ホワソク) 379
姜完淑(きょうかんしゅく，カン・ワンスク) 161
姜邯賛(きょうかんさん，カン・ガムチャン) 333
姜熙臣(きょうきしん，カン・ヒシン)

118
姜興秀(きょうこうしゅう, カン・フンス)　323
姜嬪, 昭顕世子嬪(きょうひん, カンビン)　24, 143
姜周鎮(きょうしゅうちん, カン・ジュジン)　60
姜晋奎(きょうしんけい, カン・ジンギュ)　208
姜碩期(きょうせきき, カン・ソクキ)　24
姜達善(きょうたつぜん, カン・ダルソン)　208
姜徳相(きょうとくそう, カン・ドクサン)　278, 452
姜文馨(きょうぶんけい, カン・ムニョン)　179, 182, 191, 206
姜万吉(きょうまんきつ, カン・マンギル)　66, 276
強首(きょうしゅ, カン・ス)　3
玉観彬(ぎょくかんひん, オク・クワンビン)　438, 439
錦帯(きんたい, クムテ)　→李家煥
金堉(きんいく, キム・ユク, 号—潜谷)　64, 141-3
金允五(きんいんご, キム・ユノ)　379
金允植(きんいんしょく, キム・ユンシク, 号—雲養)　64, 173-5, 178, 180, 191, 196, 202-11, 215, 217, 219, 257, 265, 266, 271-4, 291, 293, 299, 370, 372, 451
金泳鎬(きんえいこう, キム・ヨンホ)　130, 266, 372
金瀅植(きんえいしょく, キム・ヒョンシク)　413, 452
金益潤(きんえきじゅん, キム・イギュン)　431
金夏英(きんかえい, キム・ハヨン)　274, 372
金嘉鎮(きんかちん, キム・ガジン)　253, 274, 276, 372, 396
金珏鉉(きんかくげん, キム・ガクキョン)　374
金鶴羽(きんかくう, キム・ハグ)　274, 372
金漢箕(きんかんき, キム・ハンギ)　373
金基柱(きんきちゅう, キム・ギジュ)　379
金基東(きんきとう, キム・ギドン)　379
金亀鉉(きんきげん, キム・グィヒョン)　277
金羲善(きんきぜん, キム・ヒソン)　422
金綺秀(きんきしゅう, キム・ギス)　171, 172, 191, 265, 268
金箕斗(きんきとう, キム・ギドゥ)　129
金義煥(きんぎかん, キム・ウィホワン)　267, 268
金九(きんきゅう, キム・グ)　405, 421, 429, 430, 452
金玉姫(きんぎょくき, キム・オクキ)　169
金玉均(きんぎょくきん, キム・オクキュン, 号—古愚)　112, 114, 117, 122, 124, 173-5, 190, 195-9, 201, 202, 205-10, 212, 215, 219-25, 227, 228, 230, 236, 245, 269, 270, 274, 275, 293, 299, 402, 415
金健淳(きんけんじゅん, キム・ゴンスン)　156, 161
金元行(きんげんこう, キム・ウォンヘン, 号—渼湖)　39
金元鳳(きんげんほう, キム・ウォンボン)　424
金弘集(きんこうしゅう, キム・ホンジブ)

125, 199, 200, 202, 204, 206, 210, 215-7, 219, 229, 230, 269, 271, 273, 274, 299, 307, 309, 310, 313, 372
金孝益(きんこうえき, キム・ヒョイク) 363
金宏弼(きんこうひつ, キム・ゴェンピル, 号—寒暄堂) 12
金興竜(きんこうりゅう, キム・フンニョン) 275
金鴻陸(きんこうりく, キム・ホンニュク) 237
金鴻亮(きんこうりょう, キム・ホンニャン) 429, 430
金在豊(きんざいほう, キム・ジェプン) 245
金志侃(きんしかん, キム・ジカン) 402, 422
金馹孫(きんじつそん, キム・イルソン) 13
金錫桓(きんしゃくかん, キム・ソクカン) 379
金錫文(きんしゃくぶん, キム・ソンムン) 71, 126
金集(きんしゅう, キム・ジプ, 号—慎独斎) 25
金秀敏(きんしゅうびん, キム・スミン) 427
金叔滋(きんしゅくじ, キム・スクチャ, 号—江湖) 12
金昇圭(きんしょうけい, キム・スンギュ) 276
金尚憲(きんしょうけん, キム・サンホン, 号—清陰) 156
金尚範(きんしょうはん, キム・サンボム) 141
金昌熙(きんしょうき, キム・チャンヒ) 275
金昌翕(きんしょうきゅう, キム・チャンフプ, 号—三淵) 23
金昌協(きんしょうきょう, キム・チャンヒョプ, 号—農巌) 39
金昌元(きんしょうげん, キム・チャンウォン) 62
金世模(きんせいぼ, キム・セモ) 272
金正喜(きんせいき, キム・ジョンヒ, 号—阮堂, 秋史) 64, 65, 116-21, 124, 125, 130, 189, 199
金正明(きんせいめい, キム・ジョンミョン) 451
金成武(きんせいぶ, キム・ソンム) 398
金声鎮(きんせいちん, キム・ソンジン) 323
金誠一(きんせいいつ, キム・ソンイル) 21
金祖淳(きんそじゅん, キム・ジョスン) 160
金宗漢(きんそうかん, キム・ジョンハン) 274, 276, 323, 372
金宗直(きんそうちょく, キム・ジョンジク, 号—佔畢斎) 12, 13
金相範(きんそうはん, キム・サンボム) 249
金沢栄(きんたくえい, キム・テギョン) 125
金達河(きんたつか, キム・ダラ) 379
金長生(きんちょうせい, キム・ジャンセン, 号—沙渓) 25
金鎮厚(きんちんこう, キム・ジノ) 410, 452
金貞安(きんていあん, キム・ジョンアン) 428
金禎根(きんていこん, キム・ジョングン) 244
金斗鉉(きんとうげん, キム・ドゥヒョン) 277
金東元(きんとうげん, キム・ドンウォン) 405

金東三(きんとうさん，キム・ドンサム)　417, 418
金道煕(きんどうき，キム・ドヒ)　407, 421
金道泰(きんどうたい，キム・ドテ)　269, 452
金伯淳(きんはくじゅん，キム・ベクスン)　156, 161
金晩植(きんばんしょく，キム・マンシク)　219, 220, 222, 291, 370
金平黙(きんへいもく，キム・ピョンムク，号—重菴)　181, 208, 266, 281
金秉一(きんへいいつ，キム・ピョンイル)　379
金秉燾(きんへいと，キム・ピョンド)　379
金炳学(きんへいがく，キム・ピョンハク)　187, 188
金炳基(きんへいき，キム・ピョンギ)　198
金炳始(きんへいし，キム・ピョンシ)　219, 230
金炳台(きんへいだい，キム・ピョンテ)　198
金炳徳(きんへいとく，キム・ピョンドク)　206
金輔鉉(きんほげん，キム・ボヒョン)　206
金奉均(きんほうきん，キム・ボンギュン)　275
金鳳均(きんほうきん，キム・ボンギュン)　228, 274, 275
金万重(きんまんじゅう，キム・マンジュン，号—西浦)　139, 144, 165
金明濬(きんめいしゅん，キム・ミョンジュン)　363, 379
金庾信(きんゆしん，キム・ユシン)　333
金有鐸(きんゆうたく，キム・ユタク)　379
金佑行(きんゆうこう，キム・ウヘン)　373
金容燮(きんようしょう，キム・ヨンソプ)　130
金庸済(きんようさい，キム・ヨンジェ)　428, 431
金鎔済(きんようさい，キム・ヨンジェ)　322
金鏞元(きんようげん，キム・ヨンウォン)　191, 205, 272
金竜徳(きんりゅうとく，キム・ヨンドク)　65, 66
金魯敬(きんろけい，キム・ノギョン)　118

ク

具春先(ぐしゅんせん，ク・チュンソン)　423
具然韶(ぐねんしょう，ク・ヨンソ)　276

ケ

奚来白土　→ハリファックス
恵崗(けいこう，ヒェガン)　→崔漢綺
恵蔵和尚(けいぞうわじょう，ヒェジャンホワサン)　119
渓湖(けいこ，ケェホ)　→金元行
谿谷(けいこく，ケェコク)　→張維
研経斎(けんけいさい，ヨンギョンジェ)　→成梅応
研経斎(けんけいさい，ヨンギョンジェ)　→丁若銓
顕宗(けんそう，ヒョンジョン)　25
瓛斎(けんさい，ホワンジェ)　→朴珪寿
元義常(げんぎじょう，ウォン・ウィサン)　452
元行燮(げんこうしょう，ウォン・ヘンソプ)　431

玄櫶(げんけん，ヒョン・ホン)　373
玄興沢(げんこうたく，ヒョン・フンテク)　276
玄済昶(げんさいちょう，ヒョン・ジェチャン)　277
玄済復(げんさいふく，ヒョン・ジェボク)　276
玄相允(げんそういん，ヒョン・サンユン)　63, 67
玄同(げんどう，ヒョンドン)　→鄭東愈
阮堂(げんどう，ワンダン)　→金正喜
厳世永(げんせいえい，オム・セヨン)　191, 206
厳柱益(げんちゅうえき，オム・ジュイク)　363

コ

古懽堂(こかんどう，コホワンダン)　→姜瑋
古愚(こぐ，コウ)　→金玉均
五洲(ごしゅう，オジュ)　→李圭景
呉鑑(ごかん，オ・ガム)　275, 276
呉熙源(ごきげん，オ・ヒウォン)　410, 418, 420, 452
呉熙淳(ごきじゅん，オ・ヒスン)　420
呉吉宝(ごきつほう，オ・ギルボ)　122, 269
呉慶錫(ごけいしゃく，オ・キョンソック，号—亦梅)　124-5, 179, 190, 196-7
呉圭信(ごけいしん，オ・ギュシン)　373
呉光運(ごこううん，オ・グワンウン)　42, 63
呉竣(ごしゅん，オ・ジュン)　141-3
呉昌模(ごしょうぼ，オ・チャンモ)　275
呉世昌(ごせいしょう，オ・セチャン)　196, 198, 251, 254, 257, 276
呉大泳(ごだいえい，オ・デヨン)　439
呉達済(ごたつさい，オ・ダルジェ)　333
呉致殷(ごちいん，オ・チウン)　410
呉天錫(ごてんしゃく，オ・チョンソク)　370
孔洪植(こうこうしょく，コン・ホンシク)　237
光海君(こうかいくん，クワンヘグン)　26
江湖(こうこ，カンホ)　→金叔滋
孝宗(こうそう，ヒョジョン，鳳林大君)　20, 23-6, 36, 105, 142, 143
洪以燮(こういしょう，ホン・イソプ)　63
洪禹観(こううかん，ホン・ウグワン)　276
洪英植(こうえいしょく，ホン・ヨンシク)　117, 189, 191, 201, 203, 205, 206, 210, 219, 220, 222, 224, 227, 236, 245, 272, 275, 299, 371
洪檍(こうおく，ホン・オク)　39
洪淳昶(こうじゅんちょう，ホン・スンチャン)　281
洪淳穆(こうじゅんぼく，ホン・スンモク)　189
洪鐘宇(こうしょうう，ホン・ジョンウ)　228, 240
洪正厚(こうせいこう，ホン・ジョンホ)　239, 277
洪大重(こうだいじゅう，ホン・デジュン)　189
洪大容(こうだいよう，ホン・デヨン，号—湛軒)　37, 39, 40, 49, 50, 52, 62-5, 70-5, 85, 86, 96, 104, 109, 113, 126, 141, 145, 148, 151, 165
洪弼周(こうひつしゅう，ホン・ピルジュ)　251
洪鳳周(こうほうしゅう，ホン・ボンジュ)　83, 162
洪翼漢(こうよくかん，ホン・イクカン)　333

洪楽安(こうらくあん，ホン・ナガン) 48, 161
洪楽敏(こうらくびん，ホン・ナンミン) 161, 162
洪良浩(こうりょうこう，ホン・ニャンホ) 144
高永錫(こうえいしゃく，コ・ヨンソク) 275
高興(こうこう，コ・フン) 2
高興宗(こうこうそう，コ・フンジョン) 275
高興喆(こうこうてつ，コ・フンチョル) 275
高宗(こうそう，コジョン) 59, 112, 195, 208, 219, 227, 247, 251, 292, 293, 296, 309, 311, 313, 332, 372, 385, 448
高柄翊(こうへいよく，コ・ビョンイク) 370
高奉守(こうほうしゅ，コ・ボンス) 431
高峰(こうほう，コボン) →奇大升
黄運大(こううんだい，ホワン・ウンデ) 48
黄喜(こうき，ホワン・ヒ) 333
黄玹(こうげん，ホワン・ヒョン，号―梅泉) 125, 177, 266, 271, 272, 280, 451
黄嗣永(こうしえい，ホワン・サヨン) 162, 166
黄溶性(こうようせい，ホワン・ヨンソン) 398
黄竜沢(こうりゅうたく，ホワン・ニョンテク) 274, 275
蛟山(こうざん，キョサン) →許筠
興宣大院君(こうせんだいいんくん，フンソンテウォングン，李昰応) 83, 129, 179, 180, 185-7, 208, 209, 225, 285, 385
曠菴(こうあん，クワンアム) →李蘗
権瑩鎮(ごんえいちん，クォン・ヒョンジン) 257, 274, 372
権憘(ごんき，クォン・ヒ) 135
権近(ごんきん，クォン・グン，号―陽村) 6, 8, 10, 11, 13, 15, 29, 60
権在衡(ごんざいこう，クォン・ジェヒョン) 274, 276, 372
権錫奉(ごんしゃくほう，クォン・ソクポン) 272, 371
権尚夏(ごんしょうか，クォン・サンハ，号―遂庵) 27
権尚然(ごんしょうねん，クォン・サンヨン) 82, 160, 161
権裖(ごんせき，クォン・ソク) 162
権鼎鎬(ごんていこう，クォン・ジョンホ) 208
権哲身(ごんてつしん，クォン・チョルシン，号―鹿菴) 48, 146, 154, 155, 161, 162
権東鎮(ごんとうちん，クォン・ドンジン) 251, 257
権敦仁(ごんとんじん，クォン・ドニン，号―彝斎) 120
権日身(ごんにっしん，クォン・イルシン，号―稷菴) 48, 146, 154, 155
権複(ごんふく，クォン・ボク) 162
権文海(ごんぶんかい，クォン・ムネ，号―草澗) 64
権鳳洙(ごんほうしゅ，クォン・ボンス) 322

サ

沙渓(さけい，サゲェ) →金長生
崔殷童(さいいんどう，チェ・ウンドン) 275
崔永年(さいえいねん，チェ・ヨンニョン) 373
崔英植(さいえいしょく，チェ・ヨンシク) 275
崔益翰(さいえきかん，チェ・イクカン)

63, 64
崔益亨(さいえききょう, チェ・イクキョン) 431
崔益鉉(さいえきげん, チェ・イクキョン, 号―勉菴) 164, 262, 281, 305, 443, 445, 454
崔漢綺(さいかんき, チェ・ハンギ, 号―恵崗) 62, 116, 130
崔遇亨(さいぐうきょう, チェ・ウヒョン) 162
崔光玉(さいこうぎょく, チェ・グワンオク) 405, 407, 428
崔才亨(さいさいきょう, チェ・ジェヒョン) 399
崔済愚(さいさいぐ, チェ・ジェウ) 264
崔在益(さいざいえき, チェ・ジェイク) 373
崔時亨(さいじきょう, チェ・シヒョン) 264
崔錫鼎(さいしゃくてい, チェ・ソクチョン) 143, 166
崔埈(さいしゅん, チェ・ジュン) 278
崔昌益(さいしょうえき, チェ・チャンイク) 64
崔昌圭(さいしょうけい, チェ・チャンギュ) 280, 281
崔聖郁(さいせいいく, チェ・ソンウク) 275
崔泰卿(さいたいきょう, チェ・テギョン) 373
崔致遠(さいちえん, チェ・チウォン) 3, 52
崔沖(さいちゅう, チェ・ジュン) 4
崔廷徳(さいていとく, チェ・ジョンドク) 277
崔鼎夏(さいていか, チェ・ジョンハ) 373
崔都統(さいとどう, チェ・ドトン, 崔瑩, チェ・ヨン) 388
崔徳潤(さいとくじゅん, チェ・ドギュン) 258
崔南善(さいなんぜん, チェ・ナムソン) 407
崔旼洪(さいびんこう, チェ・ミノン) 67
崔明植(さいめいしょく, チェ・ミョンシク) 428, 431, 453
崔鳴吉(さいめいきつ, チェ・ミョンギル) 31
崔有渉(さいゆうしょう, チェ・ユソプ) 399
崔容化(さいようか, チェ・ヨンホワ) 437
崔麟(さいりん, チェ・リン) 357
蔡済恭(さいさいきょう, チェ・ジェゴン, 号―樊巌) 47, 48, 56, 57, 66, 160, 161, 167
蔡弼近(さいひつきん, チェ・ピルグン) 407
三淵(さんえん, サミョン) →金昌翕
三峰(さんぽう, サムボン) →鄭道伝

シ

芝峰(しほう, チボン) →李晬光
思悼世子(しとうせいし, サドセジャ) →荘献世子
車弘植(しゃこうしょく, チャ・ホンシク) 275
車利錫(しゃりしゃく, チャ・リソク) 407
朱鎮洙(しゅちんしゅ, チュ・ジンス) 405, 421
周時経(しゅうじけい, チュ・シギョン) 231, 281
周世鵬(しゅうせいほう, チュ・セボン) 285
秋琴(しゅうきん, チュグム) →姜瑋

秋史(しゅうし, チュサ) →金正喜
秋巒(しゅうらん, チュマン) →鄭之雲
重菴(じゅうあん, チュンアム) →金平黙
重峰(じゅうほう, チュンボン) →趙憲
粛宗(しゅくそう, スクチョン) 143, 144
朱耀翰(しゅようかん, チュ・ヨハン) 450
純祖(じゅんそ, スンジョ) 58, 160
純宗(じゅんそう, スンジョン) 247, 413
順庵(じゅんあん, スナム) →安鼎福
徐居正(じょきょせい, ソ・コジョン) 127
徐敬徳(じょけいとく, ソ・ギョンドク, 号—花潭) 17, 62
徐光節(じょこうせつ, ソ・グワンジョル) 371
徐光範(じょこうはん, ソ・グワンボム) 117, 201, 203, 206, 208, 209, 215, 220, 224, 227, 228, 230, 236, 245, 275, 315
徐載昌(じょさいしょう, ソ・ジェチャン) 275
徐載弼(じょさいひつ, ソ・ジェピル, 米名フィリップ-ジェーソン) 112, 117, 175, 200, 223, 224, 227, 228, 230-6, 245, 269, 270, 273-6, 278, 299, 328, 332, 377, 397
徐彰輔(じょしょうほ, ソ・チャンボ) 276
徐進淳(じょしんじゅん, ソ・ジンスン) 419, 420
徐相集(じょそうしゅう, ソ・サンジプ) 274, 372
徐相崙(じょそうろん, ソ・サンニュン) 367
徐丙協(じょへいきょう, ソ・ビョンヒョプ) 373
徐命膺(じょめいよう, ソ・ミョンウン, 号—保晩斎) 64
徐有榘(じょゆうきょ, ソ・ユグ, 号—楓石) 179
徐理修(じょりしゅう, ソ・リス) 58, 149
承基成(しょうきせい, スン・ギソン) 416
昭顕世子(しょうけんせいし, ソヒョンセジャ) 20, 23, 24, 142, 143
稷菴(しょくあん, チガム) →権日身
申維翰(しんいかん, シン・ユハン) 79, 126, 127
申一澈(しんいってつ, シン・イルチョル) 450
申応熙(しんおうき, シン・ウンヒ) 227, 275
申海永(しんかいえい, シン・ヘヨン) 322, 363, 411
申箕善(しんきぜん, シン・ギソン) 192, 237-9, 268, 394
申景濬(しんけいしゅん, シン・ギョンジュン) 48, 64
申櫶(しんけん, シン・ホン, 別名—観浩) 125, 129, 189, 190
申興模(しんこうぼ, シン・フンモ) 275
申采浩(しんさいこう, シン・チェホ) 131, 254, 281, 387, 390, 399, 405, 422, 424-6, 450, 453
申錫厦(しんしゃくか, シン・ソクカ) 379
申重模(しんじゅうぼ, シン・ジュンモ) 274, 275
申正熙(しんせいき, シン・ジョンヒ) 206, 216
申泰休(しんたいきゅう, シン・テヒュ) 395
申泰圭(しんたいけい, シン・テギュ)

398
申轍求(しんてつきゅう，シン・チョルグ) 179
申福模(しんふくぼ，シン・ボンモ) 112, 221, 270, 275
沈宜永(しんぎえい，シム・ウィヨン) 272
沈宜性(しんぎせい，シム・ウィソン) 249
沈宜碩(しんぎせき，シム・ウィソク) 276
沈舜沢(しんしゅんたく，シム・スンテク) 206, 239
沈相学(しんそうがく，シム・サンハク) 191, 206
沈相薫(しんそうくん，シム・サンフン) 217, 239
真興王(しんこうおう，チヌンワン) 2, 3
秦秀(しんしゅう，チン・ス) 373
慎後聃(しんこうたん，シン・フダム，号—河浜) 46, 48, 153, 154
慎独斎(しんどくさい，シン・ドクチェ) →金集
慎鏞廈(しんようか，シン・ヨンハ) 276, 370, 377, 454
仁祖(じんそ，インジョ) 20, 24, 26, 142, 143, 156

ス

遂庵(すいあん，スアム) →権尚夏

セ

正祖(せいそ，チョンジョ) 44, 47, 50, 51, 57, 58, 67, 82, 83, 108, 118, 127, 129, 144, 149, 150, 159-61
世宗(せいそう，セジョン) 11, 19, 58, 338, 339
西渓(せいけい，ソゲェ) →朴世堂
西浦(せいほ，ソポ) →金万重
成彝鎬(せいいこう，ソン・イホ) 179
成岐運(せいきうん，ソン・ギウン) 323
成俔(せいけん，ソン・ヒョン) 127
成渾(せいこん，ソン・ホン，号—牛渓，字—浩原) 14, 16-8, 21
成三問(せいさんもん，ソン・サムムン) 333
成汝弼(せいじょひつ，ソン・ヨピル) 80, 127
成宗(せいそう，ソンジョン，高麗) 4
成宗(せいそう，ソンジョン，李朝) 11, 13
成梅応(せいばいおう，ソン・メウン，号—研経斎) 64
星湖(せいこ，ソンホ) →李瀷
清陰(せいいん，チョンウム) →金尚憲
静庵(せいあん，チョンアム) →趙光祖
薛聡(せつそう，ソル・チョン) 3
千寛宇(せんかんう，チョン・ガヌ) 61, 63, 64, 277
宣祖(せんそ，ソンジョ) 20, 41, 157
潜谷(せんこく，チャムゴク) →金堉
全恒基(ぜんこうき，チョン・ハンギ) 387
全錫淡(ぜんしゃくたん，チョン・ソクタム) 128
全徳基(ぜんとくき，チョン・ドクキ) 405, 407, 452

ソ

疎斉(そせい，ソジェ) →李頤命
楚亭(そてい，チョジョン) →朴斉家
宋憲斌(そうけんひん，ソン・ホンビン) 276
宋時烈(そうじれつ，ソン・シリョル，号—尤庵) 19, 21-7, 29, 30, 35, 36,

39, 40, 45, 60, 61, 70, 105
宋俊吉(そうしゅんきつ，ソン・ジュンギル)　23
宋鐘昊(そうしょうこう，ソン・ジョンホ)　429
宋仁竜(そうじんりゅう，ソン・イルリョン)　141
宋秉畯(そうへいしゅん，ソン・ピョンジュン)　381, 385
草衣和尚(そういわじょう，チョウィホワサン)　119
草潤(そうじゅん，チョユン)　→権文海
荘献世子(そうけんせいし，チャンホンセジャ，諡号—思悼世子)　57
曹植(そうしょく，チョ・シク)　21
曹成煥(そうせいかん，チョ・ソンホワン)　405, 422
曹晩植(そうばんしょく，チョ・マンシク)　424
孫仁銖(そんじんしゅ，ソン・インス)　375
孫秉熙(そんへいき，ソン・ピョンヒ)　257, 258, 264

タ

太祖(たいそ，テジョ，高麗)　→王建
太祖(たいそ，テジョ，李朝)　→李成桂
太宗(たいそう，テジョン，芳遠)　8, 12
退渓(たいけい，トェゲェ)　→李滉
大院君(だいいんくん，テウォングン)　→興宣大院君
大王大妃金氏(だいおうだいひきんし，テワンデビキムシ，英祖継妃)　57, 58, 160, 161
大覚国師(だいかくこくし，テガククサ)　→義天
卓挺埴(たくていしょく，タク・チョンシク，僧名—無不)　199, 202
茶山(たざん，タサン)　→丁若鏞
湛軒(たんけん，タモン)　→洪大容
蒼園(たんえん，タムォン)　→鄭寅普
檀君(だんくん，タングン)　250, 401

チ

知訥(ちとつ，チヌル，普照国師)　6
池弘允(ちこういん，チ・ホンユン)　423
池錫永(ちしゃくえい，チ・ソギョン)　205, 272
池承浚(ちしょうしゅん，チ・スンジュン)　323
中宗(ちゅうそう，チュンジョン)　13
忠宣王(ちゅうせんおう，チュンソンワン)　6
忠烈王(ちゅうれつおう，チュンニョルワン)　6
張維(ちょうい，チャン・ユ，号—谿谷)　30, 31, 61
張応亮(ちょうおうりょう，チャン・ウンニャン)　379
張義沢(ちょうぎたく，チャン・ウィテク)　429
張君三(ちょうくんさん，チャン・グンサム)　277
張景(ちょうけい，チャン・ギョン)　399
張孝根(ちょうこうくん，チャン・ヒョグン)　257, 280
張志淵(ちょうしえん，チャン・ジョン)　59, 249-51, 254, 281, 377, 387, 390, 405
張大鏞(ちょうだいよう，チャン・デヨン)　270
張宝高(ちょうほうこう，チャン・ボゴ，別称—保皐，弓福)　103
張膺震(ちょうようしん，チャン・ウンジン)　402, 405, 407, 410, 437

張倫根(ちょうりんこん，チャン・ニュングン)　431
趙徽林(ちょうきりん，チョ・フィリム)　179
趙義淵(ちょうぎえん，チョ・ウィヨン)　274, 372
趙義純(ちょうぎじゅん，チョ・ウィスン)　206
趙憲(ちょうけん，チョ・ホン，号―重峰)　52, 341
趙憲泳(ちょうけんえい，チョ・ホニョン)　63
趙曮(ちょうげん，チョ・オム)　102
趙光祖(ちょうこうそ，チョ・グヮンジョ，号―静庵)　11, 14, 117
趙氏(ちょうし，チョシ，仁祖継妃)　23
趙準永(ちょうじゅんえい，チョ・ジュニョン)　191, 192, 206
趙臣熙(ちょうしんき，チョ・シニ)　292
趙寧夏(ちょうねいか，チョ・ニョンハ)　206, 219, 224
趙秉鎬(ちょうへいこう，チョ・ビョンホ)　235, 270
趙秉式(ちょうへいしき，チョ・ビョンシク)　237, 240, 244, 304, 321, 377
趙秉稷(ちょうへいしょく，チョ・ビョンジク)　191, 192, 206
趙容万(ちょうようまん，チョ・ヨンマン)　451

テ

丁夏祥(ていかしょう，チョン・ハサン)　162, 168
丁学淵(ていがくえん，チョン・ハギョン)　119
丁奎英(ていけいえい，チョン・ギュヨン)　67, 128, 167
丁建燮(ていけんしょう，チョン・ゴンソブ)　208
丁若鍾(ていじゃくしょう，チョン・ヤクチョン)　48, 92, 155, 157, 161, 162
丁若銓(ていじゃくせん，チョン・ヤクチョン，，号―研経斎)　48, 92, 147, 155, 161
丁若鏞(ていじゃくよう，チョン・ヤギョン，号―茶山)　31-3, 37, 38, 43, 44, 47, 48, 50, 57, 58, 61, 62, 64, 65, 67, 77-81, 84, 86, 87, 90-4, 98, 103, 107, 108, 110, 115, 119, 126, 128, 179, 199
鄭一範(ていいつはん，チョン・イルボム)　373
鄭寅普(ていいんふ，チョン・インボ，号―薝園，為堂)　44, 63, 64
鄭雲復(ていうんふく，チョン・ウンボク)　251, 363
鄭喬(ていきょう，チョンギョ)　234, 239, 240, 244, 276, 277, 321, 322, 378
鄭敬源(ていけいげん，チョン・ギョンウォン)　274, 372
鄭健朝(ていけんちょう，チョン・ゴンジョ)　125, 131
鄭憲時(ていけんじ，チョンホンシ)　203, 290
鄭顕奭(ていけんせき，チョン・ヒョンソク)　290
鄭顕哲(ていけんてつ，チョン・ヒョンチョル)　276
鄭顕徳(ていけんとく，チョン・ヒョンドク)　208
鄭行徴(ていこうちょう，チョン・ヘンジン)　275
鄭恒謨(ていこうぼ，チョン・ハンモ)　277
鄭在寛(ていざいかん，チョン・ジェグヮン)　398, 399, 402

鄭之雲(ていしうん，チョン・ジウン，号―秋巒) 14,15
鄭尚驥(ていしょうき，チョン・サンギ) 48
鄭鐘振(ていしょうしん，チョン・ジョンジン) 275
鄭仁穆(ていじんぼく，チョン・インモク) 414
鄭斉斗(ていせいとう，チョン・ジェドゥ，号―霞谷) 16
鄭聖哲(ていせいてつ，チョン・ソンチョル) 62
鄭忠良(ていちゅうりょう，チョン・チュンニャン) 371
鄭鎮石(ていちんせき，チョン・ジンソク) 62
鄭斗源(ていとうげん，チョン・ドゥウォン) 138-41,154,165
鄭東愈(ていとうゆ，チョン・ドンユ，号―玄同) 33,61
鄭道伝(ていどうでん，チョン・ドジョン，号―三峰) 5,6,8-12,29,59
鄭範朝(ていはんちょう，チョン・ボムジョ) 206,219,230
鄭秉夏(ていへいか，チョン・ビョンハ) 217
鄭夢周(ていむしゅう，チョン・モンジュ，号―圃隠) 5-8,11-3,333
鄭蘭教(ていらんきょう，チョン・ナンギョ) 227,275
哲宗(てつそう，チョルジョン) 84,195,227
佔畢斎(てんひつさい，チョムピルジェ) →金宗直

ト

都行権(とこうけん，ト・ヘングォン) 431
土亭(どてい，トジョン) →李之菡
島山(とうざん，トサン) →安昌浩

ナ

南岡(なんこう，ナムガン) →李昇薫
南興喆(なんこうてつ，ナム・フンチョル) 275
南舜熙(なんしゅんき，ナム・スニ) 321,322
南鐘三(なんしょうさん，ナム・ジョンサム) 83,162
南塘(なんとう，ナムダン) →韓元震
南宮檍(なんきゅうおく，ナムグン・オク) 176,234,239,250,251,253,254,276,277,292,332,377,393,396

ニ

任聖周(にんせいしゅう，イム・ソンジュ，号―鹿門) 62
任哲鎬(にんてつこう，イム・チョロ) 208

ノ

農巌(のうがん，ノンアム) →金昌協

ハ

馬太乙 →マルテル
裵敬鎮(はいけいちん，ペ・ギョンジン) 430
裵次山(はいじさん，ペ・チャサン) 209
裵説 →ベッセル
裵宗鎬(はいそうこう，ペ・ジョンホ) 67
梅泉(ばいせん，メチョン) →黄玹
白頤正(はくいせい，ペク・イジョン) 6,59
白彝行(はくいこう，ペク・イヘン) 419
白湖(はくこ，ペクコ) →尹鑴

白南雲(はくなんうん，ペン・ナムン) 63
白楽雲(はくらくうん，ペン・ナグン) 275
白楽寛(はくらくかん，ペン・ナクタワン) 208
白楽濬(はくらくしゅん，ペン・ナクチュン) 63, 64, 371
樊巌(はんがん，ポナム) →蔡済恭
磻渓(ばんけい，パンゲェ) →柳馨遠

ヒ

美村(びそん，ミチョン) →尹宣挙
閔泳煥(びんえいかん，ミン・ヨンホワン) 236, 237, 239, 242, 321, 383
閔泳綺(びんえいき，ミン・ヨンギ) 239, 323
閔泳珪(びんえいけい，ミン・ヨンギュ) 126
閔泳瓚(びんえいさん，ミン・ヨンチャン) 374
閔泳達(びんえいたつ，ミン・ヨンダル) 274, 372
閔泳穆(びんえいぼく，ミン・ヨンモク) 219, 224
閔泳翊(びんえいよく，ミン・ヨンイク，号―芸楣) 196, 203, 206, 219–21, 223, 224, 293, 294, 371
閔鎌鎬(びんけんこう，ミン・ギョモ) 206
閔種黙(びんしゅもく，ミン・ジョンムク) 206, 235, 237, 244
閔商鎬(びんしょうこう，ミン・サンホ) 276
閔泰瑗(びんたいえん，ミン・テウォン) 269, 273
閔台鎬(びんだいこう，ミン・テホ) 206, 219, 221, 224
閔妃(びんひ，ミンビ) 202, 217, 219, 229, 248, 257, 293, 296, 298, 332, 385
閔丙奭(びんへいせき，ミン・ビョンソク) 374

フ

普照国師(ふしょうこくし，ポジョククサ) →知訥
武寧王(ぶねいおう，ムリョンワン) 2
楓石(ふうせき，プンソク) →徐有榘
文一平(ぶんいっぺい，ムン・イルピョン) 63, 130, 131, 268, 277
文益漸(ぶんえきぜん，ムン・イクチョム) 53, 78
文台源(ぶんだいげん，ムン・テウォン) 276

ヘ

米柳羔蔔 →ビルコフ
辺燧(へんすい，ピョン・ス，別称―辺樹) 117, 220, 227, 275, 371
卞河璡(べんかしん，ピョン・ハジン) 323
卞元圭(べんげんけい，ピョン・ウォンギュ) 269
勉菴(べんあん，ミョナム) →崔益鉉

ホ

保晩斎(ほばんさい，ポマンジェ) →徐命膺
圃隠(ほいん，ポウン) →鄭夢周
方漢徳(ほうかんとく，パン・ハンドク) 277
芳遠(ほうえん，パンウォン，李芳遠) →太宗
芳碩(ほうせき，パンソク，李芳碩) 12
彭翰周(ほうかんしゅう，ペン・ハンジュ) 276

鳳林大君(ほうりんたいくん，ポンニムテグン) →孝宗
房巨 →バンカー
朴殷植(ぼくいんしょく，パク・ウンシク) 254, 278, 281, 363, 379, 405, 445, 452, 454
朴殷明(ぼくいんめい，パク・ウンミョン) 274, 275
朴永武(ぼくえいぶ，パク・ヨンム) 373
朴泳教(ぼくえいきょう，パク・ヨンギョ) 117, 198, 227, 275
朴泳孝(ぼくえいこう，パク・ヨンヒョ) 84, 112, 113, 117, 125, 130, 132, 173, 175, 195, 196, 198, 199, 201, 202, 209, 212, 215, 217, 220-2, 224, 226-8, 230, 245, 257, 265, 268-70, 273-5, 300-2, 304, 307, 308, 372, 402
朴永善(ぼくえいぜん，パク・ヨンソン) 205
朴英魯(ぼくえいろ，パク・ヨンノ) 422
朴基璿(ぼくきしゅん，パク・キジュン) 419
朴箕陽(ぼくきよう，パク・キヤン) 276
朴珪寿(ぼくけいじゅ，パク・キュス，号―瓛斎) 111, 116, 117, 121-5, 129, 131, 173, 174, 178-82, 184-91, 195-7, 200-2, 204, 207, 209, 214, 215, 227, 260, 266-9, 307
朴彦鎮(ぼくげんちん，パク・オンジン) 239
朴衡秉(ぼくこうへい，パク・ヒョンビョン) 431
朴三竜(ぼくさんりゅう，パク・サムニョン) 275
朴趾源(ぼくしげん，パク・チウォン，号―燕巌) 39, 43, 49-52, 55, 56, 59, 63-5, 70, 71, 75-7, 81, 84, 85, 90, 94, 96, 116, 117, 126, 144, 145, 151, 166, 167, 178, 195, 307, 308
朴重華(ぼくじゅうか，パク・チュンホワ) 407
朴承祖(ぼくしょうそ，パク・スンジョ) 276
朴鐘鴻(ぼくしょうこう，パク・チョンホン) 67, 130
朴鐘和(ぼくしょうわ，パク・チョンホワ) 63
朴準陽(ぼくじゅんよう，パク・チュニャン) 274, 372
朴世堂(ぼくせいどう，パク・セダン，号―西渓) 23, 64
朴成春(ぼくせいしゅん，パク・ソンチュン) 242
朴斉家(ぼくせいか，パク・チェガ，号―楚亭) 39, 49-52, 58, 59, 64-6, 75-9, 81-3, 87, 95, 96, 98, 100-4, 109, 110, 113, 115-9, 126, 127, 129, 149, 159, 160, 168, 308
朴斉炯(ぼくせいけい，パク・チェヒョン，別称―斉絅) 129, 209, 228, 273, 275, 276
朴瑄寿(ぼくせんじゅ，パク・ソンス) 266, 267
朴銑(ぼくせん，パク・ソン) 217
朴宗根(ぼくそうこん，パク・チョングン) 273
朴忠錫(ぼくちゅうしゃく，パク・チュンソク) 61, 130
朴鎮淳(ぼくちんじゅん，パク・チンスン) 423
朴定陽(ぼくていよう，パク・チョンヤン) 191, 192, 206, 217, 219, 236, 237, 239, 240, 242-4, 274, 299, 321, 372
朴万俊(ぼくまんしゅん，パク・マンジュン) 430

朴容玉(ぼくようぎょく，パク・ヨンオク)　378
朴鎔奎(ぼくようけい，パク・ヨンギュ)　276
朴礼秉(ぼくれいへい，パク・レェビョン)　322
朴魯庚(ぼくろこう，パン・ノギョン)　454
朴和重(ぼくわじゅう，パク・ホワジュン)　398
牧隠(ぼくいん，モグン)　→李穡
穆鱗徳　→メルレンドルフ

マ

蔓川(まんせん，マンチョン)　→李承薫

ム

無不(むふ，ムブル)　→卓挺埴

メ

明斎(めいさい，ミョンジェ)　→尹拯

ヤ

冶隠(やいん，ヤウン)　→吉再

ユ

兪箕煥(ゆきかん，ユ・ギホワン)　244，276
兪吉濬(ゆきつしゅん，ユ・ギルジュン，号―榘堂)　117，174-6，195，196，202-5，208，217，220，229，230，265，270，273，274，299，306-9，371，372，387，388，397，402
尤庵(ゆうあん，ウアム)　→宋時烈

ヨ

陽村(ようそん，ヤンチョン)　→権近
楊星鎮(ようせいちん，ヤン・ソンジン)　431

ラ

羅寿淵(らじゅえん，ラ・スヨン)　254，332，377
羅昇奎(らしょうけい，ラ・スンギュ)　434
洛下(らくか，ラクカ)　→李学逵
李瑋鐘(りいしょう，リ・ウィジョン)　247
李頤命(りいめい，リ・イミョン，号―疎斉)　109，144，146，151，158，166
李一雨(りいつう，リ・イル)　363
李乙浩(りいつこう，リ・ウロ)　62
李允相(りいんそう，リ・ユンサン)　275
李允用(りいんよう，リ・ユニョン)　274，372
李殷鐘(りいんしょう，リ・ウンジョン)　274，275
李殷石(りいんせき，リ・ウンソク)　275
李殷乭(りいんとつ，リ・ウンドル)　112，221
李寅鐘(りいんしょう，リ・インジョン)　224，228，274，275
李寅祐(りいんゆう，リ・イヌ)　237-9
李宇栄(りうえい，リ・ウヨン)　251
李応浩(りおうこう，リ・ウンホ)　275
李応翼(りおうよく，リ・ウンイク)　274，372
李夏鎮(りかちん，リ・ハジン)　37，46，146
李家煥(りかかん，リ・ガホワン，号―錦帯)　47，48，57，146，147，155，156，160，161
李昰応(りかおう，リ・ハウン)　→興宣大院君
李会栄(りかいえい，リ・ホェヨン)

405, 417
李学逵(りがくき, リ・ハクキュ, 号—洛下) 48, 146
李柬(りかん, リ・ガン, 号—巍巌) 28
李完用(りかんよう, リ・ワニョン) 216, 229, 232, 234, 247, 251, 255, 276, 309, 396, 411, 421, 425
李浣(りかん, リ・ワン) 105
李基煥(りきかん, リ・ギホワン) 439
李基譲(りきじょう, リ・ギヤン) 48, 78
李基東(りきとう, リ・ギドン) 240, 244
李熙禎(りきてい, リ・ヒジョン) 275
李九煥(りきゅうかん, リ・グホワン) 48
李銀突(りぎんとつ, リ・ウンドル) 270
李銀乭(りぎんとつ, リ・ウンドル) 275
李圭完(りけいかん, リ・ギュワン) 227, 274, 275
李圭景(りけいけい, リ・ギュギョン, 号—五洲) 48, 65, 116, 140, 148, 149, 151, 156, 165
李奎禎(りけいてい, リ・ギュジョン) 224, 228, 274, 275
李啓弼(りけいひつ, リ・ゲェピル) 276
李敬淑(りけいしゅく, リ・ギョンスク) 297
李敬懋(りけいぼう, リ・ギョンム) 78
李景純(りけいじゅん, リ・ギョンスン) 129
李景溟(りけいめい, リ・ギョンミョン) 82, 160, 161
李建英(りけんえい, リ・ゴニョン) 275
李建鎬(りけんこう, リ・ゴノ) 234, 235, 239, 240, 276, 277, 322
李建昌(りけんしょう, リ・ゴンチャン) 60, 125
李建芳(りけんほう, リ・ゴンバン) 63
李鑢永(りけんえい, リ・ホニョン) 191, 206, 268, 271
李元会(りげんかい, リ・ウォノェ) 191, 206, 272
李元鎮(りげんちん, リ・ウォンジン) 46
李炫熙(りげんき, リ・ヒョニ) 269, 280
李源兢(りげんきょう, リ・ウォングン) 274, 372
李源進(りげんしん, リ・ウォンジン) 208
李鉉淙(りげんそう, リ・ヒョンジョン) 278
李甲(りこう, リ・ガプ) 405, 422
李光洙(りこうしゅ, リ・グワンス) 127, 268, 441, 454
李光庭(りこうてい, リ・グワンジョン) 135
李光麟(りこうりん, リ・グワンニン) 129-31, 268-71, 370, 373
李恒老(りこうろう, リ・ハンノ) 27, 178, 181, 184, 262, 266, 281
李滉(りこう, リ・ホワン, 号—退渓) 13-9, 21, 22, 25, 29, 37, 38, 45, 60, 208
李剛(りごう, リ・ガン) 398, 422, 454
李根永(りこんえい, リ・グニョン) 276
李根浩(りこんこう, リ・グノ) 276, 373
李根弼(りこんひつ, リ・グンピル) 206

李采淵(りさいえん，リ・チェヨン) 234,276
李晬光(りさいこう，リ・スィグワン，号―芝峰) 48,64,104,135,136,152,164
李最応(りさいおう，リ・チェウン) 269
李載元(りさいげん，リ・ジェウォン) 206,224
李載純(りさいじゅん，リ・ジェスン) 239
李載先(りさいせん，リ・ジェソン) 208
李載冕(りさいめん，リ・ジェミョン) 206
李在誼(りざいぎ，リ・ジェウィ) 162
李在明(りざいめい，リ・ジェミョン) 425
李之菡(りしかん，リ・ジハム，号―土亭) 52,65,66
李始栄(りしえい，リ・シヨン) 417
李珥(りじ，リ・イ，号―栗谷) 13,14,16-8,21,22,25,27,28,37-41,45,51,52,60,65,66,107,198,199
李錫伊(りしゃくい，リ・ソギ) 275
李樹廷(りじゅてい，リ・スジョン) 273
李周会(りしゅうかい，リ・ジュホェ) 217
李重夏(りじゅうか，リ・ジュンハ) 131
李重煥(りじゅうかん，リ・ジュンホワン) 48,64,66,391,451
李俊基(りしゅんき，リ・ジュンギ) 454
李舜臣(りしゅんしん，リ・スンシン) 103,120,333,341,388
李儁(りしゅん，リ・ジュン) 247,250,423,451
李潤夏(りじゅんか，リ・ユナ) 161
李承吉(りしょうきつ，リ・スンギル) 430
李承瑾(りしょうきん，リ・スングン) 357
李承薫(りしょうくん，リ・スンフン，号―蔓川) 48,82,146,147,155,158,161,162,169,292
李承老(りしょうろう，リ・スンノ) 4,5
李昇薫(りしょうくん，リ・スンフン，号―南岡) 388,405,407,410,415,416,418-21,424,439,450,452
李昌奎(りしょうけい，リ・チャンギュ) 224,228,275
李商在(りしょうざい，リ・サンジェ) 234-7,240,244,245,276,277,424
李鐘一(りしょういつ，リ・ジョンイル) 254,257
李鐘夏(りしょうか，リ・ジョンハ) 276
李鐘学(りしょうがく，リ・ジョンハク) 208
李鐘浩(りしょうこう，リ・ジョンホ) 405,410,411,422,423,452
李穡(りしょく，リ・セク，号―牧隠) 6,7,8
李身逵(りしんき，リ・シンギュ) 162
李森煥(りしんかん，リ・サムワン) 48
李正在(りせいざい，リ・ジョンジェ) 276
李成桂(りせいけい，リ・ソンゲェ，李朝太祖) 5,8-12,391
李斉賢(りせいけん，リ・ジェヒョン) 333
李石栄(りせきえい，リ・ソギョン) 417
李潜(りせん，リ・ジャム) 37,46,146

李祖淵(りそえん，リ・ジョヨン)
205, 218, 219, 221, 224
李相卨(りそうせつ，リ・サンソル)
247, 419
李相佰(りそうはく，リ・サンベク)
59
李相竜(りそうりゅう，リ・サンニョン)
417, 418
李ソングイク　451
李泰容(りたいよう，リ・テヨン)
274, 372
李達元(りたつげん，リ・ダルォン)
379
李鎮竜(りちんりゅう，リ・ジルリョン)
427, 428
李哲栄(りてつえい，リ・チョリョン)
417
李哲九(りてつきゅう，リ・チョルグ)
208
李斗栄(りとうえい，リ・ドゥヨン)
208
李東郁(りとういく，リ・ドンウク)
147
李東輝(りとうき，リ・ドンヒ)　363,
405, 422-5
李東仁(りとうじん，リ・ドンイン)
117, 199-202, 268, 269
李東寧(りとうねい，リ・ドンニョン)
405, 407, 417, 421, 451
李徳煥(りとくかん，リ・ドククワン)
405, 416
李徳懋(りとくぼう，リ・ドンム)　49,
50, 58, 116, 118, 129, 149, 160
李能和(りのうわ，リ・ヌンホワ)
127, 130, 143, 165, 166, 373
李蘗(りはく，リ・ビョク，号—曠菴)
48, 146, 147, 150, 155, 156, 158, 161,
169
李範允(りはんいん，リ・ボミュン)
433, 434
李範晋(りはんしん，リ・ボムジン)
216, 229, 309
李晩采(りばんさい，リ・マンチェ)
66, 166, 167
李晩孫(りばんそん，リ・マンソン)
208
李文真(りぶんしん，リ・ムンジン)
2
李秉休(りへいきゅう，リ・ビョンヒュ)
48
李芳碩(りほうせき，リ・バンソク)
→芳碩
李懋栄(りぼうえい，リ・ムヨン)　239
李命七(りめいしち，リ・ミョンチル)
373
李孟休(りもうきゅう，リ・メンヒュ)
48
李佑成(りゆうせい，リ・ウソン)　65
李裕元(りゆうげん，リ・ユウォン)
187, 207, 298
李用休(りようきゅう，リ・ヨンヒュ)
48
李容九(りようきゅう，リ・ヨング)
381, 385
李容復(りようふく，リ・ヨンボク)
363
李容翊(りようよく，リ・ヨンイク)
363, 411
李瀷(りよく，リ・イク，号—星湖)
30, 31, 33, 37-9, 46-8, 53, 61, 62, 64,
65, 80, 85-7, 118, 126, 127, 138-41,
143-6, 148, 151-5, 163, 165
李翼晉(りよくしん，リ・イクチン)
77
李竜赫(りりゅうかく，リ・リョンヒョク)
258
李麟栄(りりんえい，リ・リニョン)
384

栗谷(りっこく, リュルゴク) →李珥
柳寅夢(りゅういんむ, リュ・インモン, 号—於于堂) 152, 167
柳瑾(りゅうきん, リュ・グン) 251
柳赫魯(りゅうかくろ, リュ・ヒョンノ) 227, 228, 257, 275
柳敬之(りゅうけいし, リュ・ギョンジ) 155
柳馨遠(りゅうけいえん, リュ・ヒョンウォン, 号—磻渓) 38-42, 45, 46, 48, 51, 63-6, 85, 86, 107, 110, 118
柳光烈(りゅうこうれつ, リュ・グワンニョル) 373
柳済達(りゅうさいたつ, リュ・ジェダル) 373
柳在賢(りゅうざいけん, リュ・ジエヒョン) 224
柳子厚(りゅうしこう, リュ・ジャホ) 451
柳寿垣(りゅうじゅえん, リュ・スウォン, 号—聾菴) 52-4, 66, 88, 95, 127
柳承欽(りゅうしょうきん, リュ・スンフム) 357
柳承国(りゅうしょうこく, リュ・スングク) 67
柳成竜(りゅうせいりゅう, リュ・ソンニョン) 21, 127
柳定秀(りゅうていしゅう, リュ・ジョンス) 205, 270, 299, 402
柳東作(りゅうとうさく, リュ・ドンジャク) 405
柳東説(りゅうとうせつ, リュ・ドンソル) 405, 422, 437
柳得恭(りゅうとくきょう, リュ・ドクコン) 49, 58, 118, 149
柳麟錫(りゅうりんしゃく, リュ・リンソク) 411
劉鴻基(りゅうこうき, リュ・ホンギ, 号—大致) 117, 124, 125, 196-9, 201, 202, 227, 228, 268, 269
劉大致(りゅうだいち, リュ・デチ) →劉鴻基
劉逢禄(りゅうほうろく, リュ・ボンノク) 121
劉明鐘(りゅうめいしょう, リュ・ミョンジョン) 67
劉猛(りゅうもう, リュ・メン) 239, 277
呂準(りょじゅん, リョ・ジュン) 388, 417, 419, 420
呂炳鉉(りょへいげん, リョ・ビョンヒョン) 251
梁漢黙(りょうかんもく, リャン・ハンムク) 250
梁起鐸(りょうきたく, リャン・ギタク) 254, 256, 258, 278, 399, 405, 410, 421, 439, 451
梁弘黙(りょうこうもく, リャン・ホンムク) 234
梁濬明(りょうしゅんめい, リャン・ジュンミョン) 405
林逸権(りんいつけん, リム・イルグォン) 420
林冏燁(りんけいよう, リム・ギョンヨプ) 434, 437
林慶業(りんけいぎょう, リム・ギョンオプ) 333, 341
林蚩正(りんしせい, リム・チジョン) 410, 439
林沢権(りんたくけん, リム・テククォン) 428
林珍洙(りんちんしゅ, リム・ジンス) 249
林炳亀(りんへいき, リム・ビョングィ) 321
林炳鑽(りんへいさん, リム・ビョンチャン) 443
驎平大君(りんぺいたいくん, リンピョ

ンテグン)　20, 24, 142

レ

廉仲謨(れんちゅうぼ，リョム・ジュンモ)　277

ロ

盧伯麟(ろはくりん，ロ・ベンニン)　405, 429
蘆沙(ろさ，ロサ)　→奇正鎮
聾菴(ろうあん，ロンアム)　→柳寿垣
鹿菴(ろくあん，ロガム)　→権哲身
鹿門(ろくもん，ロンムン)　→任聖周

2 日 本 人

ア 行

カ 行

サ 行

タ 行

ナ 行

ハ 行

マ 行

ヤ 行

ワ 行

3 中 国 人

ア 行

永楽帝(えいらくてい, ヨンラーディ) 43
袁栄燦(えんえいさん, ユアン・ロンツァン) 206
袁世凱(えんせいがい, ユアン・シーカイ) 112, 218, 223, 227
王沂(おうき, ワン・イー) 136
王軒(おうけん, ワン・シュアン) 179
王拯(おうじょう, ワン・ヂェン) 179
王徴(おうちょう, ワン・ヂェン) 149
王民皡(おうみんこう, ワン・ミンガオ) 43, 70
翁方綱(おうほうこう, ウェン・ファンガン) 118, 119

カ 行

何国宗(かこくそう, ハー・グオゾン) 147
何如璋(かじょしょう, ハー・ルーヂャン) 204, 207, 271, 273
艾儒略 →アレニ
郭守敬(かくしゅけい, グオ・ショウジン) 144
咸豊帝(かんぽうてい, シアンフエンディ) 124, 179
紀昀(きいん, チー・ユン) 119
魏源(ぎげん, ウェイ・ユアン) 76, 111, 120, 121, 162, 197, 203, 204
龔自珍(きょうじちん, ゴン・ツージェン) 120, 121
恵棟(けいとう, ホエ・ドン) 120, 121
阮元(げんげん, ルアン・ユアン) 118, 119
厳誠(げんせい, ヤン・チェン) 39, 40
胡文煒(こぶんい, フー・ウェンウェイ) 373, 374
顧炎武(こえんぶ, グー・ヤンウー) 43
呉大徴(ごだいちょう, ウー・ダーヂェン) 179
呉中賢(ごちゅうけん, ウー・ヂョンシアン) 292, 370
呉中明(ごちゅうめい, ウー・ヂョンミン) 164
呉兆有(ごちょうゆう, ウー・ヂャオヨウ) 223, 227
呉長慶(ごちょうけい, ウー・ヂャンチン) 208, 212, 218, 223
孔憲瑴(こうけんかく, コン・シエンチャオ) 179
孔子(こうし, コンヅー) 26, 27, 49, 73, 74, 176, 177, 338
黄雲鵠(こううんこく, ホワン・ユンフー) 179
黄興(こうこう, ホワン・シン) 385
黄遵憲(こうじゅんけん, ホワン・ヅンシェン) 204, 205, 207, 271, 299
康熙帝(こうきてい, カンシーディ) 147
康有為(こうゆうい, カン・ヨウウエイ) 121

サ 行

沙守信 →シャヴァニャク
謝海平(しゃかいへい, シエ・ハイピン) 267
朱子(しゅし, ヂューヅー) 6, 15-7, 22, 27, 31, 35, 36, 40, 70, 93, 172
周馥(しゅうふく, ヂョウ・フー) 208

周文謨(しゅうぶんぼ，ヂョウ・ウエンモー)　161,162
周濂渓(しゅうれんけい，ヂョウ・リエンシー)　10,35
徐殷卿(じょいんけい，シュー・インチン)　182
徐継畬(じょけいよ，シュー・ジーユー)　112,121,162,197,203
徐光啓(じょこうけい，シュー・グアンチー)　136,140,142,146-9,153,158,159,165,166,168
徐宗沢(じょそうたく，シュー・ゾンツオ)　164,165
章炳麟(しょうへいりん，ヂャン・ピンリン)　384,385,389,449-50
蔣友仁　→ブーア
沈秉成(しんへいせい，シャン・ビンチェン)　179
真西山(しんせいざん，ヂャンスーシャン)　15
崇厚(すうこう，チオン・ホウ)　182,183
崇実(すうじつ，チオン・シー)　182,184
薛春黎(せつしゅんれい，シュエ・チュンリ)　179
薛福成(せつふくせい，シュエ・フーチェン)　207
蘇霖　→ソウレズ
宋教仁(そうきょうじん，ソン・ジャオレン)　385
孫文(そんぶん，スン・ウェン)　383,385,446,454

タ 行

戴進賢　→ケーグレル
戴震(たいしん，ダイ・ヂェン)　120,121
張横渠(ちょうおうきょ，ヂャン・ヘンチュー)　35
張継(ちょうけい，ヂャン・ジー)　389
張樹声(ちょうじゅせい，ヂャン・シューシェン)　208
陳黯(ちんあん，チェン・アン)　266
陳天華(ちんてんか，チェン・ティエンホア)　384,449
丁汝昌(ていじょしょう，ディン・ルーチャン)　208
丁韙良　→マーチン
程伊川(ていいせん，チェン・イーチュアン)　31,35
程恭寿(ていきょうじゅ，チェン・ゴンショウ)　179
程篁墩(ていこうとう，チェン・フアンドゥン)　15
程子　→程伊川，程明道
程明道(ていめいどう，チェン・ミンダオ)　31,35
鄭観応(ていかんおう，ヂェン・グアンイン)　204,205,271
杜房域(とぼういき，ドゥー・ファンユー)　373
唐紹威(とうしょうい，タン・シャオウェイ)　292,370
鄧玉函　→テレンツ
鄧汶軒(とうぶんけん，デン・ウェンシュアン)　39
湯若望　→シャール
董玉卿(とうぎょくけい，ドン・ユーチン)　384
董文煥(とうぶんかん，ドン・ウェンフアン)　179

ナ 行

南懐仁　→フェルビースト

ハ 行

馬建常(ばけんじょう，マー・ジアンチァ

ン)　218, 219
馬建忠(ばけんちゅう, マー・ジアンヂョン)　208, 218
梅穀成(ばいかくせい, ハイ・ジュエチェン)　147, 149, 159
梅文鼎(ばいぶんてい, メイ・ウエンディン)　148, 149
潘宗礼(はんそうれい, パン・ゾンリー)　383, 384, 449
潘庭筠(はんていきん, パン・ティンユン)　40
万青藜(ばんせいれい, ワン・チンリー)　179
畢方済　→サンビアソ
馮志沂(ふうしき, フォン・ヂーイー)　179
馮承鈞(ふうしょうちょう, フォン・チェンディアオ)　165
馮秉正　→マイヤー
彭沢周(ほうたくしゅう, ペン・ヅオヂョウ)　272
鮑友管　→ゴガイスル
龐迪我　→パントーハ

マ 行

明安国(めいあんこく, ミン・アングオ)　147
孟子(もうし, メンヅー)　34, 80

ヤ 行

兪少卿(ゆしょうけい, ユー・シャオチン)　384
熊三抜　→ウルシス
陽瑪諾　→ディアス

ラ 行

羅維谷　→ロー
羅欽順(らきんじゅん, ルオ・チンシュン)　15, 17, 31
利瑪竇　→リッチ
李応誠(りおうせい, リー・インチェン)　136, 164, 165
李鴻章(りこうしょう, リー・ホンジャン)　112, 196, 202, 206-8, 218, 237, 273, 291, 294, 298, 299, 370
李之藻(りしそう, リー・ヂーザオ)　136, 147, 158, 165, 166, 168
李守孔(りしゅこう, リー・ショウコン)　272
陸若漢　→ロドリゲス
劉晏(りゅうあん, リュー・ヤン)　98
劉光漢(りゅうこうかん, リュー・グアンハン)　389
劉師培(りゅうしばい, リュー・シーペイ)　389, 450
劉松齢　→ハルレルシュタイン
竜華民　→ロンゴバルディ
梁啓超(りょうけいちょう, リアン・チーチャオ)　131, 211, 385, 387-90, 419, 438, 450
老子(ろうし, ラオヅー)　172

4 西 洋 人

ア 行

アペンツェラー(Henry G. Appenzeller) 296, 327
アレキセーエフ(K. A. Alexeev) 235, 276
アレニ(Giulio Aleni, 艾儒略) 47, 138, 140, 148, 155, 156, 158, 159, 166, 168
アレン(Horace N. Allen) 293, 295, 370
アンベル(Laurent Marie Joseph Imbert) 119
アンダーウッド(Horace G. Underwood) 295, 324, 326, 329, 375
イートン将軍(John Eaton) 291
ウィルヘルム僧正 431
ウルシス(Sabbathin de Ursis, 熊三抜) 138, 140, 146, 148, 149, 158, 166, 168
エラーズ(Annie J. Ellers) 295
オーリンガー(F. Ohlinger) 296

カ 行

ガウチャー(John F. Goucher) 293
カヴール(Camillo Benso di Cavour) 388
ガリバルディ(Giuseppe Garibaldi) 388
ガリレオ(Galileo Galilei) 145
ギフォード(Daniel L. Gifford) 289, 291, 292, 296, 317, 370, 373, 376
ギルモア(G. W. Gilmore, 吉模) 291, 292
グヴェア(Alexandre de Govea) 162, 166
クラヴィウス(C. Clavius) 109, 136, 147
グラモン(Louis de Grammont) 161
ケーグレル(Ignatius Kögler, 戴進賢) 146, 158
ケプラー(Johannes Kepler) 145
ゴガイスル(Antonius Gogeisl, 鮑友管) 71
コペルニクス(Nicolaus Copernicus) 145

サ 行

サンビアソ(Francesco Sambiaso, 畢方済) 153, 159, 166, 168
シェアラー(Roy E. Shearer) 451
ジェーソン，フィリップ(Philip Jaisohn) →徐載弼
シェフィールド(Sheffield) 199, 327
ジェンナー(Edward Jenner) 205
シーボルト(Philipp Franz Jonkheer Balthasar von Siebold) 163
シャヴァニァック(Emericus de Chavagnac, 沙守信) 155, 159
シャスタン(Jacques Honoré Chastan) 119
シャール，アダム(Adam Schall von Bell, 湯若望) 138, 140-4, 153, 158, 159, 165, 166
シューフェルト(R. W. Shufeldt) 207
ジョーンズ(G. H. Johns) 296
スクラントン(W. B. Scranton) 296, 297
スクラントン夫人(M. F. Scranton) 296, 297
スチーブンス(D. W. Stevens) 246, 247
スペンサー(Herbert Spencer) 203
セシール(J. B. T. Cécile) 120

ソウレズ(Joseph Saurez, 蘇霖)　146, 158

タ 行

ダーウィン(Charles Robert Darwin)　203
ディアス(Emmanual Diaz, 陽瑪諾)　47, 138, 140, 156, 158, 159, 166, 168
デシュラー(D. W. Deshler)　398
テレンツ(P. Joannes Terrenz, 鄧玉函)　77, 108, 138, 149, 158, 165
ドーティ(S. A. Doty)　296

ナ 行

ニコライ二世(Nicholas II)　236
ノーブル(W. A. Noble)　296
ノーブル(Harold J. Noble)　371

ハ 行

ハチスン(W. du F. Hutchison, 轄治臣)　373, 374
バッドラー(H. Budler)　229
ハリファックス(T. E. Hallifax, 奚来白士)　291, 370, 373, 374
ハルバート(H. B. Hulbert, 輔甫)　291, 292
ハルバート夫人　328
ハルレルシュタイン(Augustinus von Hallerstein, 劉松齢)　71
ハワード(Meta Howard)　298
バンカー(D. A. Bunker, 房巨)　291, 292, 295
バンカー夫人　328
パントーハ(Diego de Pantoia, 龐迪我)　138, 140, 152, 159, 166, 168
ビルコフ(N. Birukoff, 米柳羔蒲)　373, 374
ビンガム(J. A. Bingham)　189, 221
ビントン(Vinton)　295
ブーア, ミシェル(P. Michael Benoist, 蔣友仁)　71
フィスター(Aloys Phister)　165
フェルビースト(Ferdinand Verbiest, 南懐仁)　140, 156, 159
フォーク(G. C. Foulk)　293
プチャータ大佐(Col. Putiata)　235
フート(L. H. Foote)　221, 236
フライ(L. E. Frey)　328
ブラウン(J. Mcleavy Brown)　235, 325
フランプトン(R. Frampton)　373
ベアード(William M. Baird)　392
ヘイドン(M. E. Haydon)　296
ペイン(J. O. Paine)　328
ベッセル(Ernest T. Bethell, 裵説)　254-6, 278, 399
ペリー(Matthew Calpraith Perry)　189
ベル(E. Bell)　295
ベルヌー(Simeon François Berneux)　84
ヘロン(J. R. Heron)　295
ホイートン(Henry Wheaton)　292
ホイブレンク, ダニエル　192
ボリガン(J. Bollighn)　373

マ 行

マイヤー(Joseph-François de Maill, 馮秉正)　155, 156, 159
マーチン(W. A. P. Martin)　292
マックレイ(Robert S. Maclay)　293
マッケンジー(F. A. Mckenzie)　276, 387
マッツィーニ(Giuseppe Mazzini)　388
マルテル(E. Martel, 馬太乙)　373, 374
ミューテル大僧正(Gustav Mutel)　432
ミラー(F. S. Miller)　295
メルレンドルフ(P. G. von Möllendorf,

穆麟徳)　218, 219, 221, 222, 291, 370
メルレンドルフ夫人(Rosaliee von Möllendorf)　370
モース，エドワード(Edward Morse)　203, 371
モーバン(Pierre Philibert Maubant)　119
モフェット(S. A. Moffett)　295, 392

ラ 行

リッチ，マテオ(Matteo Ricci, 利瑪竇)　47, 109, 135-40, 147-9, 152, 154-6, 158, 159, 164-6, 168
レーニン(Vladimir Iliich Lenin)　433
ロー(P. Jacobus Rho, 羅雅谷)　138, 148, 159, 165
ローウェル(Percival Lowell)　203, 270
ロス(John Ross)　366
ロドリゲス(Johannes Rodriguez, 陸若漢)　138, 139
ロートワイラー(L. C. Rothweiler)　297, 371
ロバーツ(Henry M. Roberts)　238, 277
ロンゴバルディ(Nicolas Longobardi, 竜華民)　138, 140, 158, 165

ワ 行

ワシントン(George Washington)　299